中國十九世紀思想史(上)

韋政通 著　　東大圖書公司 印行

國立中央圖書館出版品預行編目資料

中國十九世紀思想史／韋政通著．--
初版．--臺北市：東大出版：三民
總經銷，民80
　　冊；　　公分．--（滄海叢刊）
ISBN 957-19-1359-6（一套：精裝）
ISBN 957-19-1360-X（一套：平裝）
ISBN 957-19-1331-6（上冊：精裝）
ISBN 957-19-1332-4（上冊：平裝）

1.哲學—中國—近代（1600-　　）

112.7　　　　　　　　　　　80002928

© 中 國 十 九 世 紀 思 想 史（上）

著　者　韋政通
發行人　劉仲文
出版者　東大圖書股份有限公司
總經銷　三民書局股份有限公司
印刷所　東大圖書股份有限公司
　　　　地址／臺北市重慶南路一段
　　　　　　　六十一號二樓
　　　　郵撥／〇一〇七一七五——〇號
初　版　中華民國八十年九月
編　號　E 11012
基本定價　捌元陸角柒分
行政院新聞局登記證局版臺業字第〇一九七號

ISBN 957-19-1332-4（平裝）

自　序

　　一九七九年寫完《中國思想史》後，我工作的主要重點，是希望研究二十世紀的中國思想史，特別是傳統主義與自由主義在此期間的發展。

　　早在一九七二年，我就寫過〈現代中國儒家的挫折與復興〉的長文，一九八二、八三、八四、八六年，又相繼發表了〈當代新儒家的心態〉、〈兩種心態・一個目標：新儒家與自由主義觀念衝突的檢討〉、〈三十多年來知識份子追求自由民主的歷程〉、〈以傳統主義衛道，以自由主義論政——徐復觀先生的志業〉等文，這些文章都是應會議的邀請與論文集編者的要求，限時趕出來的，其中討論的問題，既不夠周密，也未能深入，因此，一直想在這方面做點有計畫的研究。

　　七九年後，我斷斷續續閱讀中國近代史和思想史的著作，原先的想法，只不過是要為研究二十世紀，多一些背景的知識，因為思想史的範圍，雖可以做斷代的研究，但思想史裏的問題，卻可能牽連甚廣，而與歷代的傳統，有不同程度的關連。照我現在的了解，中國十九世紀思想上的回應，以及二十世紀思想上的發展，如就近代中西交會歷史的大背景來看，只能視為一個整體中的不同階段，理由是，十九世紀思想史上出現的問題，例如科技如何在中國生根、西化問題、自由問題、民主憲政問題、反傳統

問題、價值系統的重建問題、文化認同問題、儒學振興問題，無一不是二十世紀思想史上的重要課題。連共產主義在十九世紀都曾實驗過，連「日本能，爲什麼中國不能」這樣的問題，在十九世紀後期也曾不斷被提出來。

當然，我們不能因此就說，不了解十九世紀，就無法做二十世紀的研究，但我必須說，假如做二十世紀思想史的研究，對十九世紀思想史上的問題多些認識，是很有幫助的，因那樣不但可使我們了解二個世紀之間，觀念和思想上的連鎖性，也能顯現出在不同階段處理同類問題，有不同的方法和特色。

我從多一些背景知識的要求，到決定寫一部書，這中間經過好幾年的鄭重思考，最後促使我做下這一決定，其中最重要的因素，是近十年來海內外學界，對研究中國近代的思想相當熱門，研究的成果越來越多，把這些散見的成果，加以初步的綜合，似乎已到時候。如沒有眾多學者孜孜不倦的努力，爲探討問題、爲研究人物、所打下的基礎，我的書是寫不出來的。

我把中國十九世紀的思想史，區分爲三部分：　(1)巨變的序幕。(2)巨變與傳統。(3)巨變與新潮。這是本書處理百年中思想演變全程高層次的概念架構。「巨變」即「三千餘年一大變局」的簡稱，它一方面說明一向懷有「天朝型世界觀」的中華大帝國，從此被迫著推向世界舞臺，成爲世界的一部分，十九世紀前期的思想，正爲這一過程揭開序幕。另一方面，以「巨變」作爲籠罩全局的概念，乃標示著本書於十九世紀思想史的取材、及探討問題的重點，是與新時代的脈動最相應與最相關的部分。

經世之學與《春秋》公羊學，是中國十九世紀思想史的源頭，

這兩個學派中的學者，就在那考證學仍居正統地位的封閉學風中，已感受到內在的危機和時代的氣氛在變，而開始在學術思想的領域做應變與革新的準備。經世之學提出「通今」、「實用」的思想原則，《春秋》公羊學的「微言大義」與「三世」模式促進了思想的解放。這兩股思想的源頭，在龔自珍和魏源的思想中形成匯流，包世臣更充分實踐了經世之學的思想原則。就傳統的學術資源而言，十九世紀初期的學者，已復活了其中最具彈性和比較開放的心靈，就在這個基礎上，才使這一時期少數開明官僚和知識分子，勇於面對當代，迎接巨變，並恢復了為國事、為生民的奮鬥精神。

巨變與傳統這一部分，主要是透過事件與人物，了解傳統文化在內外激變的環境中，所爆發出來的潛力，以及傳統的複雜性與多面性。太平天國本為農民階層以暴力推翻舊王朝的戰爭，可是在十九世紀中期，卻因西力、西教的入侵，遂使洪楊集團與曾國藩湘軍集團的對決，轉變為保衛文化認同感之戰。曾國藩、劉蓉、倭仁、郭嵩燾，他們的基本學養皆來自儒家傳統中的理學，曾國藩領導湘軍，在大廈將傾之際，成為擎天一柱；劉蓉則以一介書生而馳騁沙場，征戰千里，獲「賽諸葛」的美譽；郭嵩燾熱衷洋務，成為洋務運動的導師，他的洋務理論卻是擷取傳統的理念而建立。倭仁以理學名臣，卻成為朝中拒變的保守主義的代表。湘軍集團有所謂湘軍精神，湘軍精神的形成，除湖南人獨特的性格之外，他們那種大公無私的胸懷，急難相救的義氣，以及經世濟民的使命感，無一不是文化優良傳統的身體力行。正因為如此，他們在與洪楊集團的對決中，打出傳統文化的旗幟，才有

力量。

巨變與新潮這一部分，新潮在時段上雖大半與洋務或自強運動重疊，但六十年代的馮桂芬，七十年代的王韜，八十年代的鄭觀應，都先後對這個運動做了反省。更重要的是，就在他們相繼的檢討與批判中，逐漸醞釀並發展出包括西方憲政制度的維新思想新動向。這一新的動向，到了九十年代甲午戰後，嚴復有了進一步的突破，康有為、梁啟超、譚嗣同要使維新變法的大工程，親身加以實行。戊戌變法雖然失敗，這一波的思想變動，猶如地震的震央，它的震波貫串百年來的中國，至今仍餘波盪漾。

上面是我所以要把十九世紀思想史，區分為三部分的說明，並非全書內容的提要，但由此簡約的說明，大抵可看出本書寫作的方式及其特色。此外，本書書名不叫《中國近代思想史》，一是因近代分期，說法不一，早年國人寫《近代中國思想史》，有從嚴復開始的，也有從康有為開始的，與本書的構想完全不同。一般講中國近代史的上限，是斷自鴉片戰爭，由本書所展示的內容，思想史顯然不能從這裏開始。中國近代思想，並非全由西方的挑戰，而做被動的回應，它是由傳統思想內部的發展開始的。

另外一個原因，是屬於個人的，我的《中國思想史》終止於十八世紀的戴東原，完成《中國十九世紀思想史》後，還希望在有生之年，也能把《中國二十世紀思想史》寫出來，可使個人的著作，有個完整的的連貫。我不知道這個希望能否實現，因人無法與上帝訂約，但人能活在希望中總是好的。

韋政通　　一九九一年七月十一日序
　　　　　於內湖碧湖之濱

中國十九世紀思想史　目　次

第三章　春秋公羊學的復興

第四章　包世臣

第五章　龔自珍

第六章　魏　源

中編　巨變與傳統

第七章　太平天國

第八章　曾國藩

第一章 巨變的時代：十九世紀中國與西方

第一節 兩個陌生世界的相遇

十九世紀在中華民族發展史上，有極爲特殊的意義，因在此之前的幾千年中，雖數度亡於異族，也沒有像在十九世紀遭到那樣大的挫敗與沮喪。亡於異族，僅是民族生命遭受一時期的屈辱，文化的力量依舊存在。自從進入十九世紀，不僅民族生命頻遭摧殘，綿延達數千年，號稱歷史最悠久的中華文化，也從根動搖。一八七四年李鴻章（1823～1900）對中國在世界處境的了解是「數千年來未有之變局」。一百多年來中國所發生的變化與動亂，絕非李氏當年所能夢想，今天已面臨二十世紀的末葉，誰又能預測中國未來會變成甚麼樣子？也許有一點是可以確定的，卽未來中國不可能再回到過去的歷史軌跡中去，這是十九世紀，中國被逼迫進入近代世界，就已決定了的。

一般都同意，中國到十七世紀以後才落後西方。落後，是因從十七世紀，西方歷史上發生科學運動、思想啟蒙、工業革命等一連串改變人類歷史軌跡的巨型事件。十六、七世紀，中西雖曾交會，但影響不深，十八世紀初葉且已中斷。所以當歐西創造了

近代新文明時，遠在東方的中國，正如湯因比所說，仍舊生活在一宛若「退隱者的王國」之內。對西方世界驚天動地的變化，渾然不覺。當業已稱霸西方的英國，於十九世紀初葉，挾其雄厚的國力東來，決心打開中國門戶時，雖已不像三百年前葡萄牙人初次到達中國，猶如來自另一星球的不速之客那樣陌生，但引起中國人心理上的迷惑和排拒，卻依然如故，在頻繁打交道的過程中所產生的驚訝、混亂和誤解，也一如往昔。

馬克思討論「鴉片貿易」時，對這一時期的中國曾有如下的描述：「這個幅員廣大的帝國，包含著差不多有三分之一的人類，它不管時勢怎樣變遷，還是處於停滯的狀態，它受人蔑視而排斥於世界聯繫系統之外，因此它就自高自大地以老大天朝至善盡美的幻想自欺」❶。這個了解雖出於西方人的觀點，但指出當時中國的處境，是在「世界聯繫系統之外」，這一點是完全正確的。因在十九世紀以前，中國與西方任何國家，從未建立邦交，派駐使節 ❷。這由於傳統中國的經濟一向自給自足，無求於外邦，相對於西方各國而言，在地理環境上中國又相當孤立，再加上獨特的語文，在文化上也是孤立的，比同屬東方的印度，也更缺乏與西方共同的文化背景。基於這些因素，與西方交手的過程

---

❶　見《馬克思恩格斯論中國》，頁九五。
❷　蔣廷黻說：「在十九世紀以前，中西沒有邦交，西洋沒有派遣駐華的使節，我們也沒有派大使到外國去」（《中國近代史研究》，頁二三〇）。楊聯陞說：「宋朝，『外國傳』已成為史書中的一項。因此認為在西元一八〇〇年以前，中國沒有國際交往的經驗是不正確的」（《國史探微》，頁二）。楊先生如果是針對蔣廷黻的話而發，那是一個誤會，因兩人所說「事實」的性質不同，二者之間並不矛盾。

中，才產生上述心理上與認知上的種種問題。甚至到了十九世紀中葉，經歷了鴉片戰爭（一八三九～一八四二）的刺激與南京不平等條約的屈辱，國人仍不圖在國際生活中求出路（求平等、求進步），反想在國際社會之外求孤立的虛榮和閉關的安逸❸。在鴉片戰爭之前，西方國家向中國政府要求平等待遇而不可得，戰後，紙老虎被揭穿，中國方面反向西方國家要求平等亦不可得，終十九世紀，中西雙方從未享有平等相處的地位。

　　戰前與戰後，中西之間的情勢何以會如此逆轉？最直接的原因，是因國人對日益強盛的西方世界，所知極淺，又因文化在東亞的優越地位所形成的大漢民族心理在作祟，所以把來到中國的西洋人，仍當作琉球人、安南人、高麗人看待，以爲他們必尊中國爲上國而以藩屬自居，以爲外邦之人都不過是爲貪利而來，天朝只要略施小惠、允許外人做點買賣就好，當時的朝野，怎麼能想像中國即將面臨存亡的威脅呢！

　　更深一層的原因，必須從傳統歷史中去尋找。中國歷史有兩大循環套，這兩大循環套相當程度地決定了歷史演變的軌跡：一是社會經濟方面的，我國雖是一幅員廣大的帝國，但可耕土地面積的指數不及十分之一，而且百分之九十五以上的人口，皆麕集於東南小半壁之上❹。歷代人口一旦膨脹到大家無法維持最低生活，或是連年荒歉的時候，就容易暴發禍亂。經過一場大戰亂或

---

❸　蔣廷黻：《中國近代史研究》，頁二○八，七十一年(一九八二)里仁書局臺灣版。（此書包括《中國近代史大綱》及其相關論文）

❹　參考翁之鏞：《中國經濟問題探原》，頁三六、五一，四十五年（一九五六）正中書局臺二版。

一場大飢荒，人口被消減到土地生產量足够養活時，大亂才能消逝，又恢復過去安定的歲月❺。本書第二章將提到，清代至嘉、道年間，人口已超出四億，在一百五十年裏，生齒劇增約三倍，因此農民暴動及叛亂事件迭起。

另一循環套是政治方面的。中國史上每一朝代的開國君主及元勳，大部分起自民間，自奉極薄，心目中的奢侈標準是很低的，而且比較能體恤民間的疾苦，辦事亦比較認眞，這是內政昌明，吏治澄清的時代。後來慢慢的統治階級的慾望提高，奢侈標準隨之提高，因之官吏的貪污亦大大的長進，人民所受的壓榨也更加嚴重，自然要引發朝代更替的危機❻。

鴉片戰爭前，中國歷史恰演變到兩大循環套的極低點，也就是說，「西洋勢力侵略當起始的時候，正是我們抵抗力薄弱的時候」❼。當時中國朝野，正力圖用傳統的老辦法——如經世思想中所提倡的，來解決內部的問題，又要應付來自西方的外患，自然更是力不從心，中西之間的情勢如何會不逆轉？

相對於中國的衰弱，十九世紀的西方，除了工業化之母的英國之外，美、德、法、意諸國，也都相繼工業化，蓄積了有史以來最強盛的國力。中國在他們的壓力下，無役不敗，受盡屈辱，在西方卻又是一個充滿希望的新時代。西方此刻正充分發揮知識

---

❺　參考韋政通：《中國文化概論》，頁二六八，五十七年（一九六八），水牛出版社。

❻　同前註❸頁二五四～五。東漢時仲長統（一七九～二二〇）曾討論過漢家天下由亂到治，又由治入亂的歷史演變的節奏，這種節奏我稱之爲「專制政制治亂三步曲」，可以參看。（見韋政通：《中國思想史》，頁五八八～九）

❼　同前註❸之書，頁二五五。

的力量，而中國仍蔽錮於中古心態。

　　哲學家懷德海（A. N. Whitehead 1861～1947）於《科學與現代世界》中曾指出，十九世紀的西方文化有三大主流正發展到高峯：一是表現在宗教復興、藝術及政治理念上的浪漫主義思潮；二是爲思想開拓新路的科學躍進；三是徹底改變人類生活條件的科技發展。而這個世紀最大的發明則是找到了發明的方法，也就是把科學概念與實際成果之間的鴻溝塡起來的新方法，懷氏認爲這才是震撼古老文明基礎的眞正新東西❽。

　　十九世紀異於往昔的特殊及新穎之處，固在科學技術，但整個變化實源自新的科學知識。懷德海說：「人們所認識的多半是科學的結果而非原理，因而科學便顯然成爲實用觀念的倉庫。但我們若要理解這個世紀所發生的事，那麼把它比喩成礦藏卻比倉庫更恰當」。爲何新的科學知識能喩之爲礦藏？因爲到這個世紀，人類才完全有意識地覺識到知識在一切部門中專業化的力量，找到了培養專家的方法，認清了知識對技術進步的重要性，發現了抽象知識與實際技術相聯繫的方法，並且看到了技術進步的無限前程❾。

　　當十六、七世紀中西兩大文明第一回合的遭遇中，西方主要是以奇異的宗教出現，當時西方的船隻和武器與我國相較，並無決定性的優勢，結果鎩羽而去❿。到十九世紀第二波捲土重來

❽　見懷德海著，傅佩榮譯：《科學與現代世界》。頁一〇九、一一〇，七十年（一九八一）黎明文化公司。
❾　同前註，頁一一一。
❿　參考湯因比著，果仁譯：《世界與西方》，頁四九、五一、六十五年（一九七六），牧童出版社。

時，情勢完全逆轉。其中決定性的因素，便是懷德海所說新的科學知識與技術。在這種新局面下，誠如湯因比在《世界與西方》中所言，中國唯一可變通之路，就是以學習如何製造和運用西方的軍備，把西方阻止在國門之外。要達到這一目的，唯一的辦法，就只有在西方征服者強迫進來之前，自動把門戶開放給西方技術進來⓮。事實上中國政府並沒有能做出這樣的選擇，中國的門戶還是被西方的船砲所敲開，而且是在一再遭受重創與羞辱之後，才被動地不得不接受西方的技術，時機上已晚了一大步。

第二節　中西世界觀的衝突

在鴉片戰爭之前，中國政府對西方迎拒之間，未能有較爲明智的抉擇，牽涉的因素非常複雜，主要是由於文化差異，從高層次的世界觀，到低層次的人類基本常識，都與文化有不同程度的相關性，這些因素使中西在每一個層次上都有衝突，外交方面的衝突尤其直接而嚴重。

在低層次上，中國士大夫對洋人的體型、外貌都曾有過極爲奇特的印象和揣測，如裕謙說：「該夷大砲不能登山施放，夷刀不能遠刺，夷人腰硬腿直，一擊便倒」⓬。大理寺少卿金應麟猜想：「夷人恃有犀革，能耐刀箭，而兩腿軟弱，一擊卽倒」⓭。

⓮　同前註，頁五〇。
⓬　《道光朝夷務始末》卷十九，轉引自王爾敏：《晚清政治思想史論》，頁一六七。
⓭　同前註卷四十一。

在野紳士葉鍾進幻想：「其人目不能遠視，故不能挽強命中，腳又無力，上岸至陸地，則不能行，若制挺專折其足，則皆斃矣」[14]。阿英（錢杏村）《鴉片戰爭文學集》載汪仲洋言：「英夷之腿極長，青衣裹纏，直立，不能超越騰跑。睛色碧，畏日光，卓午不敢睁視」。卽連與洋人有直接交手經驗，識見也高人一等的林則徐也說：「至岸上該夷無他技能，且其渾身裹纏，一仆不能復起」[15]。此外，西人來華從事貿易者，以販賣茶葉、大黃為主，御史周頊竟然因此產生奇想：「外夷於內地茶葉、大黃，數月不食，有瞽目塞腸，甚至不能聊生」[16]。林則徐、包世臣也有相同的看法。由這些例子來看，這時期國人對西方所缺乏的不僅是知識，連人類基本的常識也沒有，這說明中國文化對知識份子的訓練和日常生活的教養都有問題。依據這種了解去對付洋人，不論是「撫夷」也好，「剿夷」也好，怎能不錯誤百出，貽誤戎機？

　　天朝型的世界觀，是了解十九世紀我國對外關係必不可少的重要基點，當我們譴責這種世界觀嚴重妨礙中外關係正常發展時，應知天朝意象在傳統中國，重在和平相待、文化傳播、象徵意義，在歷史上確曾長期維持國際間和平，達成國際關係制度之功能，其生成背景與實質條件，與近世西方的殖民主義完全不同[17]。

---

[14]　葉鍾進：《寄味山房雜記》，亦轉引自前註[12]，王著。
[15]　同前註[12]，卷十四。
[16]　同前註[12]，卷二。
[17]　王爾敏：〈十九世紀中國國際觀念之演變〉，見香港中文大學中國文化研究所學報，十一集，頁一〇四。

　　既持有天朝型的世界觀，因此必是自我中心的，也不可能以平等的眼光看待外邦⓲。以「中國是世界上最古老的國家，中國人的生活方式遠較其他民族爲優」⓳作爲文化基設的情形，也必然難以避免。這種觀點和文化基設，很明顯地反映在對外商的設限上。

　　西方商人在中國，原只限於廣州一地，不但商業行爲須受中國律法約束，卽日常生活亦莫不受官吏干涉。外人不准乘轎，與澳門通訊，只許用無蓬小船，不可用插旗三板船隻。外國軍艦，不准駛至虎門以內，保護商船之軍艦，亦須停舶於江口之外。每年夏秋兩季是通商時節，外商可住於廣州十三行內，通商季節一過，不可繼續停留，必須到澳門去過多。十三行是中國政府指定的十三家可以與外人做買賣的，外人不可與中國政府直接往來，所有交涉必須經由十三行的行總傳達，行總也是中國政府的信使和交涉員。卽使在通商季節，外人也不許泛舟江上，亦不可隨便出遊。按規定只有每月的初八、十八、二十八三天可遊覽花地海幢寺，每次只限十人。外商當然不可以帶軍器進廣州，在廣州旣不可雇用中國僕婦，「夷婦」也不許進城。最奇怪的禁令是外人不得購買中國書籍，不可學習中國語文，此爲康熙末年楊琳所奏請，乾隆時劉亞匾卽因借夷商資本，教夷人學中文而伏法。第一個耶穌教傳教士馬禮遜博士的中文教師，每次出門授課都必携帶

⓲　詳見殷海光《中國文化展望》，頁四～六，五十五年（一九六六），文星書店。

⓳　許烺光著，張瑞德譯：《文化人類學新論》，頁一一三，六十八年（一九七九），聯經出版公司。

一隻鞋子和一瓶毒藥，用鞋子掩飾行徑，萬一被官方查到就準備用毒藥自盡❷。清廷防範外人之嚴，已超出以往防範四夷，也違反了中國「用夏變夷」、「夷狄入中國則中國之」的文化信念。此雖由於此夷非彼夷，不得不小心從事，但又何嘗不是把中國人「權威型態度」中所謂「不信任他人，總懷疑別人在進行某種陰謀」❷的性格發揮到淋漓盡致。

在天朝型的世界觀下，中國的皇帝當然就是天下的共主。一七九三年在西方已稱霸的英國遣正使伯爵馬戛爾尼來華，這在近代西方國際關係中，本是很平常的事，可是到了中國，不但為覲見禮節的問題爭執不下，清廷根本把英國視為朝貢國。馬使大抵是依國際慣例向中國政府提出一些要求，清廷不但拒絕其要求，且下了一道著名的敕書敕諭英王，內容完全是天朝對藩屬的口氣❷。

覲見問題並不因鴉片戰爭失敗而有所改變，直到同、光時

---

❷　以上限制外人的規定，是參考 (1) 蕭一山：《清代通史》(二)，頁八三六～七，五十六年（一九六七），臺灣商務修訂本臺二版。(2)蔣廷黻：《中國近代史研究》，頁二三一～二。

❷　當代心理學者大都認為中國人性格中具有「權威型態度」，引文乃心理學家阿都奴等人所說權威型態度者在人格上表現的八個特徵之一，見《雲五社會科學大辭典》，「心理學」，頁一九七。

❷　敕書很長，開頭的一段是：「咨爾國王，遠在重洋，傾向響化，特遣使恭齎表章，航海來庭，叩祝萬壽，並備進方物，用將忱悃。朕披閱表文，詞意肫懇，具見爾國恭順之誠，深為嘉許。所有齎到表貢之正副使臣，念其奉使遠涉，推恩加禮，已令大臣帶領瞻覲，錫予筵宴，疊加賞賚，用示懷柔。其已回珠山（舟山）之管船役人等六百餘人，雖未來京，朕加優賞賜，俾普霑恩惠，一視同仁。至爾國王表內，懇請派一爾國之人，住居天朝，照管爾國買賣一節，此與天朝體制不合，斷不可行」。敕書及又敕諭全文，見蕭一山：《清代通史》(二)，頁八一五～二〇。

代，問題依舊存在。爲甚麼會有這種現象？蔣廷黻說：「因爲君臣是中國五倫之一，覲見的禮節就成了倫常問題、人生哲學問題。同時我們的儒教，至少自宋朝起，認眞的，在思想上，把中國的皇帝當作天下的共主看待，所以覲見的禮節又成了政治哲學問題。總起來，我們可以說這個覲見問題就是中西文化的衝突問題。表面上看起來，這個問題似乎無關外交實際，其實這個及其他所謂體制問題阻礙了我們外交的進行」❷❸。其中除了把皇帝當作天下共主這種思想，應由宋朝再向前移約兩千年❷❹，其餘的了解都很正確。這裏所謂的體制問題，與近人所說的中國人性格裏的面子主義，實互爲表裏。近代中西覲見禮節之爭，爲面子主義提供了極佳的實例。

馬戞爾尼代表英王喬治第三向中國政府所提七項要求的第一項就是：「准英國派員駐北京，以便照管本國商務」❷❺。這種要求，依照西方國際慣例，本也是很平常的事。可是在中國，由於文化背景不同，對皇帝所在地的北京，要求派駐使節，就成爲不可思議的事。因在中國人的心目中，皇城京師重地，乃神聖的象徵，外人非經特許，絕不許輕涉重地，否則便有損天朝的尊嚴。爲此，乾隆皇帝在答覆英使的敕書中說：「至爾國王表內，懇請派一爾國之人，住居天朝，照管爾國買賣一節，此與天朝體制不合，斷不可行」。這種想法，也沒有因鴉片戰爭的刺激而有所改

---

❷❸ 蔣廷黻：《中國近代史硏究》，頁二一一。
❷❹ 《詩經·小雅·北山》已以「溥（普）天之下，莫非王土，率土之濱，莫非王臣」形容封建周室，經《孟子·萬章篇》加以稱引，遂成後世天朝型世界觀的基本信條。
❷❺ 英方要求七項，詳見蕭一山：《清代通史》（二），頁八一五。

變。咸豐八年（一八五八）英法聯軍由大沽口進據天津，清廷因京師受到嚴重威脅，不得已才派出桂良和花沙納到天津談判修約事。談判中北京駐使仍然是嚴重問題，朝廷官吏仍認爲對方這種請求簡直荒謬絕倫，萬不可許。爲了堅持這一點，甚至不惜以完全不收關稅，以交換外人放棄北京駐使及長江通商。西人爲獲得商業以外更多的利益，不惜以武力步步進逼。中國爲體制爲面子而處處防堵，以爲外夷旣唯利是圖，以利誘之，必可使就範。結果換來的是更大的國恥——英法聯軍侵佔北京，火焚圓明園，這回繼南京條約、天津條約之後，又訂了北京條約。

十九世紀中期，所謂同治中興諸大臣，在器識方面比之道、咸時代的人物，確有進步，但對領事裁判權、協定關稅的關權、最惠待遇的法權，仍都不重視。今日看來，那時代拚命抗爭的都是不必要爭的，該竭力爭取的權利，又輕易放棄了。由這一事實最足以說明，在西方帝國主義壓力下，要做到不喪權辱國，傳統文化與民氣已不足恃，最迫切需要的是近代知識，而這方面在那個時代卻是我們最貧乏的。

當中國仍以天朝意象作爲與西方人溝通的底線時，西方經過三百年漸進而又革命性的改變，早已形成一種新的世界觀，這種世界觀認爲世界（包括自然世界與社會生活世界）是一個以作爲主體之人爲中心，可以被人量度、控制的因果機制；同時人不再被視爲是這個世界的一部分、這個世界的產物（這是古代以迄近代以前之世界觀），而被視爲是能以自己的力量征服世界、轉化

世界的獨立主體㉖。 這就是十九世紀歐洲向外擴張時， 船砲政策、殖民主義所根據的世界觀，它所期望的不像中國僅要求萬邦來朝的虛榮，也不只是爲了商業利益，還認爲他肩負著「白種人的負擔」(Whiteman's burden)，有義務將西方文化傳播到「沒有法律的次等民族」之間，使他們脫離野蠻，進入文明的境界㉗。這自然會造成文化衝突與文化抗拒。

另一方面，科學具有普及性的特色，懷德海說：「近代科學誕生於歐洲，但是卻以整個世界爲家。………這類東西只要是有理智的社會，就能從一個國家傳播到另一國家，從一個民族傳揚到另一民族」㉘。中國要想繼續生存於這個世界，西方的科學是絕對無法抗阻的。 在白種人的優越感之前， 爲了維護民族的自尊、文化的自信，又不能不抗阻。鴉片戰爭以後的中國，就是在這種既不能抗阻又必須抗阻的矛盾、困惑中掙扎的歷史。這也是二十世紀西化主義、傳統主義兩個思潮的根源。

第三節　瞭解「西方衝擊」的意義

以上兩節已很簡略地說明了中西兩個陌生世界的相遇，以及世界觀衝突的情形，也爲近四十年來頗爲流行的所謂「西方衝擊」

㉖　以上西方近代的新世界觀，是參考杭之：＜依賴的現代化發展的反省＞，見《一葦集》序論頁十六、十一，七十六年(一九八七)，允晨文化實業公司。

㉗　伊士頓著，李邁先譯：《西洋近世史》第五章：＜十九世紀歐洲之擴張＞，頁二九一，六十三年（一九七四），幼獅書店。

㉘　懷德海著，傅佩榮譯：《科學與現代世界》，頁三。

說，提供了一個背景的了解。由於西方近代文明的優勢，這種衝擊無可避免，問題在我們對「衝擊」的意義如何了解？首先，衝擊代表西方文明的新動力，這股動力指甚麼？爲何這股動力又必須向外擴張？假如我們對這些問題有清楚的認識，將有助於深一層了解十九世紀中國在世界的處境。

這股新動力單由工業革命來了解是不够的，至少還要包括自由主義與民族主義。工業革命直接源於前文第一節提過的新科學知識與發明的方法，它一個重要的特徵，即以機器取代人力與獸力。以一七六七年前後瓦特發明蒸汽機爲工業革命之始年，雖不免武斷，但這一發明在工業革命的過程中居於關鍵性的地位，應無疑問，因爲蒸汽機不但改變了傳統的生產方式，也使交通工具進入新的世紀。蒸汽機應用於製造業，使大量生產成爲可能，大量生產促使商業興盛；大量生產需要豐富的原料，商業興盛需要廣大的市場；再加上東西新航路的打通，以及亞當・斯密（1723～1790）的世界主義、自由競爭等觀念的鼓吹，爲向海外擴張創造了充足的條件。

日本經濟史家大塚久雄在其所著《近代化の人間的基礎》中說過，在近代人格的眾多特徵中，如熱愛自由、崇尙正義、富創造力、具有批判精神，最重要也是最根本的，乃是「獨立自由」的精神，他認爲近代社會之所以產生，完全是依賴這種人格的努力所致㉙。近代科學知識的進步，技術的發明，民主政治的發展，無一不是這種精神的實踐，所以獨立自由可以說是近代西方各種

㉙　見宋明順編著：《現代社會與社會心理》，頁二九一，六十三年（一九七四），正中書局。

動力的基礎。自由主義使這種精神成爲有系統的學說，這方面有傑出貢獻的是哲學家洛克（1632～1704），他的自由理論，奠定了英國議會政治的理論基礎，十八世紀法國三大思想家：提出三權分立論的孟德斯鳩（1689～1755）、爲自由而戰的伏爾泰（1694～1778）、發展社會契約論的盧騷（1712～1778），皆深受洛克的影響。自由主義不僅掀動了十八世紀美國與法國的兩大革命，也鼓舞了各地爲爭取獨立而奮鬥的人民。另一方面，因爲它一向主張自由競爭與自由貿易，所以當一八三二年英國格雷選舉法改革案經兩院通過，使新興工商業中產階級自由份子進入國會後，很自然地削減了政府對貿易干預的阻力，從而助長了向外發展的力量。

西方近代的歷史舞臺上，充滿著戲劇性的變化，十六世紀初葉稱霸的是葡萄牙人，他們對近代史的開拓貢獻極大，因爲發現非洲南端好望角（一四八六）的戴雅斯（?～1500）、航行世界一周（1519～22）的麥哲倫、從歐洲經由非洲南端，抵達印度的伽馬（1469～1524），都是葡萄牙人，也因此最先獲得廣大的殖民地，也是近代最早到達中國和日本的西方人。到十六世紀後半西班牙便取代了葡萄牙的地位，西班牙的無敵艦隊雖爲英國所殲滅（一五八八），但取而代之的卻是荷蘭。荷蘭的全盛時代是十七世紀前半，到了十七世紀後半，英國爲了爭奪世界霸權，三次擊敗荷蘭。英國要登上世界霸權的寶座，還必須再打敗向它挑戰的法國，這個目的要延至十八世紀中葉才算達成。這一連串戲劇性的變遷，就是西歐民族主義初現的歷程。因戰爭而激起民族意識，民族意識則爲促進人民團結的力量，於是有民族國家時代的

到來。建立民族國家的民族主義，表現一民族成員的覺醒，以及人民主權與民族尊嚴的要求，這是維持國際秩序、走向世界和平不可或缺的條件。但民族主義還有其他的類型：一是擴展民族的「揚威民族主義」(prestige nationalism)，一是侵略其他民族的「擴張民族主義」(expansive nationalism)。很不幸，中國在十九世紀所遭遇的「西方衝擊」，正是挾著科技的絕對優勢的「擴張民族主義」，它具有一個民族支配並剝削另一民族的特性❸，所以這種民族主義也就是中國人至今仍痛恨的帝國主義。

　　十九世紀首先用洋槍大炮轟開中國大門的，就是已取得海上霸權，正稱雄世界的英國。中英通商始於十七世紀初葉，本由東印度公司代理，明崇禎十年（一六三七），英政府因不滿東印度公司對華態度消極，遂派威得爾上尉率領一支小型船隊直駛澳門，為葡萄牙人所阻，又轉進抵達粵江入海之口的虎門，與我方守軍交兵，僅半小時，「虎門天險」就已失守。此後一百多年，英人在中國的商業活動有增無減❹，英國政府為了保障他們的商業利益，並使貿易能順利進行，所以於乾隆五十八年（一七九三）、嘉慶二十一年（一八一六）兩度正式派使節來華交涉，交涉項目主要為北京駐使，租借土地居住英國商人，加開通商口岸減少對英人活動的限制等。可是中國方面對前次使華的馬戞爾尼，卻誤以為是為叩祝乾隆皇帝萬壽而來，對後次來華的羅爾美都，

---

❸　以上有關民族主義特性的分析，見恩格爾等著，張明貴譯：《意識型態與現代政治》，頁三十五，七十年（一九八一），桂冠圖書公司。

❹　有關十八世紀中葉以後英人在中國的商業活動及入超所造成的影響，可看侯外廬：《中國早期啓蒙思想史》，頁六二四～五。

竟因跪拜禮節問題， 遭逐客之令 。 當時中國的世界觀以及對通商、司法等觀點，處處與西方人格格不入，絕難爲強盛的英國所能久忍；道光十四年（一八三四）英政府取消了東印度公司在華專利，與中國政府發生直接關係，中英之間的武力衝突已注定不能避免。

鴉片戰爭前，英國所以迫不急待地要與中國解決因通商而長期累積的問題，是因：（1）十九世紀初，英政府已充分了解工業發展在長期爭霸戰中發揮的威力，因此對工業界提供了更多的協助與鼓勵， 如答應工業界自由貿易的要求， 並撤銷航海條例 。（2）爲了使工業繼續成長，開闢海外市場也日益迫切。（3）打敗所有對手之後，激起了進一步經營亞洲的雄心。（4）由於中國的禁烟政策雷厲風行，英國爲了維護鴉片的厚利，決心用武力消除障礙[32] 。集此數因，鴉片戰爭終於爆發。戰爭期間，英軍充分發揮了商業、海盜、戰爭三位一體的「擴張民族主義」的特性[33] 。在英國人方面，所有對外的搶刼、擄掠，在民族主義號召下，都變成愛國行爲，在中國方面，則爲近代史浩刼的開端，這就是中國對所謂「西方衝擊」的意義最早的體認。

---

[32] 關於這方面的原因，蔣廷黻：《中國近代史研究》，頁一八六，所說的四點可以參考。

[33] 英軍在鴉片戰爭期，對中國人民的騷擾搶掠的情形，可看鄧嗣禹：〈鴉片戰爭期間英國人的軍紀問題〉，原載三十六年(一九四七)四月三十日上海大公報文史週刊第二十七期，又見包遵彭等編：《中國近代史論叢》第一輯第三册，七十年（一九八一），正中書局臺七版。

第四節　衝擊的反應之一：認識西方

中英鴉片戰爭的發生，是歷史的必然還是偶然？就引發戰爭的眾多因素中，有些是長期累積下來的問題，所以它不是偶然的。照工業革命以後西方近代史發展的軌跡來看，中國的刼難，似乎很難避免，「很難」並不就是「必然」。事實上這場戰爭是發生了，如果要當作「歷史的必然」來了解，這並不是西方單方面能完全決定的，還有中國方面的因素。假如當時中國「文化蒙蔽」的現象不那麼嚴重，又假如在中英二百年斷斷續續的通商過程中能有一點警覺，對西方近代文明的發展有些正確的理解，對當時國與國之間交往的國際慣例、國際法的知識有起碼的了解，那麼對許多衝突處理的方式可以完全不同，大規模的衝突——戰爭，並非絕對不能避免。如果要再進一步問：上述幾種假如的情況爲何並未能發生？這個問題的牽涉面就很廣，除了世界觀的因素之外，還有康熙以後百年間學術的走向問題和滿清異族統治問題，而最直接的一個因素，是由中國傳統文化中孕育出來的認知心態與認知方法，對接受西方近代文明有相當的困難[34]，這一點不要說在鴉片戰爭之前，即使在戰後中國認識西方的過程中，仍

---

[34] 柯翰（Paul A. Cohen）於＜歐化東來——西方對中、日最初的衝擊＞一文中（該文見湯因比編：《半個世界——中日歷史與文化》）曾討論到這個問題，他也認爲在一八五三年「開放」前的一百年中，中國吸收西方文化的能力，不如十六、七世紀吸收西方宗教的能力，這種能力的減退，他歸因於中國沒有出現像日本蘭學泰斗本田俊明（1744～1821）那樣的人物，也沒有「英學」運動來震撼儒學的基礎。他的討論未能觸及問題的核心。

舊非常明顯。

由於鴉片戰爭的刺激，認識西方已逐漸成為士大夫們追求新知的趨勢。他們的認識是如何開始的？為甚麼要從這一點而不從另一點開始呢？史華慈（Benjamin Schwartz）教授的話，有助於我們對這個問題的了解，他說：「在一個文化中的一些人士與另一文化接觸時，他們是帶著從自己文化的特殊歷史環境中所產生的先入為主的關切，來與另一文化接觸的；在這種接觸中，他們是對那些看來與他們先入為主的關切最為相干的成分反應的」㉟。第一次中英戰爭後，中國士人「先入為主的關切」與「最為相干的成分」是甚麼呢？毫無疑問是「船堅砲利」之說，據王爾敏的估計，當時包括道光皇帝在內，至少有六十六人有這方面的關切，他們的身份不是高級官吏就是著名紳士，如魏源於道光二十二年十二月（一八四三年元月）完成的《海國圖志》中，就主張在廣州設造船廠、火器局，並雇法美兩國工程師，帶西洋工匠前來製造，並教習駕船演砲。又建議科舉項目增加水師一科，使能造輪船槍砲者獲科甲出身，能駕駛輪船施放槍砲者為行伍出身，而水師將官均必須由此途升轉㊱。魏源的主張有一部分於二十年後終於實現，曾國藩等於同治四年（一八六五）在上海開辦江南製造局製造槍砲，並附設兵工學校培養兵工人才。同時又有南京機器局，主其事者為英人馬戞爾特尼。次年，福州也成立了

㉟ ＜史華慈、林毓生對話錄＞，見林毓生：《思想與人物》，頁四六二，七十二年（一九八三），聯經出版公司。

㊱ 王爾敏：《中國近代思想史論》，頁六～七，六十六年（一九七七），華世出版社。

兵工廠，主事者爲法人葚克爾。在私家方面，戰後二十年間，有研究西洋火器並自創新法者，達二十二種，有觀察西方火輪船而記錄介紹者在十人以上 ❸ 。這些著作，因外來相關資訊極爲有限，其粗陋可以想見。公家方面的軍器事業雖略具規模，但「各兵工廠所用原料，亦皆來自外國，本國不能自給也；歐美最近之軍器，幾於無人過問」❸ 。要想在這種情況下，做到「師夷之長技以制夷」，當然是緣木求魚。當時國人根本無法認識到，實用的技藝必有非實用的理論導乎先路，西方的船堅砲利，乃由工業革命的基礎上漸次發展而來，軍器工業亦必有其他相關工業爲其條件，豈是一蹴可至的？

　　在同時期認識西方的另一動向，是對西方歷史地理的了解。在鴉片戰爭之前，雖已有多種這方面的書籍（見下文），但到道光二十年（一八四〇）清廷對英國在那裏都搞不清楚❸，難怪魏源要慨歎：「以通市二百年之國，竟莫知其方向，莫悉其離合，尚可謂留心邊事者乎」！魏源乃當時關心域外的第一流人才，把認識西方史地仍當作「留心邊事」，其觀念上的侷限可知。

　　由於文字隔閡，人才奇缺，戰後對西方史地知識的需求雖較前迫切，然據王家儉對一八〇六至一八六一年間所做的統計與比較，西人於戰前介紹史地知識的書籍有十三種（一種易地重刊），

---

❸　同前註，頁七。

❸　張星烺：《歐化東漸史》，頁五九，三十六年（一九四七），上海商務三版。

❸　如《道光朝籌辦夷商始末》卷四十六～七，載道光二十年（一八四〇）清廷諭浙東欽差大臣奕經，要他向所俘英國軍人打聽英國「距離內地水程」、「英吉利至回疆有無旱路可通」？

期刊六種；戰後書籍十二種，期刊三種。國人於戰前所著這方面的書籍有十六種（一種內容相近），戰後有十五種。可見戰後二十年與戰前三十多年相較，並沒有多大進展❹。

　　這一時期對西方史地知識的介紹，其美中不足之處，王家儉也有檢討：（1）西方教士原以傳教爲主，國人又不諳外文，故當時所介紹者，類多通論之作，不脫常識範圍。至於專門性的或學理性的著作，並不多見，西方最新的學術發展，則更無人會加注意。（2）由於中國的教育制度未曾改變，考試仍爲小楷與八股，治學依然以考據訓詁爲主，故新知識雖不斷地介紹，但卻始終未能普遍而深入。不僅一般守舊之士故步自封，以西學爲不屑講求，即號稱爲維新人士，也大多「非失之過，即失之固」。以西學爲沽名之具，時髦之舉，根本缺乏深刻的理解。（3）如以同一時期，我國與日本相較，則我國之吸收新學實不如彼邦之熱烈而積極。一八五四年日本開國之初，爲明瞭世界大勢，尙將我國《海國圖志》及《瀛環志略》（徐繼畬著）作爲其史地教本。但十年之後，其翻刻翻譯訓點之西方書籍圖表，即達百餘種之多，數量遠超過我們之上。這種保守與進步的不同態度，關係於兩國日後之盛衰者甚鉅❹。

　　一八五七～六〇年的英法聯軍之役，在中國人的感受裏，其屈辱、其創痛遠超過前次的鴉片戰爭，在此期間，又適逢太平天

---

❹　王家儉：＜十九世紀西方史地知識的介紹及其影響(1807-1861)＞，
　　原載《大陸雜誌》三八卷六期，後編入史學叢書第三輯第一册：
　　《史學先秦史研究論集》，頁八四～九〇，大陸雜誌社印行。

❹　同前註，頁九一。

國之亂，內憂外患交迫，滿清王朝幾乎覆滅。經此鉅變，朝野才算接受教訓，力圖振興，於是進入自強運動的時代（一八六○～一八九四），中國近代化的事業這才眞正開始，認識西方的工作也加快了腳步。從一八六二年設立京師同文館起，公私翻譯西書的機構紛紛成立，範圍廣，數量多，當推一八六八年江南製造局所設譯書館❷。「五四」新文化運動時代，提倡科學與民主，中國認識科學的重要，實始於自強運動，據統計自咸豐三年（一八五三）至宣統三年（一九一一）近六十年間，西方科學著作被譯成中文的共有四六八部，包括：（1）數學類一六四部。（2）理化類九八部。（3）天文類一二部。（4）博物類九二部。（5）地理類五八部。（6）總論及雜著四四部❸。如參考郭廷以〈近代科學與民主思想的輸入〉一文❹，其中大部分的譯著，皆出版於自強運動時期。

　　就以上各類翻譯科學主要項目的數量來看，最受到重視的是數學，其次是理化、天文。由於在這期間，我國出現了像李善蘭（1811～1882）這樣的數學家和徐壽（1818～1884）這樣的化學家，使這兩個領域的譯介工作，尤其顯得突出❺。他們對西方近

---

❷　關於晚清翻譯西書的詳情，可看郭廷以：〈近代科學與民主思想的輸入─晚清譯書與西學〉（上）（下），原載《大陸雜誌》四卷一期，後編入史學叢書第一輯第一冊：《史學通論》，大陸雜誌社印行。

❸　《中國科學文明史》，頁六六二，七十二年（一九八三），臺灣木鐸出版社，無作者姓名。

❹　此文出處，見前註❷。

❺　關於西方各種自然科學知識的輸入，可看《中國科學文明史》，頁六六三～八一，七十二年（一九八三），臺北木鐸出版社，無作者姓名。

代科學的認識， 畢竟祇是一些特例， 這方面的人才在整個學界中， 實不成其比例， 對整個學界的影響， 也微乎其微。十九世紀六十年代以後， 吸收西方新知的腳步確已加快， 但同時反西化的聲浪也愈來愈激烈， 全漢昇說：「我國人反對西化的言論， 在清末流行最盛， 但卻不始於清末， 自明末利瑪竇東來， 介紹西洋文化於中國時始， 反對之聲即已四起。可見清末反對西化言論的流行絕不是偶然的， 只是繼續過去二百多年的潮流， 再加以當日(清末)環境的刺激， 於是達到空前的發展而已」❻。所謂「環境的刺激」， 應是指西方的侵略以及國人對侵略者的懷恨與抵抗。在這種背景刺激下所產生的反西化言論的內容， 從物質文明的衣食住習俗、機器、輪船大砲、鐵路、天文學、醫學， 到精神文明的宗教、倫理、民主政治、發展個性的教育， 無一不遭到中國士人的反對。 反對的理由更是無奇不有， 例如俞樾 (1821～1906)反對學習西洋， 主張以中國「拙」的文明來制勝西洋「巧」的物質文明：「彼挾其心計之巧， 技術之工， 以眩吾之耳目， 而吾不為之動， 則彼固索然而返矣。即或決命于疆場， 彼之利器足以傷我者不過數百人耳， 數十人耳。吾賞罰信必， 號令嚴明， 千百為輩， 如牆而進， 彼奈我何？故曰， 惟拙可以制巧」❼。又如王闓運 (1833～1916)反對西洋輪船大砲的理由是： 「火輪者， 至拙之船也， 洋砲者， 至蠢之器也。船以輕捷為能， 械以巧便為利，

---

❻　全漢昇：＜清末反對西化的言論＞，原載《嶺南學報》第五卷三～四期合刊，引文見《中國近代現代史論集》⑲，頁一二七，七十五年(一九八六)，臺灣商務印書館。

❼　同前註，頁一四四～五。

今夷船煤火未發，則莫能使行；炮須人運，而重不可舉，若敢決之士，奄忽臨之，驟失所恃，束手待死而已」❹。若在二百多年前，有此完全不顧事實的幼稚言論，或有可能。清季中國已面臨存亡絕續的危機，高級知識分子對西洋文明之理解竟若是! 更何況俞樾和王闓運在當時都是一流的學者，這就不能不說與中國傳統文化中孕育出來的認知心態與認知方法有關了。在眾多反對西化的理由中，「西學源出中國說」在一八四○年以後的六七十年間是相當流行的一個理由❹，此說包含「古已有之論」，反應着既防衛又屈從、既自信又自卑的複雜文化心理。這種論調的基本假設是中國文化優於西方。這個假設不論表現於世界觀或是認知的方式之中，都有一共同的特點，那便是殷海光所說的「價值迷和事實盲」❺。抱著這種值價的主觀主義的人，不論呈現在眼前的事實如何，都始終膠固在文化的自我中心、自我優越的想法上。在這裏，我們不難發覺中國傳統思想裏的一個根本缺陷，卽認知的獨立性始終未能充分地發展❺。平常我們說中國傳統中邏輯、知識論的意識不發達，缺乏獨立的學統，缺乏爲知識而知識、爲眞理而眞理的精神，和這個根本缺陷是密不可分的。這個缺陷不

---

❹　同前註❹，頁一五一。

❹　關於「西學源出中國說」的討論，可看：(1)王爾敏：《晚清政治思想史論》，頁七三～六。(2)王爾敏：《中國近代思想史論》，頁五○～一。

❺　《殷海光先生文集》，頁九六四，六十八年（一九七九），九思出版公司。

❺　關於這個問題的討論，可看殷海光：〈認知的獨立〉一文，見前註之書，頁九五五～七二，此文原載香港大學生活一九六六年元月號。

但長期延誤了我國對西方文化的吸收，對中國文化重建的工作，也產生了很大的阻力㊿。

第五節　衝擊的反應之二：以夷制夷

以上「認識西方」所認識的內容，雖包含技術、史地、科學等不同方面與不同層次的知識，就回應西方的衝擊而言，可統稱之謂文化的反應。除此之外，另一重要的反應，是外交上的。文化方面的反應，雖然距離實際的需要，差距甚大，卽使與同時期的日本相比，也遠落人後，但還是有相當進展，在鴉片戰後的六十年間，還是為中國近代化的事業，奠定了初步的基礎。外交方面的反應就大不相同，這方面所採取的對策如何，不但直接影響和

㊿　從認知心態與認知方法上所反映出來的我國思想的缺點，早就引起國人的檢討，下面舉兩個例子：（1）梁啓超於民國十一年八月二十日在南通為「中國科學社」年會，以＜科學精神與東西文化＞為題發表演講，曾指出中國學術界缺乏三種精神：一是求眞智識，二是求有系統的眞智識，三是可以敎人的智識（指按步就班的傳授方法）。因為缺乏這三種精神，所以產生籠統、武斷、虛僞、因襲、散失等病徵。梁先生認為中國文化必須加入這新的精神，才能再放異彩。（梁文原載《科學雜誌》七卷九期，又見郭正昭等編：《中國科技文明論集》，六十七年（一九七八）牧童出版社。（2）翁之鏞：《中國經濟問題探原》最後一章，討論到中國傳統思想中三種偏向（重人倫而卑事功，崇具體事物而略抽象觀念，尊個人道德而輕團體規約），以及缺乏客觀態度的由來（不重客觀的眞實性，不重數量的應用，缺乏函數觀念的認識）。翁先生認為：「我國舊思想中惟以缺乏客觀的必要條件之故，不但對外來的思想與文物制度，祇能淺嘗而止；卽對於其自處的環境，及其歷史的淵源，也缺乏其時代意義的眞切認識」。（頁三五五）

與戰，甚至影響到整個國運。鴉片戰後，由於列強帝國主義的侵略本質和中國國力的日漸衰微，在這種內外交逼的情況下，使用任何外交策略，基本上都沒有獲勝的機會。在這時期，我們抵禦外侮的條件各方面都非常薄弱，唯一突出的現象，是出了一些傑出的人才，這些人才如稍早有林則徐，然後是曾國藩、李鴻章、張之洞、郭嵩燾、曾紀澤，他們憑藉著極為有限而又模糊的國際知識，對交往對手的強度、意向缺乏資訊作為判斷依據的情況下，依然要折衝尊俎於列強之間，可謂備極艱辛。如果我們弄清楚十九世紀的世界大勢，中國在列強一波一波的侵略下，雖危而終不亡，已是萬幸，不亡的原因雖不單純，人才的表現則為其中之一因。如謂並沒有因這些人才而改寫一連串喪權辱國的歷史，這並不公平。喪權辱國，除上述彼強而我弱之外，還有一個根本原因，即中國歷史文化中所有與外人交往的經驗，以及因應外人的方術、策略，都不足以應付新世界的局勢。鴉片戰爭後，在外交上接受殘酷考驗的不只是少數人才，而是幾千年的中國文化。

今日所謂「外交」，在當時使用的名詞是「制夷」、「馭夷」，如咸豐九年欽差大臣勝保說：「為今之計，惟有用民制夷之一法」。又如巡撫徐繼畬：「伏思夷人不畏紳而畏民，緣紳士之筆伐口誅，不能懾其氣，而百姓之力強勢眾，實挫其鋒。誠如聖訓馭夷之要，莫先於固結民心，如果民知大義，志切同仇，地方官正樂於激勵，以為防禦之資」[53]。此皆官方文書，可知對付洋人的「民氣」，乃官府利用部分民怨與排外心理所激勵。當時在無力

---

[53]　以上兩則言論轉引自王爾敏：《中國近代思想史論》，頁六二。

對抗的情況下，「用民制夷」雖屬下策，但在現有的條件下，又能有甚麼其他更好的辦法？ 假定一「理性」的標準，去責難當時的官民，「理」或可許，「情」何以堪！ 設身處地去想一想，面臨外侮日亟，如果連這點民氣也發不出來，我們又將如何去評斷當時的官民？ 「用民制夷」的方術，屢試屢敗，最後終於在最大的一次「用民制夷」的運動中（義和團）結束了十九世紀。我們對這一頁歷史的感想是： 國力不如人，文化不如人，使官民同受其害，怨不得誰。

　　用民制夷之外的另一種策略，是「用商以制夷」（粵督徐廣縉語）⑭，這種策略鴉片戰前即已使用，戰後仍是應付外交的主要手法。西人來華最初的目的是為通商，因通商而發生的中西交涉，中國政府稱為「夷務」，夷務初並非由中國官府直接承辦，而是藉手於行商代理，因此行商在中西交涉中，居於重要地位，也成為官吏外交運用上的籌碼。以商制夷如是為了保護國人的權益，這種策略的使用無可厚非。當時因閉關自守已久，官紳使用這種策略， 主要的目的是在阻止與洋人通商， 如當福州開市之際，福建巡撫徐繼畬的做法就是如此，他向朝廷所上奏章中說：「密飭署福防同知裕祿及保泰，邀集紳者，囑令密約居民舖戶，公立議單， 不與夷人來往貨買。 及開市三月， 果無一人前往交易。該夷情急，將洋布等物，零星折售，仍不能出脫」。不但用此法阻止通商，廣州的官吏亦用此法阻止英人入城，都博得朝廷

---

⑭　以下關於「用商制夷」的討論，參考：（一）王爾敏：《晚清政治思想史論》，頁一七八～九。（二）王爾敏：《中國近代思想史論》，頁一〇～一。

爵賞，可知此一策略受到朝廷的肯定和鼓勵。當時的大吏有一錯誤的假定，總以爲「貿易者彼國之所以爲命，而中國馬頭又彼國貿易之所以爲命，有斷斷不敢自絕之勢」。這種假定不僅無法使中西之間發展出較爲正常的通商關係，甚至使通商轉變爲兩國交戰的問題。洋人的一時隱忍，我方往往以爲得計，積小怨而爲大恨，最後只有用船炮打開通商的僵局，到這時候，以商制夷當然失效。

以上在外交方面反應的兩種方式，大抵是對付在中國地界上直接接觸到的洋人，執行這種策略的，多屬地方官吏。在十九世紀的中國，因應西方最流行的一個口號是「以夷制夷」，它的意涵非常複雜，頗能代表外交上的意見氣候，對實際的外交政策影響甚大，尤其是在十九世紀的後期。根據李國祁的研究，在思想上以夷制夷可分爲三種類型❺：

（一）一個強國聯絡另一個或多個強國或弱國，去克制一個或多個弱國，這種類型可稱之爲瓜分型。在中國歷史上范雎的遠交近攻，張儀的連橫都是屬於這一型。近代西方俄、德、奧瓜分波蘭，也是最好的實例。瓜分型在理論上雖然也是以夷制夷，但它是一種侵略性的，與中國近代史中抵禦性的以夷制夷性質不同，不是中國在近代化過程中因應西方列強所使用的。

（二）一個弱國聯絡一個或多個比自己更弱的國家，或者聯絡一個或多個比自己強，比敵人弱的國家，共同對抗強敵，這種類型可稱之爲以小抗大型。漢武帝的斷匈奴右臂，聯絡大月氏去

---

❺　見李國祁：《張之洞的外交政策》，頁一○九～二二，五十九年（一九七○），中央研究院近代史研究所。

對抗匈奴，是屬於這一型。這一型的外交策略，受傳統萬邦宗主的天朝上國觀念和興滅繼絕的存祀觀念的影響，在歷史上常被採用。鴉片戰爭期間，無論是保守者或進步者咸主張利用藩屬小邦，共抗西方侵略，但此後屢經事實證明無效，只有棄置不用。

（三）一個弱國聯絡一個或多個強國，去對抗一個或多個比自己強，比被聯絡者弱的國家，這一類型可稱之爲以大制小型。唐代利用回紇，宋代以金制遼，是屬於這一型。十九世紀中葉以後，馮桂芬、薛煥、丁日昌、郭嵩燾、王韜、鄭觀應、薛福成、李鴻章、張之洞等官紳，理由雖不同，態度有強弱，但多傾向於以大制小的以夷制夷主張。運用在外交政策上，它的優點是容易收效，缺點在無法對被利用的國家加以控制，極可能造成偷雞蝕米，被人瓜分的局面，此在李鴻章聯俄的外交政策中可以很清楚的看到。

以上三種類型之外，還有魏源的（二）、（三）混合型，也就是主張以小抗大與以大制小兩種方法混合使用，清季李鴻章在朝鮮所推行的正是與此相近的外交政策，結果也未能收到實效。此外，還有反對以夷制夷，而主張誠信的外交政策，如疆臣耆英和夷務大臣曾國藩，他們主張來自儒家的道德觀：「言忠信、行篤敬」，曾氏致書李鴻章嘗謂：「吾惟守忠信篤敬四字」，「無論彼之或順或逆，我常常守此勿失」。這種想法的缺點在他們沒有把外交政策與個人行爲明確區分，也不了解近代國際外交是契約式的，是互惠對等式的，只求盡其在我，如何能竟外交之功？近代外交也是最現實的，沒有長久的朋友，沒有長久的敵人。外交最重要的資本是國力，所謂「弱國無外交」。十九世紀的中國，

卻是一文化衰落、社會解體、民心渙散的世紀，因此不管使用何種外交策略，無不一敗塗地。近代中國的外交史，實是一頁一頁血跡斑斑喪權辱國的痛史！

上　編

巨變的序幕

第二章 十九世紀初期的經世思想

　　十九世紀初期的思想，除了幾位重要的思想人物，如包世臣、龔定庵、魏源等之外，通常只注意到從十八世紀中期開始復興，到十九世紀發生重大影響的公羊學派，而頗能代表這一時期思想新動向，其重要性並不亞於公羊學派的經世思想，卻一向遭到治思想史的學者們所忽略，這個缺憾近年來學界才有人開始補救，並迅卽形成一股研究的新風氣❶。基本上，這一時期的經世思想，對當時所面臨的問題，仍只能做出基於傳統的解答，還談不上有多少新的開拓，但中英鴉片戰爭後，觀念上的反應，有一部分是從這個基礎上出發的。假如文化與文化之間交會時，必然會產生文化基線的問題，那末經世思想就是近代中國受到西方文化衝擊時，了解中國文化基線的一個重要依據❷。雖然，這個

---

❶　這方面的研究概況，可參閱黃克武：＜經世文編與中國近代經世思想研究＞，見《近代中國史研究通訊》，第二期，頁八三～九六，中央研究院近代史研究所，七十五年（一九八六）九月。

❷　在經世思想之外，企圖由中國社會文化的若干特徵，建立近代中國文化基線的，有殷海光：《中國文化展望》第四章：＜近代中國文化的基線＞，這些社會文化的特徵包括「家」、「中國社會的基型：通體社會」、「社會的層級：以父對子的關係爲原基」、「我族中心主義」、「隔離和心性凝滯」、「合模要求」、「長老至上」、「地位與聲威要求」、「兩性分別森嚴」等。

基線並不能包括中國在西方的重重壓力下，不斷作著如此而不如彼的反應的全部原因，但它當我們想了解這方面的問題時，的確提供了一種方便。

第一節　經世涵義的討論

講經世思想，首先想到的就是經世的涵義問題，它的內涵是什麼？外延有多大？它能不能下定義？爲甚麼不用古典的「外王」觀念？當經世意願最強烈的先秦諸子時代，爲何這個觀念並不流行，而僅有《莊子·齊物論》提到❸？

這些問題都值得探討。由於經世思想的研究，目前還在起步階段，簡介一下各家的討論或有必要，通過這些討論，雖未必能獲得學界共許的結論，至少可以使我們從觀念層次上，先把握它的若干特性。

到目前爲止，對經世觀念有下列不同角度的討論：

（一）**從宋明儒學的架構裏去瞭解**　根據這方面的瞭解，張灝認爲「經世」絕不是一個單純的觀念，它至少有三層意義：(1)是指儒家入世的「價值取向」。(2)牽涉到儒家政治與社會思想的各種基本問題，相當於宋明儒所謂的「治體」或「治道」。(3)相當於宋明儒學所謂的「治法」，而「治法」絕非西方學者所瞭解的「官僚制度的治術」(bureaucratic statecraft) 所能涵蓋，這才

---

❸　章炳麟：《國故論衡》中卷＜原經＞認爲《莊子·齊物論》所說「春秋經世，先王之志」的「經世猶紀年」，若然，則其義與後世通行者不同。

是晚清「經世之學」所彰顯的意思。這是張氏經過仔細的探討，所得到的結論，他並提醒我們：「這種探討和瞭解可以使我們看到僅從義理之學的角度所不能看到的一些儒家思想面貌」❹。這也正是研究經世思想的主要義旨所在。

　　（二）**經世元本儒學正宗道術**　王爾敏討論經世詞旨，曾探本溯源，追至儒家流派最早職司，目的在上溯儒者爲政淵源，用以確定經世元本爲儒學正宗道術，後世詞義雖多變化，而基本成分未嘗消失。王氏並就傳統的經世思想與今日的政治思想加以分辨，他說：「蓋儒者經世之念基於其本有志節使命，而政治思想則爲一種主張見解與政學理論之認識。一爲主觀立場，奉爲身心性命之學，一爲客觀立場，視爲一種傳習學科之實現」。就古代儒家而言，這個分辨是有根據的，但就十九世紀的經世涵義而言，自不限於主觀立場，所以王氏在同一文中也說：「自道光六年（一八二六）賀長齡（1785～1848）、魏源編輯《經世文編》以來，士大夫景從踵行，以爲當世政學要典」❺。

　　（三）**經世觀念的流變**　一九八二年余英時爲我主編的《中國哲學辭典大全》寫清代部分，其中有「經世致用」一條，他探取觀念史的方式，將「經世」觀念予以系統的敍述，對古代僅提及孔子、莊子，從北宋起，尤其是明末至清中葉，其中相關的思想

---

❹　以上各點均見張灝：〈宋明以來儒家經世思想試釋〉，刊中央研究院近代史研究所編：《近世中國經世思想研討會論文集》，頁一九，七十三年（一九八四）四月，臺北。

❺　王爾敏：〈經世思想之義界問題〉，以上引文，分見中央研究院《近代史研究所集刊》第十三期，頁二七、三一、三五、三四，七十三年（一九八四）六月，臺北。

家，都有扼要的陳述，直接有助於經世觀念本身了解的，可提出
三點：（1）余氏認爲《明儒學案》中記高攀龍（1562～1626）所
說「紀綱世界」一語便是「經世」兩字的確估。（2）和「道問學」一
樣，「經世致用」也是清初儒學上承明代而來的一個普遍動向。
所不同者，「道問學」主要出於儒學發展的內在要求，而「經世
致用」則是儒學因受外在的刺激而起。（3）「經世致用」旣是明
清之際儒學的一般傾向，因此我們不能把主張「經世」的學者看
成一個學派❻。

（四）**由經世的目標和史料根據的討論**　面對繁複的經世之
學，劉子健建議似可從兩方面去看：目標和根據。（1）目標可以
大別爲三類：①道德。②制度。③專項事功。（2）根據也有三
大類別：①經書。②心性哲理。③歷史。如把這兩種尺度交織分
配，則每一類目標下，都有三大類別的史料做根據。劉氏的討論，
主要是爲研究經世之學者，提供一種可能的分類法。從這個分類
法，也可以看出經世的內涵有多麼複雜。因此劉氏認爲「繁複的
經世之學，很難有簡要的定義」❼。

（五）**就《皇朝經世文編》討論經世的涵義**　劉廣京根據
《經世文編》前十四卷抽繹而得之理論，認爲十九世紀初葉魏源等
所謂「經世之學」，雖牽涉頗廣，而實有下列三個原則，決定其範
圍：（1）「經世之學」或「經世思想」必須以能「致用」爲目的。

---

❻　見韋政通主編：《中國哲學辭典大全》，頁六九四～五，七十二
　　年（一九八三），水牛出版社，臺北。
❼　見劉子健：〈經世─關於英譯名詞和史料分類的討論〉，此文乃
　　七十五年（一九八六）三月淸華大學「中國思想史上的經世傳統
　　研討會」參考資料。

（2）以政府施政爲立場，特別重視君主與朝廷，但亦不輕視各省及州、縣地方行政。一切「經世」活動均以一個政府爲權威之源泉，故在政府之外「濟民」、「正俗」之活動及有關之學問皆似不屬於「經世之學」。（3）專取以民爲本的經世觀，所以「《經世文編》之經世之學並非中國所有學派治世之學，而是儒家以民爲本而又講求施政功效的經世之學」。以上三個原則性的範圍乃廣義的經世之學。十四卷之後，其餘一〇六卷，按吏、戶、禮、兵、刑、工六部分類，包括行政制度、財政、教育、科舉、禮制、軍事、刑法、工程等方面之具體經驗與改良方策，可稱狹義之經世之學。《經世文編》若以篇幅比重而言，編者心目中的經世之學，似以狹義之內容爲主體❽。

根據以上五人所言，對經世的涵義，大抵能獲得以下幾點的了解：

第一、經世之義原本古代儒家的道術，故以民爲本，以致用爲目的，價值取向是入世的。

第二、經世牽涉到政治、社會思想的各種基本問題，它的史料根據極其複雜，因此，經世無法當作一單純觀念來了解，也不是一個學派，所以很難有簡要的定義。

第三、經世也包涵實現儒家政治原則的制度和規章，卽所謂「紀綱世界」，而一切經世作爲，君主與朝廷扮演支配性的權威角色。

---

❽ 劉廣京、周啓榮：＜皇朝經世文編關於「經世之學」的理論＞，引文見中央研究院《近代史研究所集刊》，第十五期，頁八四～五，七十五年（一九八六），六月，臺北。

第四、經世思想與現代學科中的政治思想，其基本立場不同。

第五、經世思想多半在政治社會遭遇危機或外在刺激下而興起。

第六、以上各點大體是偏向於經世的原則性的討論，尅就十九世紀初葉魏源主編的《經世文編》而言，除了原則性的討論之外，更多的篇幅是在「討論技術性的經驗和具體建議，以及各類行政之具體概念」❾。

以上六點可以回答本節一開始所提的經世的內涵是甚麼，它能不能下定義兩個問題。關於經世的外延有多大？如借用張灝的「經世」與「修身」兩個基本觀念，可以說凡是以修身為目的的一套理論，如心性之學與性命的形上學，應該都不屬於經世，也就是經世觀念的外延極限，但事實上在中國傳統裏，很少有如此明確的區分意識，如《皇朝經世文編》，「儒行」仍是其中一個重要節目，「法語」一卷仍談士人相應於經世的修身問題。不過，這方面的理論，在《文編》中畢竟只佔一個微末的地位。至於為何不用「外王」觀念，簡單的說，在古代儒家，外王乃內聖的延長，外王事功必須以內聖為基礎。而經世傳統的發展，已逐漸跳出這個觀念的格局，到十九世紀初期，經世已形成一相當獨立的意識，因此已是一門獨立的學問。這個瞭解也可以附帶解答，當經世意願最強烈的先秦諸子時代，為何這個觀念並不流行。

---

❾　同前註，頁八五。

第二節　經世思想興起的內因與外緣

一般都知道，經世思想活躍的時代，多因社會政治等方面發生危機，明末清初是顯著的例子，十九世紀初期也是如此。不過後者除外在刺激之外，就當時學術演變的情況來看，還有學術發展的內在要求。內外兼觀，方足以了解這時期何以經世意識開始全面復活。

錢穆說：「嘉道之際，在上之壓力已衰，而在下之衰運亦見，漢學家正統如阮伯元(1764～1849)、焦里堂(1763～1820)、凌次仲（1755～1809）皆途窮將變之候也」❿。所謂「途窮」，一方面是因作爲清代學術主流的考證之學，原由講釋經典始，而今已淪落爲「搜斷碑，刺佚書，辨訓詁，考異文」，自「爲稍有才氣者所不耐」⓫。另一方面，是因考證之學經一百多年的發展，已演變到「精華既竭，後起者無復自樹立之餘地」⓬，也自然會引起別闢新徑的念頭。此外，稍有才識之士，既面臨衰運，當政治社會問題層出不窮之際，他們會發現考證之學所能提供的思考架構，根本無力應付當前複雜的問題。於是正宗漢學家所能爲者，是爲清代考證之學作一總結，如阮伯元彙刻《皇清經解》，

---

❿　錢穆：《中國近三百年學術史》自序，頁二，四十六年（一九五七）年，臺灣商務臺一版。

⓫　見陸寶千：《清代思想史》，頁三一四，六十七年（一九七八），廣文書局，臺北。

⓬　見梁啓超：《近代中國學術論叢》，頁三六，一九七三年，崇文書店，香港。

江藩（1761～1830）撰《漢學師承記》。年歲較晚的龔定庵（1792～1841）雖與漢學淵源極深，對漢學已有批判[13]。魏源助賀長齡編輯《皇朝經世文編》（一八二五～二六），已將「別闢新徑的念頭」，化爲具體的工作，在經世意識的主導下，《經世文編》雖也收錄了段玉裁（1735～1815）、阮伯元等正宗漢學家的文章，但並非他們最有貢獻的小學和經學考證文字。《經世文編》不僅收入痛詆乾嘉考證之學的文章，對宋儒義理之學也照樣譏評爲空談心性[14]，在經世致用的價值標準下，不論是考證和義理，有時都不免被看成是無用之學。所以「經世之學」的提出，不僅是要與考證之學、義理之學有所區別，經世思想家還懷抱著開闢學問新領域的雄心。

以上略述十九世紀初期經世思想興起的內因。內因之外，更有外緣，從經世理念、經世精神在整個十九世紀中，始終迴響不絕的情形來看，外緣提供的助力似又比內因還要重要。

雖然早在十八世紀初期，中國已感受到西方的經濟侵略，但在這一時期，因從一七九三年到一八一五年，正值英法之戰，所以經濟壓力已減輕。這時期的外在刺激主要來自國內政治、社會、經濟三方面的危機。

政治危機肇端於乾隆後期（約一七七五～一七九五）和珅之獲寵擅權。和珅其人本無學行，然儀表俊秀，遇事反應敏捷，尤善體君上喜怒。得寵後在朝廷內外，結黨營私，一手遮天，稍有志節之能臣皆難獲重用。復因聚斂無度，不惜稽壓軍報，授意各路將

---

[13]　參考侯外廬：《中國早期啓蒙思想史》，頁六二七。
[14]　同前註[8]，頁七二～三。

帥，虛張功級，以邀獎賞，彼則從中勒索重賄，以致將帥不得不侵刋軍餉，終於釀成川、楚教民之亂，故史家有謂：「蓋至嘉慶初年，而康、雍、乾三朝之元氣，殆盡斲喪於和珅一人之手矣」⑮。乾隆帝逝世僅五日，惡貫滿盈的和珅卽遭拘捕並賜死，但吏風已壞，朝綱難振，滿朝文武，依舊賄賂公行，從此國勢日衰。

社會危機難以細敍，僅將魏源編《皇清經世文編》前三十年（嘉慶元年至道光六年）間發生於全國各地的農民暴動及叛亂事件列舉如下⑯：

(1) 嘉慶元年至七年（一七九六～一八○二），湖北、四川、河南、陝西、甘肅等省分有白蓮教暴動。

(2) 嘉慶八年（一八○三），東南沿海蔡牽起事。

(3) 嘉慶十八年（一八一三），天理教暴動於河南滑縣，陝西有箱工變亂。

(4) 嘉慶十九年（一八一四），河南省南陽、汝州、光山一帶發生捻亂，江西胡秉輝托明裔起義。

(5) 嘉慶二○年（一八一五），四川瞻對番亂。

(6) 嘉慶二十二年（一八一七），雲南臨安邊夷高羅衣亂，廣州捕獲三合會黨兩千餘人。

(7) 嘉慶二十五年（一八二○），新疆回民張格爾亂而寇邊。

---

⑮ 以上關於和珅其人，參考蕭一山：《清代通史》㈡，頁二一○、二一一、二一六，五十六年（一九六七），修訂本臺二版，臺灣商務印書館。

⑯ 以下農民暴動事件，參考：⑴蕭一山：《清代通史》㈡，頁二九六。⑵鄭學稼：《中共興亡史》第一卷（上），頁三四～五○⑶侯外廬：《中國早期啓蒙思想史》，頁六二六。

(8) 道光元年（一八二一），雲南永北廳夷亂。

(9) 道光二年（一八二二），青海野蕃薀衣等二十三族亂，四川哥洛克番亂，河南新蔡白蓮教朱麻子亂，蔓延安徽穎州，臺灣有林永春之亂。

(10) 道光三年（一八二三），山東臨清白蓮教馬建忠亂。

(11) 道光六年（一八二六），新疆回民張格爾攻陷喀什噶爾、英吉爾沙、葉爾羌、和闐，臺灣粵民黃文潤、李通亂。

　　以上列舉並不完整，單單白蓮教之亂，三十年間此伏彼起，幾無寧日。清廷八旗兵力早已衰微，代之而起的綠營，到嘉道年間，也因貪污舞弊，生活奢侈，而腐敗不堪，因此愈平愈亂，難收實效。蕭公權分析中國十九世紀的農村，認為鄉村秩序之維繫，最主要的兩個條件是：(1)衙門可信賴，也就是今日常說的政府要有公信力。(2)較為安定的生活**❼**。十九世紀初期，至少在上列各暴動及叛亂地區，這兩個條件已完全被破壞。敏感的龔定庵曾說：「則山中之民，有大音聲起，天地為之鐘鼓，神人為之波濤矣」**❽**。正是大亂的前兆。

　　傳統的衙門要具公信力，人民很少要求政府能積極地為他們做什麼，僅希望不剝削、少搜刮便心滿意足。中國農民一向保守，相信宿命，若不迫於生計，很少附和叛亂。亂事一起，朝廷

---

❼　見蕭公權：《鄉村中國》(*Rual China: Imperial Control in Nineteenth Century China*)，頁五〇二，一九六〇年，華盛頓大學。

❽　見《龔定庵全集類編》‧〈尊隱篇〉，頁九八，四十九年（一九六〇），世界書局，臺北。

軍費浩繁，仍須人民負擔，在此惡性循環下，農民的生活只有更加困窮。

十九世紀初期出現的經濟危機，尚不止於此，還有更嚴重的人口問題。根據較新的中國人口研究，康、雍之世，人口不過一億五千萬，及至嘉、道，已逾四億，一百五十年間，生齒劇增約三倍❶，這種情況所可能衍生的社會經濟問題十分複雜，絕不是當時清廷的知識所能了解，只有洪亮吉（1746～1808）已察覺到問題的癥結所在，於《意言》中曾提出類似馬爾薩斯《人口論》的論點，即土地產量的增加與人口的成長，並非正比例地同時上昇，土地產量在百數十年間若增加一至五倍，人口之成長則可達十至二十倍❷。思想家的警告，不要說引不起在位者的注意，即連魏源編《皇朝經世文編》時，也未加以重視，《文編》共收洪氏三篇文章，其一為卷二十一「吏政」類的〈守令篇〉，論述當時吏風之敗壞；其二為卷五十二「戶政」類的〈滇繫序〉，建議滇地（雲南）的銅礦應由人民自由開採；其三為卷八十九「兵政」類的〈征邪教疏〉，言欲平定白蓮教之亂，必須整飭朝綱朝政。魏源未能洞悉生產與人口關係的深意，毋庸責難，想想看，假如不是因為馬爾薩斯的人口理論轟傳一世，國人誰又會去發現洪亮吉的獨創思想！

---

❶ 見何炳棣：《中國人口研究》(*Studies on the Population of China, 1368-1953*)，頁二七八，一九五九年，哈佛大學。

❷ 參考張蔭麟：〈洪亮吉及其人口論〉，見《張蔭麟先生文集》，頁九九六～七，六十六年（一九七七），九思出版社，臺北。

第三節 經世思想的淵源

現在研究近代中國歷史，尤其是研究思想史的學者，都已知道，十九世紀初期的《皇朝經世文編》代表的經世思想，乃明末清初（十七世紀）經世學風與經世精神的復甦。而十七世紀經世意識的擴張，天崩地裂般的外在刺激固爲其主要原因，但從思想史的發展觀點來看，經世意識的覺醒，早在十六世紀前期王學風行時便已見先機，如與王陽明(1472～1528)同時的王廷相（1474～1544），就曾以「經世之學」與「世儒空寂寡實之學」相對立❷，可見「經世」的觀念最初是因反對王學而起。到了十六世紀後期，李贄（1527～1602）撰《藏書》，名臣傳部門有「經世名臣」一類，另儒臣傳部門有「德業儒臣」，在李氏心目中所謂「經世名臣」顯然已不爲「儒臣」這一角色所圍限。呂坤（1537～1618）對「士君子」所當懷抱的「經世之具」，更是侃侃而談了❷。

在當時，使經世理念蔚然成風者，是以顧憲成(1550～1612)爲首的東林學派，東林以清議始，以黨禍終，黃梨洲（1610～1695）嘗謂明末數十年間，「忠義之盛，度越前代，猶是東林之流風餘韻也，一堂師友，冷風熱血，洗滌乾坤」❷。這是由經世

---

❷ 見《王廷相哲學選集》＜石龍書院學辯＞，頁一八〇，六十三年（一九七四），河洛圖書出版社，臺北。

❷ 見呂坤：《呻吟語・應務篇》，頁一四三，六十三年（一九七四），河洛圖書出版社，臺北。

❷ 見《明儒學案・東林學案》，頁六一三，五十年（一九六一），世界書局，臺北。

精神中爆發出來的道德熱力，這股力量自不爲魏忠賢所聚集的惡勢力所容。結果東林諸君子如楊漣（1571～1624）、左光斗（1575～1625）、魏大中（1575～1625）、高攀龍（1562～1726）等皆相繼被捕殺。被杜登春稱爲「昌明涇陽（顧憲成別號）之學，振起東林之緒」❷❹ 的「幾社」成員陳子龍（1608～1647）輩所編的《皇明經世文編》，便是在血腥的壓迫下，企圖用另一種方式，發揚東林的經世精神

　　《皇明經世文編》成書於一六三八年，參與其事者不下數十百人（俱見「凡例」），收集有明一代奏摺、書信、論文三千餘篇，作者多達四二九人，有許多不見於《明史》，因所收文章，有由明季「禦奴大旨」的立場發言的，也有討論如何「經略奴酋」的，更有許多有關「制奴」建議的（包括清太祖奴兒哈赤前期的建州），所以清代列爲禁書，且加銷毀❷❺。

　　根據「凡例」、「序文」，編此書的緣起，「義在救時」，其功效，「足當經世之龜鑑」，其學術態度，認爲「浮文無裨實用，擬古未能通今」，所以主張「高論百王，不如憲章當代」。基於這個態度，及其所揭示的標準，所以文章裏的道德意識，與東林相較，顯已減弱，宋、明以來一向爲儒者最重視的修身問題，也僅佔選文的一小部分，幾社同人似乎覺到，當內憂（流寇）外患（滿清）交逼之際，僅講究官僚的道德修養，已不足以

❷❹　杜登春：《社事始末》，轉引自許淑玲：＜明季結社活動與經世思想＞，未刊稿。

❷❺　見李光濤：＜正在影印中之《皇明經世文編》＞，大陸雜誌語文叢書第二輯第二册：《目錄學考訂》，頁一〇四。（原載《大陸雜誌》第三五卷第九期）

濟世，如何健全官僚體系，如何做好治河、鹽法、弭盜、修城、防胡、馬政等實際技術層面的問題，才是他們所關心的「經世」主題❷ 。此外， 東林黨人很輕視張居正（1525〜1582）， 幾社同人卻讚美他，「當艱難之時，而能措置安平，功業駿朗，不偶然也」❷ 。歷來儒者對以往的歷史，不是歌頌三代，便是稱美漢、唐，此書「凡例」卻一反常例再三頌揚「本朝」，認爲明代「昌明之運，太平累葉，人才之盛，周、漢以來，所未嘗有」。

魏源編《皇朝經世文編》，因同樣以經世理念爲主導，所以與《皇明經世文編》在救世的大目標上可謂相同，重實務、重當代的基本心態也近似，不過，後者的內容，卽使在較高層次上，也似乎只達到討論有明一代的治亂事跡與制度沿革，而前者首十四卷特別標出「學術」和「治體」，表示編者心中雖急切要求學能致用，但致用之學的背後還有學術之「體」爲根據，在這個層次上，它已涉及儒家道德、政治、社會的基本理論。前文說過，《皇朝經世文編》的經世之學，似有廣狹兩義，如果這個看法能夠成立，《皇明經世文編》所討論的，只大抵與其狹義的經世之學相當。

魏源的《文編》與《皇明經世文編》的關係是因襲其名，卻不依其法，在例言與序文中也沒有提到它，不提並不能表示賀、魏二氏沒有見到這部書，最可能的原因，是因爲它在清代是禁書。無論如何，在學脈上、在精神上是彼此呼應的。

十九世紀初期的經世思想， 最直接最主要的淵源， 是十七世

❷ 　參考許淑玲：〈明季結社活動與經世思想〉，未刊稿。
❷ 　《皇明經世文編》序文。

紀的幾位經世思想家。這時期的經世思想家，本來至少應包括顧亭林（1613～1682）、黃梨洲（1610～1695）、王船山（1619～1692）、顏習齋（1635～1704），但《皇朝經世文編》，僅收錄顧、黃之文，而缺王、顏，缺王可能是因此書編成於道光六年（一八二六），而船山生前隱遁約四十年，到道、咸間（一八五〇年前後）鄧湘臯始蒐集其遺書；缺顏可能是因顏習齋對程（伊川 1033～1107）朱（熹 1130～1200）學派採取全面攻擊的態度，魏源等於清代考據與宋代義理之間，還是比較偏向宋代義理。

魏氏《文編》一二〇卷，文章達二千二百餘篇，其中黃梨洲的僅四篇：（1）〈萬充宗墓誌〉，是藉萬充宗（斯大1633～1683）的經學，講述如何「由博以致精」的治學方法。（2）〈取士篇〉主張取士之道，應「寬於取則無遺才，嚴於用則無倖進」。（3）〈科舉〉乃揭科舉之弊，以及就科舉中如何才能得人才提出具體建議。（4）〈讀葬書問對〉斥風水鬼蔭之謬，揭穿信之者皆因「富貴利達之私，充滿方寸」。這些文章不能說不重要，但梨洲在經世思想上最大的貢獻，當然是《明夷待訪錄》，魏氏《文編》捨而不取，實因當時的環境還不容許公然抨擊專制體制。何況編此書時，賀長齡正在江蘇布政使任內。

顧亭林在魏氏《文編》中的地位最爲突出，如果說《文編》的經世思想是以亭林爲典範，應當符合事實。《文編》選錄顧氏之文，多達九二篇（其中有不少篇乃節取《日知錄》、《文集》而成，連文題也是編者另加的），也是全書獨一無二的。前面十四卷包括「學術」、「治體」兩部分，代表編者學術立場、基本

觀點，可以說是以後各卷「應用經學」❷ 的學術基礎及理論根據。這兩部分共選顧文十九篇，以下是各篇要旨：(1)〈通今〉慨嘆史書不能流傳，使天下之士既不知古也不知今❷ (史學是通古今之變，不能通古今之變，當然也就無從獲取歷史教訓)。(2)〈與友人論學書〉批評明季言性命者之弊，揭示「博學於文、行己有恥」爲學問宗旨❸。(3)〈說經〉言當時學弊：「彼章句之士，既不足以觀其會通，而高明之君子，又或語德性而遺問學，均失聖人之指矣」❸。(4)〈立言〉說立言立功皆不可少，及立言如何，立功又如何❷。(5)〈雜言〉斥士大夫晚年不學佛便學仙，勉士人當以儒道自任，振起壞俗❸。(6)〈與友人書十首〉認爲「士當以器識爲先，一命爲文人，無足觀矣」；又說君子之學在明道救世；又自道：「凡文之不關於六經之指，當世之務者，一切不爲」；又謂引古論今，也便是經世之用；治亂的關鍵，必在人心風俗❸。(7)〈鈔書自序〉言及祖訓：「今人之學，必不及古人」，因此主張著書不如鈔書❸。(8)〈與友人論易書〉言《易》義廣大與學易的方法❸。(9)〈論文〉言文人不識經術，不通古今，應重經、史、輕文藝，並論文之多寡與國

---

❷ 這個名詞見梁啓超：〈近代中國學術論叢〉，頁三六。

❷ 《皇(清)朝經世文編》(以下簡稱《經世文編》，頁碼悉據臺北文海版)，頁一一〇～一。

❸ 《經世文編》，頁一一一～二。

❸ 《經世文編》，頁一五一～三。

❷ 《經世文編》，頁一五四～五。

❸ 《經世文編》，頁一五五～六。

❸ 《經世文編》，頁二一三～五。

❸ 《經世文編》，頁二二一～二。

❸ 《經世文編》，頁二二六～八。

家盛衰的關係❸。(10)〈廣師〉列舉民間學者足為師表者❸。

(11)〈雜論史事〉言國皆自亡非他亡;人主治國,一在獲民心,

一在盡人事; 又慨嘆當今士大夫愛金者多, 死節者少❸。 (12)

〈說經〉與(3) 文題相同,此乃雜抄《日知錄》論經之文,要點

為人君治國,不可虐民,不可奢侈,應當舉賢才,慎名器,重特

立之人,遠苟同之士❹。(13)〈歷代風俗〉由歷代風俗論述節義

對治道的重要。又說: 「歷九州之風俗, 考前代之史書, 中國之

不如外國者有之矣」。此與華夏中心的文化觀不同,是一超時代

的新觀念, 與當今人類學者研究異文化所謂的「消除慣熟感」的

觀念相似❹。(14)〈清議名教〉言清議為王治不可缺,若不能使

天下之人「以義為利」, 能使「以名為利」, 「亦可以救積污之

俗」❹。(15)〈獎廉恥〉盛言勸學獎廉的重要,「禮、義、廉、

恥,國之四維」, 「然而四者之中,恥尤為要」❹。(16)〈尚重

厚〉論移風易俗的重點在: 崇重厚抑輕浮❹。(17)〈崇儉約〉言

大臣家事之豐約,關係到政化之隆污❹。(18)〈封駁〉稱許中國

官僚系統裏,按排救濟詔書之失的職位的優良傳統,足與齊太史

見三人被殺,猶秉筆直書之史事媲美❹。(19)〈法制〉言治國之

❸ 《經世文編》,頁二三七~九。
❸ 《經世文編》,頁二六四。
❸ 《經世文編》,頁三一九~二二。
❹ 《經世文編》,頁三二三~三〇。
❹ 《經世文編》,頁三三〇~五。
❹ 《經世文編》,頁三三六~七。
❹ 《經世文編》,頁三三七~九。
❹ 《經世文編》,頁三三九~四〇。
❹ 《經世文編》,頁三四〇~一。
❹ 《經世文編》,頁三五五~六。

道，正人心、厚風俗，重於法制禁令，有「拘於舊章，不能更革，而復立一法以救之，於是法愈繁而弊愈多，天下之事，至於叢脞」的警句❼，其義可謂歷久而彌新。

如將以上各點再加以綜合、簡化，則可獲以下數義：

（一）**經世目標**：明道救世，尤重當世之務。

（二）**經世人才的條件**：博學（明六經之旨）、知恥、具器識，能引古論今，生活儉約，爲人剛毅公正。

（三）**個人表現經世的方式**：立言、立功。

（四）**經世在社會方面的重點**：重視人心、風俗、清議、名節、獎勵廉恥。

（五）**經世在人主方面的重點**：民心擁戴，善用人才，生活不奢侈，用人愼名器、崇重厚。

（六）**不利於經世者**：章句之士、學佛學仙的士大夫、語德性而遺學問以及莘莘爲利的士風。

這幾點已大抵能鉤畫出賀、魏兩氏編《皇朝經世文編》的學術立場與基本觀點，至少也是他們在選錄「學術」、「治體」這兩部分文章時所依據的標準。這些文章和要點雖已包涵了亭林經世思想的基要部分，但仍有遺漏，如反清復明與批判專制的思想。其所以遺漏，當與前文所說，對《明夷待訪錄》捨而不取的原因相同。經世思想最大的目的，是在救世，就十九世紀初期而言，是要針對紛至沓來的社會與政治的危機。魏氏《文編》以亭林爲典範的經世理念，它所能採納的思想資源，雖偶有新義，其

---

❼　《經世文編》，頁四四四～五。

侷限是很明顯的，因爲它只能提供「基於傳統的解答」的方式。劉廣京認爲研究這一時期的經世思想，「可發掘我國制度改革及思想進化之內在根源」❹，這一點毫無疑義，它在思想史上的意義也正在此。

魏氏《文編》的另一淵源，是陸燿（1726～1785）的《切問齋文鈔》。此書完成於乾隆四十年（一七七五），收集清初至乾隆年間的文章四〇六篇，並就學術、風俗、教家、服官、選舉、財賦、荒政、保甲、兵制、刑法、時憲、河防等分爲十二類。陸氏出身貧寒之家，中年長期任地方官，編此書期間，曾任山東登州府、濟南府知府與山東運河道。這些經歷與此書「例言」所說「立言貴有用」的實用心態的鑄成，有相當程度的關係。

書剛完成，於〈復戴東原書〉中嘗自謂「從事《文鈔》一編大指」之所本有二：一是朱熹（1130～1200）之創社倉、行荒政、難進易退、知無不言與陸象山（1139～1192）之孝友於家、化行於民，王陽明（1472～1529）之經濟事功，彪炳史册。一是顧崑山（亭林）「行己有恥」與田簣山「利」之一字❹。由此可知陸燿的學術立場是尊朱而不排斥陸、王，於亭林雖認爲行己有恥「爲廢疾膏盲之藥石」，但《文鈔》全書並未選亭林一文，僅於所選張爾岐（1612～1678）〈答友人書〉中提到他的「博學於文，行己有恥」。同樣一篇文章，被選入魏源《文編》時，題目卻是〈答顧寧人書〉，陸燿在公開的出版物中隱諱其名，說明當

---

❹　這是劉廣京給王爾敏信中語，見王氏：〈經世思想之義界問題〉，前註❺，頁二七。

❹　《經世文編》，頁一三四。

時的環境對亭林還是有所顧忌的。

但這種顧忌對陸氏經世思想的形成，並沒有甚麼影響，因為《切問齋文鈔》的經世思想，是以清初程朱理學為典範。《文鈔》不從《皇明經世文編》以文章作者為單位的編法，而改以思想分類，顯然是效法朱子《近思錄》以及代表清初程朱理學的《性理精義》。不過，朱子的哲學，畢竟是以太極理氣的理論為基礎，《性理精義》對這方面所收材料，都很簡略，重點已放在「學類」與「治道類」這兩部分，使程朱學派原先在思想上就具備的經驗性格，終必轉向實用之路，已誇出一大步。到《切問齋文鈔》則拋開《精義》仍討論的形上學問題，將焦點轉移到表現實用精神的「學類」與「治道類」這兩部分所討論的問題上，這是陸燿經世思想的特色，也是清初程朱理學中實際精神的進一步發展❺❶。

魏源《經世文編》中，共選了陸燿二十一篇文章，絕大部分屬於技術性層面。代表《經世文編》基本理論的前十四卷二八七文中，陸氏之文佔兩篇，一篇是前文提過的〈復戴東原書〉，另一篇〈書天人篇後〉是陳述人間流行的圖報之念的不當，內容並不突出。《經世文編》「例言」雖明言該書之編纂曾師法「陸氏切問鈔」，大抵是在體例，至於經世精神，實與《經世文編》以亭林經世思想為典範者不同。所以就思想史的意義而言，陸燿的經世思想乃程朱學派演變的結果，它並非十七世紀經世思潮主流的復活，代表這一思潮主流復甦的是十九世紀初期的《經世文

---

❺❶　以上《性理精義》與《切問齋文鈔》的比較，參考黃克武：〈從理學到經世——清初《切問齋文鈔》學術部分之分析〉，未刊稿。

編》，不是乾隆年間的《切問齋文鈔》。雖然，《經世文編》與
顧、黃、王、顏所代表的經世思潮主流相比，仍有其偏限，這一
點恐怕只能歸咎於時代環境，到十九世紀後期，時代環境大變，
經世思潮終於全面振興。

第四節　《經世文編》的經世思想大意

魏源編纂的《皇朝經世文編》，於體制和選材都下了一番功
夫，在體制方面，因基於「萬事莫備於六官，而朝廷爲出治之原」
的認識，所以《經世文編》除代表學術綱領與治道原則的前十四
卷之外，其餘卽依照吏、戶、禮、兵、刑、工等六部分類，六部
之制卽源於《周禮》的六官。選材的標準，學術的部分是「道存
乎實用」，因此「凡高之過深微，卑之溺糟粕者，皆所勿取」；
治道部分是「時務莫切於當代」，因此「凡古而不宜，或汎而罕
切者，皆所勿取」。

以上編例中所標舉的「實用」與「當今」兩個準則，並非
《經世文編》所特有，而是明末以來標榜經世之學者一貫所採取
的標準。在這標準的支配下，產生了以往思想史上從未出現過的
一個現象，卽要求擺脫儒家道德形上學的明顯傾向，不要說《皇
明經世文編》是如此，卽使從《性理精義》到《切問齋文鈔》的
程朱學派內部的演變，也反映出這一現象。到魏源的《經世文
編》這方面的表現已很徹底，他代賀長齡寫《經世文編》序文有
謂：「善言心者，必有驗於事」、「善言古者，必有驗於今」，
無異是爲二百年來的經世之學公開提出一個新的哲學立場，根據

這個立場，《經世文編》選材時，自然是「凡高之過深微」者，「皆所勿取」， 這代表著形上學的取消。 魏源似乎意識到， 若不擺脫儒家道德形上學的牽連，經世之學不能形成一門獨立的學問，也無法在歷史上取得與宋學、漢學分庭抗禮的地位。

《經世文編》雖卷帙繁浩， 但就思想史言， 前面十四卷的「學術」與「治體」兩部分足可代表，這一範圍的內容大要與綜合分析，已有長篇專論❺。前文既已假定《經世文編》的經世思想是以顧亭林爲典範，下面就以亭林的經世思想爲標竿，一窺《經世文編》前十四卷的大意。

（一）經世的目標

亭林的「明道救世」，本爲漢儒「通經致用」的延續，漢儒以〈禹貢〉治河，以〈洪範〉察變， 以《三百篇》當諫書， 以《春秋》斷獄等義， 《經世文編》 所錄閻若璩 (1636～1704)：〈潛邱劄記〉、趙翼 (1727～1814)：〈唐初三禮漢書之學〉以及王昶 (1725～1806)：〈經義制事異同論〉 等❺，皆反復加以闡明。其中尤以王昶之文最能發揮魏源「道存乎實用」之旨。王文開宗明義就標出「古無經術治術之分也，必衷諸道，道者所以制天下之事」。他認爲後來所以會使「經」與「事」判然爲二，主要是由於儒者治經流於「迂疏無實用」。結果使「聖經終以虛文傳世」。 「道者所以制天下之事」， 即「明道救世」 的另一種說法。既主張經術就是治術，所以無論何代何人的經學， 如不能以

---

❺　指前註❽之文。
❺　以上三文，分見《經世文編》，頁一六九、二二九、一一三。

實用爲目標，自無價値可言。

　　提倡經世之學有效的方法之一，是從歷史上找出這方面的典範人物。《經世文編》卷十四選了幾篇推崇歷代名臣名相的文章，其用心卽在此。如沈近思（1671～1727）的〈重刻陸忠宣公奏議序〉，說「公有奸蠹一書，直言不諱，九死不辭，其忠誠激烈，已足碎奸邪之膽，而百世之下，聞公之風者，尙可激濁揚清」，但惋惜他「生不逢時，不能盡其所學，以究其用」❺。另一位能盡其所學，又能究其用的張居正，在生前卻被世人目爲權臣，林潞的〈江陵救時之相論〉替他辯護：「當時羣臣，徒見其外，而不見其內，見其侵天子之權，而不察其所爲有不得已而出於救時者」❺。此外，儲大文（1665～1743）的〈大人容物愛物論〉謂宋代三相寇忠愍（準 961～1023）、范文正（989～1052）、歐陽文忠（1007～1072）皆「無所不容，以愛天下之才，以相天子」❺。黃永年（1699～1751）的〈范仲淹論〉對范氏更是頌揚備至，說他「功存於廟社，澤及於一時，若夫功在名教，道師百世，使天下聞風，頑廉懦立」。范文正何以能如此，是因「其自秀才時卽以天下爲己任，飮食、寢寤、惓惓，皆經世澤物之心。其學自兵、刑、錢、穀、水泉、農政、職官、邊陲險塞，無所不周」❺。「以天下爲己任」是立經世之志，有經世之志，又有「經世澤物之心」，再具備充分的實用知識，才造就出像范文正這樣一位經世典範。

---

❺　《經世文編》，頁五三一。
❺　《經世文編》，頁五三四。
❺　《經世文編》，頁五二八。
❺　《經世文編》，頁五三二。

（二）經世人才的條件

（1）辨志：要成爲士，必先立志，這是孔、孟以來儒家施教的一大特色。孔子說：「苟志於仁矣，無惡也」❺❼。孟子說：「何謂尚志？曰：仁義而已矣」❺❽。後世儒者言志，也多半偏向於道德的內容。《經世文編》「學術」部分第一篇文章就是張爾岐（1612～1677）的〈辨志〉。宋代陸象山（1139～1192）教誨弟子，往往只言辨志，有弟子問「何所辨」？他回答：「義利之辨」❺❾。張爾岐在這裏卻是把志與經世扣緊著說的：「教而不知先志，學而不知尚志，欲天下治隆而俗美，何緣（由）得哉」❻⓪。可見學問的目標不同，所志的內容亦異。

（2）博學：儒家並不反對博學，但以「知」與「行」相比，行居優位，知屬次要。陸象山說：「若某則不識一個字，亦須還我堂堂地做個人」。就成德而言，這是可能的，如就經世而言，恐怕很難。經世是在「當世之務」中要求有所成就的，因此處理當世之務的知識斷不可缺，而且越博越能運用自如。

學問的天地，廣大無垠，經世學家所學的重點應放在那裏？卷一「學術」類方苞（1668～1749）的〈傳信錄序〉有扼要的說明：「古之所謂學者，將明諸心以盡在物之理而濟世用，無濟于用者，則不學也」❻❶。同卷潘耒（1646～1708）的〈日知錄序〉

---

❺❼　《論語・里仁篇》。
❺❽　《孟子・盡心上》。
❺❾　《陸象山先生全集》，卷三十四，頁一八。
❻⓪　《經世文編》，頁八八。
❻❶　《經世文編》，頁一一四。

也說：「學者將以明體適用也，綜貫百家，上下千載，詳考其得失之故，而斷之於心，筆之於書，朝章國典，民風士俗，元元本本，無不洞悉，其術足以匡時，其言足以救世，是謂通儒之學」❷。潘氏所謂「通儒之學」，因其具有「匡時」、「救世」的功能，所以恰是「經世之學」的別稱，而「用」與「博」又是這門學問的基本特徵，正以亭林爲其典範。

亭林的博學，主要在明六經之旨，明六經之旨的目的則在「通經致用」，「學術」類所選汪縉（1725～1792）的〈衡王〉對此義有很貼切的發揮：「六經同體而異用，文中子因其用而識其體，識其體而達諸用。其述《易》也，於運行之智，有以知其時；其述《書》也，於變化之制，有以識其中；其述《詩也》，於興衰之由，有以得其要；其述《禮》也，於三才之接，有以達其奧；其述《樂》也，於九變之治，有以觀其成；其述《春秋》也，於王道之輕重曲直，有以取其衷」❸。此不僅就經世的觀點闡發六經之旨，也可以說是爲「應用經學」提供了理論的根據。可以看出，這正是魏源編《文編》所持的經學立場。

(3) 知廉恥：廉指操守，恥是自我制裁的力量，人的行爲所以能遵循道德規範，恥感實爲一大動力。《論語》共四九八章，與恥感有關的計五八章，與恥同義或相關之詞有慚、悔、愧、羞、辱、怍、惡、憤、悱、厭、惡、怨、責、患、疾等，孔子言忠恕之道，欲如何忠己，如何恕人，皆有賴於恥感的發揮，此所

---

❷　《經世文編》，頁一一六。
❸　《經世文編》，頁一〇七。

以中國傳統的道德教誨偏重於恥感取向❻。將廉、恥相提並論，並使其在思想史上凸顯其意義，古代有管子，近世有顧亭林，清初以來言廉恥者，多受其影響。

《經世文編》除「學術」類卷一、「治體」類卷八選了亭林的〈與友人論學書〉及〈獎廉恥〉兩文之外，其餘論廉恥較具代表性的幾篇，多集中於「治體」卷十三。其中孫廷銓（1613～1674）的〈請崇恬退明禮讓疏〉：「人必有廉恥而後有事功」，即明言廉恥乃經世人才的必要條件。那末要培養廉恥，應如何進行？孫氏提出兩個辦法：第一，要培養士大夫的廉恥，應由進退大臣開始，他建議大臣如有正當理由（如父母之喪及引年養病）請求引退，宜予允准，如果他對朝廷有功，人主對他又「恩眷未衰」，不妨在適當時機再行起用，這樣才「不至流爲苟且戀位之風」。大臣「知進退而後有廉恥」，「廉恥之道明，而氣節事功，從此皆得實用」❻。第二，孫氏在另一篇〈用人四事疏〉中，認爲官吏除謀反叛逆的大罪之外，在「詳覈明白」之前，均不宜使其受刑遭辱，這時候皇上如仍能禮遇，「則感激之心，必生其愧悔之念，如此則於法既無虧，而又以廉恥之道勵士大夫」❻。此外，潘耒於〈遵諭陳言疏〉中，提第三種更實惠的辦法：「褒廉節」，即就朝廷公忠廉直者，加以褒獎，因「無養廉之具，而責人之廉，萬萬不能❻」。以上三個辦法，都不是責求於

---

❻　朱岑樓：〈從社會個人與文化的關係論中國人性格的恥感取向〉，見：《中國人的性格》，頁九六，六十一年（一九七二），中央研究院民族學研究所，臺北。

❻　《經世文編》，頁五一六。

❻　《經世文編》，頁五一七。

❻　《經世文編》，頁五一五。

士大夫自身的道德修養，這些想法都表現出經世思想傾向於聯繫實際思想的特色。

（4）**敢諫諍**：「治體」卷十四張士元（1755～1824）〈書王介甫諫官論後〉云：「諫官僅以言，亦安見其卑踰尊而名分不正乎! 蓋其官尚卑，使之得言於朝，以其可通上下之情」。此言諫官位雖卑，功效卻大。又說：「天下之患，莫患乎上之人惡聞過，而下之人不敢言」[68]。所以在正常合理的情況下，應是上之人能納諫，下之人敢直言，而敢犯顏直諫者，非剛毅公正之士不能。敢諫諍者對朝廷究有何益? 「治體」卷九熊伯龍的〈納諫〉說得好：「諫官國之威神也。凡天下大姦大害之所伏，其始也，以諫官折之而有餘，其後也，以君相制之而不足。故諫官有彈壓，而後朝廷有綱紀，而後天下有風俗。人君有正一官而百官莫不正者，其惟臺諫哉」[69]!

亭林〈封駁〉文中言封駁乃給事中之職掌，與諫官之角色不同。但就「品卑而權特重」，以及「人臣執法之正，人主聽言之明」[70] 兩點而言，卻是相同的，這兩種角色要做得稱職，如缺乏剛毅公正的性格，是做不到的。不過《文編》言諫諍之事，多寄望納諫的君德，除了亭林〈封駁〉一文，很少強調這種性格的重要。

（三）個人表現經世的方式

---

[68]　《經世文編》，頁五三六。
[69]　《經世文編》，頁三四九。
[70]　《經世文編》，頁三五六、三五五。

　　個人如有經世的才幹，又能與明主相遇，以一展所長，這是個人的幸運。有才幹的人，生不逢時，在歷史上更是比比皆是，針對這種情況，顧亭林於〈立言〉中曾慨乎言之：「嗚呼！天下之事，有其識者不必遭其時，而當其時者，或無其識，然則開物之功立言之用，其可少哉」❼❶？「有其識者不必遭其時」，乃經世人才的困境，突破困境表現經世的另一種方式，就是立言，也就是說，在經世事功之外，還有經世之學。經世之學雖未必見效於當代，然「有言在一時，而其效見於數十百年之後者」❼❷，這是經世學家應有的抱負。亭林嘗自謂其所著《日知錄》，「有王者起，將以見諸行事，以躋斯世於治古之隆」❼❸。又說：「所著《日知錄》三十餘卷，平生之志與業皆在其中」❼❹。亭林的願望並沒有落空，二百年前「未敢爲今人道」的經世之學，二百年後竟然成爲一門顯學，成爲士人建立經世事功的一大動力，亭林也成爲個人表現經世的一代典範。

　　《經世文編》「學術」卷一、卷二收錄的幾篇有關亭林其人與其書的文章，幾乎是異口同聲，一致推崇。潘耒〈日知錄序〉說其書「博極古今，通達治體」。又說：「先生非一世之人，此書非一世之書」❼❺。張杓〈日知錄跋〉：「亭林先生，挾經世之才，懷匡時之志，慨然以世道人心爲己任」❼❻。程晉芳（1718〜

---

❼❶　《經世文編》，頁一五五。
❼❷　《經世文編》，頁一五四。
❼❸　《文集》卷四〈與人書〉。
❼❹　《文集》卷三〈與友人論門人書〉。
❼❺　《經世文編》，頁一一六。
❼❻　《經世文編》，頁一四三。

1784）〈讀日知錄〉言由秦、漢至明，能「坐而言起而行者，殆無幾人，惟亭林及黃梨洲，于書無所不通，又能得古聖賢之用心，於修己治人之術，獨探其要，其所論述，實有可見諸行事者」**⑰**。羅有高（1734～1779）〈答楊邁公〉也說：「其《日知錄》所言，類純實不泛雜，有裨於治」**⑱**。見諸行事，有益於治云云，百年前本只一家私言，而今已是學界公論。

（四）經世在社會方面的重點

　　經世在社會方面的重點，是在正人心、美風俗，因此而反對嚴刑峻法的法制，這方面完全是承繼儒家德治主義的傳統。十七世紀以來，此論亦啟之於亭林，《文編》「治體」卷八共選文八篇，亭林佔七篇，其中〈歷代風俗〉、〈清議名教〉、〈獎廉恥〉、〈尚重厚〉、〈崇儉約〉五篇皆與人心風俗息息相關。「治體」卷十一亭林另有〈法制〉一篇，認為法制禁令，亦不過是正人心、厚風俗的工具而已。

　　在亭林影響下，管同（1780～1831）的〈擬言風俗書〉認為「天下之安危，繫乎風俗，而正風俗者必興教化」。設有人以為此說迂腐，難奏速效，管氏答道：「教化之事，有實有文，用其文則迂而甚難，用其實則不迂而易」。「用其實」又如何？風俗之敝，莫不由於好訣而嗜利，欲救此敝，應先認清「教者以身訓人之謂也，化者以身率人之謂也」，所以「欲人之不嗜利，則莫

---

⑰　《經世文編》，頁一四三。
⑱　《經世文編》，頁一四七。

若閉言利之門；欲人之不好諉，則莫若開諫爭之路」❼。風俗固然影響人心，而人心又爲風俗之本，故欲厚風俗，必先正人心，於是「治體」卷十四又選了蕭震的〈請正人心疏〉，此篇痛陳順治朝以不肖爲賢，以賢爲不肖，是非顛倒，毀譽不可勝言的人心敗壞現象。宋臣岳飛說：「文臣不愛錢，武臣不惜死，則天下平」。而「今武臣不特惜死，而又愛錢」，「種種悖逆，皆相率成風」。蕭氏針對上述現象，主張「敦教化」與「敕法紀」雙管齊下，關鍵在有人肯下決心去挽回，「倘內外臣工，能共洗偏私之肺腸，一遵蕩平之王道，則人心正而風俗淳，治安之象可立見也」❽。

（五）經世在人主方面的重點

（1）治民的原則：在儒家內部有王霸之辨，在儒家與法家之間有德治與法治之爭，此皆有關乎治民原則的爭論。尊王絀霸始於孟子，荀子的看法已有不同，在荀子，王與霸僅是程度上的不同，並無本質上的差異。《禮記‧經解》已有王霸並重之說，宋代道學家仍多守孟子之說，如程顥（1032～1085）、朱熹（1130～1200），但李覯（1009～1059）則繼承荀子爲霸者辯護❽。《經世文編》在基本立場上仍以王道爲治民的最高原則，又以霸道爲補充。「治體」卷七，小標題「原治上」第一篇就是俞長城的

---

❼ 《經世文編》，頁三一四～五。
❽ 《經世文編》，頁五五七～八。
❽ 以上詳見韋政通：《中國哲學辭典》，「王與霸」條，頁一六六～七。

〈王霸辨〉，是篇主要論點是：「三代以前無霸，而三代以後無王」，與朱熹和陳同甫（1143~1194）爭論三代與漢、唐時的論點相似。所謂王者是以「道德仁義」爲體，以「禮樂刑法」爲用；所謂霸者（如漢高祖、唐太宗）乃不圖本根，「而規規於法制之末。……其善者，不過偏陂駁雜之治，而下之或不免於亂亡。揆之王道，相去遠矣」。圖本根者如何？必須從「喜、怒、哀、懼、愛、惡、欲王道之源」處著手，所以「爲人君者，必正其心于平居無事之時」❽❷。任啟運（1670~1744）的〈管仲論〉似乎只認爲所謂王道，不過是一種理想，所以說「唐虞三代之遺，必不可復矣」，「欲復唐虞三代之王道，必自管仲始」，因爲管仲所承繼的乃「禹、湯、文、武之法」。也就是說，管仲所行者雖不及王道，但在其所作所爲之中，亦有不背王道者（如存刑封衞，無異武王之興滅繼絕之類）。何況歷史上那些具有旋乾轉坤之力的人物，如漢之諸葛武侯、唐之狄梁公、李鄴侯、陸宣公、宋之韓魏公、李忠定公、明之忠肅公、王文成公，「其經世之學，皆深於〔管〕仲者也」❽❸。所以在現實歷史中想實行王道，就必須以管仲之志業爲起點。

關於德治與法治之爭，主張德治者必肯定道德仁義爲施政的基本原則，雖承認法令亦不可缺，但治民應以教化爲先。主張法治者以爲仁義教化皆出於私情，有違於法的公性，爲了維護法的公性，雖嚴刑峻法，亦所不惜。在這方面，《經世文編》編者大抵傾向儒家重視教化的立場，而反對嚴刑峻法。如「治體」卷十

❽❷　《經世文編》，頁二八七。
❽❸　《經世文編》，頁四三一。

一朱仕琇（1715～1780）的〈原法〉：「意者，上與下同適于治之路也，法者，所以象上之意，導天下使不迷于路」。「意者何主也？曰：仁義忠信是也」。所以他主張：「善制法者以意，不善制法者以威」[84]，朝廷制定法令，如只是爲了威嚴與懲罰，斷斷不可。此外，袁枚（1716～1797）〈書崔寔政論後〉也主張「御眾以寬。曰：寬則得眾，曰：寬而有制，未聞以嚴教者」[85]。亂世用重典之說，見於《周禮》，桂芳〈御製盡心竭力仰報天恩諭恭跋〉明言其說「非古聖人之法」，根據孔子之教誨是「不教而殺謂之虐」，孔子生於禍變已極的亂世，而言如此，足見「重典之無時而可用」[86]。

（2）**養民富民**：採取何種治民的原則，屬於立國精神的問題，在王道、德治的精神原則指導下，治民最實際的工作，卽如何養民？如何富民？這是人主的重要職責，關乎國家的治亂極大。關於養民，《經世文編》「治體」卷十一選了錢維城（1720～1772）的〈養民論〉，他提出的「養民之法」，在「務本而節用」，所謂「務本」，是指工作要勤，所謂「節用」，是指生活要儉。這本是從古以來相傳之說，錢氏並不能滿足於這種說法，他指出南方之民，男耕女織，遠較北方之民爲勤儉，可是「衣食不完，與北方等」。根據這個事實，他發現「後世之患，不徒在於不勤不儉」，而在於「今不重布帛菽粟而重金錢」，結果使「不耕不織者有權」，「農夫受其田而耕之，役使如奴隸，豪商大賈，挾其

---

[84] 《經世文編》，頁四二八。
[85] 《經世文編》，頁四四二。
[86] 《經世文編》，頁三七四。

金錢，買賤賣貴，子母相權，歲入數萬金」，自然會導之「富者
日益富，而貧者日益貧❽」的不平現象。錢氏的發現，已關係到
農商之間的矛盾問題，這個問題當然不是務本節用的古訓所能解
決的。

關於富民，趙青藜〈進呈經義〉重提儒家「藏富於民」的理
想❽；袁枚〈書王荊公文集後〉有「但求足民，不求足國」之說
❽。對這個觀念有較多發揮的，是唐甄（1630～1707）的〈富民〉
一文，他說：「財者國之寶也，民之命也，寶不可竊，命不可攘。
聖人以百姓為子孫，以四海為府庫，無有竊其寶而攘其命者，是
以家室皆盈，婦子皆寧。反其道者，輸於倖臣之家，藏於巨室之
窟，蠹多則樹槁，癰肥則體敝，此窮富之源，治亂之分也」❾。唐
甄也深知藏富於民僅是一理想，但治國者應朝這個方向去努力，
若不此之圖，反而反其道而行，其禍變誠不可勝言。

顧亭林不談藏富於民的理想，他從現實觀點出發，肯定富民
對國家的重要，因此主張政府對富民宜加愛惜、保護。他根據龔
子鉤的報告，知道號稱富庶的江南，一個戶口數十萬的大縣，擁
有數萬金之富者不過二十家，萬金者倍之，數千金者又倍之，數
百金以下稍殷實者數百家，共計不過千餘家。「於千家之中，而
此數十家者，煩苦又獨甚，其為國任勞，即無事之時，宜加愛
惜，況今多事，皆倚辦富民，若不養其餘力，則富必難保，亦至
於貧而後已。無富民則何以成邑，宜予以休息，曲加保護，毋使

❽　《經世文編》，頁四三一～二。
❽　《經世文編》，頁三八九。
❽　《經世文編》，頁四四八。
❾　《經世文編》，頁二九二。

奸人蠶食，使得以其餘力贍貧民，此根本之計」**⑨** 。準此以推，亭林對農商之間之矛盾，必另有一番見解。

(3) **用人與育才**: 「治體」卷十蔡新 (1710～1799) 〈經筵講義五篇〉之一: 「人才者，國家之元氣」**⑨** 。蓋朝廷縱然有治民的好理想，又有養民富民的好政策，若無堅持其理想，以及能有效執行其政策的人才，亦是枉然。《經世文編》「治體」卷十三，小標題「用人」部分，共選三十三篇，可見這個問題不論是在編者的心目中，或是在當時的經世之學中，都是重要課題。其中魏禧 (1624～1680) 的〈平論一〉，王友亮 (1742～1797) 的〈德才論〉都主張用人德重於才**⑨**；徐旭旦〈重臣論〉認爲國君應禮敬大臣，都是恪守儒家的古義**⑨** 。

更具體討論用人問題的，是儲大文 (1665～1743) 的〈用人〉，他引用陸贄 (754～805) 奏唐德宗的話「當天后時，非惟人得薦士，亦令士得自薦」，「天后以寬得人，陛下以精失士」，作爲主要論據，並以史事加以論證，其主旨不外「愛惜人才者，奚可不寬其格以收之」**⑨** 。陸世儀 (1611～1672) 的〈論用人〉對相同的問題，論之較細。他說: 「人才極難得也，善用人者必審定其才之所宜，授之以職，而終身任之，務使竭盡其材」。他檢討了當時正在施行的薦舉法，認爲用意雖佳，然有三弊: 行之太拘；任之無法；繩之太急。結果不免「勉強塞責，而

⑨ 見顧氏: 〈雜論史事〉，《經世文編》，頁三二一～二。
⑨ 《經世文編》，頁三九二。
⑨ 《經世文編》，頁四八一、四八八。
⑨ 《經世文編》，頁四八九。
⑨ 《經世文編》，頁四九〇。

以柔滑善媚之徒，虛應故事」。正面建議，部分與儲大文相同，
卽：「寬收而嚴試，久任而超遷」。他覺得「用人之要，無以外
此」❾❻。

　　國家要有人才，必須健全培育人才的制度，夏之蓉（1697~
1784）的〈進書劄子〉指出士人通經卻不能致用的現象，主必須
力矯文詞之弊。太學旣是國家培育英才的最高學府，他建議應仿
北宋胡安定（993~1059）設「經義」、「治事」二齋舊制：「其
屬之經義者，易、詩、書、三禮、春秋三傳爲一科，二十一史、
通鑑綱目爲一科，或專通、或彙通，分爲差等，以時稽之，以月
試之，以歲省之，合者留，不合者去。其屬之治事者，爲田賦，
爲兵法，爲刑，爲禮，爲曆律。各令自署所長，分條考核，果德
藝可觀，大司成列諸薦剡，以備擢用，其餘一切罷遣」❾❼。這個
構想已兼顧文化大傳統的傳承與近代的專業精神。

　　滿清以外族入主中原，用人還有滿漢之分的特殊問題，「治
體」卷七所選各篇，曾一再反映這個問題，如馬世俊〈殿試對
策〉云：「今天下遐邇傾心，車書同軌，而猶分滿人漢人之名，
恐亦非全盛之世所宜也」❾❽。此明言滿漢差別待遇之不當。儲方
慶（1633~1683）〈殿試策〉更進一步說明差別待遇可能造成的流
弊：「陛下旣爲天下主，卽當收天下才，供天下用，一有偏重于
其間，臣恐漢人有所顧忌，而不敢盡忠於朝廷，滿人又有所憑

---

❾❻　《經世文編》，頁四九四。
❾❼　《經世文編》，頁四一九~二〇。
❾❽　《經世文編》，頁三〇四。

藉，而無以取信於天下矣」⑨。馬世俊生史不詳，由行文看，也
必是在清初，到魏源選輯此等文字時，已歷經一八〇年以上，這
問題顯然依舊存在。

（六）不利於經世者

經世之學以「實用」爲價值標準，以「當世之務」爲關懷的
焦點，因此對乾嘉考證學及宋代道學家的性命之學的批評，甚至
視爲不利於經世者，都是從這個觀點出發的。惲敬（1757～1817）
〈三代因革論四〉批評漢學謂：「彼諸儒博士者，過于尊聖賢，
而疎于察凡庶；敢于從古昔，而怯于赴時勢；篤于信專門，而薄
于考通方；豈足以知聖人之大哉」⑩！乾嘉考證學在思想史上與
宋代道學是對峙的。相對於宋學，考證學又稱漢學，所以批評漢
學，即無異批評考證學。惲敬的批評還比較溫和，張海珊（1782
～1821）的〈記收書目錄後〉就很嚴厲、刻薄：「自時厥後，談
經訓者，遂分漢宋門戶，蓋浸淫至今日，而其禍烈矣。穿鑿於故
訓文字之微，張皇於名物器數之末，拾前人之唾餘，謬述爲家法，
及進詢以本經之大義，則瞢然莫知也」⑩。姚鼐（1731～1815）
〈安慶府重修儒學記〉也批評考證學者「相率而競於考證訓詁之
塗，自名漢學，穿鑿瑣屑，駁難猥雜」⑩。汪家禧（1775～1816）
〈與陳扶雅書〉指責近世雅重漢學以及妄論眞漢學者，他認爲

---

⑨　《經世文編》，頁三〇九。
⑩　《經世文編》，頁四三七。
⑪　《經世文編》，頁一三五。
⑫　《經世文編》，頁一二八。

「今時最宜亟講者，經濟掌故之學。經濟有補實用，掌故有資文獻。無經濟之才，則書盡空言；無掌故之才，則後將何述」[103]？惠棟（1697～1758）、戴震（1724～1777）爲漢學巨擘，魏源《經世文編》完全摒棄了他們的文字，這一點最足以說明與漢學對抗的心態以及經世之學的立場。

考據之外，也批評性命之學。唐甄（1630～1704）〈性功〉已指出「但明己性，無救於世」[104]。他在另一篇〈取善〉中則謂「孔子教人、罕言心性，謹之以言行，約之以篤實，而心性之功在其中矣」[105]。陳遷鶴（1639～1714）的〈儲功篇下〉的言論較具代表性：「性命之學與經濟之學，合之則一貫，分之則兩途。有平居高言性命，臨事茫無措手者，彼徒求空虛之理，而於當世之事，未嘗親歷而明試之。經濟之不行，所爲性命者，但等諸枯禪無用」[106]。陳氏並未否定性命之學，「枯禪」之說，可見他批評的對象是王學末流。程晉芳（1718～1784）〈正學論一〉：「自明中葉以後，士人高談性命，古書束高閣」[107]。明是針對王學末流。類似的批評，與陳遷鶴同時的顏習齋（1635～1704）應是最具代表性的，不知何故魏源也沒有選錄他任何一篇文字。

除了以上六項之外，有一點必須補充，即有關變革的思想。顧亭林於〈法制〉一文，雖非討論變法問題，但對「拘於舊章，不能更革」的現象，已有不滿之意。在〈雜論史事〉中更有「相

---

[103] 《經世文編》，頁二三四。
[104] 《經世文編》，頁九二。
[105] 《經世文編》，頁二六八。
[106] 《經世文編》，頁九〇。
[107] 《經世文編》，頁一二四。

因之勢，聖人不能回」的觀念。魏源《經世文編》中對恢復三代的井田與封建，普遍表示懷疑，對「當世之務」的種種積弊，究如何變革，已是中心議題。其中尤以張履祥（1611～1694）的〈備忘錄論治〉最爲突出，他主張「田制必當變」、「學校必當變」、「科舉必當變」、「銓法必當變」、「官制必當變」、「資格必當變」、「軍政必當變」、「賦法必當變」、「徭役必當變」[108]。張氏之言是以明、清之際改朝換代爲其歷史背景，他對行政體制必須全面改革的主張，必曾激動十九世紀經世學者如魏源者的心弦，也更能傳達他的心聲。

十九世紀初期的經世思想，如與宋明心性之學及清代考證學相比，宋明心性之學堅守儒家道德理想主義的立場，所以尊理而抑勢；清代考證學以「復古」爲「求眞」的手段[109]，所以尊古而抑今；十九世紀初期的經世思想，和他們都不同，它反對泥古，主張重勢重今，強調隨時隨事變通。所以十七世紀以來的經世思想，可以說是在「變」的意識中成長，而變革的思想則爲推動其發展的一個主要的動力。雖然這些變革的思想，並未脫出「基於傳統的解答」的方式，但已爲「巨變」到來之前，提供了本土學術思想一個重要的「基線」。

第五節　《經世文編》的影響

---

[108]　《經世文編》，頁三四一。

[109]　周予同選註：《漢學師承記》序言，頁一五，七十一年（一九八二），華正書局，臺北。

　《皇朝經世文編》於一八二六年刊行，據俞樾說：「數十年來，風行海內，凡講求經濟（經世濟民）者，無不奉此書爲榘矱，幾於家有其書」⓾。陳邦瑞也說：「《經世文編》，都人士莫不家置一編，更覺洛陽紙貴矣」⑪。可見此書不但受到經世人物的重視，且流傳極廣。更具體點看，此書的影響，至少有二方面：

（一）對同類書籍的影響

　魏源《經世文編》問世後，到一九一三年爲止，以「經世」爲名同類的文編有十八種⑫，雖不以「經世」爲名而性質相同者也有多種⑬。在時代的分佈上，以「經世」爲名而刊行於十九世

⓾　見葛士濬：《皇（清）朝經世文續編》，俞樾序。
⑪　見何良棟：《皇（清）朝經世文四編》，陳邦瑞序。
⑫　(1)張鵬飛：《皇朝經世文編補》，一八四九年刊行。(2)饒玉成：《皇朝經世文續編》，一八八一年。(3)管窺居士：《皇朝經世文續編》，一八八八年。(4)葛士濬：《皇朝經世文續編》，一八八八年。(5)盛康：《皇朝經世文續編》，一八九七年。(6)陳忠倚：《皇朝經世文三編》，一八九七年。(7)求是齋主人：《時務經世分類文編》，一八九七年。(8)甘韓：《皇朝經世文新增時務洋務續編》，一八九七年。(9)麥仲華：《皇朝經世文新編》，一八九八年。(10)潤甫（邵之棠）：《皇朝經世文統編》，一九〇一年。(11)闕名：《皇朝經世文統編》（增輯經世文統編），一九〇一年。(12)麥仲華：《皇朝經世文新編》，一九〇二年。(13)何良棟：《皇朝經世文四編》，一九〇二年。(14)求是齋：《皇朝經世文五編》，一九〇二年。(15)闕鑄：《皇朝經世文五編》，一九〇二年。(16)儲桂山：《皇朝經世文續新編》，一九〇二年。(17)甘韓、楊鳳藻：《皇朝經世文新編續集》，一九〇二年。(18)上海經世文社：《民國經世文編》，一九一三年。以上參考黃克武：＜經世文編與中國近代經世思想研究＞。
⑬　如《時務叢鈔》、《邊事叢錄》、《洋務叢鈔》、《經濟統編》、《策論滙海》、《治平十議》等。

紀之內者有九種，其中四十年代一種，上距魏源《經世文編》二
十三年，八十年三種，九十年代五種。自康有爲（1858～1927）
於一八八八年第一次上書請變法後，維新變法之議，逐漸成爲輿
論的焦點，經世之文大增，單在戊戌變法的前一年（一八九七）
之中，就刊行了四種。其餘在一九○一～○二年間又增八種，最
後《民國經世文編》刊於一九一三年。

　　後來的經世文編，體例上雖多以魏源《經世文編》爲典範，
甚至有四種連一二○卷數都與魏氏相同。不過到了光緒年間，經
世之文出現新課題，已非原有名目所能容納，所以葛士濬與盛康
的《皇朝經世文續編》，已增「洋務」之部；陳忠倚的《皇朝經
世文三編》則明言魏氏《經世文編》中儒行、宗法、禮論、婚
禮、喪禮、服制、祭禮等項，對富強之術毫無裨益，故多予刪
除。另增測算、格致、化學、礦務等。到麥仲華的《皇朝經世文
新編》，不但打破了依吏、戶、禮、兵、刑、工等六部爲分別門
類的體例，內容除宣揚康、梁維新變法，更收錄外人著作，介紹
泰西史地新知。以上這些經世文編，總地來看，最先注意到這批
史料的日本人百瀨弘，他認爲這些文編起先則主張繼承傳統逐步
修改，後則力倡維新變法追求富強，反映出清末中國讀書人政治
思想的變遷❶❶ 。

（二）對當世之務的影響

　　重視當世之務乃經世之學的主要特色，魏氏《經世文編》在

---

　❶❶　以上參考黃克武：＜經世文編與中國近代經世思想研究＞，見
　　　《近代中國史研究通訊》，頁八七～八。

這方面究有何影響？據孟森（1868～1938）說：「至道光時則時事之接觸，切身之患，不得不言有三端：曰鹽，曰河，曰漕，議論蠭起，當時亦竟有彙而刻之以傳世者，賀長齡之《經世文編》是也。……鹽、漕、河三事，能文績學之士皆有論述，而當事之臣采用之，朝廷聽納之，頗有改革⑮」。可知在當時，至少在鹽、漕、河三方面曾產生過相當影響。根據魏秀梅的研究，當時封疆大吏陶澍（1779～1839），在這三方面都有重大貢獻。《皇朝經世文編》敍文裏說的「善言心者必有驗於事，……善言人者必有資於法」，當陶澍在江南的時代，已從原則變成事實。也由於他有事功示範，終使《皇朝經世文編》所揭櫫的精神與原則，成為一時的風氣，強化了它的影響⑯。此外，劉廣京也認為賀長齡、魏源等人求效驗的思想，對咸、同兩朝平內亂兼圖自強的政策，至少就湖南人如左宗棠等人而言是有影響的⑰。

---

⑮　孟森：《明清史講義》，頁六一四，七十一年（一九八二），里仁書局，臺北。

⑯　魏秀梅：《陶澍在江南》，劉廣京序文，頁三，七十四年（一九八五），中央研究院近代史研究所，臺北。

⑰　見《近世中國經世思想研討會論文集》，劉廣京序，頁八，七十三年（一九八四），中央研究院近代史研究所，臺北。

第三章 春秋公羊學的復興

十九世紀初期，經世思想之外，另一重要的學派，就是《春秋》公羊學。這兩派思想都植根於本土的傳統，經世思想是要恢復十七世紀明道救世的精神，而以顧亭林為典範；《春秋》公羊學是從清中葉的漢學傳統，上溯至西漢公羊學家的微言大義，而以孔子為典範。前者討論官僚系統內部的問題，而落實於行政技術的改進；後者則塑造了一種浪漫的理想主義，最後落實於政制的改造。

我們在這裏不是要討論公羊經學內部的問題，而只是從思想史的觀點，突出它在十九世紀初期所表現的思想動向。至於公羊學對十九世紀末期的影響，則留待以後相干的章節中，再加以探討。

第一節 公羊學的演變及其代表人物

十九世紀初期公羊學的代表人物是劉逢祿（1776～1829）。劉逢祿是莊存與（1719～1788）的再傳弟子。莊氏之學一傳於其姪莊述祖（1750～1816），述祖與逢祿乃甥舅關係。述祖嘗謂：

「吾諸甥中劉申受可以爲師，宋于庭可以爲友」❶。劉申受即劉逢祿，宋于庭即宋翔鳳（1779～1860），述祖沒有說錯，劉逢祿果然教了兩位大弟子：龔定庵與魏源，假如沒有龔、魏，劉氏恐怕只能在經學史上佔一席之地，在思想史上則不易引起人的注意。莊存與，魏源尊爲「眞漢學者」❷；定庵更謂其「開天下知古今之故，百年一人而已」❸。莊氏能獲得這一派開山大師的地位，與二人之推崇不無關係。

存與字方耕，號養恬，因與逢祿皆江蘇武進人，所以史家有稱他們爲常州學派者。中國史上許多重要的學派多起自民間，存與不同，他自乾隆十年（一七四五）中榜眼（一甲第二名進士）後，可謂仕途順遂，最高職位是禮部侍郎，在他一生中，曾擔任皇家教師（南書房和上書房行走）達四十年之久。這樣一位經歷乾隆盛世，又深獲皇上信賴的人物，個人的學術品味，卻與當時流行的考據學不同，考據學的一個基本信條是：「訓詁明則義理明」，莊存與卻走上另外一條路子，梁啓超說：「存與著《春秋正辭》，刊落訓詁名物之末，專求其所謂『微言大義』者，與戴（東原）、段（玉裁）一派所取塗徑，全然不同」❹。

《春秋正辭》共分奉天、天子、內、二伯、諸夏、外、禁

---

❶ 轉引自錢穆：《中國近三百年學術史》，頁五二五，四十六年（一九五七），臺灣商務印書館。

❷ 魏源：〈武進莊少宗伯遺書序〉，見《魏源集》，頁二三八，七十三年（一九八四），臺北漢京文化事業公司。

❸ 龔定庵：〈資政大夫禮部侍郎武進莊公神道碑銘〉，見《龔定庵全集類編》，頁二九五，四十九年（一九六〇），臺北世界書局。

❹ 梁啓超：《清代學術概論》，頁一二一～二，六〇（一九七一）年，水牛出版社。

暴、誅亂、傳疑等九章，蓋相當於董仲舒所謂之「十指」，希望透過這些觀念來綜攝《春秋》大義。在公羊傳統中最著名的三科九旨之說（詳見下文），由莊氏把「內」、「外」、「諸夏」分屬，以及「存三統」納入奉天一章作爲子目，「張三世」僅於奉天一章之導言中提及等情形看，顯然在他心中並不突出，也未特別重視。

《春秋》畢竟是一部政治性很濃的書，既講《春秋》總難免會接觸其中一些基本問題。譬如夷夏問題，在滿清統治下，自然就轉換成滿漢問題，做滿清高官的莊存與，對這個問題會持什麼看法？〈外辭第六〉中有「夷狄之有君，不如諸夏之亡也」❺，此語出於《論語‧八佾篇》，且在解釋經文中出現，恐怕不能代表他的看法。同章又說：「欲其子孫之仁且孝，必以中國之法爲其家法」❻。這話很可能就是他長期爲皇家教師所懷抱的一個理想。據此以推，他對滿漢問題所持的應該是「夷狄入中國則中國之」的看法，這樣並不違背公羊家的立場。

不過，《春秋正辭》裏有些話，在文網仍密的乾隆時代，依然有被羅織的危險，如〈天子辭第二〉：「天子可貶乎？曰：以天道臨之可也❼」。這本是西漢董仲舒天人感應思想中的要義之一❽，也是先秦儒家「道尊於勢」一觀念的衍申❾。同章又說：

❺ 見莊存與：《春秋正辭》，臺北復興版《皇清經解》，卷三八二，頁一。
❻ 同前，卷三八二，頁七。
❼ 同前，卷三七六，頁二。
❽ 參看韋政通：《董仲舒》，頁九五～九，七十五年（一九八六），東大圖書公司。
❾ 先秦儒家「道尊於勢」的觀念，見余英時：《中國知識階層史論》，頁四一、四五，六十九年（一九八〇），聯經出版事業公司。

「公羊子曰：譏父老子代從政也，賢者之路絕矣」❿。「彼世卿者，失賢之路，蔽賢之蠹也」⓫。這當然可以被了解為藉「譏世卿」的春秋大義，批評專制的世襲政權。這些言論或許是「方耕在日，亦深自晦藏，傳其學者僅子孫數人」⓬的一個原因。

《春秋正辭》之外，還有《春秋舉例》與《春秋要指》，前者篇幅很少，僅佔原版六頁，約《正辭》的十六分之一，內容是讀《公羊傳》的札記。《要指》篇幅雖也不多（十七頁），但足以使我們看出莊存與個人對《春秋》公羊學的心得，代表他自己的思想。

《要指》開宗明義就說：「《春秋》以辭成象，以象垂法，示天下後世以聖心之極」⓭。這就是莊氏心目中，《春秋》最高的「大義」，所以「以象垂法」的「法」也不是一般性的法規，而是平治天下所本的終極性原則，也就是孔子所懷抱的最高理想。《要指》又說：「《春秋》非記事之史，不書多於書，以所不書知所書，以所書知所不書」⓮。這是把公羊學家所說的「微言」，已賦予略似現代「創造的解釋學」的涵義，「以所書知所不書」，這個「知」的方法不是憑空揣測，而是有一定的辯證步驟或程序可循的⓯。

此外，「《春秋》詳內略外，詳尊略卑，詳重略輕，詳近略

---

❿　同前註❺，卷三七六，頁八。
⓫　同前註❺，卷三七六，頁一一。
⓬　見陸寶千：《清代思想史》，頁二二三，六十七年（一九七八），廣文書局。
⓭　見《皇清經解》，卷三八七，頁一。
⓮　同前註。
⓯　參看前註⓭之書，頁四七。

遠，詳大略小，詳變略常，詳正略否」⑯，是從《春秋》書法中歸納出的一些原則。「《春秋》非記事之史也，所以約文而示義也。是故有單辭、有兩辭、有複辭、有眾辭。辭可凡而不可凡也，複辭可要而不可要也，兩辭備矣，可益而不可益也，單辭明矣，可殊異而不可殊也，故曰游、夏不能贊一辭」⑰。這是提示《春秋》用辭的方法，這種方法在中國傳統經典中，是獨一無二的，所以治《春秋》者如缺乏創造的想像力是無法從事的，歷代公羊學就是這種能力的發揮。

　　清中葉另一位治《春秋》公羊學的學者是孔廣森（1752～1786），廣森字眾仲，號撝約，山東曲阜人，十九歲就中了進士，雖「年少入宮」，但「性淡泊，耽著述，不與要人通謁」⑱。由於這種性格，在短暫的人生旅程中，仍留下相當豐富的著作，其中能使他留名於後世的，就是《公羊春秋經傳通義》。

　　阮元（1764～1849）說廣森是莊存與的門人⑲，不過據《漢學師承記》與《清史稿》，都只說他「受經於東原」⑳，乃戴震（1724～1777）嫡傳弟子。《師承記》專記孔廣森的一篇中，百分之九十的篇幅只是轉載孔氏所作《戴氏遺書》的序文，以證明他們之間的師承關係，對《公羊通義》的內容，一字不提。就序文看，廣森對東原的學術貢獻，熟悉得如數家珍，所以《師承

---

⑯　同前註⑬。
⑰　同前註⑬，頁四。
⑱　《清史稿》，頁一三二〇七，臺北洪氏出版社。
⑲　見阮元：〈莊方耕宗伯經說序〉，此文收入《味經齋遺書》卷首。
⑳　見《漢學師承記》，頁一〇五，臺北世界書局；《清史稿》，頁一三二〇七。

記》的作者江藩（1761～1831）說他「深於戴氏之學」，誠非虛言。

　　廣森雖比莊存與年輕三十三歲，但因早慧，他的《公羊通義》成於一七八三年，因此與莊氏的《春秋正辭》大抵仍屬於同一時代的作品❷。據《公羊通義》自敍：「因原注，存其精粹，刪其支離，破其拘窒，增其晦隱，冀備一家之言，依舊帙為十一卷，竊名曰通義」。「原注」指何休《春秋公羊經傳解詁》，這是他著《公羊通義》的依據。存與與東原友善，廣森自然有可能受教於存與。

　　東原的門下，怎麼會出現在公羊方面「冀備一家之言」的孔廣森？這問題也許不易回答，但東原雖是考證學大師，精於訓詁，他的學術成就並不限於這一層面，廣森於序文中說他「君之著書，可謂博矣；君之見道，可謂深矣」❷，「見道」如是指有一套深刻的哲學見解，此言並不誇張。宋代理學家有「存天理，去人欲」的主張，東原的看法是「欲不可絕，欲當即為理」，章太炎（1868～1936）於〈釋戴〉一文就曾評論它「斯固肆政之言，非飭身之典」❷，可知東原也並不缺乏經世意識，賀、魏的《皇朝經世文編》不選東原的文章，實因誤以為他僅是一考據家。我們所以要指出這些，是想說明在消極方面東原之門並沒有妨礙他的弟子向公羊方面追求的因素。此外，孔廣森說：「愚以

❷　參考孫春在：《清末的公羊思想》，頁三〇，七十四（一九八五）年，臺灣商務。
❷　見《漢學師承記》，頁一〇八。
❷　《章氏叢書》（臺北世界版），《文錄》一，頁一二二。

爲公羊家學獨有合於孟子」❷，這在清中葉的公羊學中，是一重要的發現，這一發現我們有理由相信是因東原精於孟子學說，然後廣森在這個線索上所產生的聯想。

戴東原門下有治公羊學的孔廣森，另一位漢學大家惠棟（1697～1758）一派的褚寅亮（1715～1790）也治公羊，《漢學師承記》說他「早年爲公羊何休之學，撰《公羊釋例》三十卷」❷，那麼他治公羊比莊存與還早。這些事實說明莊氏的公羊學，在當時並非孤明獨發，但莊存與比較幸運，因爲他有傳人，其中最具關鍵性的人物，就是劉逢祿。

劉逢祿，字申受，也是武進人，祖父劉綸，是大學士，他到一八一四年才中進士，是年三十八，重要著作已經完成。如《公羊何氏釋例》成於一八〇五年，《箴膏肓評》、《左氏春秋考證》、《論語述何》成於一八一二年。此外與公羊有關的著作還有《公羊春秋何氏解詁箋》、《穀梁廢疾申何》。其中《公羊何氏釋例》以十卷三十義例，在何注的基礎上把公羊家言做系統的闡述，乃其代表作，梁啟超（1873～1929）對此書的評語是：「凡何氏所謂非常異義可怪之論，如『張三世』、『通三統』、『絀周王魯』、『受命改制』諸義，次第發明；其書亦用科學的歸納研究法，有條貫，有斷制，在清人著作中，實最有價值之創作」❷。

肇始於清中葉的公羊學，到劉逢祿的確有了重要的發展，樹

---

❷ 孔廣森：《公羊通義》，見《皇清經解》，卷六九一，頁二。
❷ 《漢學師承記》有「褚寅亮」一篇，引文見該書頁三八。
❷ 梁啓超：《清代學術概論》，頁一二二。

立起承先啟後一派宗師的地位，主要原因是：

（一）他使公羊學在學術上有了新的發展，而且頗具規模，晚清這一派的許多論題，大都出於他的啟發。從他眾多的著作，可以明顯看出，他是有計畫地在進行：第一步，他豁醒了整個公羊學的傳統，使自己在這個傳統裏居於正統的地位，並以學術上的成就充實並穩固其地位。第二步，在《春秋》的傳統裏，本有三傳並立，逢祿承繼何休弘揚公羊，為使公羊學達到獨尊的地步，不惜以嚴辭貶損《左傳》、《穀梁傳》，他認為《左傳》乃「劉歆妄作」，是「欲迷惑公羊義例」，「以售其僞」❷⑦。而穀梁子根本「不傳建五始、通三統、張三世、異內外諸大旨」，他的天賦不過如「夫子所云，中人以下，不可語上者」，其書頂多是「玩經文，存典禮，足為公羊氏拾遺」而已❷⑧。第三步，他在「《春秋》者，五經之筦鑰也」的假設下，認為「不明《春秋》，不可與言五經」❷⑨，因而企圖以公羊學詮釋並貫通五經，以建立起一個新的經學傳統。以上三步，不是指時間上的順序，而是他的公羊學說要達到的三個目的。若就時間而言，在《公羊何氏釋例》中，這三點都已見端緒。從以上三點來看，劉逢祿不但有很強烈的宗派意識，也的確有建立一自足系統的雄心。

（二）公羊學中所謂三科九旨（詳見下文），在董仲舒的思

---

❷⑦ 劉逢祿：《左氏春秋考證》，見《皇清經解》卷一二九四，頁一。

❷⑧ 劉逢祿：《穀梁廢疾申何》序文頁一，見《皇清經解》卷一二九二。

❷⑨ 劉逢祿：《公羊何氏釋例》，見《皇清經解》，卷一二八〇，頁九。

想裏，因為他的系統非常複雜，他關心的重要問題是儒家理想如
何在專制體制中落實，所以這個論題僅具有工具性的意義。何休
對這個論題雖有不少發揮，但仍隱沒在注文之中。使三科九旨凸
顯到思想史上佔重要地位，並使其具有極大繁衍性的，乃劉逢祿
之功。

　　（三）逢祿專主於《春秋》，並經由公羊重建其權威，是因
「撥亂返正，莫近《春秋》」❸，是因「世愈亂，而《春秋》之
文盆治」，是因孔子「以身任萬世之權，灼然以二百四十二年，
著萬世之治」❸，類似的話在西漢公羊家的言論中都見過，但在
政治、經濟、社會都出現危機的十九世紀初葉，由他重新提出
來，不可能沒有一點時代的新義在其中。根據前章所說，這也是
一個重建經世之學之時代，經世之學的重建，在文獻上尚看不出
與公羊傳統有何關連，但在大抵相同的內因與外緣下，在重建經
世之學的前夕，劉逢祿把中國傳統經典中，代表經世意識很強烈
的公羊春秋，提到時代的課題中來，怎麼可能沒有一點時代的意
義在其中？更何況劉氏於《公羊何氏釋例》的序文中，就已明白
表示，他所以要治《春秋》公羊之學，所以要「推原左氏穀梁氏
之失」，所以要既「申何」（弘揚何休之學）又「難鄭」（詰難
鄭玄之學），目的就在「用翼持世之志」。有了這個意識，到他
的弟子龔、魏手中，才能使公羊學與經世之學自然合流；有了這
個心靈的動源，到了清末在內外危機的激盪中，才能使公羊學在
思想史上興起巨大的浪潮。

---

❸　見前註書之序文，頁二。
❸　同前註❷，頁四。

　　與劉逢祿輩份相同的公羊學者，有宋翔鳳（1779～1860），翔鳳，字于庭，江蘇長洲人，一八〇〇年中舉。他成學較晚，闡述公羊義的《論語說義》成於一八四〇年，與公羊少許相關的《過庭錄》，作於一八五三年，其他著作如《四書釋地辨證》、《爾雅釋服》、《小爾雅訓纂》皆名物訓詁之作，與同時期的龔、魏相比，使他在思想上顯得缺乏開潤的氣象。

　　宋翔鳳的公羊思想，有兩點與劉逢祿相同：一是斥責古文家作偽的《左傳》，使《春秋》「積疑未明，大義斯蔽」[32]。二是使《論語》公羊化。逢祿以公羊義釋《論語》，已多牽強附會，如：「多見闕殆，謂所見世也」[33]。又如：「性與天道，微言也」[34]。翔鳳更變本加厲：「子夏六十四人共撰仲尼微言，以當素王。微言者，性與天道之言也。此二十篇（指《論語》）尋其條理，求其旨趣，而太平之治，素王之業備焉」[35]。他已不祇是《論語》公羊化，簡直要使合而為一，所謂「孔子受命作《春秋》，其微言備於《論語》」[36]。這個取向演變到康有為（1858～1927），幾乎使儒家思想全面公羊化了。

　　宋翔鳳的公羊思想，也有兩點新義：一是把《春秋》與《禮記‧禮運篇》搭上關係，如：「文獻足而《春秋》成，故能據魯、親周、故殷，運之三代，〈禮運〉一篇，皆發明志也」[37]。

---

[32]　宋翔鳳：《論語說義》，見《皇清經解續編》，卷三八九，頁三。

[33]　劉逢祿：《論語述何》，見《皇清經解》，卷一二九七，頁五。

[34]　同前註，頁一〇。

[35]　劉翔鳳：《論語說義》序。

[36]　同前註[32]，頁一。

[37]　《皇清經解續編》，卷三九〇，頁六。

其次，因今古文之爭，而挑起〈王制〉與《周官》兩種制度之間的對立，終爲清末公羊學中的一大重點，此乃由宋翔鳳所引起。這一爭論的意義，誠如孫春在所說，是把視野由《春秋公羊傳》的「受命改制」之說擴而大之，進而思索所改的制度應是什麼樣子，〈王制〉成了他們初期的研究中心。這代表了公羊學者走向實際政制規劃的方向❸。

龔定庵與魏源雖與公羊學派關係密切，但他們的思想已脫出經學的窠臼，與時代的脈動息息相關，在十九世紀初葉思想史上，與包世臣都是最具代表性的人物。

定庵出身於仕宦之家，年輕時隨父長居京師，乃一天才型人物，能詩能文，家學與傳統都羈勒不了他（他的生平詳見下文專章）。一八一八年，莊存與的孫兒莊綬甲（1774～1828）館於龔家，翌年逐認識劉逢祿與宋翔鳳，雖拜逢祿爲師習公羊春秋，感情上卻與翔鳳更親，嘗有詩說：「萬人叢中一握手，使我衣袖三年香」。

定庵在遇逢祿之前，早已議論風發，享有文名，對公羊家言，並不陌生，如〈乙丙之際箸議第九〉云：「吾聞深於春秋者，其論史也，曰：書契以降，世有三等，三等之世，皆觀其才。才之差，治世爲一等，亂世爲一等，衰世別爲一等」❸。卽套用「三世」論人才，且將三世的名稱也變了。「乙丙」是指乙亥（一八一五）、丙子（一八一六）年。又如〈江子屏（藩）所著書序〉：「傳（《公羊傳》）不云乎？三王之道若循環，聖者

---

❸　見孫春在：《清末的公羊思想》，頁四三。
❸　《龔定庵全集類編》，頁六八。

因其所生據〔亂〕之世而有作，……不以文家廢質家，不用質家廢文家，長弟其序，臚以聽命，謂之存三統之律令」❹。此言文質、三統，是在遇逢祿的前兩年。

跟逢祿習《公羊春秋》後，公羊之學乃別開生面，尤以「三世說」爲然（詳見下文）。但他把學術與政治相結，好論世風時政並緣飾以學術的文字風格，並未因受逢祿的影響而有所改變，此誠「學術隨風氣而變，風氣依時代而易」也❹。他在逢祿的影響下，也嘗試以公羊義貫通五經，但方法不同。〈五經大義終始論〉一開頭就說：「昔者仲尼有言，吾道一以貫之。又曰：文不在茲乎。文學言、游之徒，其語門人曰：有始有卒者，其惟聖人乎！誠知聖人之文，貴乎知始與卒之間也。聖人之道，本天人之際，臚幽明之序，始乎飲食，中乎制作，終乎閏性與天道」❹。他是先有「一以貫之」的概念，並以終始條理爲準則，然後雜引五經之文以證其說，與僅以文字本身的比附不同。

定庵的思想，既涉及社會、經濟，又倡言變法，主張革命，如果說一個思想家眞能從「舊傳統中滋長新思想」，他就是一個罕見的例子。更妙的是，他在太平天國之亂前三十多年，竟然說：「起視其世，亂亦竟不遠矣」❹！眞是奇妙的預感。

龔定庵與魏源，在鴉片戰爭前後這段思想史上可稱雙璧，但魏氏的家庭背景與龔大不相同，父親雖是一名武舉，幼年時家中

---

❹　同前，頁二四。
❹　錢穆：《中國近三百年學術史》，頁五三五。
❹　同前註❸，頁七五。
❹　同前註❸，頁六九。

就很貧困，早年全靠苦學，功名也不順利（他的生平詳見下文專章）。由於時代風氣在變，對時政世風又特別敏感，所以緣經術以作政論的文字風格，與定庵酷似。

　　他比定庵小兩歲，從劉逢祿受《公羊春秋》卻早了五年（一八一四）。與公羊相關的著作，較早的有《董子春秋發微》與《詩古微》，晚年有《書古微》與《兩漢今古文家法考》。《董子春秋發微》已佚，根據文集所留的序文，以及二十五篇之篇目來看，全書構想很有系統。序文說撰此書的動機是：「所以發揮公羊之微言大誼，而補胡毋生條例，何邵公解詁所未備也」❹❹。《漢書・儒林傳》說董仲舒與胡毋生同業治《春秋》，「而何氏注但依胡毋生條例，於董生無一言及。近日曲阜孔氏（孔廣森），武進劉氏（劉逢祿），皆公羊專家，亦止爲何氏拾遺補缺，而董生之書未之詳焉」❹❺。魏氏對這種偏執的現象，感到遺憾。如果說董仲舒的《春秋繁露》只是疏通大義，因不列經文，故不足與何氏頡頏，魏源也不同意這種說法，他認爲《春秋繁露》「其書三科九旨，燦然大備，且宏通精淼，內聖而外王，蟠天而際地，遠在胡毋生何邵公章句之上」❹❻。從這裏我們可以明顯地看出，魏源的心靈是屬於理論思想的層次，所以能與董仲舒相應，並認識他思想的價值，與拘泥於章句者自然不同。對這兩種心態上的差異，魏源有很清楚的自覺：「蓋彼（指胡毋生、何休）猶泥文，此（指董仲舒）優柔而饜飫矣；彼專析例，此則曲暢而

---

❹❹　見《魏源集》，頁一三四～五。
❹❺　同前，頁一三五。
❹❻　同前。

旁通矣」。二者相比，「故抉經之心，執聖之權，冒天下之道
者，莫如董生」❹。這也是由理論思想上對仲舒加以推崇。

　　魏源的公羊思想，除對「三世」觀又有新義之外（「三世」
觀詳後），有兩點值得一提：（一）在（包括前人和他自己）以
公羊義貫通五經、四書之外，又擴及老子，如《老子本義》說：
「故忠、質、文皆遞以救弊，而弊極則將復返其初。孔子寧儉毋
奢，爲禮之本，欲以忠質救文勝，是老子淳樸忠信之教，不可謂
非其時，而啓西漢先機也」❹。（二）擴大了古經眞僞的問題。
劉逢祿、宋翔鳳皆疑《左傳》，然未脫《春秋》範圍。魏源旣撰
《詩古微》闡揚齊、魯、韓三家的微言大義，攻擊毛傳及大小序
爲晚出僞作，又撰《書古微》發明西漢《尙書》今古文之奧旨，
認爲非惟古文《尙書》爲東晉晚出的僞書，卽東漢的馬融（79～
166）、鄭玄（127～200）的古文之說，也非孔安國之舊。於是，
疑經之風自此大盛，至康有爲著《新學僞經考》，遂將所有的古
文經皆歸於劉歆（？～前23）的僞造❹。

　　龔定庵的思想，已非公羊學所能範圍，魏源的思想更複雜，
且已受西學的影響，所以，不但主張變法，對民主制度的價值也
有了解，尤其他那「師夷之長技以制夷」的主張，終成爲一代洋
務（自強）運動最高指導性觀念，也是中國知識分子在西方壓迫
下提出的第一個回應的思想模式。

---

❹　同前。
❹　見臺灣商務版，頁三。
❹　見王家儉：《魏源》，頁三九，六十七年（一九七八），臺灣商
　　務。

第二節 公羊學的興起與劉逢祿的重要地位

據梁啟超說，常州（公羊）學派有兩個源頭：一是經學（公羊春秋），一是文學（由桐城派轉手而解放的陽湖派），兩派合起來產生一種新精神，代表這種精神的是龔、魏。為甚麼會產生這種精神呢？梁氏認為：（1）考證古典的工作，大部分被前輩做完了，後起的人想開闢新田地，只好走別的路。（2）當時政治現象，令人感覺不安，一面政府箝制的威權也陵替了，所以思想漸漸解放，對政治及社會的批評也漸漸起來⑩。這兩點是指龔、魏而言。龔、魏以前的公羊學又是如何興起的呢？陸寶千對這個問題做了扼要的補充。陸先生也認為清中葉公羊學之興起，「蓋由於考證之途窮而思返」，不過他有進一步的分析。他就當時學術情形，指出可變之道為返於宋學，而宋學有三派：（1）陸、王，「陸、王之學，重一心之解悟，既可以六經為註腳，亦可以典籍為筌蹄。清儒沉溺故紙已久，求其耆然自脫桎梏，勢有所不能，故返於陸王者人尟勢微」。（2）程、朱，「其返於程朱者，首起於湖湘之間，唐鑑、羅羅山等是已。蓋有清一代，湖湘之間考據之風最薄，故能由書本而反求於身心，惟其興起已在道光季年，為時稍晚」。（3）浙東之史學與事功，「其返歸浙東者，以清室方盛，文字獄之餘悸猶存；辯王霸，爭漢唐，議制度，不惟為異族政權所不喜，抑且為中國儒生所不敢，故首繼浙東之學者，係

---

⑩ 梁啟超：《中國近三百年學術史》，頁二五，四十五年（一九五六），臺灣中華書局。

史學而非事功，邵二雲、章實齋是也」。從這個背景，我們才能
比較清楚了解，當清中葉途窮思變時，學者爲何會傾向於公羊。
陸氏說：「其有不願返諸宋學者，復由東漢而上溯西漢，逡觸及
公羊之學。是學也，亦爲漢學，而無訓詁之瑣碎；亦言義理，而
無理學之空疏。適中清儒厭鑽故紙而不忍遽棄故紙，非薄宋儒
而又思求義理之心情。偶有一二嗜奇者試嘗之，公羊之學遂茁春
萌。芽蘗既透，清運亦衰，匪亂夷患，紛至沓來。由是而平章朝
政，由是而試議改革，皆據聖經賢傳以立論，而又莫便於公羊。
於是公羊之學披靡一世矣」❺❶。這個解釋，頗合情理，但仍有一
個環節，需要補述，卽劉逢祿在這一段公羊學之演變中所扮演的
角色。

假如清代公羊學只有莊存與和孔廣森，我們很難想像它會成
爲一個重要的學派，後來產生披靡一世的影響力，更是不可能
的。這中間劉逢祿的確居於舉足輕重的地位。前文已說過他所以
能樹立起承先啟後一派宗師的地位的三點原因，下面再進一步說
明他爲何能在經學之外產生影響。

第一，一般經學家，不論是古文或今文，都很講求家法，崛
起於十九世紀初葉的劉逢祿，在經學上也不例外，但從《公羊何
氏釋例》的序文看，他顯然已超越家法的觀念，賦予公羊傳統一
個傳道統緒的意識。他說：「昔孔子有言，吾志在《春秋》。又
曰：知我者其惟《春秋》乎！罪我者其惟《春秋》乎！蓋孟子所
謂行天子之事，繼王者之迹也。傳《春秋》者，言人人殊，惟公

---

❺❶ 陸寶千：《清代思想史》，頁二二二～三。

羊氏五傳當漢景時，乃與弟子胡毋子都等記于竹帛。是時大儒董生，下帷三年，講明而達其用，而學大興」。逢祿對與董仲舒同時的胡毋生，認爲「其名不及董生，而其書之顯亦不及《繁露》」。到了東漢末季，「鄭眾、賈逵之徒，曲學阿世，扇中壘之毒焰，鼓圖讖之妖氛」，幾乎使此學絕紐，幸有何休出來，靠他的「修學卓識」、「研精覃思」，才重新「審決白黑，而定尋董、胡之緒」，他在公羊學方面的貢獻，「五經之師，罕能及之」。漢以後，「儒風不振，異學爭鳴」，到了唐代中葉，陸淳、啖助雖講公羊，但「棄置師法，燕說郢書，開無知之妄」。到清代，因朝廷「開獻書之路，招文學之士，以表章六經爲首，于是人恥鄉壁虛造，競守漢師家法」。對他以前的漢學家，只提治《易》的惠棟（1697～1758）與治《禮》的金榜（1735～1801），稱他們「善學」。未提及師門莊家。最後說到他自己：「祿束髮受經，善董生、何氏之書，若合符節，則嘗以爲學者，莫不求知聖人，聖人之道備乎五經，而《春秋》者五經之筦鑰也。先漢師儒，略皆亡闕，惟《詩》毛氏，《禮》鄭氏，《易》虞氏有義例可說，而撥亂反正，莫近《春秋》，董、何之言，受命如嚮，然則求觀聖人之志，七十子之所傳，舍是奚適焉」❷。

　　讀到這篇序文，很自然的會使我們想起朱熹講「道統之傳」的〈中庸章句序〉，逢祿歷數孔子、孟子、公羊高、胡毋生、董仲舒、何休，其中特別突出董生與何休，猶如朱熹之突出「程夫子兄弟」。他認爲孔子以下諸子莫不求知聖人之道，而他自己是

---

❷　劉逢祿：《公羊何氏釋例》序，頁二～三，見《皇清經解》，卷一二八〇。

清代公羊學中唯一能傳此道者。朱熹的道統中有所謂十六字（「人心惟危、道心惟微，惟精惟一，允執厥中」）心傳，逢祿的道統中所傳者爲《春秋》的微言大義。朱熹追求的是以心性爲主的道德理想，逢祿追求的是「行天子之事，繼王者之迹」的新王理想。一重內聖，一重外王；一重修身，一重經世。沒有以聖人之道爲根據的理想，傳統知識份子憑甚麼去平章朝政，倡議改革？傳道的統緒意識，不僅能強化一個學派的內聚力，更重要的是，它傳達了超家法超宗派的普遍理想，在理想與現實的政治社會對較之下，自然產生批判意識，所謂「道統中具有現代性的批判精神」者❸，其故在此。何況講《春秋》褒貶的公羊傳統，本來就是一種具有強烈批判性的意識形態，十九世紀的公羊學派，自龔、魏以降，大都有很強的批判精神，正是這一傳統特性的表現。

第二，劉逢祿對十九世紀思想史另一重要貢獻，是在他的代表作《公羊何氏釋例》中，把傳統的三科九旨（張三世、通三統、異內外）置於公羊學首要的地位，又把「三世」置於三科之首。從龔、魏到清末康、梁的演變來看，這三科九旨不僅一直是公羊思想的核心，而且是一步步脫出經學上注釋的意義，而成爲發揮新思想的基本思考範疇，尤以「三世」格外顯著，不論是進化、退化，不論是氣運循環，不論是太古、中古、末世，不論是據亂、升平、太平，不論是小康、大同，等等史觀都可涵攝於同一範疇之中，甚至在接受西學時，這一範疇也發生相當的作用。

---

❸ 余英時：《史學與傳統》序言，頁一〇，七十一年（一九八二），時報文化出版公司。

當他們把如此複雜的內容藉「三世」來表達時，事實上只不過是把它當作範疇性的思考工具而已。

第三節 公羊學的主要思想：三科九旨

據何休《春秋公羊文謚例》說。《春秋》有五始、三科、九旨、七等、六輔、二類等要義，不論就思想史或就劉逢祿以後公羊思想的流變來看，無疑的，三科九旨是其主要部分。為了瞭解清代公羊學在這方面的流變，我們不能不對它在西漢的源頭略加追敍，以資對照。

劉逢祿在《春秋》之道的傳道統緒中，把董仲舒與何休的地位突出來，是符合思想史的真相的，《春秋公羊傳》如果沒有經過他們創造性的解釋，根本不可能在思想史上產生偌大的影響。

三科九旨的名稱與組合，始於何休，他說：新周、故宋、以《春秋》當新王，是一科三旨也；所見異辭，所聞異辭，所傳聞異辭，二科六旨也；內其國而外諸夏，內諸夏而外夷狄，是三科九旨也❺❹。後世通用的三科「張三世」、「存（通）三統」、「異（國）內外」的名稱，則始於北朝徐彥《公羊傳何氏解詁疏》中所引的宋氏（名號年代不詳），宋氏三科之外又有九旨：「九旨者，一曰時，二曰月，三曰日，四曰王，五曰天王，六曰天子、七曰譏，八曰貶，九曰絕」。把九旨再組合為三：「時與日、月，詳略之旨也；王與天王、天子，是錄遠近親疏之旨也；

---

❺❹ 見《春秋公羊文謚例》。

議與貶、絕，是輕重之旨也」。如果這就是三科，那末與何休的
內容（用詞）雖不同，意旨倒是很相近的。

（一）董仲舒的三科九旨

（1）**通三統** 仲舒的三統說在《春秋繁露‧三代改制質文》
中，頗爲複雜而瑣細，這裏只說明兩點：一是就「改制」而言，
漢承秦亡之後，如何改制一直是漢初儒生爭論不休的問題，三統
說代表仲舒對這一歷史性的課題的主張。他說：「故《春秋》應
天作新王之事，時正黑統，……〔正黑統奈何？曰：正黑統者，
歷〕正日月朔於營室，斗建寅，天統氣始通化物，物見萌達，其
色黑；……正白統奈何？曰：正白統者，歷正日月朔於虛，斗建
丑，天統氣始蛻化物，物初芽，其色白；……正赤統奈何？曰：
正赤統者，歷正日月朔於牽牛，斗建子，天統氣始施化物，物始
動，其色赤」❺。根據公羊家的說法，天子之有天下乃受命於
天，所以儘管有三統的運遞，莫不以天統爲其依據。照三代的曆
法，有以十一月、十二月、十三月三種不同的歲首（正月），三
種不同的正月叫做「三正」。依仲舒黑、白、赤三統的循環運
行，如運行到黑統，則以十三月爲正月，此之謂「建寅」，如建
寅則以黑色爲尙。如運行到白統，則以十二月爲正月，此之謂
「建丑」，如建丑則以白色爲尙。如運行到赤統，則以十一月爲
正月，此之謂「建子」，如建子則以赤色爲尙。把這套理論應用
到實際歷史中去，建寅、建丑、建子就成爲「改正朔」的根據，

---

❺ 賴炎元：《春秋繁露今註今譯》，頁一七五～六，七十三年（一
九八四），臺灣商務印書館。

尚黑、尚白、尚赤就成爲「易服色」的根據，改正朔、易服色，
就是這裏所說的改制。改制的全部內容還包括「作國號，遷宮邑，
易官名，制禮作樂」等等，三統說僅提這兩項，因仲舒認爲「改
制稱號正月，服色定，然後郊告天地及羣神，遠追祖禰，然後布
天下」⑯，這是說一旦改制完成，等於是宣告天地鬼神、祖先及
天下百姓，一個新的朝代合法誕生，新的制度不但足以「明乎天
統之義」，且爲「化四方之本」。仲舒深信「統正，其餘皆正」，
所以改制是新王朝的一件大事。他的改制理論，到了武帝太初元
年（前一○四），在一場改制運動中，改正朔（建寅）的主張，
終於被朝廷正式接受。

　　三統說的另一目的，是爲了給新王一個歷史的定位，並凸顯
其歷史的意義。仲舒說：「王魯、尚黑，絀夏，親周，故宋」
⑰。既以「《春秋》應天作新王之事」，因《春秋》爲魯史，所
以說「王魯」；《春秋》象徵的新王，是繼周的赤統之後，照三
而復的循環原理，所以「時正黑統」、「尚黑」。周原來封夏之
後於杞，殷之後於宋（此即所謂「存滅國，繼絕世」），各於其
所封之地，行其正朔。《春秋》既爲新王，則推上去，以杞爲後
的夏，就不宜再稱王，所以叫「絀夏」。爲殷之後的宋，與《春
秋》新王之間，隔了一個周代，所以叫「故宋」。周是《春秋》
新王的前面一代，時間最近，所以叫「親周」。何休的新（古
「新」「親」相通）周、故宋、《春秋》當新王的一科三旨，顯

---

⑯　同前，頁一七六。
⑰　同前，頁一七五。

然是根據這一意義的三統說❺❽。

（2）張三世　三世說始見於《公羊傳》：「所見異辭，所聞異辭，所傳聞異辭」❺❾。所見、所聞、所傳聞卽所謂三世。董仲舒的解釋是：「《春秋》分十二世以爲三等，有見、有聞、有傳聞。有見三世，有聞四世，有傳聞五世。故哀、定、昭，君子之所見也；襄、成、宣、文，君子之所聞也；僖、閔、莊、桓、隱，君子之所傳聞也。所見六十一年，所聞八十五年，所傳聞九十六年」❻⓿。「君子」卽孔子，孔子生於魯襄公二十一年，所以昭公、定公、哀公時的史事，爲其所目見，文公、宣公、成公、襄公時的史事，爲其所耳聞，隱公、桓公、莊公、閔公、僖公時的史事，因年代久遠，孔子只能得之傳說。三世說在《春秋繁露》裏僅見於此，思想上並沒有任何發揮。

（3）異內外　異內外有二義：其一爲王者治天下，必由近及遠，仲舒說：「親近以來遠，故未有不先近而致遠者也。故內其國而外諸夏，內諸夏而外夷狄，言自近者始也」❻①。相對諸夏（魯以外諸國）而言，魯是內，諸夏是外。相對夷狄而言，諸夏是內，夷狄是外。王者治天下，必先內（近）而後外（遠），正是孔子德治理則的應用。仲舒此說與成公十五年《公羊傳》之言相同。其二是中國與夷狄的區別不在種族，而在禮義，如：「《春秋》之常辭也，不予夷狄而予中國爲禮，至邲之戰，偏然反之，

---

❺❽　以上董仲舒三統說，參考韋政通：《董仲舒》，頁一七八～一八一。

❺❾　見《公羊傳》隱公元年，桓公二年，哀公十四年，共三次。

❻⓿　同前註❺❺，頁八。

❻①　同前註❺❺，頁九八。

何也? 曰:《春秋》無通辭,從變而移,今晉變而爲夷狄,楚變而爲君子,故移其辭以從其事」[62]。這是文化的理想主義,是早期中國文化所以能超越種族的畛域,而廣披四表「協和萬邦」的重要原因。這一理想對中國現實的歷史,有莫大的影響,漢以後大漢民族得以成立,一部分當歸功於這一理想的實踐。

(二) 何休的三科九旨

何休的「三統」說也很複雜,但大都承襲於董仲舒,也未越出董生所說的範圍[63]。言「三世」與「內外」,除承襲之外,又增加了新義:

(1)何休解三世在時序上的差異,與仲舒相合,但又賦予三世以新義,是很重要的發展。他說:「於所傳聞之世,見治起於衰亂之中,用心尚粗觕,故內其國而外諸夏,先詳內而後治外,……於所聞之世,見治升平,內諸夏而外夷狄,……至所見之世,著治太平,夷狄進於爵,天下遠近大小若一,用心尤深而詳」[64]。以傳聞之世爲衰亂之時,所聞之世爲升平之時,所見之世爲太平之時,清中葉以後的公羊家遂有「據亂」、「升平」、「太平」三世之說。其說雖受《公羊傳》的「撥亂世,反諸正,莫近於《春秋》」[65]之言的啟發,在觀念並不失其爲創新。這個說法最值得注意的,是它與歷史事實相反,按之史實,春秋時代,自

---

[62]　同前註[55],頁三三。

[63]　何休與董仲舒三統說的比較,見賴炎元:<董仲舒與何休公羊學之比較>,《南洋大學學報》第三期,頁六九~七〇。

[64]　見隱公元年《公羊傳》注。

[65]　文見哀公十四年。

隱、桓以降，日趨衰亂，而何休謂由衰亂而升平、而太平者，蓋
假託史實而寄其理想❻。這是一種進化史觀，與先秦儒盛讚堯舜
的退化史觀不同。

（2）上引何休言三世之文，還有一點新義，卽將「異內外」
與「張三世」加以結合，而言三世的治法不同：於衰亂之世，必
先治內而後及於外，故內其國而外諸夏，謂除魯之外，諸夏亦擯
斥之；至升平之世，王化遍及中國，故內諸夏而外夷狄，惟夷狄
則擯斥之；進至太平之世，夷狄亦被王化，遠近大小之國的文化
水平已趨一致，中國夷狄無別❼。依何休，這才是《春秋》的終
極理想。何休雖沒有提「大同」的觀念，但「天下遠近大小若一」
之說，正是「大同」之義。

（三）莊存與的三科九旨

莊氏於《春秋正辭》第一篇〈奉天辭〉前面相當於全篇的提
要中說：「次四曰通三統，三代建正，受之於天，文質再復，制
作備焉」❽。下文有一段引何休三統說，又雜引孔子、《尚書·
召誥》及劉向之言做補充說明，看不出有什麼新義。或由於時代
的不同，又生活於異族統治之下，最爲漢代重視的三統說，在莊
氏書中成爲一個很小的節目。

三世呢？　僅於上述提要中論及：「次九曰張三世，據哀錄
隱，隆薄以恩。屈伸之志，詳略之文。智不危身，義不訕上。有

---

❻　見前註❸之文，頁七一。
❼　參考前註❸之文，頁七二。
❽　見《皇清經解》，卷三七五，頁一。

罪未知，其辭可訪。撥亂啟治，漸於升平。十二有象，太平以成」。「智不危身，義不訕上」，見《春秋繁露・楚莊王篇》，似與「三世」扯不上關係，雖提到何休的「撥亂」、「升平」、「太平」，莊氏並沒有表示自己的意見。提要中說「張三世」爲〈奉天辭〉第九小節，後面並沒有這節文字，故此篇恐有闕文。

《春秋正辭》共九篇，其中〈內辭〉爲第四，〈諸夏辭〉爲第五，〈外辭〉爲第六。在漢代的公羊家，「內」、「外」、「諸夏」是分不開的，所謂「內其國而外諸夏，內諸夏而外夷狄」，莊氏如此分開，其用意不明，或許是爲了避諱，因在乾隆年間，像「內諸夏而外夷狄」這種句子，如被斷章取義地加以曲解，依然有引起文字獄的可能。不過這部分的文字裏也有「不使夷狄之民加乎中國之君也」❻❾這等句子，可見避諱的推測，也未必可靠。無論如何，這三篇文字，已不是申說三科九旨中「異內外」之義。

<h2>（四）孔廣森的三科九旨</h2>

廣森說：「七十子沒而微言絕，三傳作而大義睽，《春秋》之不幸耳」❼⓪。這是他治《春秋》的基本態度。「七十子」的「微言」，《春秋繁露・俞序篇》還留了一點，口傳的微言大義，應該大部分都保留在最初書諸竹帛的《公羊傳》裏，假如認爲《春秋》三傳都與大義相違隔，試問《春秋》大義又從何說起？他抱這種態度的詳細想法，今已無從揣測，但有一點可以確

---

❻❾　見《皇清經解》，卷三八四，頁九。
❼⓪　孔廣森：《公羊通義》，見《皇清經解》，卷六九一，頁九。

定，廣森對董仲舒、何休的公羊大義，是深表懷疑的。

本著這種態度，首先他批評了「通三統」：「方東漢時，帝
者號稱以經術治天下，而博士弟子因瑞獻諛，妄言西狩獲麟是庶
姓劉季之瑞，聖人應符，爲漢制作，黜周、王魯、以《春秋》當
新王云云之說，皆絕不見本傳，重自誣其師，以召二家（嚴、
顏）之糾摘矣」❼。廣森應知通三統不是東漢才有的，假如《公
羊傳》不是經由董仲舒做了極富創意的詮釋，並針對漢初政制的
重大課題，提出一套理論，不可能成爲一時顯學，並對後世產生
深遠的影響。關於三統「不見本傳」之說，劉逢祿就已有專文
反駁：「又其意（指孔廣森）以爲通三統之義，不見于《傳》
文（指《公羊傳》），止見何氏《解詁》，疑非公羊本義。無論
《經》、《傳》有元年文王、成周、宣榭之明文，且何氏敍明言
依胡毋生條例，又有董生、太史公之書，皆公羊先師、七十子遺
說，不特非何氏臆造，亦且非董、胡特創也。無三科九旨則無公
羊，無公羊則無《春秋》，奚微言之與有」❼❷？逢祿爲了強調
「公羊先師、七十子遺說」，故有此言。事實上《公羊傳》的確
沒有三統說，問題是如本傳沒有，後繼者就不能依創造的想像力
去發揮，那裏還有《春秋》大義可言？又如何發展出公羊學的傳
統？逢祿的反駁是有道理。至於胡毋生、董生、太史公（太史公
明言其學得之董生）的公羊思想是否「皆公羊先師、七十子遺
說」，就《公羊》而言，並不正確，就「七十子」言，因無文獻

---

❼ 同前，頁一。
❼❷ 劉逢祿：〈春秋論下〉，見《清儒學案》，卷七十五，頁二三。

可徵，難以判斷。

孔廣森旣不信董、何之說，所以他的三科九旨與他們完全不同：「《春秋》之爲書也，上本天道，中用王法，而下理人情。……天道者，一曰時，二曰月，三曰日。王法者，一曰譏，二曰貶，三曰絕。人情者，一曰尊，二曰親，三曰賢。此三科九旨旣布，而壹裁以內外之異例，遠近之異辭」❼❸。前面二科六旨，乃本之前文提過的宋氏。廣森的三科九旨，雖爲本傳所具有，但非公羊所獨有，所以劉逢祿評道：「《春秋》之有公羊氏也，豈第異于左氏而已，亦且異於穀梁。……是故以日月名字爲褒貶，公、穀所同，而大義迥異，……乃其三科九旨，不用漢儒之舊傳，而別立時、月、日爲天道科，譏、貶、絕爲王法科，尊、親、賢爲人情科。如是，則公羊與穀梁奚異？奚大義之與有？」❼❹由此看來，孔廣森不只是如梁啟超所批評的「不明家法」❼❺，抑且不明微言大義。

（五）劉逢祿的三科九旨

逢祿是清代公羊家中第一個把「張三世」、「通三統」、「異內外」（這也是他討論的順序）予以突出，並恢復在漢代公羊學的中心地位。他所說「無三科九旨則無公羊，無公羊則無《春秋》」，就公羊學的傳統而言，是正確的。由於劉逢祿承接上漢代公羊學的大傳統，才使清代的公羊學於再出發時找到正確的方

---

❼❸　同前註❼❶，頁一。
❼❹　同前註❼❷，頁二二。
❼❺　見《清代學術概論》，頁一二一。

向。

（1）張三世　《公羊何氏釋例》處理各例的方式，分兩部分，如〈張三世例〉，第一部分只是集合《公羊傳》與何休注有關三世之文。第二部分卽「釋曰」以下的文字，才是他自己的見解，他說：「傳曰：親親之殺，尊賢之等，禮所生也。《春秋》緣禮義以致太平，用乾坤之義以述殷道，用夏時之等以觀夏道，等之不著，義將安放？故分十二世以爲三等，有見三世，有聞四世，有傳聞五世。於所見微其詞，於所聞痛其禍，於所傳聞殺其恩。由是辨內外之治，明王化之漸，施詳略之文。魯愈微而《春秋》之化愈廣，內諸夏不言鄙疆是也。世愈亂而《春秋》之文愈治，譏二名，西狩獲麟是也」⑯。從「分十二世以爲三等」至「於所傳聞殺其恩」，乃錄自《春秋繁露‧楚莊王篇》，而省略了原文對「微其辭」、「痛其禍」、「殺其恩」所舉之例：「是故逐季氏，而言又雩（雩，祈雨祭名），微其辭也；子赤殺（言魯文公死後，其子赤被殺），弗忍書日，痛其禍也；子般殺（魯莊公死後，其子般被殺），而書乙未，殺（減）其恩也」。「由是辨內外之治，明王化之漸」云云，是劉逢祿對上面的一段話賦予自己的解釋，不外「世愈亂而《春秋》之文愈治」之義。也就是說「於所見微其詞，於所聞痛其禍，於所傳聞殺其恩」，對三世雖是另一種說法，而在意義上與何休的「《春秋》起衰亂以近升平，由升平以極太平」⑰，並沒有什麼不同。

---

⑯　劉逢祿：《公羊何氏釋例》，見《皇清經解》，卷一二八〇，頁四。

⑰　此語亦見於劉逢祿前註書，頁五。

（2）**通三統**　劉逢祿於〈通三統例〉中，雖也說「夫正朔必三而改」等等，但改正朔、易服色，在十九世紀初葉，並沒有這個問題。他說三統主要是下面這段：「昔顏子問爲邦，子曰：行夏之時，乘殷之輅，服周之冕。終之曰：樂則韶舞。蓋以王者必通三統，而治道乃無偏而不舉之處。自後儒言之，則曰法後王，自聖人言之，則曰三王之道若循環，終則復始，窮則反本，非僅明天命所授者博，不獨一姓也」❼⑧。前文講董仲舒三統之義，只提到兩點：一是改制，一是給新王的一個歷史的定位。此外，仲舒對武帝的策文中，曾以質文與夏上忠、殷上敬、周尙文向武帝宣揚三王之道，藉以提示漢代文化建設應走的大方向❼⑨。劉逢祿則將三王之道納入三統中，作爲三統的第三種涵義，也就是文化的三統義。文化的生命是超越朝代的，所以說「不獨一姓」。三代雖都實現了王者之治道，但如仲舒所言「先王之道必有偏而不起之處」❽⓪，所以「王者必通三統，而治道乃無偏而不舉之處」。文化的三統義，如具體而簡約地說，便是：「《春秋》通三代之典禮，而示人以權」❽①。更明白地說：「故持《春秋》以決秦漢之獄，不若明《春秋》以復三代之禮」❽②。漢代的公羊家，只說孔子作《春秋》乃爲漢制法，到劉逢祿則認爲若能通三王之道，「舉而措之萬世無難矣」❽③，遂啟「孔子爲萬世制法」

---

❼⑧　同前註❼⑥，頁八。
❼⑨　參韋政通：《董仲舒》，頁二三三。
❽⓪　董仲舒：〈賢良對策〉，見《漢書》，頁二五一八。
❽①　同前註❼⑥，頁九。
❽②　同前註❼⑥，卷一二八四，頁一五。
❽③　同前註，❼⑥頁九。

之說。

(3) 異內外 董仲舒言內外，其中一個意義是王者治天下，必由近及遠，也就是「內其國而外諸夏，內諸夏而外夷狄」，此言劉逢祿於〈內外例〉的前一部分也有收錄。在第二部分表現他自己見解時，完全撇開這種王化的程序和夷夏問題，而把內外問題轉化爲近乎先秦儒家內聖外王的德治模式，尤切合於《大學》主張治國平天下，一以修身爲本的旨趣，如：「昔文王繫《易》，著君德于乾，二辭與五同言，以下而升上，以內而及外也。夫子贊之曰：庸言之信，庸行之謹，閑邪存其誠，善世而不伐，德博而化，有旨哉！愼言行，辨邪正，著誠去僞，皆所以自治也。由是以善世，則合內外之道也。……故平天下在誠意，未聞枉己而能正人者也。《春秋》之化，極於凡有血氣之倫，神靈應而嘉祥見，深探其本，皆窮理盡性之所致，爲治平者，反身以存誠，強恕以求仁而已矣」[84]。夫子（孔子）贊之之言，見《易經》乾卦，是申說九二爻辭「見龍在田，利見大人」的，劉逢祿主張公羊春秋可貫通五經，這裏說內外與《易》的關係，就是一個例子。

（六）宋翔鳳的三科九旨

他的主要著作爲《論語說義》，是藉《論語》闡述《春秋》的微言大義，這也就形成他公羊思想的一個特色，如謂：「觀於里仁爲美，而治太平有其象矣」[85]。又：「子夏六十四人共撰仲

---

[84] 同前註[76]，頁一二。
[85] 宋翔鳳：《論語說義》，見《皇清經解續編》，卷三九〇，頁二三。

尼微言，以當素王。微言者，性與天道之言也。此二十篇（指
《論語》），尋其條理，求其旨趣，而太平之治，素王之業備
矣」❽。當何休說三世，由衰亂而昇平而太平，本只是假託史實
而言理想，基本上代表一種進化的史觀。宋翔鳳的三世，不重其
過程，而欲凸顯太平世的理想，並以爲《論語》就是這種理想之
所寄。《論語》既代表「太平之治」，他逐本諸這個觀點，對
孔子評論管仲器小之言，給予新的解釋：「孔子於《春秋》張三
世，至所見世而文致太平，於是明禮義之本，使先王之禮樂可行
於今，逐貶霸術以明其器小」❽。

因爲宋翔鳳把《論語》視爲代表「太平之治」的書，而《論
語》並非虛構，所以藉孔子之言闡公羊之義時，不知不覺也將公
羊家虛構的太平世，寫得好像真有其事，如「哀公終所見世，當
見所以治太平者。於此之時，天必示以除舊布新之象，而後知
《春秋》張三世之法，聖人所爲，本天意以從事也」❽。不僅如
此，有時候他根本忘掉這是理想：「孔子救亂世，作《春秋》，
謂一爲元，以著大始，而欲正本，然張三世以至於治太平。顏子
繼其後，太平之治已見。……言太平之世，羣聖相繼，效至捷
也」❽。由「太平之治已見」與「效至捷也」之說，可見在他心
目中，不是把理想與現實混淆，便是二者莫辨。

宋翔鳳以公羊春秋貫通《論語》，雖多附會之辭，卻影響了

❽ 宋翔鳳：《論語說義》序。
❽ 同前註❽，頁一八。
❽ 同前註❽，卷三九七，頁四。
❽ 同前註❽，卷三九一，頁二。

他的弟子戴望（1837～1873），戴望在這方面的工作又更進一步。
他們這樣去做，除了要擴大公羊學的影響，很可能還有一個重要
的理由：《春秋》既為孔子所作，《論語》又是記載他言論最詳
備的書，二者的關係究如何？從《論語》的內容，我們實看不出
它們之間有何直接的關係，為什兩漢儒者，提到孔子又總是與
《春秋》相聯❾？這的確是思想史上一個懸案。宋氏和他的弟子
以公羊創通《論語》之義，是不是為了要解決這一懸案，雖難以
肯定，但他們意識到二者必然相關，這一點絕無可疑。

此外，宋翔鳳言通三統並無新義，如：「孔子為言損益三代
之禮，成春秋之制，將百世而不易，何止十世也？……孔子作
《春秋》以當新王，而通三統」❿。但他因三統乃運之三代之義，
而連接上〈禮運〉，並以為「〈禮運〉一篇，皆發明志在《春
秋》之義」⓬，這是一很重要的發展，因為〈禮運〉大同之章，
為他一心想凸顯的太平世理想，提供了比較具體的內容。

（七）龔定庵的三科九旨

嚴格地說，定庵的三世、三統與公羊傳統已沒有什麼直接的
關係，他只是把它當作一種思考的範疇，不同性質不同意義的內
容，都可以納入其中加以說明，如於〈五經大義終始答問〉中，
有所謂「祀之三世」，有所謂「司寇之三世」，而公劉之詩，洛

---

❾ 參考錢穆：〈孔子與春秋〉，見《兩漢經學今古文平議》，頁二
　　三五～八，四十七年（一九五八），新亞研究所，香港。
❿ 同前註⓯，卷三八九，頁一三。
⓬ 見前註⓯，頁七。

誥之文，皆可與三世相關[93]。其中比較可以理解的，如：（1）「問：《禮運》之文，以上古爲據亂而作，以中古爲升平，若《春秋》之當興王，首尾才二百四十年，何以具三世？答：通古今可以爲三世，《春秋》首尾亦爲三世。大撓作甲子，一日亦用之，一歲亦用之，一章一蔀亦用之」[94]。意謂三世不過代表時間的段落，至於段落的長短大小，是可以依據我們的需要予以彈性的劃分。這一問一答，說明三世乃時間範疇，並未涉及任何具體內容。

（2）「問：三世之法誰法也？答：三世非徒《春秋》法也，〈洪範〉八政配三世，八政又各有三世。願問八政配三世？曰：食貨者，據亂而作；祀也司徒司寇司空也，治升平之事；賓師乃文致太平之事。孔子之法，箕子之法也」[95]。據陸寶千的了解，這是以三世之說，判政事之輕重先後。於據亂之世，首重民生（食、貨），及至升平，乃重治安文教（祀、司徒、司寇、司空），又至太平，乃及外交與國防（賓、師）[96]。正是以經術論政之一例。

定庵又有「世有三等」之說：「吾聞深於《春秋》者，其論史也，曰：書契以降，世有三等，三等之世，皆觀其才。才之差，治世爲一等，亂世爲一等，衰世別爲一等」[97]。不但三世之名稱變了，與以往公羊家強調「世愈後愈治」的理想也不同。由

[93] 見《龔定庵全集類編》，頁八一～二。
[94] 同前，頁八三。
[95] 同前，頁八一。
[96] 陸寶千：《清代思想史》，頁二四二。
[97] 同前註[93]，頁六八。

治而亂，由亂而衰，是歷史上每一個大的朝代實際演變的規律，其間一個關鍵性的因素，在定庵看來，是在人才。定庵此文作於「乙丙之際」（1815～1816），距離鴉片戰爭還有三十四年，但清代的乾隆盛世早已過去，政治、社會、經濟都已出現危機，正是由亂而漸衰之世，故有此議論，也是他藉公羊論政又一個例子。

定庵的三統說也很特別：「夫始變古者，顓頊也。有帝統，有王統，有霸統。帝統之盛，顓頊、伊耆、姚；王統之盛，姒子姬；霸統之盛，共工、嬴、劉、博爾吉吉特氏。……王統以儒墨進天下之言，霸統以法家進天下之言，霸之末失，以雜家進天下之言」❾。三統中卽涵有三世，不僅世愈後愈下，連言論思想也喪失定規。儒墨之言足以王天下，法家之言足以霸天下，雜家之言只能使天下降爲「霸之末失」，其中似涵有一種退化的史觀，與儒家「三代以下」的世事觀相符。不過，定庵的史觀並不單純，例如他說：「萬物之數括於三，初異中，中異終，終不異初。……萬物一而立，再而反，三而如初」❾。「三」數在老子是宇宙論的意義，所謂「三生萬物」。初、中、終源於《易》卦。定庵在這裏把它們轉化爲三世觀的哲學基礎。根據這個理論，他的歷史觀旣是循環的（「終不異初」），又是辯證的（「再而反」）。

關於「異內外」，定庵有如下的問答：「問：太平大一統，何謂也？答：宋明山林偏僻士，多言夷夏之防，比附《春秋》，不知《春秋》者也。《春秋》至所見世，吳楚進矣。伐我不言

鄙，我無外矣。《詩》曰：無此疆爾界，陳常於時夏，聖無外，天亦無外者也。然則何以三科之文內外有異？答：據亂則然，升平則然，太平則不然」⑩。根據董仲舒對《春秋》夷夏之辨的發揮，可包括三層涵義，即由種族的夷夏之辨，進而爲文化的夷夏之辨，再進而以人民生存之基本要求，泯除夷夏之辨⑩。所以公羊傳統中的夷夏之辨不是單一的意義。定庵在前一問答中，很明白地表示不主夷夏之防，這是清中葉以來公羊家一致的主張，不過在後一問答中，又爲這一主張加上限制，即於據亂、升平之世仍可主張夷夏之防，只有到了太平世，因「天下遠近大小若一」（「聖無外，天亦無外」），夷夏內外的問題，自然消失。定庵的內外說，是回到何休，與董仲舒有所不同。如將它這一主張納入現實歷史來考量，不論擁護滿清或是排滿的人士，幾乎都可以援引他的思想爲依據。事實上這兩種意識在他的思想中，是同時存在的。

（八）魏源的三科九旨

　　魏源是第一位把兩漢的公羊思想做系統整理，並在這個基礎上發揮《公羊》的微言大義。可惜這方面的代表作《董子春秋發微》沒有傳下來，使後人對清代公羊學復興時代的重要理論，無從窺探，使十九世紀初葉的思想史缺了一環，不能不說是一大憾事。根據該書的序文，使我們知道該書處理的方式，是以《春秋

---

⑩　同前註⑨，頁八二。
⑩　見徐復觀：《兩漢思想史》卷二，頁三五九，六十五年（一九七六），臺灣學生書局。

繁露》爲主，而以劉逢祿的《公羊何氏釋例》中通論大義近乎
《繁露》者附於後，使其能互相發明而又相互印證。其書有關三
科九旨的基本結構，是以〈繁露〉爲首篇，總論張三世、通三
統、異內外，然後第二、第三篇爲「張三世例」，包括《春秋繁
露》的〈俞序〉、〈奉本〉兩篇。第四、五、六爲「通三統例」，
包括《春秋繁露》的〈三代改制質文〉、〈爵國〉、〈符瑞〉。
第七爲「異內外例」，包括《春秋繁露》的〈仁義〉一篇。全書
共二十五篇，最後三篇乃「通論《春秋》」，包括《春秋繁露》
的〈會要〉、〈正貫〉、〈十指〉三篇⓶。就上述的情形來看，
魏源的三科九旨，大抵是以董仲舒之言爲藍本，而融會劉逢祿之
說，使古今的公羊學達到一以貫之的目的。他爲劉逢祿《遺書》
寫序，檢討了兩漢以來經學發展大勢後嘗謂：「今日復古之要，
由訓詁聲音以進於東京典章，此齊一變至魯也；由典章制度以進
於西漢微言大義，貫經術政事文章於一，此魯一變至道也」⓷。
所以魏源從事的公羊學，不僅是繼承過去，對當世的學術也具有
創新的意義。

　　這篇序文的前半，又見於〈兩漢經師今古文家法考敘〉，這
兩篇序文的內容，無異是魏源爲其師所立公羊家的道統觀，提供
了學術史上的根據。

第四節　結　語

　　在前一章裏，我已說過《經世文編》的經世思想，已為「巨變」到來之前，提供了本土學術思想一個重要的反應「基線」。這一章的公羊學，又提供了植根於傳統的另一重要反應「基線」。這兩個思想之流，在龔定庵、魏源的思想裏雖已匯合，但在十九世紀初期整個學風中，如梁啟超所說，不過是一枝「別動隊」，學界的大勢力仍在「考證學正統派」手中❿。值得我們思索的是，就在那相當封閉的學風中，已有少數官僚和知識份子感受到內在的危機和時代的氣氛在變，而開始在學術思想的領域做應變的準備。經世之學的提倡和公羊學的復興，就傳統的學術資源而言，他們已復活了其中最具彈性和比較開放的心靈，就在這個基礎上，才使十九世紀的中國知識份子，恢復為國事為生民的奮鬥精神。

　　當然，在整個世紀中，知識份子的掙扎、奮鬥，並沒有能夠挽救中國的衰亂，原因是多方面的，最主要是十九世紀中國學術思想的成績，與歐西的成就，有了嚴重的位差。位差的內容是什麼？它又如何影響到中國的命運？在第一章裏，已可看到一個大概。

---

❿　梁啟超：《中國近三百年學術史》，頁二五。

第四章 包世臣

第一節 生平與著作

　　包世臣（1775～1855）字愼伯，號倦翁，人稱安吳先生，安徽涇縣人。由於父親是軍人（綠營低級軍官），引發了他對兵學的興趣，後來魏源完成《聖武記》，曾請他審定，紏正了一些錯誤，並對該書體例提出具體建議，可見他這方面的造詣❶。

　　年十八（一七九二），因父病無以爲生，曾租地種荣一年。次年，獲蕪湖中江書院山長程世淳的賞識，把他推薦給徽寧兵備道宋鎔，旋又爲安徽巡撫朱珪（石君）聘爲撫院幕友。這一年才有機會接觸十三經注疏，雖以九月時間讀完，興趣並不大。二十四歲（一七九八）赴湖北，任川楚軍務參贊大臣明亮幕賓。時值川楚白蓮教之亂，遂隨軍入川，正可獻其所學，惜不見用，但這

---

❶ 關於兵學之作及興趣之引發，胡韞玉：《包愼伯先生年譜》十九歲條云：「是年先生作＜兩淵＞十六篇，五千餘言。又論古兵事得失，亦五千餘言，以知兵名于時。先是丁未（十三歲）先生讀書白門，見調駐防赴臺灣官軍，號哭無人色，乃慨然有志于兵」。審定《聖武記》的意見，見＜答魏默深書＞，《安吳四種》卷三十四，頁三九～四二下。

次在軍中的經驗，後來成爲他糾正《聖武記》的根據。

　　由川辭幕回到家鄉， 爲生計所迫， 一度在安徽太平府（當塗）教家館。這時候（一八○一），頗有餘暇，就開始寫他的第一部著作《說儲》，分上下兩篇，約十餘萬言，大抵上篇論儲人才，下篇論儲財富，《說儲》上篇前序最後一句是：「苟有用我，持此以往，雖三代之盛，不可妄期，漢、唐二宗（指文帝與唐太宗），必復見於今日」。劉廣京則認爲此書「可代表十九世紀初年之中國變法方案」❷。

　　一八○二年（二十八歲）夏，海盜蔡牽犯上海，砲彈入城如雨，鎮道遣快艇迎世臣，世臣抵滬，於是巡視沿海島嶼，見北洋沙船數千艘停泊黃浦，因而有海運可救漕弊的構想。事畢，至常州，居大儒李兆洛（申耆，1769～1841）家七個月。因出示新作《說儲》稿本，兆洛讀後，覺其內容與《日知錄》相似，遂「盡讀《日知錄》三十卷，嘆爲經國碩猷，足以起江河日下之人心風俗，而大爲之防。唯摘章句以說經，及畸零證據，猶未免經生射策之習」❸。

　　在上海視察沿海島嶼所產生的拯救漕弊的構想，不久便促使他著作〈海運南漕議〉，曾自述寫作緣起：「余少小見官民相爭必於漕而無以已之。嘉慶七年（一八○二）遊海上，比物察情，以爲舉海運則公費大省，而官之困於丁，與民之困於官者，可以

---

❷ 劉廣京：〈十九世紀初葉中國知識份子——包世臣與魏源〉，見《國際漢學會議論文集》，歷史考古組（中册），頁九九六，七十年（一九八一）中央研究院。

❸ 包世臣：《安吳份種》卷八，〈藝舟雙楫〉，〈讀亭林遺書〉，頁二二上，臺北文海版。

小紓。……值八年衡家樓河決，穿運，得達於蘇撫，卒不見行，乃作〈海運南漕議〉，以爲私書」❹。嗣後二十餘年間，海運一直是他關心的重要問題之一，直到一八二五年，陶澍（1779～1839）任江蘇巡撫，賀長齡爲布政使，由魏源從中促成，世臣懷之多年的願望，終於得到試行的機會，世臣並寫了〈海運十宜〉一文，詳陳其計畫，據其自記：「新撫（指陶澍）至吳，茫無津涯，得此稿，依仿定章，海運事乃舉」❺。

與海運相關的另一影響民生的重要問題是水利，包世臣在這方面也下過很大功夫。早在一九〇八年就曾奉兩江總督之命研究淮河水道問題，親自乘船到洪澤湖與黃河海口之間勘察地形水勢，遂根據考察所得寫〈籌河芻言〉，駁斥黃河海口高仰之舊說，並提出改進工程的具體建議。後兩年間，常往來於淮北山東一帶，繼續研究運河黃河水利，於是有〈策河四略〉之作。一八一一年應聘司江西案牘，並督辦河工。從此直隸、山東、江蘇地方大吏，爭相延攬入幕，各省每辦治河之事，也都請他做顧問，成爲當時最具聲譽的技術專家。世臣一生，楚、蜀、江、浙、燕、齊、魯、豫皆曾爲其遊幕之地，以前後在江蘇三十年爲最久，終因才高，責任心又重，不免遭中外所中傷。

包氏於十五歲考中秀才之後，因「不爲干祿之學」，應鄉試五次均被黜，直至三十四歲（一八〇八）才中恩科舉人。一八〇九年起，二十餘年間參加會試六次均落第，一八三五年始經大挑

---

❹　包世臣：《安吳四種》，〈中衢一勺目序〉卷一，頁二下。
❺　見前註書卷三〈中衢一勺〉，頁二〇上～二四下。

❻，獲爲知縣，年已六十一，適值母喪，三年後補江西新喩知縣。到任不久，因前任寃控生監鬧漕，致發生生監憤而拒捕，事態擴大後，省中竟派兵至新喩，燬民房三百餘家，遂遭贛撫錢寶琛，學政成觀宣劾罷，在任不過年餘。在待辦移交期間，於〈答傅臥雲書〉有云：「僕唯待結報到司，卽歸老白門，無意再爲人擦鼻涕已」！

包氏一生遊幕四方，並世學者交往的，除上文已提到的魏源、李兆洛之外，還有惲敬、劉逢祿、宋翔鳳、龔定庵、錢坫（獻之）、徐松、董士錫、沈欽韓、姚東之、張琦、王曇等。由於他是屬於張灝所說的「技術專家的心態」❼，所以他的學問在當時可謂獨樹一格，嘗自謂「宋學旣非性所好，漢學又不能自力」❽。事實上他與這兩大學術傳統都格格不入，旣不探討心性修養問題，也不從事文獻上的考證，他的思想主要來自實用的動機，以及長期做幕友和奔走四方隨時考察的實際經驗，他是十九世紀初葉興起的經世之學最重要的代表之一。

世臣自南昌回金陵，年已六十八（一八四二），以賣文售字爲生。時值鴉片戰爭末期，英軍迫訂南京條約，以及入城種種情景，皆爲其親身目睹。鴉片戰爭失敗，爲中國日後淪入次殖民地的悲運揭開序幕，世臣正是這一幕歷史的有力見證者。

---

❻ 《辭海》：「清制，每經數科會試後，揀選下第舉人，以知縣、教職分別錄用，謂之大挑」。

❼ 見張氏：〈乾嘉時代的經世觀念〉，原作爲英文，由黃克武中譯，曾於清華大學「中國思想史上的經世傳統」第三次研討會中提出。

❽ 《安吳四種》卷九，〈藝舟雙楫〉，〈高宗欽定三禮義疏〉，頁四四下。

年七十，國事無可爲，於金陵破屋中整理平生著作，共有
〈中衢一勺〉、〈藝舟雙楫〉、〈管情三義〉、〈齊民四術〉合
稱《安吳四種》，五十餘萬言。其中〈中衢一勺〉論河、漕、鹽
三政，〈齊民四術〉論禮、刑、兵、農，是他思想的主要論著。
〈藝舟雙楫〉乃其碑板之學，論文章論書法，亦足名家。〈管情
三義〉收生平詩詞之作。早期作品《說儲》下篇於一八四四年已
編入〈齊民四術〉，上篇未輯入《安吳四種》，一八五一年重版
《安吳四種》時，方將其〈前序〉、〈後序〉、〈序目〉、〈附
論〉等收入，上篇本文到一九〇六年才由上海國學保存會出版。

第二節　思想特徵

從上述的略歷，包世臣不愧是一位「身無半畝憂天下」的典
型知識份子，在以往思想史上，似乎顧亭林的思想風格和他比較
接近，在當時大司馬許太常就認爲「二百年來，惟亭林、穆堂可
與鼎立」❾，但從現有的文獻，卻很難確定他究竟受亭林多大影
響。根據胡韞玉所編的《包愼伯（世臣）先生年譜》，我們只能
知道，他十八歲時第一次見到新版《日知錄》，曾「翻閱首冊，
極愛其書」，因家貧父病，沒有錢購買。二十八歲停留常州李兆
洛家，「盡讀《日知錄》三十卷」事，前文已說過。四十四歲家
居期間，「見黃修存藏《亭林遺書》十種，假歸讀之」。這些資

---

❾　據包世臣〈致前大司馬許太常書〉所引，見《安吳四種》卷二十
　　六，頁三六下。「穆堂」乃李紱的別號，康熙朝進士，著作《穆
　　堂類稿》、《續稿》，多論經濟、財政問題。

料只能說明，世臣對亭林有持續的興趣，也很欽佩他，至於思想
上究受過什麼樣的影響，則難斷言。亭林爲學，據全祖望（1705
～1755）說：「凡先生之遊，以二馬二騾載書自隨，所至阨塞，
卽呼老兵退卒詢其曲折，或與平日所聞不合，則卽坊肆中發書而
對勘之」❿。這種從經驗求印證的求知精神，正是包世臣思想很
突出的地方。不過亭林平生之志，仍在著書立說⓫，與包氏富有
強烈的實踐精神者又不同。兩人同以經世爲理想，但亭林於「救
世」之外，還要「明道」，且自謂「五十以後，篤志經史」⓬。
所以他學術的深厚廣博， 遠非世臣所及， 而世臣技術專家的心
態，亦非亭林所備，因此二人的思想風格雖有近似之處，思想的
格局和心靈傾向畢竟有所不同。

　　對以往的學術思想傳統，除欽佩亭林之外，世臣嘗自述「唯
以周秦諸子自隨，尤好孫卿（荀子）、《呂覽》。然《南華》（莊子
）內篇、《離騷》，經反覆諷詠。卒不得其指歸」⓭。這段夫子
自道的文字，頗能傳達其思想的傾向及其心態的侷限。他所以特
別喜好荀子，蓋因荀子的思想，於經世理想和經驗地性格，都相
當突出。關於《呂覽》，世臣於〈致前大司馬許太常書〉中說：
「昔《呂覽》書成，自謂備天、地、古、今之事。天、古非世臣
所敢知，以云地、今，良亦庶幾」。「天」主要是指宇宙論意義

---

❿　見全氏：《鮚埼亭集》卷十二，〈顧亭林先生神道碑〉。
⓫　如《文集》卷三，〈與友人論門人書〉自謂：「所著《日知錄》
　　三十餘卷，平生之志與業皆其中」。
⓬　見《文集》卷四，〈與人書〉。
⓭　見《安吳四種》卷八，〈藝舟雙楫〉，〈自編小倦遊閣文集三十
　　卷總目序〉，頁二五下～二六。

的陰陽思想，「古」屬於歷史的範疇，此非包氏所重。「地」與「今」蓋指具現實性而又切於當前實用一類的問題。由此可見，他的喜好《呂覽》是依照自己的心態而有所選擇的。至於《莊子》，他那種「與天爲徒」，因任自然的思想，自不是包世臣這種心態所能理解的。

此外，對近世名人，包氏於〈小倦遊閣文集總目序〉中明白表示「雅不喜望溪、才甫」，望溪卽方苞（1668～1749），才甫卽劉大櫆（1698～1779），皆桐城派古文家，這派古文運動標榜的宗旨是：「學行繼程朱之後，文章在韓歐之間」，主張文道合一，又講求古文義法，這種思想風格，當然與包氏的心態格格不入。

在同輩學人中，他似乎看重劉逢祿，一八〇四年〈述學〉詩：「劉生紹何學，爲我條經例。證此獨學心，《公羊》實綱紀」。假如包氏從事經學，必然會和龔定庵、魏源一樣，會由富有經世理想的公羊學下手。事實上窮其一生，與經學的關係並不深，他從小開始自行研讀的是法律、軍事、科學和農業之書，二十三歲任安徽巡撫幕賓時，才首次窮九月之力盡讀《十三經注疏》❶。二十八歲時居李兆洛家，再度讀經，但自稱只能「以己意測古人之言之旨，而窮其義之所止。至于論先王制作之原，亦能以近世人情上推之，而原其終始」❶。他這種由實用動機驅策的讀經態度，當然不可能走上經學家的路子。

以上從包世臣對古今人物及典籍的見解中，已多少透露出他

---

❶　見《年譜》，頁二五。
❶　《安吳四種》卷九，〈藝舟雙楫〉，頁一下

重經驗重實用的思想特徵。這種思想特徵，在包氏的著作中，幾乎隨處可見，如於〈復廣昌守方觀宣書〉中與方氏論吏治：「閣下既自許以三年，則下手時毋過爲高論，依於因陋就簡，而暗去其已甚，以漸而進，一變再變，自有可觀者，此小以成小，積小以高大之術也。……平易近民，民必歸之；因民之欲，則事易舉。僕向語友生有云，先察民情之所向，次驗民力之所堪，閣下以此推之，則自得之」❻。官吏推行吏治，如尚高論，必難以近民而有實效，吏治要求有效，必須從小處着手，方可期有成。其中「察民情之所向」，「驗民力之所堪」，正是他思想中兩大原則精確的表達與應用，而在應用的程序上，經驗的考察又必優先於實效的要求。

這兩大思想原則，應用在農說上，尤見深切著明：「近歲客遊，頗究吏術，足跡所及，東西越數千里。訪其風俗，驗其得失，爰證舊聞，殊不相遠。竊謂治平之樞在郡縣，而郡縣之治首農桑。裒集農說，斷以今宜，條繫旨趣，務在易曉。其有驗而不切日用者，則從芟除。言必切實，非文獻之無徵；法可舉行，無迂濶而遠事」❼。讀這段文字，立即使我們想起《皇明經世文編》的「凡例」、「序文」中所說：「浮文無裨實用，擬古未能通今」，「高論百王，不如憲章當代」，以及陸燿《切問齋文鈔》「例言」中「立言貴有用」的話。這個經世之學的傳統，才

---

❻ 《安吳四種》卷三十四，〈齊民四術〉，頁四四上。此信收入盛康：《皇清經世文編續編》卷十九「吏政」，引文見頁二〇六九。

❼ 《安吳四種》卷二十五上，〈齊民四術〉，頁二上、下。

是包世臣思想直接的淵源。他不僅是延續了這個傳統，也使這個傳統裏一再揭示的「實用」、「通今」等思想原則，獲得更充分而又澈底的發揮。這種思想，從哲學上看，也許膚淺，但從當時主宰學術思想的兩大主流，而又相當封閉的宋學與漢學中，開出一道心門，面對當代，正視現實，迎接巨變，在十九世紀思想史上，就具有重大的意義。

上面這段文字裏，所謂「訪其風俗，驗其得失，斷以今宜」，頗有亭林之風。「裒集農說，斷以今宜」，是說他的農政理論，都是從是否具有當前的實效，來判斷其合宜與否。下文「有其驗而不切日用者，則從芟除，⋯⋯無迂濶而遠事」，則是對「今宜」做進一步的闡釋。世臣不像經世之學的前輩，只想得其經世思想，寓於著作之中，「待一治于後王」❸。他更重視起而行，因此主張「君子立言，必期可推行而無窒礙」❹。衡諸他漫長的幕友生涯，的確能始終堅守著他的思想原則，並竭力實踐他的主張。

上述「斷以今宜」、「言必切實」、「無迂濶而遠事」等等，都表現了包氏技術專家的心態。這種心態在其尚「利」的言論中，表現得最為突出。他於〈答族子孟開（包慎言）書〉裏❷，自稱尚「利」乃「五十年甘苦」所在，傳統士人因受儒家義利之辨的影響，往往不加辨別地或多或少會對利的價值加以排

---

❸　參看杜維運：《趙翼傳》，頁二二八，七十二年（一九八三），時報文化出版公司。

❹　見〈再答王亮生書〉，《安吳四種》，卷二十六，頁九下。

❷　此信見《安吳四種》，卷二十六。

拒，世臣在這封信裏，不但為自已有所辯護，同時也申述了尚利
的意義所在：「至所謂言利不忍割愛，立論甚高，然非鄙意。好
言利，似是鄙人一病，然所學大半在此，如節工費、裁陋規、興
屯田、盡地力，在在皆言利也；即增公費以杜朘削之源，急荒政
以集流亡之眾，似非言利，而其究則仍歸于言利。鄙人見民生之
朘削已甚，而國計亦日虛，其病皆由奸人之中飽。故生平所學，
主於收奸人之利，三歸於國，七歸於民，以期多助而止奸」。「言
利」不只是因為「不忍割愛」的偏好，而是針對民生朘削、國
計日虛、奸人中飽等客觀事實的需要。言利的終極目的是要達到
「上益國而下益民」，達到這個目的的方法，則是節工費、裁陋
規、興屯田、盡地力，完全是技術層面的問題。經由技術問題的
研究和解決，以達福國利民的目標，不僅是他重經驗重實用的思
想的結穴之地，也是他學術精髓所在。

第三節　鴉片問題與鴉片戰爭期間的言論

　　如上所說，依據經驗、強調實用、專注於技術層次問題的研
究，形成包世臣思想的主要特徵。另一方面，他又是一位敢於面
對當代、正視現實、迎接巨變的知識份子。前者使他的思想富有
濃厚的現實感，後者使他的思想具有強烈的責任感與變化感。這
種思想與性格的特性，在第一次中英鴉片戰役中，充分表現出
來。在當時以一位民間知識份子的身份，言論的參與如此之深，
甚至明知所有的獻策，照主事者的心習以及客觀環境，幾乎都不
可能見用，他仍始終鍥而不捨，就正是這雙重特性的驅使，也是

知識份子極珍貴最感人之處。

　早在鴉片戰役發生十九年之前（一八二〇），世臣卽撰文 **❷**
討論因鴉片引起的幾個重要課題：第一是「鴉片耗銀於外夷」的
問題，也就是白銀外流與銀價上漲的問題。關於白銀外流，依他
自己的經驗來估計，單蘇州一城，吸食鴉片者卽不少十餘萬人，
鴉片之價較銀貴四倍，以每人每日需銀一錢計，則蘇城每日卽費
銀萬餘兩，每年卽費銀三四百萬兩，如將各省名城大鎭都統計在
內，每年所費恐不下萬萬兩。而當時「每年國家正供並鹽關各
課，不過四千餘萬，而鴉片一項散銀於外夷者，且倍差於正賦
」。世臣的估計與實情出入甚大，但他用數據來支持他的論點的
思考方式，仍值得注意。在世臣撰此文的前兩年（一八一八），
中國出入口的總值確已不平衡，進口總額約一千八百八十萬兩，
出口約一千四百萬兩，入超約四百餘萬兩，加上三百萬兩的鴉片
售價，合計入超約七百餘萬兩。鴉片輸入，到一八三五──一八
三八年時，平均每年爲三萬九千餘箱，每箱平均價銀約四百兩，
每年的總值約一千五百餘萬兩 **❷**。從這個數字來看，包世臣的估
計的確嫌過分誇大。不過他從民生經濟的觀點討論鴉片對中國之
害，這在十九世紀初葉，確是助長中國貧弱的一大問題。

　包氏說：「近來習尙奢靡，然奢靡所費尙散於貧苦工作之
家，所謂楚人亡弓，楚人得之。惟買食鴉片，則其銀皆歸外夷。

---

❷　卽＜庚辰雜著二＞，《近代中國對西方及列強認識資料彙編》，
　　頁七九九，易題爲「鴉片」。

❷　以上數據見郭廷以：《近代中國史綱》，頁五〇～一，六十七年
　　（一九七八），香港弘文出版社。

……夫銀幣周流，鑛產不息，何以近來銀價日高，市銀日少，究厥漏卮，實由於此。況外夷以泥來，內地以銀往，虛中實外，所關匪細」。鴉片之害勝於奢靡，誠然；至於銀價日高，市銀日少的原因，及其對國計民生的影響，並不如包氏所說那樣簡單。清代民間通用的是銅鑄制錢，政府的收支卻以紋銀爲準，人民完糧納稅則照銀價以制錢繳抵，所以銀價的高下，直接影響錢價，制錢的價值視紋錢爲漲落。十八世紀末年，紋銀一兩可兌換制錢七八百文，十九世紀初年，紋銀兌換率升至一千文上下，一八二一至一八三八年，由一千二三百文，再升至一千六百餘文，四十年間，銀價上漲一倍。上漲的原因，是因中國的白銀產量本不豐富，富有之家，又常事囤藏，一般婦女又多喜用銀製飾品，自然造成供不應求，使得銀價有漲無回。銀價上揚，錢價貶值，物價上升，人民納稅的負擔跟著加重。十九世紀初，鴉片進口總值由一八一八年的三百萬兩，到一八三五至一八三八年，已高達一千五百餘萬兩，鴉片輸入激增，白銀外流自更嚴重。白銀外流，銀荒日甚；銀價上揚，錢價貶值；到鴉片戰爭前夕，民間田賦已不克如期繳足，政府的財政亦大爲支絀，這時候政府才注意到銀漏問題[23]，而世臣早在十九年前就已提出「虛中實外、所關匪細」的警告。

　　銀漏之外，世臣於文中討論的第二個問題是：「鴉片之禁已嚴」，爲何「愈禁愈盛」？自一七七三年東印度公司取得印度鴉片專賣權後，爲了獲取暴利，於是獎勵種植，採用企業化經營方

---

[23]　以上均見前註之書，頁五一。

式，從此鴉片輸入數量，年有增加。一七九六年前，中國政府對輸入鴉片只收煙稅，未加禁止，一七九六年起，停收煙稅，鴉片列爲禁品，一八〇〇年下詔禁止販賣。在禁令限制下，東印度公司無法公開販運，遂利用港腳商人私運進口，數量有增無減。一八〇九至一八一七年雖連下五次禁令，而私運猖獗如故。何以如此？據包氏的了解是：「以中其毒者則難以自制，而司禁之人無不早中其毒，又復得受肥規，卽再加嚴法，終成具文」。其中最嚴重的是「受肥規」❷，此不祇是指商民與地方文武官員勾結分肥——這是鴉片所經之地很普遍的現象，不足爲奇。最令人難以想像的是，粤營水師全部預算，得自政府糧餉者僅百分之一，得自鴉片肥規者達百分之九十九❷，也就是說，中國立於第一線抵禦外夷的軍隊，竟然要靠違法貪瀆的肥規來維持，不能不說是古今罕見的奇事，如此國民，如此政府，如此軍隊，在外人心目中，又會是怎樣的觀感！

　　針對上述第一、第二兩個問題，世臣不能不對如何禁絕鴉片提出他的看法。他提出的所謂「拔本塞源」的辦法，是撤關罷稅、絕夷船。這個辦法與當時實情頗有隔閡，政府旣下令禁止販烟，爲杜絕來源，凡通關進口的貨船，都必須由行商具結，保證未帶鴉片，一經查出，原船逐回，對違規的官員，罰則也很嚴。

---

❷　馬克思對這個現象所產的影響，看得很深刻：「英人收買中國當局，收買海關官吏和一般的官員，這就是中國人在法律上抵制鴉片的最近結果。賄賂行爲，和停駐黄埔的英國商船偷運來華的鴉片煙箱一同侵入了天朝官僚界之肺腑，並破壞了宗法制度底柱石」（《馬克思恩格斯論中國》，頁九七）。

❷　包世臣：＜答果勇侯書＞，見《安吳四種》，卷三十五。

所以照當時的禁烟政策，根本沒有撤關罷稅的問題。在禁令下，鴉片仍源源不斷輸入，開始是外夷利用港腳商船販運，後來鴉片數量激增，私運的普通小船之外，還有近二百隻「快蟹」小船，不但速度快，且有武裝護航。夷船只停泊於虎門口外的伶仃洋上，又如何「絕夷船」？鴉片不能禁絕，最主要的原因，是英國發現鴉片在中國大有銷路，遂決心經由鴉片貿易解決中英之間傳統貿易造成的巨額逆差。為了鴉片貿易能順利進行，英國最後不惜用武，除非我們的國力能在英國之上，禁絕鴉片實難成功。這一點當然不是生活在中外隔絕環境下的包世臣所能知道的。

　　一八二六年，世臣寫信給他的朋友蕭枚生，這封信使我們知道這位在粵海關任職的朋友，也是關心國事的有心人，他告訴世臣：「十年之後，患必中於江浙，恐前明倭禍復見今日」。又說：「英夷佔奪新埔（新嘉坡），招閩粵逃人，事深可慮」❷⁶。枚生的話引起世臣研究新嘉坡的興趣，兩年後（一八二八）於〈致廣東按察姚中丞（祖同）書〉中表達了他研究的成果。信中談到英國佔領並經營新嘉坡五十年的經過，又指出英人經營新嘉坡，是因其地「近在肘腋，易為進退」，可作為侵華的據點。英人「並招嘉應州之貧士，至彼教其子弟，又召粵中書匠，刊刻漢文書籍」，也是為了進一步侵略做準備。針對這個問題，世臣所提對策是：「新埔地向封禁，客民私逃，本應重科，似宜選膽識俱優之員，密至新埔查看得實，或宥各客民之前愆，悉徙之內地，仍前封禁。或驅逐英夷，而設重鎮郡縣如臺灣」。這個對

---

❷⁶　包氏〈答蕭枚生書〉，以上引文均見《安吳四種》，卷三十五，頁一上。

策，無論如何代表知識份子的遠慮，以習於苟安的朝廷，世臣也
深知「舉此誠非易事，然事之難者，必有人舉之」。所以寄望於
姚祖同（亮甫），且暗示機不可失，「十數年後，雖求如目前之
苟安而不能，必至以憂患貽君父，豈君子之所忍出哉」？

　　這封信裏除重述「夷以土入，華以銀出，以致銀價踊貴，公
私交病」的觀點，以及「粵中水師皆食土規，一旦有事，情必外
向」等情節之外，還值得注意的是下面這段話：「又江浙各省，
市易皆以洋錢起算，至壓寶銀加水，凡物之精好貴重者，皆加洋
稱。江淮之間，見禍事將起，輒云要鬧西洋。凡此兆朕，大為可
慮」❷。可見近百年來中國內部的媚外與排外這兩種矛盾的民族
心理，十九世紀二十年代在東南沿海各省已開始滋長。

　　鴉片戰爭期間，世臣在江西，對戰事的進行高度關注，透過
各種機會和關係，自始至終，建言不絕。一八三九年元月三日，
道光帝下決心查辦鴉片，派林則徐為欽差大臣到廣東執行，林氏
於二月中旬途經南昌，這時世臣正在南昌，遂往謁見，林氏己亥
日記載其事，談話內容不詳。但由以後多次的言論中，也不難想
見一二。

　　一八四〇年十二月，世臣為相交四十年的陳軍門（階平）作
〈職思圖記〉❷，時陳氏在廈門執掌軍務，英勇抗敵，小有斬
獲，遂撰文以資鼓勵。「職思者何？思籌海以稱職也」。真正目
的，不外為老友盡一分心力。首先說到「今之英夷」，與「前明

---

❷　以上引文均見〈致廣東按察姚中丞書〉，《安吳四種》卷三十五，
　　頁一～五。
❷　《安吳四種》卷三十五，頁五下～頁七下。

倭寇之亂」，「事略同而情迥異」，因而重提「十數年前」，「固
早知有今日之事」。 其次分析「英夷驕蹇於粵東」之故， 實由
於奸徒欲專鴉片之利，藉力英夷以恫喝，有關官吏又上下其手，
敷衍矇騙。最後爲防守廈門獻策：「廈門爲全閩戶牖，軍門以全
力經理之，逆夷來輒失利，有成效，若宜可高枕無憂者。抑思漳泉
之富人，以業海舶，率中烟毒。兵役見賊氛稍息，或以勾攝煙犯
爲利藪，谿壑無厭，眾怒難犯，則引寇召禍亦事理之所當有矣。
是以居今日而言籌海，必以拊循閭閻、甦民困、固民心爲先務，
而激厲死士，決命於鯨波不測之中，猶其後焉者也」。文中還提
到「官民相仇久」，「舟中皆敵國」的內在危機。荀子早就說
過：「物類之起，必有所始，榮辱之來，必象其德。肉腐出蟲，
魚枯生蠹，怠慢忘身，禍災乃作」❷。所以鴉片之禍，不能單從
帝國主義的侵略來了解。世臣論軍務，而以「甦民困、固民心爲
先務」， 貌似高調， 實爲眞理， 任何戰爭， 縱然做不到「甦民
困」，至少也要做到「固民心」，否則絕難取勝。以民爲先、以
民爲本，是包世臣思想的一貫立場，論兵事如此，論政治、論經
濟，莫不皆然，這是他思想可貴之處，也是他與一般技術專家不
同的地方。

　　一九四一年初，戰事節節失利，在廣東主持大局的琦善於一
月二十三日（正月初一）正式宣佈割讓香港，三日後香港被英軍
佔領，遠在北京，對實際情況隔閡的清廷，卻於二十七日下詔積
極作戰，三十日並命御前領侍衛內大臣奕山爲靖逆將軍，戶部尙

---

❷　《荀子・勸學篇》。

書隆文，湖南提督楊芳為參贊大臣，星夜馳赴廣東主持戰局。楊芳於二月十五日（正月二十四）路過南昌，親訪包世臣，因楊氏重聽，遂與筆談❸。他的建議，有的不切實際，如圖以茶制夷；有的是一廂情願，如把傾夷的各色華人，「收為我用」。也有一些看法是不錯的，如「論者皆謂英夷長於水戰，一登岸則技窮，此言斷不可信」。又如「若海口皆備以重兵，此兵法之所謂無所不備，無所不寡，若有一處空虛，便恐被乘」。筆談中提到「以夷狄攻夷狄」，在世臣的想法，所謂「以夷制夷」，即：「集眾以為強，共翦英夷於海中」。這個觀念比魏源稍早，但經魏源轉化為「師夷長技以制夷」❸後，對十九世紀中期的自強運動的方針影響很大。

　　此番筆談，對果勇侯楊芳，絲毫未起作用。楊氏於剿辦回亂、白蓮教亂時，雖屢建戰功，而此時年老耳聾，已無鬥志，一月三十日奉命，拖延至三月五日才到廣州，朝廷與民間對他期望甚殷，他並無表現，四月二十一日遂遭革職留任。五月三十日廣州三元里發生英軍搶劫淫掠，為鄉民圍困事件，世臣在南昌知道這個消息，異常振奮，六月十一日於〈答果勇侯書〉中稱這些鄉民為「憤發如雲，義形於色」的「義民」，又有「義民立殲」之句，表達了他的願望，並向業已革職留任的楊芳建議，不妨「選義民使充水師」，或有挽救戰局的可能。這雖是紙上談兵，書生之見，但可以看出世臣是一位仇英意識很強的人，也是當時民間知識份子中站在剿夷派一邊的一個代表。

❸　〈與果勇筆談〉，見《安吳四種》，卷三十五，頁七下～一〇下。
❸　此語見魏源一八四二年所作〈海國圖志敍〉。

三元里事件後，六月十三日英水師統領辛好士病歿香港，七月二十一日，颶風肆虐，英船多艘沉沒，延至八月二十一日英艦方再自香港出發，二十六日（七月初九日）攻佔廈門。當英軍由廈門起航北進之日（九月五日），包世臣有〈上兩江督部裕（謙）大臣書〉❷，裕謙極端仇英，時爲欽差大臣，決心在英軍北進的下一站鎮海決一死戰。世臣上書除檢討戰事失利，是由於「水師外向」、「漁船濟惡」，又「因循不革」，「不用敗毒培本之劑」之外，主要的重點在應付英軍繼續北進後，長江如何設防的問題，他駁斥了「狼山以內沙多水淺，夷船萬不能達」的謬論，建議「於圖山安設重兵，以備不虞，使重空糧艘來往無驚，以維國脈」。英軍十月十日（八月二十六）陷鎮海，裕謙殉職。

同年（一八四一）十一月十三日（十月初一），世臣於〈答傅臥雲書〉❸ 中敍及南昌獲知裕謙殉職消息的同時，官署照樣「演戲作樂」，「八日夜乃罷」。此書重點仍在論兵事，他希望傅臥雲能轉達當道兩點：(1) 目前調集於浙江的軍隊，一半是粵中逃兵，不能靠他們作戰，「爲揚威計，必當出於募勇」。繼又詳述募勇之道，不過大都根據傳聞。(2) 重述丹徒圖山在長江防守上的重要。十一月二十七日（十月十五），因獲知老友陳階平奉命到浙江襄贊軍務，機不可失，卽寫信給他❹，除告知長江不可不防的理由之外，更詳述圖山一帶之地形地勢，以及如何防守

---

❷ 見《安吳四種》，卷三十五，頁一二上～一四下。
❸ 同前，頁一四下～一六上。
❹ 〈致陳軍門書〉，見《安吳四種》，卷三十五，頁一七下～一九下。

之戰略戰術。最後切望陳氏能「與兩江牛（鑑）制軍、奕（經）揚威，熟商採行，是卽草莽臣所以輸踐食之報者矣」。

鎮海失守後，浙江境內幾個重要軍事據點，如寧波、餘姚、慈谿、奉化皆相繼爲英軍攻佔，奕經率軍反攻鎮海、寧波失敗。多季過後，英軍再度北進，一八四二年六月十九日（五月十一）英軍陷上海，七月二十一日（六月十四）攻下鎮江，八月九日（七月四日）英軍大隊已到南京，一路進展皆不出世臣所預料。此時世臣已由南昌回南京，揭開中國近代悲運序幕的江寧條約簽訂前後種種，皆爲其親眼目睹。就在簽約的前二天（八月二十七日，陰曆七月二十二），他仍不死心，埋頭撰〈殲夷議〉[35]，爲如何「轉禍爲福」獻計，託陳平川[36]轉達當道。從這篇文字，不但可使我們看到這位極富民族意識、有良心、有血性的民間知識份子，在目擊心傷中的實存感受，也是探討中國民族性的難得史料[37]。

〈殲夷議〉所獻奇策，是乘英夷「藐中華而益驕之，以盡隳其防」的時刻，以重賞募死士二百，於「宴其大酋於城中，而使

---

[35] 《安吳四種》，卷三十五，頁一九下～二二上。

[36] 陳平川，河南領兵官，包氏〈致祈大臣書〉說他在吳淞戰役中，曾救牛鑑督統脫險。〈致前四川督部蘇公書〉又說他「勇而尚義，廉而輕死」。

[37] 這裏所指的是〈殲夷議〉中下面這段文字：「英夷自粵而閩而浙而吳，皆恃習海。近竟鼓浪入江，越浪山，窺圌山，而大吏修書遣弁，款之數百里外，江寧巨紳又大具牛酒，隨犒其師。泊抵城下，小吏末衿又各爲私餽，並獻歌頌，或希酬答之利，或乞齒牙之餘。豈眞兵勢屢弱，人情攜貳，至於斯極耶？……而小民又擔負米薪食用物，日數百輩，上其舶與爲市。英夷復出所掠箱籠及帶來煙土，減價招匪人。其藐中華，而不備不虞也如是」。

道、府、副、參分宴其小酋於江濱之靜海寺」時，由「死士藏藥
桶於薪荼擔內，上船卽發火」，以炸燬英艦。在長江的清軍如能
同時配合行動，包氏認爲此計「必使萬逆同殲，片帆不返」，然
後「乃撈積屍以築京觀，俘朞酋以獻成功」。他相信「此眞轉禍
爲福，振威雪恥，不可必得之大機會」。世臣難道不知（我想他
一定很清楚）此時清廷主其事者，早已喪膽，乞和之不暇，怎麼
可能來考慮他的「奇策」？

江寧條約簽訂後，英軍艦於九月十四日（八月十日）開離南
京東下。世臣因戶部尙書祁雋藻（春圃）於「白門定計和夷急報
到都下」時，曾「伏青蒲哭排其議」，因於十一月二十日有〈致
祁大臣書〉❸，對他「赤心救世」表示敬意之外，並推薦一位嘗
「爲官紳練健勇三千，技藝紀律冠絕營伍」之草澤中人名傅燮
者，由「往者誠不可諫，來者亦何事不可爲乎」之言看來，似乎
對祁大臣猶有所期待。

戰後，朝廷眾官吏對致敗之故，難免有一陣檢討，世臣見董
雲舟給事奏摺，有「機會決不可失一節」，遂於十二月十六日
（十一月十五）〈致徐侍御（松）書〉❸，言及八月間卽因「其
機有可乘」，才撰〈殲夷議〉的往事。戰後，大家都以爲「積貯
告匱，夷欠限緊，又莫急於征歛」，世臣卻以爲「二事固急，而
尙非其至者」，「民情攜貳」、「兵氣渙散」，才是最緊急的大
問題。因而希望友人能「深察情勢」，把握緊要問題，並「與同
志諸公戮力不退轉」。

---

❸　《安吳四種》，卷三十五，頁二二上～二四上。
❸　同前，頁二七上～二九上。

戰事過去八個月，這位「身無半畝憂天下」的知識份子，對大局仍憂心不已。一八四三年四月十四日（三月十五）〈上安徽徐承宣書〉❹，除詳述上年英軍入南京城前後，私圖挽救頹局所做的種種努力之外，又擔心「夷性反側不可恃，深憂再來，而滿漢兩標兵無一可用」，因此「世臣每遇守土者及紳富，皆勸其諄諭積穀，使城內有半年食。又告當路檄外營選身手壯健口齒明白者，百之二三，以原餉送轅為親兵，藉訪各郡縣情勢，以備倉卒」。對他的建議，雖「聞者皆以為是」，可惜皆「莫肯採行」。因念「皖城情形，似亦有同此者」，為使「故里士民共仰生全」，所以上書給安徽當道，「並獻其愚」。

綜觀包世臣在鴉片戰爭期間及其前後的言論，可知他在十多年前，就已洞察到「禍事將起」的朕兆，希望當道能「早為預防之計」。在戰爭期間，他從未放棄任何一個機會，直接的、間接的，向友人或向主事者分析大局，甚至代為籌劃。他的言論在不盡真實的官方文書之外，為這一幕悲劇，留下極為珍貴的歷史證詞。蔣廷黻說過：「西洋勢力侵略當起始的時候，正是我們抵抗力薄弱的時候」❹。我們讀包氏戰爭期間的文字，看到的是「水師外向」、「漁船濟惡」、「民情攜貳」、「兵氣渙散」、「不戰而走」、「軍械皆棄」、「將火藥給英夷」，人民為英軍服役的現象很是普遍。更有甚於此者，當英軍大隊抵達南京時，是在「兩國交戰期中，江寧官紳，竟至簞食壺漿以迎敵師，無知小

---

❹　同前，頁二九上～三一上。
❹　蔣廷黻：《中國近代史研究》(此書包括《中國近代史大綱》)，頁二五五。

民，且爭赴敵船，以米薪給養，供其互市」，史學學者稱此「殊
爲一大奇觀，此則決非今日史家所能想像而又不得不深信之者」
❷。所以在鴉片戰爭中所反映的軍情與民心，已不只是「我們抵
抗力薄弱」，而是根本不願抵抗。爲甚麼?!

　　像鴉片戰役這樣的國家大事，以一在野之身的知識份子，根
本很難有著力之處，而世臣自始至終，關心之深，籌思之密，傷
痛之切，於並世士人之中，實不多見。從這幾年的言行來看，他
不祇是一位經世之學的前輩，他實爲經世之學的身體力行，樹立
了一個新的典範，他雖是技術專家的心態，生命中卻有一股理想
主義的精神在鼓盪。劉廣京說：「包氏可代表傳統知識份子中之
一類型——卽雖對現實不滿而並不放棄希望，期能藉建設性之批
評與方策，而求對人民生活有所補助者」❸。鴉戰期間的種種表
現，這一點完全可以獲得證實。

第四節　政治思想

　　歸納包世臣的思想，大抵政治、經濟兩方面討論較多，也比
較突出，而這兩方面，正是直接「對人民生活有所補助者」。這
裏使用「政治」、「經濟」，並不合於現代這兩門學科的嚴格意
義，只是因其內容相連、性質相近，遂加以合併處理。包氏編
《安吳四種》時，如〈齊民四術〉中討論的禮、刑、兵、農，是

---

❷　沈雲龍：〈包世臣與中英鴉片之役〉，見《近代史料考釋》，頁
　　四四，七十五年（一九八六），傳記文學出版社。
❸　同前註❷，頁九九五。

沿用傳統的範疇，他要強調的是四種治術，不見得具有知識性分類的意義。就知識意義而言，禮與刑有其一貫性，而農是經濟思想的核心，〈中衢一勺〉中討論的河、漕、鹽，皆與此核心息息相關，所以在這裏一併納入經濟這個範疇。禮雖是四術之一，包氏事實上談的不多，所以我們把刑法問題也納入政治範疇，因刑法是吏治重要的一環。至於兵，那是他早年興趣所在，從鴉戰期間的言論裏，大抵已可見其梗概。

下面分四點探討他的政治思想:

（1）吏治之弊

在前文第二章裏，講經世思想的外緣時，曾提到政治危機肇端於乾隆後期和珅之獲寵擅權。乾隆逝世，和珅雖被逮賜死，但吏風已壞，文武百官依舊賄賂公行。一八一七年（嘉慶二十三年），包氏說:「世臣生乾隆中，比及成童，見百爲廢弛，賄賂公行，吏治污而民氣鬱，殆將有變」❹。可與上說相印證。這種情形到嘉慶末年，自然也沒有甚麼改變。稍知中國傳統吏治的人，都知道賄賂幾已成常態，清廉反而是異數，這不祇是由於人的貪瀆，與制度也有關。包氏於〈讀律說上〉一文中❺，曾論及二者之間的關係。他說當道光帝登位之初，爲了一新天下耳目，接受了大臣的建言，「飭查各處陋規」，結果「都下譁然，以爲必不可行」，「未幾而覆奏入，竟如所料，而建言者亦不能堅持其說」，包氏就認爲各處陋規，「遂使天下無一不犯法之官」。

「吏治所爲日下者」，它的根本原因，「在居官而不知爲民」

---

❹　《安吳四種》卷八＜藝舟雙楫＞，頁一八下。
❺　《安吳四種》卷三十一上，＜齊民四術＞，頁一上～頁二下。

❹，《說儲》指證，當「淮泗偶被水災，數百爲羣，露刃望食者千里」時，公卿貴戚，仍「無肯易其營私之智」❹。〈上戴大司寇書〉中，更揭露了驚人的事實：「訟獄者，萬民之命，而有司以爲市；正供者，聚人之本，而有司以爲利。甚至疆場告警，河防爲災，而自大吏以及在事人役，莫不趨之如鶩，豈眞忠義憤發，輸忱自効哉！乘危搶奪，不忍爲方，然則民生之所以日蹙，國用之所以不支者，凡皆廉恥道消，見利忘義之所致也」❹。所以如果用〈齊民四術〉自序中「爲其（指農民）上者，莫不以漁奪牟侵爲務」這句話，作爲對當時吏治的總評，恐亦不爲過吧。

(2) 民本思想

吏治之壞，由於爲政者不知爲民，因此，革新吏治首要之務，必須重民、近民，事事以民爲先，以民爲本。包氏一生遊幕四方，時時爲著生請命，以民爲先，以民爲本，也正是他政、經思想的精神所在。

道光七年（一八二七）四月，賀長齡新任山東布政使，託魏源向包氏「代詢東省治要」，包氏爲作〈山東東西司事宜條略〉，關頭就引周公告魯公以治魯的話：「平易近民，民必歸之」。「故爲政之道，務在自勝以通民情而附民，民附則從令」❹。道光二十二年（一八四二）於〈復方廣昌書〉，仍然以此向告❺。

---

❹　<答姚伯山書>，《安吳四種》卷二十七，頁九下。
❹　《說儲》，頁一下、頁二上。
❹　《安吳四種》卷二十九，頁八上～頁八下。
❹　盛康輯：《皇清經世文編續編》，卷十九，頁二〇一三。
❺　《安吳四種》卷三十四，<齊民四術>，頁四四上。

如何方能通民情？包氏的回答是：官民本一體，「視民如吾身」：「世臣每告友生曰：印到爲官，印去卽仍民也。故計一身，爲官之日少，而爲民之日多；計一家，則爲官之人少，而爲民之人多。是故欲舉一事，發一令，必自思曰：吾之父母官，以此施之於吾身，將以爲何如？執柯伐柯，道至近矣。持此心也以往，而貞之永久，則視民如吾身，於凡害之當除，利之當興，自有不能已於中者矣」❺。其中包涵著儒家「反求諸己」的道德自省，和墨家「興天下之利，除天下之害」的實效觀，道德自省能強化爲民的動機，能爲民興利除害，才能收到通民情的效果。「印到爲官，印去卽仍民也」，民本不同於民主，誠然，但這話確具有民主理念的意趣，包氏已意識到「官」僅是一種角色，並不代表一種階級，因此官與民是一體的不是對立的。一直到今天，有的人三十年不做部長，二十年不做院長，仍希望別人以「部長」、「院長」稱呼他，這種人永遠活在統治者或牧民的迷夢中，仍然缺乏這種意識。

在政治上，不論古今，流行一種說法，卽能行非常之事者，必有賴於非常之人，而一般人心目中的非常之人，多半近乎馬克斯・韋伯所說奇理斯瑪型的領袖人物。包氏基本上不反對這種說法，不過對所謂「非常之人」是從民本的觀點予以界定：「夫舉非常之事者，固必待非常之人。然所謂非常之人者，非智勇超羣，能持一切之法以威眾之謂，必其能詢芻蕘、察邇言、廣思善斷、集眾人之心思材力而歸於一。遇小小窒礙，則又能隨時更正

---

❺　同前❹，頁九下～頁一○上。

補苴，以順民情，而就事理者也」❷。很顯然，他排斥了奇理斯瑪型的「非常之人」，也不欣賞中國傳統中法家集法、術、勢於一身的人主，因爲這一型的人物，雖有成事之能，但不免以人民爲芻狗，他嚮往的政治領袖是近乎民主性格的人物。

包氏在遊幕的生涯中，許多地方官吏依爲股肱，他常向他們講的話就是：「先察民情之所向，次驗民力之所堪」。察民情之所向，則政府的所作所爲，才能符合人民的需要；驗民力之所堪，才能使政府的措施不要求人民有額外的負擔。這便是能「通民情」。爲了達到「察民情之所向」的目的，在制度方面，包氏也有新構想，他希望朝廷能成立一「審官院」的新機構，其功能是「詔內外郡縣，不拘現任……故宦、儒生、幕客、農民、吏卒，皆許言事。其有經國遠慮，封疆大計，水利屯田，勸農練兵，以及吏治利弊，律意輕重，或卽一郡一邑當興當除，各就素習確見，繕書條列。大言勿憂駭俗，小成勿飾動聽」❸。這樣的機構，不但能達到廣通民情的目的，也有機會徵選到那些不爲干祿之學，長期埋沒在民間的人才。

(3) 爲政之道

上述民本思想——以通民情爲主，在包氏的思想中，是爲政的指導性原則，如何把這個原則貫徹到政務中去，這就關涉到爲政的態度、方法，以及處理實務的技巧等問題。對這些問題的思考，他並不強調個人的道德因素，而是講求施政的技術及其效果。一個有趣的例子，見於〈復方廣昌書〉，書中論及王陽明

---

❷　同前❹，卷三十九，頁二七五。

❸　《說儲》，頁二上下。

（1472～1528），當其駐贛期間，「於戎馬倥傯中，集生徒講學，當下卽有聞人，迄今尚爲誦說，而贛州恣談理學之風，實肪於此，陋儒以爲過化之妙，世臣則謂此陽明微權以虛聲聳動愚氓，而濟吾事耳……是以陽明不過駐贛半年，……然亦幸而半年卽去，此竅不爲人鑿破，……設稍久於此地，則技必窮矣」❺❹。從這裏可以看出，他把一般儒生所認爲的個人道德因素，在他看來也不過一種施政技巧。而且對個人道德因素，在施政上是否有長期效果，明顯表示懷疑。

包世臣是位很實際的人，所以在爲政的態度上，他主張「下手時毋過爲高論」❺❺，也不可「求治太急，視事太易」❻❻；在爲政的方法上則主張「漸進」、「尚實」❺❼；爲政者本身，尤其應做到「損名心以求事實」❺❽。至於公私分際，他有句名言：「先公而後私，公不廢私；先私而後公，私必害公」。所謂「私」，亦「非苟營囊橐之說」❺❾，這是在他的友人姚伯山卽將任縣令之前，信中告誡的話。

賀長齡新任山東布政使，因包氏曾在山東做過幕友，他建議應該做到三點：一，「宜審定缺分肥瘠，使調劑派撥均平，以息物議」。是說人民攤派捐款，要注意各地的生產條件不同，盡可能做到公平。二、「宜禁司書弊竇，以紓官困」。是說必須禁止

❺❹　同前❺❶，頁四三～四上。

❺❺　同前❺❶，頁四四上。

❻❻　同前❺❶，頁四三上。

❺❼　〈答陸曹縣〉，《安吳四種》，卷二十七，頁一三下。

❺❽　同前，頁一五上。

❺❾　同前❹❻，頁一〇上、下。

「司書訛索州縣」，「侵帑剝民」。三、「宜督屬清釐案件及自理各詞訟，依限結正，以達民隱，而崇政體」。是說要慎重並親自處理訟案❻。對以上三點包氏都做了說明或分析，他自稱這些建議是「議卑易行」，與他「下手時毋過爲高論」的主張，相當吻合。

關於上述第三點處理訟案的問題，包氏在寫給他次兒的兩封信中，對審案的態度、方法以及審案的過程，都有很扼要而又生動地的陳述。因在傳統行政與司法不分的時代，一個官員的好壞，治獄是重要關鍵，所以他十分重視這個問題。首先他指出「慎用刑而不留獄」❻，是處理訟案的一個重要準則。審案的態度：「問官第一不可先說話，不可多說話，不可動氣性」❻。處理訟案的方法，尤其是重要的大案，「必須將全卷先看一遍，摘出緊要之人，再將全卷逐人摘出其緊要情節，遇有岔出頭腦，必須細想前後與本案是否有關涉處」❻。做好準備工作，「日後堂訊，但看節略，免再查卷之煩」。整個過程，以「看卷摘略，最爲緊要」❻。

理論之外，包氏還將自己審案的經驗，傳授給他的兒子，他敍說審案的過程，極其生動：審理之前，先看明卷宗，了解案情。堂訊時分四步進行，第一步傳原被告及證人一齊上堂，問明年齡、住址、職業、家人情況。第二步分別傳原被告及證人，

---

❻ 同前❹，頁二○一四～七。
❻ ＜與次兒論讞獄書＞，《安吳四種》卷三十一下，頁三六下。
❻ 同前，頁三八上。
❻ ＜與次兒論讞獄第二書＞，同前，頁三八下。
❻ 同前，頁三九上、下。

「和顏款語」，要求說出全部原委，記憶如有錯誤，或與前供矛盾， 允許「想明改正」。「原告詞又畢， 仍諭令再想， 如是者三，乃諭以汝三次細想，以後若添出別情，便出訟師教唆，即是真情，我也不聽了」。問完原告，再輪流傳被告、證人，問案過程相同。第三步檢查招房所錄供詞，是否與原被告、證人所述相符，不符者「用珠筆核改定」。第四步再「傳全案人公同看供，仍諭以各看各供，有寫錯處，回明更正，看別人供有揑誣處，逐層指駁。四造辨駁鋒起，我總靜聽，俟其畢詞，乃各摘其罅隙而切評之，無不承者」。包氏自謂，「在南昌四十日，問過自理案三百起，有七十餘案人證不齊，其餘二百三十餘案皆結，未嘗一用掌責笞責」❻❺。而一般審案， 往往是「問官亂喝亂叫， 先教供，後逼供，筆楚無數，號慟盈廷」❻❻，真不可同日而語。他處理訟案的理想是「問官與犯人兩無所憾」❻❼，故「保全官吏，在舒民氣而不使之鬱者，良以此也」❻❽。

（4）制度改革

包氏這方面的思想，相當新穎而突出。必須說明，他這方面的思考，並非遊幕數十年之後才有的，而是大都見之於早年（一八〇一～二）著作《說儲》之中。因此，包世臣是十九世紀第一個主張政治改革的思想家，它的來源可理解為是由於對世變的敏感，以及對現實問題的洞察力。

---

❻❺　同前❻❶，頁三六下～三七下。
❻❻　同前❻❶，頁三八上。
❻❼　同前❻❸，頁三九上。
❻❽　＜書三案始末＞，《安吳四種》卷三十一下，頁三四上。

包氏於鄉試、會試都有多次挫折經驗，他在〈卻寄戴大司寇書〉中，檢討科舉之弊：「原夫科目之設，所以網羅天下人材，分資治理。而僅決以一日之文，是雖使前明名家，自黃子澄迄黃淮耀，皆登道光壬辰（一八三二年，包氏這封信就是這一年會試失敗後寫的）之牓（榜），於治道何增？卽獲售諸君子，文盡塵腐佻達，於治道復又何損」❻❾？也就是說，以當時那種「摘句套調」的八股考試，與網羅人才的目標，根本是不相干的。在這封信裏，他也對科場之內的弊端與放榜的結果，表示內心的不平：「閣下謂今年中式之士，後場條對語，卷卷相同，誤且同誤，其爲懷挾抄寫，無可疑者。世臣自領薦預試，十有一次，矮屋相比，莫不攜有細字小本，可信其無懷挾者，唯陽湖張琦翰風、吳沈欽韓小宛，及亡弟世榮，並世臣四人而已。而四人者，皆在被屛之列，其得手者可知也」❼⓿。因而不免有「醜行之近於利祿也久矣」之嘆❼❶。

在這封信裏，針對科場之弊以及科舉制度，包氏提出若干改進的意見。這些意見與早年《說儲》比較，廢八股、重時務及「除搜檢之令」（《說儲》爲「除搜檢糊名」）仍相同，至於「明經術」，《說儲》的重點在《春秋》，此信則主張「依江都賢良策意（董仲舒曾爲江都相，應試時作〈賢良對策〉），各守所長之一經，精心譔（撰）作進呈」❼❷。明經之外，了解治亂興衰的

---

❻❾　《安吳四種》卷二十九，頁八上。
❼⓿　同前，頁九上。
❼❶　同前，頁九下。
❼❷　同前，頁一一上。

《資治通鑑》，認識政經沿革的《通典》，也都應列入考試範圍。其中最具創意的一點，是刊行各場試卷，並說明去取的理由[73]。

此外，包氏對中央與地方政制，都有一些改革的主張。中央方面，他認為應廢除軍機處，提昇御史權力，恢復漢代左右丞相制，基本的構想，是傾向於對皇帝的權力，能多少予以限制。他甚至以為，皇帝任用官員，縱然經過吏部簽呈奏准，如不符定律，御史仍應有權簽駁[74]。我們不能不承認，包氏確已觸及中國專制體制的一個根本問題，但在他那時代還無法知道，要解決這樣重大的問題，必須改變專制體制，體制如不變，卽使廢除軍機處，恢復內閣宰相制，頂多也不過對皇帝的濫權增加手續上的一些麻煩，根本達不到限制其權力的目的。因在專制體制裏，帝王與文武百官，基本上是一種家主與奴僕的關係，歷代設立宰相、尚書、中書令等名目，不過是這種關係的掩飾。中國專制傳統演變到明、清，皇帝敢公然廢相，而以大學士或軍機處為其工具，可以說是它本質上必然會有的結果[75]。

地方政制最應改革的，是廢除督撫、道臺，理由是「官由部選，旣不核才能，而督撫復由人地相宜之說，紛紜撥調，使迎送費繁，奸弊百同，實則計繁簡，責賄賂耳。道介司府之間，巡守

[73] 同前。

[74] 以上種種主張，見《說儲》，頁八下、一七上、一八下、二〇上、二五上。

[75] 以上論君臣關係與帝王之權，參考張君勱：《中國專制君主政制之評議》，頁二九二～四，七十五年（一九八六），弘文館出版社。

兵備皆屬虛名，則督撫與道之宜裁，不問可知也」❼⑥。包氏大半生都在各地當幕友、因此深悉「幕友大抵刻薄奢侈，貪污無恥之輩，長惡圖私」❼❼之弊。幕友們又為何能如此？則因地方官吏大都無識又偷懶，對律式、錢穀、課選諸事務，莫不仰仗幕友處理。為此，包氏認應革除幕友胥吏，而代之以正式考試出身者，使他們具備官員身份，同時名稱上也變更為「史」或「幕僚」❼⑧。由前文，包氏明明知道考試的弊端百出，不一定能選拔出優秀人才，在這裏怎麼又相信考試出身的「史」或「幕僚」不會「長惡圖私」？

以上是包氏制度改革的幾個重點，這些主張大都出於他的直接經驗，再由經驗的反思而產生的一些構想。這些構想有無缺點，能不能實現，並不是最重要的，重要的是，他能突破身份的格局，關心到國家體制的問題，表現出一股強烈的改革願望，而這股願望曾困擾過十九世紀許多維新志士的心靈，終於形成一代求變求新的巨潮，包氏則居於這一思潮脈動肇始者的地位。同時他的改革主張，完全來自傳統官僚系統內部的思考，與西方衝突還沒有任何直接的關係。

第五節　經濟思想

包世臣的經濟思想，涉及的範圍很廣，大抵包含農業、商

---

❼⑥　《說儲》，頁八上。
❼❼　同前，頁三六下。
❼⑧　同前，頁三六下～三七上。

業、交通、水利等，甚至連貨幣問題，也在探討之列。這些問題都與民生息息相關，事實上，他是因關懷民生疾苦才涉及這些問題。在探討的過程中，他的重經驗、重實效的兩個思想特徵，獲得充分的發揮，技術專家的心態，更是表露無遺。

他的經濟思想的最高理想似是「上裕國而下裕民」，裕是富，他也重視強，認為只有富強才能實行王道，如謂：「民富則重犯法，政強則令必行。故過富強者為霸，過霸者為王，……未有既貧且弱而可言王道者也。故謂富強非王道之一事者，陋儒也」⑦。這與傳統儒家中視王道為道德政治理想者顯然不同。要實現這個理想，必須做到「本末皆富」，「本」指農作物，「末」指銀錢，十九世紀初葉中國現實的情況，恰好與此相反，是「本末並耗，所以致民窮而不能禦災」⑧。所以他這方面的思想，還談不上致富，只是如何克服貧窮而已。

包氏出身貧寒，對農民生活的窮困，本來就有親身的體會，中年又遊幕四方，「訪其風俗，驗其得失」，因此對各地人民生活的苦況，更有深刻的了解：「農民終歲勤動，幸不離於天災，而父母妻子已迫飢寒。又竭其財以給貪婪，出其身以快慘酷。歲率為常，何以堪此？推原初心，匪盡無良，知識溺於俗學，性情泪於師友，見聞所限，釀此伊戚，不亦傷矣」⑨。此外，《說儲》上篇前序也說：「然而一二言利之臣，方與搜括錙銖，事鄰剝竊，馴致膏屯于上，澤竭于下，是速貧之術也」。這都把農民

---

⑦　《安吳四種》卷八，〈藝舟雙楫〉，頁一九上、下。
⑧　《安吳四種》卷二十六，〈齊民四術〉，頁二下。
⑨　《安吳四種》，卷二十五上，〈齊民四術〉，頁二上。

的困苦，歸因於官吏的貪婪與搜括。

官吏的貪婪與搜括，爲人所共知。包氏對導致民窮原因最重要的分析，見之於〈庚辰雜著二〉❷，原因有三：(1)煙耗穀于暗；(2)酒耗穀于明；(3)鴉片耗銀於外夷。統稱之曰「本末並耗」。「煙酒耗本富，鴉片耗末富，既悉其弊，則救之不可無術」。救弊的辦法是：(1)煙不宜「驟加禁絕」，那樣將使農、商並受其累，胥吏也可能在訛索之後予以包庇。宜採漸進之法，「如甲年下令，則乙年禁種，丙年禁賣」，這樣可使種煙農民不致受損。「禁絕之後，以種煙之土種穀，又分其糞與人工以治他畝，穀之增者無算矣」。(2)酒須加嚴禁者爲民間私釀，禁私釀比禁煙困難，因煙種於田野，「釀酒皆在深宅」，若執行不善，不但擾民，且易另生弊端，除非有「盡心民事」的官吏，能做到「上下相孚」，否則很難有效執行。(3)在法令上鴉片是禁止的，事實上卻「愈禁愈盛」，原因是「中其毒者則難以自止，而司禁之人無不早中其毒，又復得受肥規」，所以「即再加嚴法，終成具文」。因此要澈底解決鴉片耗銀於外夷的問題，只有「裁撤各海關」、「絕夷舶」。但並非全面斷絕通商，夷人所需要的非禁品茶葉、大黃，仍可通行。

鴉片使銀外流對民生的影響，中年以後的二十餘年間，始終是包氏關心的焦點之一，一八二○年於〈庚辰雜著二〉，就已注意到「銀少則價高，銀價高則物值昂。又民戶完賦亦以錢折，銀價高則折錢多，小民重困」的現象。一八三七年的〈再答王亮生

---

❷　見《安吳四種》卷二十六，頁一上～七上。

書〉⑧除重申「十數年內銀貴，而公私交病」的現象之外，並提出發行紙幣以救弊的主張。王亮生（璽，1776～1843）平日留意貨幣問題，這方面撰有專書，其主張與包世臣不同，如此信中所引「尊議云：造百萬，即百萬，造千萬，即千萬，是操不涸之源」，以爲濫發紙幣，就可以財源滾滾。世臣反駁道：「從來鈔法難行而易敗，正坐此耳」。他的主張是：「初屆造鈔，以足當一歲錢糧之半爲度，陸續增造，至倍于歲入錢糧之數，循環出入，足利民用即止」。到一八四六年，〈致前大司馬許太常（乃普）書〉，仍堅信「唯行鈔是救弊良法」，「其要唯在明示以錢爲幣，使銀從錢，以奪銀之權歸之于錢，而廣錢之用，操之于鈔，乃有說以處鈔耳」⑧。同一年，〈答族子孟開書〉：「至近日銀價之貴如此，而米價更賤，官民均苦，非此不足以救之」。問題越來越嚴重，包氏對自己的主張也越來越堅持。這封信又使我們知道，去年（一八四五）政府已有意實行他的主張，而終未能實行，是由於受阻於當朝權要，因權要們「家多藏鏹，知鈔行後必復錢一千銀一兩之舊，是自減其所藏之半也」⑧。

　　鴉片、銀價問題之外，漕運問題也十分嚴重。當時漕糧經河運，不但運費貴，沿途又有層層剝削，自然增加農民負擔⑧。包氏於一八○二年就開始研究，翌年遂有〈海運南漕議〉之作，提

---

⑧　同前，頁九上～一四下。
⑧　同前，頁三七～三八上。
⑧　同前，頁三四～五。
⑧　清代漕弊，可參看魏秀梅：《陶澍在江南》，頁一九～二五，七十四年（一九八五），中央研究院近代史研究所。

出海運可節省大量公費的主張❽。嗣後曾多次向當道建議，未獲
採行。一八二五年，包氏在揚州作〈海運十宜〉，「適新撫（陶
澍）至吳，茫無津涯，得先生稿，依仿辦理，海運事乃舉」❽。
但由一八四六年包氏寫給友人桂超萬（新任蘇州府）的信看來
❽，海運不但未切實辦理，蘇州昭文地方，且因此釀成民變。信
中說：「昭文巨案，庶可了手。若輩趨死若鶩，固不足惜，然推
曾子民散，孟子罔民之旨，罪致有由，仁人能不怵惕耶？江浙漕
事，無不以為敝極，而舊習莫肯稍更，實由當路未嘗悉民間疾苦
耳」。漕政積弊，已使農民生活瀕於絕境，加之「近年銀價驟
貴，而米價更賤」，於是農民的命運，如「大力人兩頭引繩，引
急則中當必斷」。

　　數十年間，包氏始終注意漕政，且堅持海運的主張，但他並
非此說首倡者。就有清一代而言，早在一七〇〇年（康熙三十九
年），因清口淤塞，運道不通，康熙即曾以海運事交部臣議奏，
結果是以疏濬運河，暫時解決了問題，未能實行。雍正時，太學
生藍鼎元上〈漕糧兼資海運疏〉，「請先撥蘇松漕糧十萬石試之」，
「視其運費多寡，與河漕相去幾何？若試之而果可行，請將江南、
浙江沿海漕糧改歸海運」❾。他的提議又未被雍正採納。嘉慶八
年（一八〇三），給事中再提實施海運計畫，結果為浙撫阮元所
否決。這就是包世臣始倡海運說的背景，一八〇四年包氏作〈海

❽　《安吳四種》卷一，〈中衢一勺〉，頁二下。
❽　《年譜》，頁七二。陶澍試行海運事詳情可參看前註❽之書，頁
　　一〇二～一八。
❽　信見〈中衢一勺〉，《安吳四種》卷七下。
❾　賀長齡輯：《皇朝經世文編》，卷四十八，頁一六八九。

運南漕議（並序）〉❹，提到反對海運的意見有三：（1）「洋氛方警，適資盜糧」；（2）「重洋深阻，漂沒不時」；（3）「糧艘須別造，舵水須另招，事非日夕、費更不貲」。其中(1)(2)兩點，藍鼎元疏文中也提到，深不以爲然。包氏針對三說反駁的要點是：(1) 吳淞口以南爲南洋，以北爲北洋。南洋多礁島，水深浪巨，非鳥船不行。北洋多沙磧，水淺礁硬，非沙船不行。「洋氛在閩、粵，皆坐鳥船，斷不能越吳淞而北，以爭南糧也」。(2) 藍鼎元疏文中有「漂溺乃係天數」的看法。包氏則向經驗求證，他向沙船會館調查每年漂沒之數，答案不超過千百分之一，這個數目已包括遇颶風鬆倉❷在內，而經河運，每年失風，殆數倍于此。(3) 漕糧海運，可雇用民船，何必政府自造糧艘。

　由於包氏的建議與陶澍的決心，曾試辦海運，獲得成功，陶氏並因此得以賞戴花翎。試辦結果，證明包氏「海運可節省大量公費的主張」是正確的，盜賊問題，也沒有發生。不過，正式實行海運，要等到二十二年後（一八四八），包氏總算及身能看到自己的主張成爲官方的政策。

　在海運未成爲官方政策之前，漕糧皆由河運，爲了使南漕順利北運，河工就成爲朝廷重視的大事，尤其是江蘇，因江蘇爲魚米之鄉，每年漕糧將近二百萬石❸，包氏又居此最久，因此對河工的技術貢獻良多，研究河工所花的心血，也遠在鴉片、銀價、

---

❹　《安吳四種》卷一，頁一上～四上。

❷　包氏原注：「鬆倉者，巨浪入倉，豆見水輒漲大至倍，恐船膨裂，故酌棄其半于海以鬆之也」。

❸　參考前註❽之書，頁一九。

漕運等問題之上。

一八〇八年春，包氏奉兩江總督之命，坐船到黃河海口一帶實地考察，希望由他的考察報告，驗證當時因海口高仰而改築河道的提議是否正確。包氏於〈籌河芻言〉嘗記此事：「愚嘗親至海口，南自射陽湖，北至灌河口，徘徊青淤尖上，度其情勢，見潮落之時，攔門沙面水色深白可辨，去口門尚有二三十里，……夫河既入海，而沙在二三十里之外，其不阻大溜也明甚」。技術層面的問題，必須依據實地的經驗，經過實地的考察，證明海口高仰之說不確，因此他主張不必改築河道，大興土木，浪費民財，只要「修培舊有之隄，接長至逼海頓淤二十里爲止，則河力聚，而海潮上泛，河溜仍自下行，衝刷底淤，不至如今之潮旺時，河水倒流百里」。後經朝廷派下的兩位大學士親往海口觀察，證明包氏之說不誤，改築河道之議乃作罷論。

此後十餘年，除佐兩江總督辦河工外，足跡所至，主事者莫不以河工相詢，如〈說壩〉、〈辨南河傳說之訛〉、〈直隸水利記〉、〈漆室答問〉❽皆答詢之作。〈漆室答問〉記熊兵備公茲問：「己卯多在濟南，讀吾子舊著〈郭君傳〉，有十年後高堰不守之言，至今竟驗，吾子自濟南馳返，又與決口之期相值，可謂灼見敗徵矣，能見敗者，必能救敗」。可見包氏的河工專長，在當時官員的心目中，不但深獲信任，且染上神奇色彩。全篇答問，皆爲述救弊之道，對今後解決高堰水患的施工技術，有極爲詳盡的分析和說明。

---

❽　《安吳四種》卷三，〈中衢一勺〉，頁一一下～一六下。

道光十年（一八三〇）陶澍任兩江總督，對河工很重視，由包氏〈寄陶宮保書〉[95]，可知他曾參與其事，且對吳淞江「屢濬而功卒不垂久」的原因，詳加研究，經過實地考察河形水勢，發現野鷄墩一段地灣、槽窄、淤墊、是問題所在，於是提出對策及預算。「宮保得此書，臨工徧詢，多以爲不必，遂罷其說」。

包氏在江蘇佐辦水利之案十年後，根據他親身經歷及研究所得，寫了一篇〈開河三子說〉[96]，在他的技術性論文中頗具代表性。所謂開河三子，是指子河、子堰、子溝。開河的方法，第一步，「宜於河心先開子河，寬以四尺以上搭跳一塊爲度，深以一尺以上起土兩坯爲度。子河成，則兩腮滲水瀝入，併歸水口車出。次傍子河起土，則坯頭自能齊平。起土一坯，子河亦加深一坯。比及完工，驗子河之水，頭尾並無深淺，則土工之至善者也」。第二步，「於河唇築一子堰」，作用在「使坍土不得入河」。第三步築子溝，「子溝者，子堰外抽溝行水，使子堰遭雨而不滑，且新土淋水，由溝引至水口，不致淋河幫」。然開河技術最重要的是「河身收分」，也就是河底的深寬與河岸的比例問題，計算比例不僅要考慮土質的因素，而且比例之適當與否，與河流的壽命有莫大的關係，同時「淩舊淤之河」與「生地開河」，比例也不同其標準。包氏除提出比例標準之外，對開河實際工程中所需工、時，都有詳細核算。上述方法，第二、三步只限用一般地形上開河，如「河在兩山之中」，則「不可拘子堰、子溝之法，而子河則不可改」。

---

[95] 同前註[49]，卷一一五，頁六〇二五～九。
[96] 同前註[49]，卷一一三，頁五八六一～五。

包氏的經濟思想，最後還有一點值得一提的，是關於鹽政、鹽務的研究。鹽政在包氏活動的嘉、道年間，乃江南三大弊政之一（其餘兩大弊政爲漕運、河工）。陶澍接任兩江總督後，爲鹽務所上奏疏中，有「上年而掃地罄盡，庫儲業已全空，外欠猶然叢集，四千餘萬之舊逋，無從歸完，一千餘萬之借本悉化烏有，而且商情疲乏，浮議繁多，把持咀嚼，無敢過問，公私倒置，遂至於斯」❾❼等語，可見問題已嚴重到何種程度。早在嘉慶二十五年（一八二〇），包氏在一篇名爲〈庚辰雜著五〉的論文中❾❽，就對這個問題做過深入的研究。研究的重點在「私暢官滯」，也就是陶澍奏文所說的「公私倒置」。私鹽猖獗，官鹽滯銷，甚至無人問津，針對這一現象，一般直覺的反應，「遂以緝私梟爲治鹽之要」，包氏認爲這是下策，根本解決之道，必須從官商銷售制度的改革著手。當時弊端叢生的鹽法，乃明、清以來的所謂綱鹽制，這個制度導致鹽利爲引商所獨佔，變爲世業，加重商運成本。不肖官吏又漁利引商，一再加重商人負擔，使官鹽價格不斷提高，於是私鹽有可趁之機，官鹽的品質又不及私鹽，人民自然樂於購買❾❾。包氏所提改革方案，是以票鹽制代替綱鹽制。票鹽制的特色，是裁撤大小管鹽官役，商人只於向官署領取賣鹽執照（票）時納稅，然後自由運銷。票鹽制於明代嘉靖八年（一五二九）就曾實行過，陶澍決心恢復，包氏與魏源皆有助成之功。陶氏改行票法以後，私梟並未斷絕，包氏上書繼續探討票鹽之弊：

❾❼ 《陶文毅公全集》，卷四，頁五二。
❾❽ 《安吳四種》卷三，〈中衢一勺〉，頁五上～九上。
❾❾ 以上言綱鹽弊端，參考前註❽❻之書，四八。

「今票鹽科則可謂輕矣，而私不止者，以小販不得鹽而無可告，曬丁苦累而莫之恤也。 小販不能得鹽於場商， 則增價而買於曬丁，曬丁不能取給於場商，則匿鹽而售於梟徒。梟徒改爲小販以來，既來而錢糧不能納之於有司，則轉而輸於巡緝之兵役，重集無藉，以習故業，此梟之所以不止也」。他向陶氏建議：「今日欲救票鹽之弊，其要在平壩價而增池價而已」❿。

票法雖仍有缺點，畢竟比綱法改進不少。不過陶澍所行範圍僅限於淮北，嗣後魏源撰〈籌鹺篇〉，建議仿淮北之法，以救淮南之弊，適陶謝世。直到道光三十年（一八五〇），兩江總督陸建瀛才接納魏源建議，將淮南及淮北江運八岸和天長縣，亦改行票法❶。

---

❿　包世臣：〈上陶宮保書〉，見前註❹之書，卷五十一，頁五七二〇～一。

❶　參考前註❻之書，頁一五二～三。

第五章　龔　自　珍

第一節　生平與著作

　　龔自珍（1792～1841），又名鞏祚，號定庵，浙江仁和（杭州）人。祖父龔敬身，官至兵備道，父親龔麗正（號闇齋），由知府、兵備道、到署江蘇按察使，叔父龔季思（號守正）曾任禮部尚書。成長在這樣一個家族背景下，不論其才分與性向如何，幾乎是毫無選擇地會走上科舉出仕之路。

　　傳統的世宦之家，不但家教嚴肅，教育的方式也很刻板，定庵於〈宥情〉一文中，曾提「童時（九、十歲間）逃塾」事❶，可見他很小的時候，就無法忍受那種制式的教育。定庵的母親乃文字學家段玉裁（1735～1815）之女，因此十二歲時，段氏卽授以許慎《說文》部目，二十一歲時，段氏因激賞其才學❷，遂以

---

❶　《龔定庵全集類編》（以下簡稱《類編》），頁八七，四十九年（一九六〇），臺灣世界書局。

❷　段玉裁爲定庵《懷人館詞》作序：「仁和龔自珍者，余女之子也。嘉慶壬申（一八一二），其父由京師出守新安，自珍見余吳中，年才弱冠，余素觀其所業詩文甚夥，間有治經史之作，風發雲逝，有不可一世之槪。尤喜爲長短句，其曰《懷人館詞》者三卷，其曰《紅禪詞》者又二卷，造意造言，幾如韓、李之於文章，銀盌盛雪，明月藏鷺，中有異境，此事東塗西抹者多，到此者尟也。自珍以弱冠能之，則其才之絕異，與其性情之沈逸，居可知矣」。

孫女段美貞嫁給定庵爲妻，不幸美貞於四月成婚，次年七月就去世，卒時定庵入都應鄉試未歸。

定庵早慧，二十三歲所寫四篇〈明良論〉，不只文采斐然，理路也清晰，文中對士大夫的無恥，以及制度的僵化，都有敏銳的觀察與深細的分析，被後人樂道的變法問題，亦已見於其中。外祖父段氏讀後的評語是：「四論皆古方也，而中今病，豈必別製一新方哉。髦矣！猶見此才而死，吾不恨矣」❸。評語頗中肯，他的變法思想確未越出「古方」──「基於傳統的解答」的方式，把他這方面的思想膨脹爲革命，就不免誇張失眞（詳見後）。

有這樣一位奇才的外孫，段氏內心的得意，極爲自然，但他對這位性格複雜的年輕人，似乎缺少深刻的了解，當他寫信「勉外孫讀書」時，曾借萬季野誡方靈臯「勿讀無益之書，勿作無用之文」的話勸勉，「何謂有用之書？經史是也」。最後希望他「銳意讀古書」，「努力爲名儒，爲名臣，勿願爲名士」❹。經史方面定庵倒是下了一番功夫，不過成績很有限，使他能萬世留名的，恐怕仍在「無用之文」的詩詞。他閱讀的範圍很廣，眞正感興趣的還是那些「無益」的「異書」奇文❺。終其一生，他既未能成爲「名儒」，亦未成爲「名臣」，反而成就了他外祖父最

---

❸　評語附＜明良論四＞之末，見《類編》頁一三八。

❹　以上轉引自王壽南：＜龔自珍先生年譜＞，見大陸雜誌語文叢書，第一輯第四冊：《文學》上，頁二五一上。

❺　王氏＜年譜＞三十歲條：「先生自辛巳（一八二一）後與程大理（同文）及甘泉秦敦夫編修（恩復）友善，相約得一異書則互相借錄，無虛旬」。（同前，頁二五四上）

不願見到的詩文風流的「名士」。思想方面，他的確具有敏銳的時代危機感，但思想的質與量，既不如前輩包世臣，更不及同輩魏默深，在他生前雖已龔、魏並稱，但在近代思想史上龔、魏齊名，應當說是拜維新時代之賜。

外祖不了解外孫，除偏於傳統對士人的標準之外，多少也有「代溝」問題存乎其間，因定庵所感受的，已是一個必須開新風氣的時代。相反地，定庵對外祖父卻有相當傳神的體會：「小學之事與仁愛孝弟之行，一以貫之已矣。若夫天命之奧，大道之任，窮理盡性之謀，高明廣大之用，不曰不可聞，則曰俟異日，否則曰：我姑整齊是，姑抱是以俟來者。自珍謹求之本朝，則有金壇段公，七十喪親，如孺子哀，八十祭先，未嘗不哭泣，八十讀書時，未嘗不危坐，坐臥有尺寸，未嘗失之，平生著書，以小學名」❻。或許卽由於這種「一以貫之」的體會，終於使他超越了乾嘉年間的漢、宋對立，也使他認識到尊德性與道問學，「二耑（端）之初，不相非而相用」的道理❼。這無異是打破了學術上長期的禁錮和偏見，對維新思想的滋長，提供了有利的條件。

定庵的母親出身書香門第，故能文能詩，定庵幼時，對名家詩文，「皆於慈母帳外燈前誦之」，因此對母親的感情也非比尋常，如辛巳（一八二一）多日小病寄家書作詩云：「黃日半窗煖，人聲四面希，餳簫咽窮巷，沈沈止復吹。小時聞此聲，心神輒為癡，慈母知我病，手以棉覆之。夜夢猶呻寒，投於母中懷，行年迨壯盛，此病恆相隨。飲我慈母恩，雖壯同兒時，今年遠離

---

❻　〈抱小〉，見《類編》，頁九一～二。
❼　〈江子屏所著書敍〉，見《類編》，頁二四。

別，獨坐天之涯。神理日不足，禪說詎可期，沈沈復悄悄，擁衾
思投誰」。詩後有自注：「予每聞斜日中簫聲則病，莫喻其故」。
他的「病」與對母親的依戀之間，會存在著一種什麼關係呢？辛
巳年自珍已三十歲，與慈母別離，竟如此難分難捨，在「兩性分
別森嚴」的傳統裏❽，這種感情的表露是極不尋常的。更值得注
意的是，同樣的經驗在自珍的詩文中曾一再重現，例如在〈宥情〉
一文他說：「龔子閒居，陰氣沉沉而來襲心，不知何病。……龔
子則自求病於其心，心有脈，脈有見童年，見童年侍母側，見
母，見一鐙（燈）熒然，見一研（硯）一几，見一僕嫗，見一
貓。見如是，見已而吾病得矣」❾。這不像普通的回憶，而是埋
藏在意識深處的早期奇特的經驗。尤引人好奇的，是乙酉（一八
二五）除夕夢返故廬見先母及潘氏姑母的詩：「門內滄桑事，三
人隱痛深。悽迷生我處，宛轉夢中尋。窗外雙梅樹，牀頭一素
琴。醒猶聞絮語，難謝九原心」。所謂「門內滄桑事」究何所
指？「三人」自然是指自珍和他的母親及姑媽，他們三人之間究
發生過什麼事？到定庵三十四歲仍感到深刻隱痛？既有隱痛，
爲何於〈助刊圓覺經略疏願文〉中❿，仍希望將來在「命終之
後，三人相見於蓮邦」？這些問題恐怕只有透過佛洛依德的心理
分析，才可能獲得深一層的理解。定庵母親去世後，他既「居憂

❽　「兩性分別森嚴」之說，見殷海光：《中國文化展望》，頁一六
　　一～三。
❾　《類編》，頁八七。
❿　此文《類編》未收，見大陸出版的《龔自珍全集》，臺灣河洛曾
　　影印，遠流出版的《中國名著精華全集》第二十一冊，也收入
　　《龔自珍全集》。

無詩」，又寄情內典、助刊佛經，這些行徑，具有報恩和贖罪的雙重涵意，似乎也有助於了解上述的問題。

自珍是一位天才詩人，因生於世宦之家，使他毫無選擇地走上追求功名之路，在這條道路上，不僅使他受盡屈辱，甚至連靈魂深處都感受無盡的折磨，如果文學真是「苦悶的象徵」，這份長期的折磨，對他創作才華的發揮，固然有益，不過，無論如何，二十年的宦途，是他一生最大的不幸。

為了應考，據說他早年曾作功令文兩千篇，後因姚學使之言，乃付之一炬⑪。正值「少年奇氣稱才華」的年代，竟然被無謂地浪費掉了，如果能有一個照著自己興趣去做的環境，豈不是又可以為我國文學史多留一筆珍貴的遺產？一八一二年（二十一歲）在題為〈湘月〉的詞中有謂：「屠狗功名，雕龍文卷，豈是平生意」。這才是發自真正自我的心聲。

為了追求「屠狗功名」，二十七歲才考中舉人，在往後的十年中，四次會考落第，到三十八歲，才中殿試三甲十九名，賜同進士出身。中舉後即獲內閣中書國史館校對官，成進士後，職位一直未能改變。他在這個「位卑職閒」的位子上也有過幾次掙扎，初任內閣中書就決定戒詩，明顯是在「負盡狂名十五年」後的自我節制。後〈上國史館總裁提調總纂書〉，又〈上大學士書〉，希望上級能認識他的才學，結果反而遭忌，處境十分險惡，同僚都懷疑他有「痼疾」⑫。會試中式後「殿上三試，三不及

⑪　朱傑勤：《龔定庵（自珍）研究》，頁九六，一九七一年，香港崇文書店。

⑫　見〈上大學士書〉，《類編》，頁一九〇。

格，不入翰林，考軍機處不入直，考差未嘗乘軺車」❸，主要原因竟是因其書法不佳，遂使「感慨激奮而居下位」的定庵，作〈干祿新書〉，對只重形式不重實質的朝考大加諷刺。早在一八二三年（三十二歲）時，寫信給江沅，就自稱「顏其寢曰寡懂之府，銘其凭曰多憤之木」❹。總之，定庵在京師的生活，可用他自己的一句詩：「中年萬恨並」，一語道盡。

　　既長期潦倒於卑官，難免有還山歸隱之念。由「少年尊隱有高文」的詩句，對〈尊隱〉之作，尚可理解為少年的遐想。三十二歲時，因在京鬱鬱不得志，曾致書「學佛第一導師」江沅，陳述矛盾的心境：「重到京師又三年，還山之志，非不溫罃癟寐間，然不願汩（汨）沒此中，政未易有山便去，去而復出，則為天下笑矣」❺。一八二六年（三十五歲）歲暮，與續絃的何宜人共賦〈寒月吟〉，有謂「幽幽東南隅，似有偕隱宅」，重萌歸隱之念。雖屢有歸隱之念，終於還是在「人事日齟齬」的官場中耗了二十年，除了世宦之家的教養影響之外，主要還在他雖負有狂名，但缺乏反叛精神所致。既不能還山，又不能歸隱，像他這樣有天才的人物，青樓風流之事，自所難免，寫寫情詩，抒發一下情緒，不妨視之為自我的心理治療，如因此而斥之為「涼薄無行」，或不免過分（詳見後）。

　　道光十八年（一八三八）十一月，林則徐為禁鴉片事以欽差大臣赴廣東主持與英方的交涉，定庵作〈送欽差大臣侯官林公

---

❸　見〈干祿新書自敍〉，《類編》，頁二二。
❹　見〈與江居士箋〉，《類編》，頁二〇七。
❺　同前，頁二〇七～八。

序〉獻平銀價定人心之策，並示意願隨行南下，這是他在宦途中最後一次掙扎，但爲林氏婉拒❻。翌年四月，遂決意辭官南歸，行前朱丹木同年爲他治裝，出都時「不攜眷屬，僅從僱兩車，以一車自載，一車載文集百卷出都」❼，好友吳虹生於距國門七里外的橋上設茶等候，相與揮淚而別。從此浪跡江南，晚年生涯可用他自己「江南第一斷腸人」的詩句來形容。去世前一年，在寥落無奈中，就任丹陽雲陽書院「一小小講席，歲修不及三百金」❽，不到一年，竟暴斃於任所❾。

自珍的著作，現有兩種本子，一種是民國四十九年臺灣世界書局的《龔定庵全集類編》，一種是一九七五年上海人民出版社的《龔自珍全集》，後一本子收錄的文字較多，臺灣河洛出版社曾影印。兩種本子都附有吳昌綬編的〈定庵先生年譜〉。

第二節　學術思想批判

自珍的著作，一般的經驗都感到難讀難解，至少有下列幾個原因：（1）原稿卽潦草寫定，又經過數度傳抄，又無善本可校，因此行文之間舛誤難解之處不少❿。（2）自珍是位傑出的詩人、文學家，他的作品往往使它的思想性和藝術性融而爲一，因而思

---

❻　贈序及林氏復函，均見《類編》，頁二二二～五。
❼　己亥雜詩第四首自注。《類編》，頁三六三。
❽　見＜與吳虹生箋＞，此箋《類編》未收，於《龔自珍全集》中編爲＜與吳虹生書（十一）＞。
❾　有關定庵暴斃傳聞，王壽南：＜龔自珍先生年譜＞有詳細考證。
❿　《類編》原刻吳煦序文。

想的內涵有時不免爲詞華所掩❷。(3)他的「文章古麗」，語法語意奇詭，「奇思奧旨，別開天地」❷者亦復不少，又喜用古字、假字、簡字。(4)凡涉及時忌者，每隱約其辭❷。(5)思想成分複雜，又「散而無統」❷。

最後一點必須做進一步的分析，定庵嘗自謂：「方讀百家好雜家之言」❷，這只是指道光四年（一八二四）前後那一時期所讀與所好，他一生所學，文學方面且不論，學術方面於諸子百家之外，對經學、史學、小學，無一不擅長。道光丁亥年（一八二七）賦〈常州高材篇〉：「天下名士有部落，東南無與常匹儔」，其時常州公羊學發展到劉逢祿，已儼然成一大學派，定庵於一八一九年從逢祿習《公羊春秋》，得其大旨。詩又謂「乾嘉輩行能悉數，數其派別徵其尤」，由於家學及外家段氏的影響，這話是一點也不誇張的。在思想內涵方面，定庵的〈平均篇〉乃上承唐甄（1630～1704）〈大命〉、〈富民〉兩篇之旨❷；〈農宗問答〉乃轉手於顧亭林的〈郡縣論〉❷；「六經皆史」的觀念

---

❷ 參考《新編中國文學史》第四冊，頁二二九。臺灣復文圖書出版社出版，未署作者姓名。

❷ 錢穆：《中國近三百年學術史》，頁五四五，四十六年（一九五七）臺一版，臺灣商務。

❷ 陸寶千：《龔自珍》，頁二二，見臺灣商務《歷代思想家》，總頁四八一二。

❷ 前註❷錢著頁五五三。前註❷陸著頁二一。

❷ ＜古史鉤沈論三＞，見《類編》，頁一〇四。

❷ 參考：（1）前註❷錢著頁五五三。（2）劉廣京：＜皇朝經世文編關於「經世之學」的理論＞，見中央研究院：《近代史研究所集刊》第十五期，頁五一。

❷ 中央研究院近代史研究所：《近世中國經世思想研討會論文集》，劉廣京序，頁四。

則得之於章學誠（1738～1801）；「更法」是因受了洪亮吉、張惠言、惲敬、趙懷玉等人的影響，進一步提出的構想㉘。我們舉上面這些例子，主要想說明：定庵雖學由多門，但一生中從未在一個門類做持久的耕耘；影響他甚至受他尊重的學者也不少，但在學術上並沒有一個人物能給予他決定性的影響。他就是這樣一位不拘一格的人物，他生命的基調根本不是那種建構系統理論的思想家，他給人的印象是「徘徊無所一是」，是「奔迸四溢而無所止」㉙。他憑恃他那「靈異智慧之心」㉚，所入之處，都有異乎常人的領悟，也都能表現出一些獨見。對這樣一位人物，在思想史上我們要如何為他的角色定位？有人說他不只是一個經濟思想家，並且是一個哲學家、政論家㉛，事實上定庵並不擅長抽象思考，對儒、道、釋三大傳統中的哲學問題也很少涉及，因此，即使依照中國傳統的標準，他也不算是哲學家。歷來公認的一個頭銜是政論家，的確，他著作中許多精彩的文章，大半是政論性的，但仍然無法凸顯出他思想的特色，也不能概括有關學術問題探討的文章。經由對他著作的全面審察，我們認為他思想的最大特色，是在批判精神的表現。定庵自謂「一事平生無齮齕，但開風氣不為師」，在學術思想上要成為一代宗師，至少要在某一領域樹立起新的典範，定庵之志卻不在此。也有人覺得他未能真開

㉘　同前，頁七。

㉙　前註㉒錢著頁五四七、五五一。

㉚　《類編》，頁三〇一。

㉛　巫寶三、馮澤、吳朝林編：《中國近代經濟思想與經濟政策資料選輯》，頁二七，一九八七年，臺灣谷風出版社。

風氣㉜，這就要看對所謂「開風氣」怎樣了解，我們以爲他在學術、社會、政治等方面的批判，在十九世紀初葉的士風與學術環境下，已爲當時的學界開了新的風氣。這股風氣雖與經世之學、公羊學派同步發展，但它對後起的維新思想運動，卻起了更直接的鼓舞作用。

　　定庵對他思想上散而無統的缺點，並非毫不自覺，他喜用孔子「吾道一以貫之」或「一以貫之」的觀念來思考㉝，就表示在意識中確曾興起過克服這一缺點的意願，最顯著的例子卽〈五經大義終始論〉及〈答問〉之作，這是他著作中理論性較強的一篇長文，第一句就是用「昔者仲尼有言，吾道一以貫之」開始的，此文顯然是企圖就其能掌握的五經大義，從事哲學性反省並再加組合，使它成爲一篇義理完整且具系統的新作。

　　對〈五經大義終始論〉及〈答問〉，有人認爲是「本公羊三世之說而貫通之」，大抵是不錯的㉞。不過三世只是形式上的過程，其中思想內涵和他要處理的問題，就是此文開頭一段所說的「始乎飲食，中乎制作，終乎聞性與天道」，其中包括民生、制度、形上學問題。能同時掌握其形式與內容，對此文做中肯詮釋的，是周啟榮。依據周氏的詮釋，定庵在這篇文章裏，並未能扣緊他自設的問題構思全文，而是環繞著民生及士兩大問題展開的

㉜　見前註㉒錢著頁五五二。

㉝　見《類編》，頁五、七五、九一。

㉞　何信全：〈龔魏的經世思想〉，見張灝等著：《晚清思想》，頁一八〇，六十九年（一九八〇），時報文化出版公司。

㉟。

　　〈五經大義終始論〉及〈答問〉作於一八二三年，同時稍後
寫成〈古史鉤沈論三〉，乃是定庵自覺無法進一步完成貫通五經
大義這一艱鉅工程所做的自解：朋友們問他：「曷不寫定《易》、
《書》、《詩》、《春秋》」？自珍答道：「方讀百家好雜家之
言，未暇也」。內閣先正姚先生又提出同樣的問題，他再答：
「又有事天地東西南北之學，未暇也」。這雖是實情，但眞正的
原因要讀到下面這一段才完全明白：「諸師籍令完具，其於七十
子之所請益，倉頡史籀之故，孔子之所雅言，又不知果在否焉，
則足以慰好學臚古者之志，終無以慰吾擇於一之志。且吾之始猖
狂也，憾姬周之末多歧，憾漢博士師弟子之多歧。今也不然，憾
漢寫官之弗廣，憾契木之初之不廣，憾兵燹之不佑，憾俗士之疎
而弗嗜古，無以俟予，予所憾。日益下，惡（慚）如何！惡如
何！龔自珍歲爲此言，且十稔，卒不能寫定《易》、《書》、
《詩》、《春秋》」㊱。定庵用批判的態度去研究古代的經籍，
發覺從晚周起，經籍之文卽多岐異，到了漢代，又因設博士官，
使經學成爲利祿之門，各家逐斥斥於家法之私而弗能廣，因此他
懷疑其中究竟保存了多少孔子的原義。因此，他得到的結論是，
古代的所謂經學，只足以滿足那些好學傳古者的願望，卻無以滿
足他那「一以貫之」的要求。雖然他胸懷此志已有十年之久，越

來越對不能完成這件工作而感到內心慚愧。

由〈六經正名〉及〈答問〉與〈大誓答問〉（一～二十六）諸文，不難看出定庵經學方面的造詣。於〈六經正名〉一文中，他極不滿「後世以傳爲經，以記爲經，以羣書爲經，以子爲經」，甚至以《爾雅》爲經，他覺得這無異「是尸祝輿儓之鬼，配食昊天上帝」[37]。對經義經過一番批判性的思考與釐清之後，他主張「以經還經，以記還記，以傳還傳，以羣書還羣書，以子還子」[38]。此外，他在〈非五行傳〉一文中，對「以經還經」之義又有更進一步的解說：「《易》自《易》，〈範〉自〈範〉，《春秋》自《春秋》。《易》言陰陽，〈洪範〉言五行，《春秋》言災異。以《易》還《易》，〈範〉還〈範〉，《春秋》還《春秋》，姑正其名，而《易》、《書》、《春秋》，可徐徐理矣」[39]。這應該是定庵以批判的眼光研究經學之後，所悟出來的治經態度，就純學術的觀點而言，是很重要的見解。這個見解不但與〈五經大義終始論〉所追求的「一以貫之」的目標大異其趣，即使對當時公羊家們以公羊義詮釋羣經的發展，也必然不表同意。

通常史家都把定庵劃入公羊學派，事實他並不忠於公羊家法，以三世爲例，他於〈五經大義終始答問八〉中，對公羊家的「據亂」、「升平」、「太平」三世，不只做了極爲靈活的解釋，也擴大了三世義的應用[40]。此外，傳統公羊家的三世義，代

---

[37] 見《類編》，頁一二八。
[38] 〈六經正名答問五〉，見《類編》，頁一三〇。
[39] 見《類編》，頁二八六～七。
[40] 見《類編》，頁八三。

表一種歷史的進化觀，定庵則以「治世」、「亂世」、「衰世」為三世，賦予三世以新義，而成為解釋現實歷史的概念架構[41]。

　　站在今文公羊家的立場，幾無不反對古文，定庵基於批判的態度，並不囿於門派之見，如撰《春秋決事比》，「凡建五始，張三世，存三統，異內外，當興王，及別月日時，區名字氏，純用公羊氏；求事實，間采左氏；求雜論斷，間采穀梁氏」[42]。這是實事求是的態度。

　　這種態度也同樣運用在處理漢學與宋學的問題上。清代漢學以小學為基礎，定庵這方面的素養得之於庭訓，從「六義親聞鯉對時，及身刪定答親慈」的詩看來，他亦嘗有志於此。〈蒙古聲類表序〉撰成，又自記云：「治六書小學與四裔之學，兩不相涉也。因小學中有聲一門，聲之中有大韵、今韵、等韵三門，等韵中有西番一門，暇日聊以意推之如此，而凡史籍中聲音轉變之地名人名官名，未易從今讀者，亦旣掣其樞紐矣」[43]。對小學中如此冷僻的問題，他都有興趣探討，對這一門如沒有相當根基，又如何能「以意推之」？定庵於〈抱小〉及〈工部尚書高郵王文簡公墓表銘〉兩文中，對段玉裁、王引之兩位小學名家的為學與做人、風格與氣度，都有極生動傳神的描繪：於其學，因入之深，故能言之切；於其人，因親炙久，「若不禁深寓其愛慕之意焉」[44]。然定庵入而能出，此固由於其靈異智慧之心與不拘一格之

---

[41]　〈乙丙之際塾議二〉，見《類編》，頁一一六。
[42]　見《類編》，頁五七。
[43]　見《類編》，頁一二。
[44]　見前註[22]錢著頁五五一。

才，最重要的還是在「方讀百家好雜家之言」的過程中，領悟到「羣師互有短長」**⑮**，因而培養出不囿於門派之見的批判精神。

定庵的著作裏，於漢、宋之爭，在名稱上有時用漢學與宋學，有時用小學與大學，有時用道問學與尊德性，名目不同，討論的角度和層次也有差別，但討論的問題，在中國學術思想史上卻是存在已久的老問題。由道問學與尊德性的名稱，卽知可追溯到宋代的朱（熹，1130～1200），陸（九淵，1139～1192）之爭，更早的甚至可溯源於先秦孟、荀之異。這個爭論在不同的時代有不同的焦點性問題，在孟、荀是透過人性論來凸顯問題，爭論的焦點是：人的善性，究竟是先驗的，還是經由經驗的學習？朱、陸則是由道問學、尊德性來凸顯問題，爭論的焦點是在何者爲入德之門。這些爭論使儒家發展出不同形態的思想系統，豐富了儒學的內涵，在思想史是很有意義的，也是不可缺少的爭論。這一類型的爭議，演變到定庵時代的漢、宋之爭，彼此已水火不容，堅守於派系的立場，已形同自囚**⑯**，這種學風如不加以超克，將成爲學術思想發展的嚴重障礙。龔定庵所從事的學術批判，在思想史上的意義，就是他正扮演了超克這一學風的角色**⑰**。

嘉慶二十三年（一八一八），定庵爲江藩(1761～1831)《清朝漢學師承記》作序，江氏比定庵大三十一歲，乃學界前輩，性格狂放，一生窮困潦倒，對自己古文詞的造詣，極爲自負，因此

---

⑮ ＜古史鉤沈論三＞，見《類編》，頁一〇四。

⑯ 如方東樹《漢學商兌》對漢學的攻擊，與江藩的尊漢黜宋。

⑰ 這一工作當然不是從龔定庵開始，章學誠的《文史通義‧朱陸篇》對爭朱、陸者已有中肯的批判。由定龔接受章氏「六經皆史」說來看，他這方面的批判應該也受到他的影響。

與定庵英雄相惜，成忘年之交。他的著作尊漢黜宋，派閥色彩鮮明，為他作序，在主觀的感情上不能不推崇他，在客觀上又不能不本諸學術的良知作持平之論，因而在文章的氣脈上並不調和。

序文稱其人為「雄駿君子，……以布衣為掌故宗」；稱其書能「窺氣運之大原，孤神明以突往」。在歷史評價上甚至與司馬遷、劉向相提並論。評論方面，他用論述學術史的方式，以達到批判漢學的目的。批判的設準是：「孔門之道，尊德性，道問學，二大耑（端）而已矣」。在儒學史上能「識其初，又總其歸」的大儒，或「代不數人，或數代一人」而已。儒學演變到清代，雖說很昌盛，「然其運實為道問學」。道問學的缺點是「有文無質」。對此定庵有進一步的闡說：「聖人之道，有制度名物以為之表，有窮理盡性以為之裏，有訓詁實事以為之跡，有知來藏往以為之神。謂學盡於是（指道問學），是聖人有博無約，有文章而無性與天道」。這裏批評矛頭所指的，自不限於江藩個人，而是對有清一代的學術做總評估。定庵在序文中把自己的見解也表白得很清楚，他認為性與天道難以驟聞，為學的過程必須以道問學（指實實在在的求取知識）作為昇進的梯階，所以他主張「欲聞性道，自文章始」[48]。這樣可使長期的爭論，甚至水火不相容者，納入學習的歷程中一以貫之。

序文寫成後，定庵心中想說的話，顯然沒有都寫進去，所以在同一年又寫了一篇名為〈附與江子屏牋〉的「私函」給他。序文之外另寫一函，可能基於一種考慮：序文是要公開刊佈的，至

---

[48] 以上引文均見〈江子屏所著書牋〉，見《類編》，頁二三～五。

於「私函」要不要一併公開，可由江氏自已決定。在此箋中，表面好像只要求把書名中的「漢學」正名為「經學」❹，實際上是定庵對清學主流的性質、內容做了批判地反省之後，對所謂漢學做了一次極無情的抨彈，不僅直攻漢學，也毫不避諱為宋學辯護，這一點在一向重視人情面子的中國傳統裏，能做到很不容易。

定庵的信裏，對漢學的批判達十點之多❺：（1）「實事求是」的治學態度，在嚴格的學術上，乃千古所同，「此雖漢人語，非漢人所能專」。（2）「本朝（清代）自有學」，但不限於漢學。本朝之學「有漢人稍開門徑而近加邃密者，有漢人未開之門徑」，若攏統「謂之漢學，不甚甘心」。（3）「瑣碎餖飣」乃本朝之學，「不得為漢學」。（4）試問漢學究何所指？漢代經學「家各一經，經各一師，孰為漢學」？（5）「若以漢與宋為對峙，尤非大方之言，漢人何嘗不談性道」？（6）「宋人何嘗不談名物訓詁」？若以此攻宋儒，「不足概服宋儒之心」。（7）「近有一類人，以名物訓詁為盡聖人之道，經師收之，人師擯之，不忍深論」，若以此為漢學，乃厚「誣漢人，漢人不受」。（8）「漢人有一種風氣，與經無與而附於經」「《大易》、〈洪範〉，身無完膚」，「本朝何嘗有此惡習」？（9）「本朝別有絕特之士」，實事求是，直攻經文，所「創獲于經」者，既非承繼於漢學，亦

---

❹ 阮元〈清朝漢學師承記序〉：「讀此可知漢世儒林家法之承授，國朝學者經學之淵源，大義微言不乖不絕，而二氏之說亦不攻自破」。可見在阮元心目中，所謂「漢學」，實際就是「經學」。

❺ 此函見《類編》，頁二一一～二。

與宋學不類，可惜這種學者，「方爲門戶之見者所擯」！（10）清
初的經世之學與乾隆初年以來的考據之學不同，「國（清）初人
卽不專立漢學門戶」，如以清學爲漢學，則置清初學者於何地？
以上十點指陳，不只爲漢學正名，也充分說明江藩以漢學代清學
之不當。《漢學師承記》出版後，遭到的批評很多，有的流於枝
節，有的採全盤攻擊❺，比較起來，定庵的批判，是從純學術史
的立場，做客觀的檢討，理論上是很站得住的。遺憾的是，江藩
的門戶之見太深，辜負了定庵的一番苦心。

　　大約過了一、二年，定庵又爲陳碩甫所著書作序❺，重新從
不同的角度思考了漢、宋對峙的問題，這一次使用的概念是「小
學」、「大學」，採取歷史上教學的觀點來討論，較能避開漢、
宋兩派情緒的反應。序文首先標出「以一貫之」、「有始有卒」
的教育理想，然後認爲古代的教育比較合乎這個理想：「古者八
歲入小學，教之數與方名，與其灑掃進退之節。……十五入大
學，乃與之言正心誠意，以推極於家國天下。壯而爲卿大夫公
侯，天下國家名實本末皆治」。到了後世，教育上發生偏差，
「小學廢，專有大學，童子入塾，所受卽治天下之道，不則窮理
盡性幽遠之言，六書九數，白首未之聞，其言曰，學當務精者鉅
者，凡小學家言不足治，治之爲細儒」。爲了糾正這種偏差，

----

❺　流於枝節者如粵雅堂叢書本，伍崇曜：〈清朝漢學師承記跋〉。
　　採全盤攻擊者爲方東樹的《漢學商兌》。參考周予同選註：《清
　　朝漢學師承記》序言，頁四二～四，七十一年（一九八二），華
　　正書局。
❺　錢穆說：「此文作年無考，然碩甫以丁丑來京師，定庵以戊寅來
　　京師，文殆作於此時，去所爲〈江子屏所著書敍〉不一二年也」。
　　見前註❷之書，頁五四七。

「於是黜空談之聰明，守鈍樸之迂迴，物物而名名，不使有遁，其所陳說艱難，算師疇人，則積數十年之功，始立一術。……有高語大言者，拱手避謝，極言非所當」。後世這兩種發展，前者是「陟巔（巔）而棄本」，後者是「循本而忘巔」❺❸。

　　魏源對這篇序文的評論是：「空談性理，非學也。乃樸學之士，矯空疏之弊太過，又謂學盡於是，是古有六書九數而無天人性命也。此云天人性命之學從小學入手，小學者，實兼《禮經》十七篇、〈曲禮〉、〈內則〉、〈少儀〉、〈弟子職〉與六書九數而言，此儒者家法，本末體用備具，千古可息爭端者。此文恐是古今一關鍵」❺❹。魏氏的評論，實不限於此序，而可包括〈江子屏所著書敍〉及〈附與江子屏牋〉等全部對漢、宋之爭的批判在內。類似的爭論由來已久，「天人性命之學從小學入手」的主張，也非由定庵首創，為何他能如此肯定，爭端會因此而息？蓋魏源也同樣感受到中國的學術思想已面臨新時代的挑戰，而這一挑戰既非漢學亦非宋學所能應付得了，所謂「此文恐是古今一關鍵」，也是基於這個了解才有的推想吧！

第三節　民生經濟批判

　　龔、魏二人所以被史家公認為維新思想運動的先驅，主要是因他們學術思想的訓練，幾乎完全是傳統的，卻對一個巨變時代的來臨，都有深切的感受，他們的思想裏新的因子雖很有限，但

---

❺❸　以上引文見《類編》，頁五～六。
❺❹　魏源評論轉引自前註❷❷之書，頁五四七。

懷抱的強烈的變革意願，卻震驚了許多知識份子的心靈。尤其是定庵，出身於世宦之家，成年後又大半居於京師，而他對國家社會問題關懷之廣，觸角之深，真令人驚異，這除了他身處政風腐敗，士大夫無生氣的環境中，仍能常保知識份子的良知之外，蓋爲其對國家社會的深刻危機感所引動。

定庵的〈平均篇〉約作於嘉慶二十一年（一八一六），此文表面在述古，實際是論今，討論的問題雖不新鮮，但在當時的背景下，仍有極爲突出的意義。其中有些文字，必須納入當時社會動亂的配景中才能了解，如謂：「故積財粟之氣滯，滯多霧，民聲苦，苦傷惠。積民之氣淫，淫多雨，民聲囂，囂傷禮義。積土之氣坅（耗），坅多日，民聲濁，濁傷智。積水積風，皆以其國瘥昏，官所掌也」。一七九六年至一八○二年由白蓮教掀起的大動亂且不說，即在撰此文的前三年中，河南發生天理教暴動，陝西有箱工變亂（以上一八一三），河南南陽、汝州、光山一帶有捻亂，江西胡秉輝則托明裔起義（以上一八一四），四川有瞻對番亂（一八一五）。其中天理教之亂，因有內監參與其事，曾驚動了京師。了解這個背景，便可知「民聲苦」、「民聲囂」、「民聲濁」正是當時人民的真實寫照，人民所以被逼到這個地步，都是因爲國家的病態與黑暗，官吏是有責任的。

此文首先揭示平均爲治國的最高理想，然後定庵認爲在歷史上凡有天下的人主，愈能做到接近這個理想的，興盛的愈快，距離這個理想越遠的，則衰亡的也越快。所以「千萬載治亂興亡之數」，均不均是一大關鍵。人主要如何才能達到這個理想？必須以天下爲公，否則「王者欲自爲計，盍爲人心世俗計矣」。定庵

稱社會的均平現象爲「世俗」，所以說「世俗者，王運之本」。
相反地，如果社會「富相耀，貧相軋」，「貧者日愈傾，富者日
愈壅」，那就是「澆漓詭異之俗」，就是「世俗壞」。而富相
耀、貧相軋，又是由於「彼富貴不急之物，賤貧者猶且筋力以成
之，歲月以靡之，舍是則賤貧且無所托命」的不合理不公平的現
象所造成。這種現象若頻繁又無法遏止（「百出不可止」），勢
必使「至極不祥之氣，鬱於天地之間」。結果如何呢？「鬱之
久，乃必發，爲兵燧（一本作爇），爲疫癘，生民噍類，靡有子
遺，人畜悲痛，鬼神思變置」。很明顯，定庵這番話是爲當時一
連串人民叛變事件，做社會性的解釋，同時也在找尋叛變的原
因。原因非他，是由於貧富相懸，所謂「其始不過貧富不相齊之
爲之爾」。

　　下面的話，我們認爲與當時的歷史背景也是息息相關的：
「且夫繼喪亡者，福祿之主；繼福祿者，危迫之主。……上之繼
福祿之盛者難矣哉！龔子曰：可以慮矣！可以慮，可以更，不可
以驟」。前四句似是由《老子》的「禍兮福之所依，福兮禍之所
伏」轉手，「福祿」射指乾隆盛世，乾隆末期，國勢日衰，所以
繼乾隆的嘉慶帝，自然就成爲「危迫之主」。以危迫之主的處境
而欲繼乾隆之盛，當然很難。雖然難，歷史還是要走下去，這
是有天下者必須愼思熟慮的時刻，在思慮之中，根據前文所設定
的治亂準則，唯一選擇就是朝均平的理想去改革現狀，由於不平
的現象積弊太久，改革也應採取局部的漸進的辦法，「不可以
驟」。

　　文章結尾，主張有天下者要朝均平的目標改革，還必須「試

之以至難之法，齊之以至信之刑，統之以至澹之心」，定庵以爲如此，則「有天下者，不十年幾於平矣」⑤⑤。從二十世紀東西方有些國家推行社會主義的情形來看，定庵未免把這個問題看得過分簡單。

一八三五年（乙未）定庵於〈平均篇〉末，補了一條自記：「越七年，乃作〈農宗篇〉，與此篇大旨不同，並存之，不追改，使備一，聊自考也」。他不僅告訴我們這兩篇文章乃相隔七年之作，同時也使我們知道，在七年之中，對同樣的問題，想法已大不同。七年前針對現實社會的不均現象，改革的想法不免過分傾向於理想主義，而且責難與憤激之辭兼而有之，具體的方案卻付闕如。七年後與七年前最大的不同，是以宗法制度爲基礎，爲土地的分配提出一套構想，根據陸寶千的整理，這套構想大概是這樣：

1. 以大宗爲第一等，小宗爲第二等，羣宗爲第三等，閒民爲第四等。

2. 大宗之長子世襲爲大宗，餘子由宗子向政府另請田二十五畝爲小宗。

3. 小宗之長子世襲爲小宗，餘子由宗子向政府另請田二十五畝爲羣宗。

4. 羣宗之長子世襲爲羣宗，餘子爲閒民，政府不再給田，惟在本宗內爲佃工。

5. 政府官吏自五品以上皆給祿田，不另予俸。六品以下則

---

⑤⑤　以上引文均見〈平均篇〉，《類編》，頁六二～四。

有俸而無田。祿田可以世襲，一品者四世，二、三品者
三世，四品者二世，五品者一世。

6. 凡大宗、小宗、羣宗年滿六十歲時，卽行退休而由長子
繼承。宗子有撫養父母之義務。

7. 以二十五畝爲基本面積，大宗之耕地在二十五畝以上，
且不設最高限額，俾能收容同族。

　　陸氏雖認爲「如此每一農戶有最低限額的土地，則貧富不致
相去太遠，閒民可以爲本宗的佃工，不致於游離於土地之外了」
❺。但這套構想，不但封建思想濃厚，而且是一極不均平的社
會，與〈平均篇〉所追求的理想，豈止「大旨不同」而已！

　　從下面這段話，定庵毫不懷疑他的構想有實現的可能：「姑
試之一州，州蓬跣之子，言必稱祖宗，學必世譜牒，宗能收族，
族能敬宗，農宗與是州長久，泰厲空虛，野無夭札，鬼知戀公
上，亦百福之主也」❺。「農宗與是州長久」的結果，不過只能
做到「泰厲空虛，野無夭札」的社會，這個理想是够低度的了，
但就當時人民叛變事件不絕的情況而言，這樣的理想已屬奢望。
因此，七年的歲月使他產生的轉變，與其說他揚棄原先的理想，
不如說他對現實有了更深切的了解。

　　從〈平均篇〉到〈農宗篇〉，思想上最大的轉變，是在前次
旣以均平爲治道的最高理想，就必須爲「有天下者」塑造一公有
天下的形象：「最上之世，君民醳醳然；三代之極其猶水，君取

---

❺　以上引陸寶千文，見前註❷之書，頁五～六。
❺　見《類編》，頁七三。

盂焉，臣取勺焉，民取巵焉」❺❽。因欲達到天下均平，必以天下
爲公爲其基本原理。七年後，他從古史中發現到「上古不諱私，
百畝之主必子其子」，正是與天下爲公相反的道理。「天穀沒，
地穀苴，始貴智貴力」，一旦了解到人類是靠才智與勞動力來生
產他的財富，而智與力是不平等的，那末「有能以尺土出穀者，
以爲尺土主；有能以倍尺若什尺伯尺出穀者，以爲倍尺什尺伯尺
主」的分配不均，就是必然的現象。〈農宗篇〉有關土地分配的
方案， 是在這樣的了解下構想出來的。 前次的思考是從公出發
的，後次的思考照顧到人性之私，這才是造成兩篇文章「大旨不
同」的眞正原因。

關於人性之私，定庵有〈論私〉一文，就中國傳統思想而
言，此文論旨相當突出。在中國傳統裏，對所謂的「大公無私，
」一向是「古今之所懿，史册之所紀，詩歌之所作」，定庵卻認
爲，那些在朝廷「獲直聲者」，「究其所爲之實，亦不過曰庇我
子孫，保我國家而已! 何以不愛他人之國家而愛其國家？何以不
庇他人之子孫而庇其子孫❺❾」? 定庵爲批判「今之大公無私者」，
所提的論證，有的並不恰當（如以孟子評楊、墨爲例），有的並
不相干（如以「禽之相交，徑直何私」與人的「款曲燕私之事」
相提並論）❻⓿，但他所要傳達的訊息非常清楚，卽對一般人稱頌
的大公無私之人，嚴重置疑，究其實不過是以「大公」之名掩飾
其「私」心而已。既然如此，上古尚不諱言私，我們又爲何不能

---

❺❽　見《類編》，頁六二。
❺❾　見《類編》，頁八九～九〇。
❻⓿　見《類編》，頁九〇～一。

坦然相對呢?

　　既肯定人性之私的眞實,因此定庵在民生經濟方面,不但重食、重貨, 爲改善民生, 且必須進而求富[61]。他認爲「三代以上」之人,並「無恥言富之事」[62],對陸彥若主張的「富殖德」、「富又殖壽」,以爲他「知經術」,因而有「五經財之源」的觀念[63]。從這些觀念出發,定庵有可能發展出一套相當新的民生經濟思想。他不僅沒有這樣去做,思想裏甚至還保留一些矛盾的因素,如主張重農抑商[64]便是一例。

　　定庵的民生經濟思想,除〈平均篇〉、〈農宗篇〉之外,最爲後世所津津樂道的,是他的〈西域置行省議〉,此文的要點在提出向西域移民的主張。他雖沒有像洪亮吉(1746～1808)提出人口的理論,但在思想史的連鎖反應中,他無異是針對洪氏的問題,提出具體解決的方案。

　　定庵對當時民生經濟問題的了解是: 「今中國生齒日益繁,氣象日益險,黃河日益爲患」。從「主上」到「大官」面臨這嚴重的問題,所想到的解決之道,「不外乎開捐例、加賦、加鹽價之議」,在定庵看來,這種想法和做法,「譬如割臀以肥腦,自啖自肉」[65],不但不能解決問題,根本是死路一條。

　　爲了解決中國生齒日繁的嚴重問題,定庵提出〈西域置行省

---

[61]　參考孫廣德: 〈龔自珍的經世思想〉,見前註[27]之論文集,頁二八〇。

[62]　見《類編》,頁一三一。

[63]　〈陸彥若所著書敍〉,見《類編》,頁三四。

[64]　參考前註[27]之論文集,頁二八一。

[65]　以上引文見《類編》,頁一六五。

議〉，這可不是卽興之作，而是經由愼思熟慮後的精密規劃。相
關資訊的獲得，主要是因在內閣中書的職位上，接觸官方文書的
方便。一個位卑職閒的小官，卻利用不幸的境遇，提出歷史性的
建議：移民西域，以減輕中原的人口壓力。移民的對象包括「京
師游食非土著之民」、「種菸草」「大為害中國」的「奸民」，
以及其他各省「性情強武，敢於行路」之民⓺。此外，對移民的
具體辦法，以及未來新行省的官制、行政區域、教育、科舉，都
一一在規劃之中。這篇建議文作於嘉慶二十五年（一八二〇），
九年後，定庵會試中式，朝考時，欽命題〈安邊綏遠疏〉，又乘
機提出同樣的建議。五十八年後（一八七八），左宗棠（1812～
1885）平了新疆回亂，果奏請設省，定庵〈己亥雜詩〉謂「五十
年中言定論」的預感，竟然應驗！李鴻章（1823～1900）對這件
歷史的奇合曾有評論：「古今雄偉非常之論，往往叛於書生憂患
之所得。龔氏自珍議西域置行省於道光（？）朝，而卒大設施於
今日」⓻。

第四節　政治批判

　　定庵對漢、宋之爭的批判，被魏源評為古今一關鍵；西域置
行省的建議，又被李鴻章認為是古今雄偉非常之論。但在定庵的
言論思想裏，真能引起廣泛興趣，受十九世紀後期維新人士激賞
的，仍在政治批判方面，這方面的言論，頗多觸犯時忌，扣人心

⓺　同前，頁一六六。
⓻　見徐宗亮：《黑龍江述略》李鴻章序。

弦，塑造了「狂言」、「雄談」的文章風格❻，在普遍無恥苟偷的士風中，顯得非常突出。如果說前兩節的言論思想是對學術對民生經濟做出貢獻，那末政治的批判，則是爲維新思想運動揭開歷史的序幕。

首先看他對專制的批判。在以往思想史上批判專制最激烈的言論，是發自十七世紀的黃梨洲（1610～1695）與唐甄（1630～1704），黃氏揭發了專制私有天下的本質，唐氏則撕下了專制帝王的神聖外衣❻。他們的言論都出現在明清之際，專制的高壓統治比較鬆動的年代。十八世紀雍正、乾隆在位時，都有過慘烈的文字獄，所謂「本朝糾虔士大夫甚密」❼是也，定庵詩〈避席畏聞文字獄〉，可見於數十年後，恐懼之情猶在，因此他的批判自不能像黃、唐二氏那樣用赤裸裸的言辭，並堂堂正正的出擊，他把大膽的言論，隱晦於一篇很不起眼的〈京師樂籍說〉之中，不過其生動與深刻，並不亞於前賢，都是反專制思想上的不朽文獻。

定庵批判專制的重點與黃、唐不同，他揭發了專制帝王的統治術。他首先指出，後世的統治者，「自非二帝三王之醇備」，因此「國家不能無私舉動、無陰謀」。這「陰謀」是甚麼呢？就是《老子》所說的「法令也者，將以愚民，非以明民」；就是孔

---

❻　爲此魏源嘗馳書戒之：「吾與足下相愛，不啻骨肉，常恨足下有不擇言之病。夫促膝之談與廣廷異，良友之諍與酬酢異。若不擇而施，則於明哲保身之義恐有悖，不但德性之疵而已」。轉引自王家儉：《魏源年譜》，頁七七，中央研究院近代史研究所專刊（21）。

❻　黃梨洲：《明夷待訪錄》，〈原君〉、〈原臣〉；唐甄：《潛書·抑尊》。

❼　龔自珍：〈江南生橐筆集敍〉，見《類編》，頁二八。

子所說的「民可使由之，不可使知之」。愚民政策對一般百姓可以有效，可是對那些「四民之聰明喜論議」的知識份子，要怎麼辦？定庵由「樂籍」的靈感，終於發現其中的奧妙：「凡帝王所居曰京師，以其人民眾多，非一類一族也，是故募召女子千餘戶入樂籍，樂籍既碁布於京師，其中必有資質端麗，桀黠辨慧者出焉，目挑心招，捭闔以為術焉，則可以箝塞天下之游士」。所謂「箝塞」，是帝王運用這種「奇術」，足以使士子「耗其資財」、「耗其才華」、「耗其壯年之雄材偉略」，從此不僅「無謀人國之心」，卽連「臧否政事之文章」也懶得再寫。這樣不但使帝王的統治方便，士類本身也獲得保全。當然這種下流的辦法，並不能保證對所有的士子都有效，它只「足以牢籠千百中材，而不盡售於一二豪傑」❼。

如果〈京師樂籍說〉所揭露的是一種柔性的統治術，那末〈古史鉤沈論一〉所說的就是一種剛性的統治術，這種統治術仰仗帝王的堅強意志力，它基本上是「仇天下之士」的，他用的手段是「去人之廉，以快號令；去人之恥，以嵩（《補編》嵩作祟）高其身」，以達到「一人為剛，萬夫為柔」❼的「獨制而無所制」的絕對地位。〈乙丙之際塾議二〉中所描述的貌似治世的虛無景象，就正是「一人為剛，萬夫為柔」統治下的社會，這種社會不僅人才被摧鋤殆盡，甚至連人性中一點美善之根，如「能憂心，能憤心，能思慮心，能擔荷（《文集》作『作為』）心，能有廉恥心」，也要處心積慮予以摧殘，到這個時候，「然而起

---

❼ 以上引〈京師樂籍說〉之文，均見《類編》，頁八六～七。
❼ 見《類編》，頁九八。

視其世，亂亦竟不遠矣」❼❸！

　　一個理想的人君，應是「言文而行讓」，培養士人的氣節、廉恥❼❹，因「士皆知有恥，則國家永無恥矣，士不知恥，爲國之大恥」。理想的人君尤應知禮敬大臣，像「唐、宋盛世，大臣講官，不輟賜坐賜茶之舉，從容乎便殿之下，因得講論古道」，因而「儒碩興起」。可是到了晚近，臣之與君，「朝見長跪，夕見長跪之餘，無此事矣」！我們看到的滿朝文武，已是「官益久則氣愈媮，望愈崇則諂愈固，地益近則媚亦益工，至身爲三公爲六卿，非不崇高也，而其於古者大臣巍然岸然師傅自處之風，匪但目未視耳未聞，夢寐亦未之及，臣節之盛，掃地盡矣」！士大夫何以會墮落到如此地步？最重要的原因，是由於爲人君者不重視氣節、廉恥。這樣的統治對朝廷有利嗎？恰恰相反，人君不重視氣節、廉恥，使文武百官只圖「苟安其位」，謀取個人私利，「且願其子孫世世以退縮爲老成，國事我家何知焉」！「一有緩急，則紛紛鳩燕逝而已」❼❺！

　　君不君的後果是十分嚴重的，相對的爲臣者又應如何自處？定庵對那些「平日尊數過於尊理」的所謂「儒者」，深不以爲然，他認爲臣之事君，應做到「如理不如數」❼❻，這是把爲臣之道重又提昇並恢復到以道自任的原始儒家精神上去❼❼，依據這個

---

❼❸　見《類編》，頁一一六。

❼❹　見《類編》，頁九九。

❼❺　以上引文均見〈明良論二〉，《類編》，頁一三三～四。

❼❻　〈尊命〉，《類編》，頁九三～四。

❼❼　關於儒家以道自任的精神，可參考余英時：《中國知識階層史論》，頁三九～四七，六十九年（一九八〇），聯經出版事業公司。

標準，爲臣者不只「以道事君」而已，他還有責任「格君心之非」
⑱。因此定庵也不同意有些臣子以爲「君不可以受怨」之說，那
是對君上的諂媚，君上能受怨，正表示他胸懷濶大，他不應計
較是否受怨，而應努力「將日日就國之人而弭其怨」。根據「儒
家之言」，「君有父之嚴，有天之威」，定庵則覺得「君之尊不
至此極」。雖然，臣子應當尊君，但不可像「趙高匿其君以爲尊
君」，而應「無日不與天下相見以尊君」⑲。

　　定庵政治批判的另一重點，是針對朝廷用人制度的僵化而
發。用人制度的僵化，固非專制體制所獨有，亦非清代特殊現
象，但因這方面積弊太久太深，一旦遭遇多事之秋，問題就顯得
格外嚴重。定庵的思考集中在兩個問題：第一、朝廷「辦事者
所以日不足」的根本原因何在？此中包括人員的不足與效率的低
落。依當時的制度，不論滿人或漢人，進入仕途，從始宦之日
起，需要三十五年才能昇到一品，最快也要三十年，這個歷程，
「賢智者終不得越，而愚不肖者亦得以馴而到」。說明這個制度
是只講資歷，不講才能。其次，如始宦之日爲三十，那末做到宰
輔爲一品大臣，年事已老，精力已衰，這時候「因閱歷而審顧，
因審顧而退葸」，不但易趨於保守，且只知戀位而不求有所作
爲。縱然在這過程中有因故而去職的，也因制度的僵化，英奇之
士，「亦卒不得起而相代，此辦事者所以日不足之根原也」⑳。

　　第二、士大夫何以盡庵然而無生氣？要做一品大員，必須先

⑱　　參考韋政通：《先秦七大哲學家》，頁五三。
⑲　　以上引文均見〈尊命〉，《類編》，頁九三～四。
⑳　　以上引文均見〈明良論三〉，《類編》，頁一三五。

具備翰林的資格，未點翰林的一般進士，其進身的制度也同樣僵化。資深者只知「積俸以俟之，安靜以守之」，如柱外的石獅子般在排隊。新進人員，雖「稍稍感慨激昂思自表現」，因限於資歷，「雖勤苦甚至，豈能冀甄拔」**❸!** 也就是說，這種制度，除了消磨歲月，還會挫人志氣，個人的成就動機絲毫得不到滿足，如何能有生氣？

　　以上種種弊端，歸根究柢，是在「天下無巨細，一束之於不可破之例」。制度本爲人而設，結果卻成了束縛人的工具，「雖以總督之尊，而實不能以行一謀，專一事」，定庵不禁感慨萬千的說，在這樣一個朝廷裏，即使孔子、管仲再世，也不能有任何作爲**❷**。

　　以上從君臣關係的檢討，到士風的敗壞，以及制度的僵化，均見於〈明良論〉四篇，這四篇傑作對政治的批判，是一步比一步深入問題的核心。最後則提出積極建議：通常都以爲以天子之尊，「乾綱貴裁斷，不貴端拱無爲」，定庵則以爲此乃似是而非之論，他主張天子治理國事，應只總其大端，並尊重內外大臣之權，因「權不重則氣不振，氣不振則偸，偸則敝；權不重則民不畏，不畏則狎，狎則變。待其敝且變而急思所以救之，恐異日之破壞條例，將有甚焉者矣」！這是很明白的提出警告，如束於成例的僵化狀況仍不知變革，終將不免暴發更大的破壞。〈明良論〉最後的結論是：要挽救國家的衰運，唯有「更法」之一途。

---

❸　同前，頁一三六。
❷　以上均見〈明良論四〉，《類編》，頁一三七。

更法的重點在「刪棄文法，捐除科條，裁損吏議」❽，仍未脫離傳統的思路❽，與十九世紀末受西方影響而產生的變法思想截然不同。值得一提的是，定庵〈明良論〉作於一八一四年，年二十三，尚未任內閣中書，所以不能視之為因仕途受挫而發的牢騷語。此時亦未對《春秋》公羊學下功夫，所以與微言大義的公羊傳統也沒有多大關係。在中國思想史上，文章風格與〈明良論〉比較接近的，是東漢崔寔、王符、仲長統的政論❽，不過像定庵如此早慧，對政治觀察的敏銳、分析的深刻，恐怕是絕無僅有的。老邁的段玉裁，見此「光燄萬丈」之作，心湖上也不禁一陣激動，而給予毫無保留地讚賞：「耄矣，猶見此才而死，吾不恨矣」！實非偶然。

〈明良論〉由制度僵化的探討，而達到更法的結論，〈乙丙之際箸議第七〉，從歷史的觀點，也獲得同樣的結論。此文作於一八一五～六之際，足以說明在這時期，政治革新問題在他心目中確佔住極重要的位置。文章開始就根據三代的歷史經驗指出：「天下有萬億年不夷（滅）之道」，但「無八百年不夷之天下」。為甚麼每一個朝代都不能持久？主要在「一祖之法無不敝」，法已疲敝，不能發生治國的效用，而猶「拘一祖之法，憚千夫之議，聽其自陊（壞）」，不能「自改革」，就祇有等待「踵興者」來「改圖」——被一個新的王朝來取代。「抑思我祖

---

❽　以上引文同前註，頁一三八。

❽　段玉裁：「四論皆古方也，而中今病」，是很恰當的評語。評語附＜明良論四＞末。

❽　可參考韋政通：《中國思想史》第十五章，頁五七一～九三。

所以興，豈非革前代之敗耶！ 前代所以興，又非革前代之敗耶！
何蘦（莽）然其不一姓也，天何必不樂一姓耶！鬼何必不享一姓
耶」！ 是比〈明良論〉提出更嚴重的警告，由結語「爲一姓勸
豫」之說❽，定庵眞正的用心，當然仍在希望大淸能自動覺悟，
自行改革，以延續國命，並無鼓動革命之意。

.

第五節　　「賓賓」說之澄淸

　　上述定庵對滿淸政府的態度， 卻因 〈古史鉤沈論四〉 中的
「賓賓」之說，而產生了不同的看法，有的認爲他已流露出民族
革命的萌芽思想、潛播下革命種子；有的則認爲定庵與滿淸政府
是不合作的❽。最突出的是朱傑勤撰《龔定庵研究》中有〈龔定
庵之革命思想〉一章，他知道定庵「寄於文字之革命思想，又微
而難覗」❽，所以他爲「革命」下了一個定義，希望有利於自己
的徵引與解釋，結果好像並不能如願，因在現有公開刊佈的著作
裏（定庵的著作散失不少，將來仍可能有新的發現），很難找出
他有主張革命的證據。

　　事實上定庵對滿淸的態度，前後始終是一致的，並不因提出
「賓賓」之說而有改變。他稱淸朝爲「國朝」、「聖朝」、「聖
淸」、「天朝」、「我朝」，稱淸朝皇帝爲「今皇帝」、「聖天

---

❽　以上引文均見《類編》，頁六八。
❽　前一說見朱傑勤：《龔定庵研究》，頁一○。後一說見侯外廬：
　　《啓蒙思想史》，頁六七○。
❽　同前註朱著。

子」、「我仁皇帝」、「我皇上」，《全集類編》第一篇文章〈皇朝碩輔頌二十一首序〉乃頌清之作，周啟榮則根據定庵的詩作指出：「自珍不但無種族革命的思想，而實對清室的感情相當深厚」[89]。這在清末的革命志士看來，或不免感到遺憾，但就出身世宦之家，仍處於清中葉的知識份子而言，這些反應都應視為正常。像他那樣的出身和處境，竟然對時代有很深的危機感，對朝政提出大膽的批判，在當時的士大夫中，已是鳳毛麟角，很值得我們敬佩。

定庵「賓賓」之說與種族革命無關，它是對他政治改革的主張進一步的充實，如果說他言論大膽，是由於愛之深所以才責之切。〈古史鉤沈論四〉中之「賓賓」，上面一個「賓」字是尊重的意思，後面一個「賓」字有兩種涵義：一指歷史文化；一指異姓傑出之士。前一涵義如：「王者正朔用三代，樂備六代，禮備四代，書體載籍備百代，夫是以賓賓。賓也者，三代共尊之而不遺也」[90]。這是說三代之王者所以相繼而興，都是因為他們能尊重以往的歷史文化。「孔子述六經則本之史，史也、獻也，逸民也，皆於周為賓也」[91]。周繼殷而王天下，同時也繼承了殷代的歷史文獻與典章制度，而這些正是殷遺民的貢獻，對周而言它是賓，而周卻因發揚光大了這個傳統，開創了八百年的基業。定庵在這裏是希望清廷也能效法周室，能以中國文化傳統為改造的典

---

[89]　同前註[35]，頁三一四。
[90]　《類編》，頁一〇五。
[91]　《類編》，頁一〇七。

範，從中吸取歷史的經驗與教訓，所謂「從周，賓法也」❾❷，就是這個意思。

政治改革除了從歷史中吸取經驗與教訓之外，另一重要的條件就是人才，賓賓的後一涵義，正是針對這個問題：「賓也者，異姓之聖智魁傑壽耇也」。對滿清統治者而言，所有漢人（異姓）傑出之士都是賓，清廷的改革就不應排除異姓傑出的人才。清廷應尊重「異姓之聖智魁傑」，還有更重要的理由：「夫五行不再當令，一姓不再產聖，與王聖智矣，其開國同姓魁傑壽耇易盡也」❾❸。「我朝」開國之初，固由於「同姓魁傑」輩出，然盛久則衰，「開國同姓」又因享有種種特權保護，生活不免浮華靡爛，人才自然日漸凋零。根據往昔「賓賓而尊顯之，或不能賓賓而窮而晦」❾❹的歷史經驗與教訓，我朝要振衰起弊，必須有賴於「異姓之聖智魁傑」。

爲甚麼「賓賓」之說會引起種族革命的聯想？主要是由於對下面一段的了解：「……則弊何以救，廢何以修，窮何以革？《易》曰：窮則變，變則通，通則久，恃前古之禮樂道藝在也。故夫賓也者，生乎本朝，仕乎本朝，上天有不專爲其本朝而生是人者在也，是故人主不敢驕」❾❺。如果把其中「上天有不專爲本朝而生是人者在也」這一句脫離上下文孤立地看，的確容易引起種族革命的聯想，但仔細讀上下文，這一句顯然不是如此。我朝要救

❾❷ 《類編》，頁一○六。
❾❸ 以上引文均見《類編》，頁一○五。
❾❹ 同前❾❶。
❾❺ 同前❾❶。

弊、修廢、革窮，基本的原則就是《易》所說「窮則變，變則
通，通則久」。這個原則之所以有道理，是因「恃前古之禮樂道
藝」，也就是說，政治改革之所以可能而有效，是因有往昔歷史
的典範可遵循，有往昔歷史的經驗與教訓可參考。因此，作爲一
個異姓之賓，他雖生於本朝，仕於本朝──這是他現實的生活，
除此之外，他還「有不專爲其本朝而生」的理想，卽傳承「前古
禮樂道藝」的文化使命。正因爲「賓」不祇是「生乎本朝，仕乎
本朝」，還有文化使命的擔當，甚至以道自任，所以人主才不敢
驕橫。定庵在這段文章裏，隱然有儒家古老傳統的一個預設，這
個預設卽「道尊於勢」，這是歷代儒者與現實政權對抗時最後的
依據。在這裏似乎也可以看出，定庵爲漢族士人在異族統治下爭
取地位，所用的理由不是近代種族平等的觀念，而是固有文化與
「士志於道」的傳統。

第六節　影響與評價

有關定庵的影響，梁啟超（1873～1929）的一段文章是常被
引用的：「綜自珍所學，病在不深入，所有思想，僅引其緒而
止，又爲瑰麗之辭所掩，意不豁達。雖然，晚清思想之解放，自
珍確與有功焉，光緒間所謂新學家者，大率人人皆經過崇拜龔氏
之一時期，初讀定庵文集，若受電然，稍進乃厭其淺薄」❾❻。梁
氏的敍說，以主觀的感受爲主，以爲新學家們都曾經過崇拜龔氏

---

❾❻　《清代學術概論》，頁一二二～三，六十年（一九七一），水牛
　　出版社。

的階段，或不免過甚其辭，譚嗣同（1865～1898）乃新學家中之
佼佼者，他於〈三十自紀〉中就沒有提到龔❾。不過說定庵有功
於晚清思想的解放，這是可信的。至於他何以能有功於思想的解
放，除了豪邁奔放的詩作，主要是由於他的思想表現出一股強烈
的批判精神。

雖然乾嘉考據之學，未必因他的批判卽漸趨消沉❾，但他在
批判中表現的實事求是的態度，以及不囿於門派之見的自由精
神，的確爲學界開闢新風氣、迎接新思潮，扮演了先驅者的角
色。學術方面的影響，還有一點須在這裏補充。龔氏好友魏源於
〈定庵文錄序〉中曾提到他「晚猶好西方之書，自謂造深微云
❾」。所謂「西方之書」是指來自印度的佛教典籍。定庵三十二
歲（一八二三）有〈與江居士箋〉談到學佛與歸隱的事，江居士
卽江鐵君（沅），爲龔氏學佛第一導師，大陸出版的《龔自珍全
集》所收錄的有關佛教的文字，比臺灣的《全集類編》又多出了
許多篇，可見魏源的話是有根據的。定庵學佛，甚至有過入山歸
隱的動機，或許祇不過是爲潦倒生涯得點精神寄託，他絕料想不
到，這方面竟然也對晚清的思想界產生了影響，如梁啟超於《論
中國學術思想變遷之大勢》中云：「自龔定庵好言佛，而近今學
界代表之數君子，大率與定庵有淵源，故亦皆治佛學，如南海
（康有爲）、壯飛（譚嗣同）、夏穗卿（曾佑）其人也，雖由其

---

❾ 見《譚嗣同全集》，頁二〇四～七，六十六年（一九七七），華
　　世出版社。
❾ 此說見前註㉞何文，頁一八〇。
❾ 《魏源集》，頁二三九，七十三年（一九八四），漢京文化事業
　　公司。

根器深厚，或其所證過於定庵，要之定庵爲其導師，吾能知之。定庵與學界之關係，誠複雜哉」❿！ 清末民初楊仁山（1837～1911）、歐陽竟無（1871～1943）等復興了佛學，追本溯源，定庵實近世佛學復興的先行者。

〈農宗答問第三〉：「問：宋（？）張氏（公藝）九世同居，流俗以爲美談，何必有大宗？ 答：魯以相忍爲國，非姬周太平之魯可知，況以相忍爲家，生人之樂盡矣，豈美談耶」⓿？ 由這段問答，不難看出定庵對人生的一個基本觀點，從這個觀點出發，凡是有害於「生人之樂」的社會風習、文化傳統，應該都在他的反對之列。 如果說定庵思想的一個重要方面，是貴性、重情、追求個性解放⓬，這與他的人生基本觀點也是分不開的。

朱傑勤曾列舉五個項目，作爲定庵革命思想的論據，這五項是廢科舉、禁鴉片、戒纏足、除苛禮、破迷信⓭。 晚清的革命在政體的改變，也就是推翻滿清專制，建立共和民國，革命家雖也有以上五項主張，但那是由革命必然伴隨而來的社會改造，如果把社會改造也界定爲社會革命，亦無不可，就嚴格的意義來講，它應不屬於革命的範疇。定庵這些主張的理由各不相同，如要尋找一個共同的理由，那就是都有害於「生人之樂」。生人之樂需求的覺醒，乃中國近代解放社會力，建立新風氣的先聲，這方面

---

❿　見梁啟超：《近代中國學術論叢》，頁三七，一九七三年，香港崇文書店。

⓿　見《類編》，頁一六三。又張公藝九世同堂事，見《舊唐書》・〈孝友列傳〉，新校本頁四九二〇。

⓬　見《新編中國文學史》，頁二二〇。

⓭　《龔定庵研究》，頁二三～三一。

定庵同樣是先行者。

定庵本是「才氣橫越」的詩人，因此「其舉動不依恆格」並不足怪。如再加上追求生人之樂的自覺，就更可能無所忌憚，而其「所至必驚眾」的言行⑩，也就爲個性解放，建立社會新風氣起一種示範的作用。也因此，這方面曾遭到衛道之士的惡評，如朱一新（1846～1894）於《無邪堂問答》說他「刻深峭厲，旣關性情，蕩檢踰閑，亦傷名教」⑩。王國維（1877～1927）於《人間詞話》的批評更嚴酷：「讀《會眞記》者，惡張生之薄倖，而恕其姦非，讀《水滸傳》者，恕宋江之橫暴，而責其深險，此人之所同也。故豔詞可作，唯萬不可作儇薄語。定庵詩云：『偶賦凌雲偶倦飛，偶然閒慕遂初衣，偶逢錦瑟佳人問，便說尋春爲汝歸』。其人之涼薄無行，躍然紙墨間，又何必考厥平生而後知其邪僻哉」⑩。錢穆在引了王氏語之後接著說：「大抵定庵性格，熱中傲物，偏宕奇誕，又兼之以輕狂。定庵謂『起而視其世，亂亦竟不遠』，定庵殆亦此時期一象徵之人物乎」⑩！世人對歷史的先行者，很少好評，我們在這裏也無意爲定庵的「私行」做任何辯護，在私行上不道德就是不道德，沒有辯駁的餘地。但如果把這方面的言行視之爲對傳統「苛禮」的反動，就可能有不一樣的了解。梁啟超嘗謂「自珍性詇宕，不檢細行，頗似法之盧騷」⑩。當然，二人僅有行爲上的貌似，思想內涵大不相同，由《懺

⑩　《清史稿》，新校本第十九册，頁一三四二八。
⑩　轉引自朱傑勤：《龔定庵研究》，頁一一〇。
⑩　轉引自前註㉒錢著頁五五二。
⑩　同前。
⑩　同前註㊐。

悔錄》與書信所知的盧騷，在我國衞道之士的心目中，絕對是
「涼薄無行」的，可是康德卻發現他對人性的尊嚴有崇高的看
法，認爲盧騷在倫理哲學方面的成就，可媲美物理學的牛頓❿。
當我們想深度了解定庵這樣的人物時，康德對盧騷的評論，是很
具啟發性的。

在定庵整個的批判中，最爲突出，也是對晚清影響最大的，
當推極富感染力的政論。在這方面，他是晚清形成廣潤潮流，並能
反映現實社會政治問題的各式新體散文的先驅❿。梁啟超讀其文
「若受電然」的感覺，必定是指這方面的文章。「張維屏謂近數
十年來，士大夫誦史鑑、考掌故，慷慨論天下事，其風氣實定公
開之」❿，也很符合史實。參照同時代的人物，包世臣也是「慷
慨論天下事」的，但對當朝的批判，不及定庵的尖銳。代表當時
「經世之學」的《經世文編》，雖選了定庵幾篇重要文章，如
〈平均〉、〈農宗〉、〈西域置行省議〉等，但政論的代表作
〈明良論〉、〈乙丙之際箸議〉各篇並未收錄，可見賀長齡、魏
源對他的政論還是有避諱的，這也就更能說明定庵的作品，確實
是開風氣之先。

---

❿ 參考卡西勒著、孟祥森譯：《盧梭康德與歌德》，頁三〇、三
八、四二，六十七年（一九七八），龍田出版社。
❿ 見《新編中國文學史》，頁三七二。
❿ 見前註❺之書，頁九。

第六章　魏　　源

　　以上兩章討論過包世臣和龔定庵，如再加上魏源，可以稱之
爲十九世紀前期思想史上的三傑，三人之中，成就最大，又影響
深遠的，無疑的當推魏源。此外，「經世之學」雖是三人思想上
的共同特徵，但使它在當時能成爲一門獨立的學問，卻是始於魏
源主編的《皇朝經世文編》。在十九世紀初葉，使《春秋》公羊
學繼莊存與之後，發展成一個新的學派，魏源的貢獻恐怕僅次於
劉逢祿。至於在中西關係上，他是當時所有知識份子中，國際知
識最豐富的人物。所以站在揭開巨變序幕的新時代立場，無論從
那個角度、那個線索去看，他幾乎都居於歷史中心的地位。他是
洋務、維新思想的主要動源之一，也相當程度地決定了十九世紀
中、後期思想演變與發展的方向❶。

---

❶　梁啓超：《中國近三百年學術史》：「鴉片戰役後，則有魏默深
　　《海國圖志》百卷，……中多自述其對外政策，所謂『以夷攻夷，
　　以夷款夷，師夷長技以制夷』之三大主義，由今觀之，誠幼稚可
　　笑，然其論實支配百年來之人心，直至今日猶未脫離淨盡，則其
　　在歷史上關係，不得謂細也」。（頁三二三，一九五六年，臺灣
　　中華書局）。《海國圖志》對洋務與維新運動的影響，還可看吳
　　澤、黃麗鏞：＜魏源《海國圖志》研究＞第五節，見《中國近三
　　百年學術思想論集》二編，頁一二七～三〇，一九七一年，香港
　　崇文書店。

第一節　生平與著作

魏源（1794～1857），字默深（自謂「默好深思還自守」，又曾刻印一枚，文曰「默好深湛之思」❷），湖南邵陽（現湖南省隆回縣）人，先世本居江西，明初遷至湖南。曾祖魏大公乃國子監生，祖父魏志順隱居不仕，父親魏邦魯雖出仕，最高只做到江蘇寶山縣主簿。本來家中靠田地過活，嘉慶八年（一八〇三）因邵陽大饑荒，官府不顧人民死活，仍照往常催逼賦稅，幾釀民變，默深的祖父不忍見縣民再遭大難，於是「毀產代輸」，致使家道中落，這一年默深才十歲❸。

默深自幼聰慧，喜歡讀書，十五歲中了秀才，據說就在同一年，他開始接觸陽明之學，後來他的哲學思想裏，雖重視「本心」，但基本心態，就儒家傳統而言，他比較接近荀子❹，而遠於孟子和陸、王的心學。二十歲時，因湯金釗（1773～1856）相國（大學士）的賞識，拔充貢生，次年隨父到了京師，在途中經八卦教作亂地區，觸目飢饉，因感而賦詩七首，有謂「借問釀寇由，色哽不敢唏」。在京師嘗館於湖南學政李宗翰(1769～1831)家，與湯相國亦時相過從，後因專心於《大學》古本，「五十餘日不過候」，湯氏去看他，默深「垢面出迎，鬢髮如蓬」，湯氏嘆

---

❷　黃麗鏞：《魏源年譜》（以下簡稱《黃譜》），頁一九，一九八五年，湖南人民出版社。

❸　《黃譜》，頁二九。

❹　陳耀南：《魏源研究》也有相同的看法，見該書頁二〇七。

曰：「吾子勤學罕覯，乃深造至此，然而何不自珍愛乃爾也」❺！

　　羅汝懷〈古微堂詩集鈙〉記默深在京生活，「破屋昏燈，敝冠垢履，數月不易衣，屢旬不薙髮，以搜索古籍」❻。在此期間，除學《公羊》於劉逢祿之外，又向毛詩專家胡承珙（1776～1832）問漢儒家法，向為人方正廉介的姚學塽（1766～1826）請教宋儒之學。所以這時候，他的物質生活雖極匱乏，知識與精神生活卻很豐富。

　　二十九歲（一八二二）中順天鄉試舉人第二名，遂赴古北口館於直隸提督名將楊芳（1770～1846）家，古北口一帶形勢險要，自古為兵家必爭之地，默深於教讀之餘，喜訪求古今兵家遺跡，他後來研究兵學，並留意西北地理，卽萌念於此時❼。一八三〇年因浩罕、安集延復侵擾喀什噶爾、叶爾羌等地，楊芳奉命為參贊大臣協同揚威將軍長齡往剿，默深聞之，遂「請從自效」，隨軍前往，官兵至嘉峪關，敵已退去，默深作〈西師〉六首紀此行，中有「蟲生朽木非今日，蟻潰金隄自古防」之句❽。

　　中舉後，兩度（一八二六、一八二九）會試不第，直到一八四四年五十一歲時才中禮部會試十九名，仍遭意外的屈辱，竟因「文稿草率」的理由，被「罰停殿試」一年。翌年，經補行殿試，「以知州用，分發江蘇」。從包世臣和魏源在科場的遭遇，

---

❺　《魏源集》，頁八四八，七十三年（一九八四），臺灣漢京文化事業公司。

❻　《黃譜》，頁二一四。

❼　王家儉：《魏源年譜》（以下簡稱《王譜》），頁二一，五十六年（一九六七）中央研究院近代史研究所，專刊⑵。

❽　《魏源集》，頁八〇二。

再看看他們在思想史上的貢獻，可見科舉考試是多麼荒謬！罰停殿試的同一年，默深在京効白香山體作〈都中吟〉十三首，有謂：「漕、鹽、河、兵四大計，漏卮孰塞源孰盛。開科開捐兩无益，何不大開直言之科籌國計，再開邊材之科練邊事？市骨招駿人才出，縱不拔十得五終得一」❾。是對僵化的科舉制度發出抗議之聲。

因科場不順，為了生計，和包世臣一樣，只能屈就幕僚之職。最初是賀長齡的僚屬，是時默深年二十六（一八一九），賀氏為山西學政。道光六年（一八二六），陶澍已於前一年調任江蘇巡撫，賀長齡為布政使，默深在幕中代賀氏做了件國史館不可能去做的工作：輯成卷帙浩繁的《皇朝經世文編》，為十九世紀極盛的經世之學奠定了基礎，他代撰的序文，更揭示了經世之學的方法。由於他的才學，終於成為陶、賀二氏所倚重的智囊，除代筆為文之外，由於默深的參與和協助，先後在陶氏巡撫任內試行糟糧海運成功，在兩江總督任上，又革新淮北鹽政，也有局部成效，因此使他們所倡導的經世之學，不衹是有理論，也有具體的成績做示範，這是使經世之學盛行的一個很重要的原因。

鴉片戰爭對中國近代史的影響，盡人皆知。這場戰爭對魏源的思想也起了決定性的作用，在戰爭期間他以驚人的毅力完成兩部巨著：《聖武記》與《海國圖志》，尤其是後者，毫無疑問，它是一部「改變歷史的書」。他所以能編著出這樣一部歷史性的巨著，除了戰爭的刺激和個人實地的經驗之外，最重要的一個因

---

❾　《魏源集》，頁六七六。

素，是他與林則徐之間的友誼❿。林氏是這場戰爭中第一位被革職的大吏，當他第二度被革職，謫戍伊犁途經京口（江蘇鎮江）時，他把在廣東爲了了解他交涉的對手，所搜集和翻譯的資料，悉數轉贈給魏源，如果沒有這批資料做底本，默深縱然有再大的才華，這部書是無從完成的。一八四一年春，戰事緊急聲中，裕謙以欽差大臣抵浙江鎮海籌辦防務，朝廷命林則徐代罪立功赴鎮海協防，默深因林氏的關係入裕謙幕府，由「數月辭歸」時所作「到此便籌歸，應知與願違」的詩句看來⓫，他對此行是非常失望的。不過由於他敏銳的觀察力，以及所到之處好訪查的習慣，這次親身的經歷，對他後來撰成第一部鴉片戰爭史《道光洋艘征撫記》，必定有相當的幫助，文中果然對裕謙提出「不擇地而守，是浪守也」的批評。

　　斷斷續續的幕府生涯，根本無法解決眾多家口的生計，三十八歲（一八三一）父親去世，以致「貧不克歸葬」，連「全家二十餘口」，也「流落無歸」⓬。就在這傳統士大夫的路走不通的時候，默深開始經營鹽業，起先「未能親手經理」，結果「連年負累，幾于身家蕩盡」⓭，後來因親身主其事，於是「鹽利大獲，在揚州買宅，居然與富商等」⓮。默深在揚州新城倉巷所置宅第，卽著名的「絜園」，頗有竹木池亭之勝，是年四十二（一

---

❿　陳耀南：《魏源研究》對林、魏之間的友誼，有扼要的敍說，見該書頁二四一～二。
⓫　《魏源集》，頁七八一。
⓬　《黃譜》，頁九五、一一〇。
⓭　《魏源集》，頁八三九。
⓮　陳世鎔：〈與魏默深書〉，見《黃譜》，頁一五七。

八三五)。從此除出遊外，多半閉門讀書，好友如龔定庵、鄧顯鶴(1777～1851)，每過揚州，必留宿「絜園」，唱酬其間。書法名家何紹基有一首〈揚州魏默深留飲絜園〉詩：「著述匔匔（按：謹敬貌）吾老默，今日絜園眞請客，杯盤好在不經意，正似征人有行色。霜餘果味方滿園（原註：屬書「果味滿園」四大字），讀書養親天所息，今古微言恣探討，又聞精猛課宗門**⑮**」。可見其家居生活之一斑。此詩作於一八三九年（道光十九年）秋，時默深年四十六， 乃鴉片戰爭的前一年， 假如「精猛課宗門（佛教）」之說屬實，那末如沒有爆發戰爭和國族嚴重危機的刺激，他就不一定會再創學術生涯的新里程，檢視他一八三五年至一八四〇年之間的生活， 著作方面僅編了一部《明代食貨二政錄》（一八三七）， 重要的論文只有〈籌鹺篇〉（一八三九），而在戰爭的二、三年期間，竟然同時完成了兩部巨著。

在科舉制度下的士大夫，希望能中進士，是畢生最大願望之一，默深五十一歲之前，已達到他一生之中最富有的生活，也已撰成最重要的著作，但仍然參加禮部會試。中試後雖做了幾任地方小官，並不順利，一八五三年（咸豐三年）太平軍攻克揚州，默深在高郵知州任上，竟因「貽誤文報」的罪名被劾革職。在此期間，基於職責所在，既協助鎮壓捻軍，也曾組織地方武裝抵抗太平軍，最後終因革職事件，不愉快地結束了仕宦生涯。

晚年生活有兩點值得一記，其一：一八四七年曾遠遊澳門、香港，在澳門他有「園亭樓閣，如游海外」的感覺，並在一葡萄

---

⑮ 《黃譜》，頁一一二。

牙人家中作客，見九歲兒童，覺其「冰肌雪膚，瞳翦秋水，中原未之見也」。主人乞留書數語，並以洋畫酬謝。到香港，見其「營廛舍樓，觀如澳門，惟樹木郁葱不及焉」。僅留一日，購西人出版之世界各國地圖一册而返❶。北歸途中，乘興遊了廣東、廣西、湖南、湖北、江西、安徽、江蘇七省名勝。其二：辭官後，因太平軍佔領揚州，絜園回不去了，只好暫寓興化一寺廟中避亂（他曾任興化知縣）。在興化時，不再從事歷史撰述，不再談孔、孟、儒、道，終日靜坐，不與人事，一心修禪，學佛出世以自處❶。去世前一年（一八五六），移居杭州，仍寄居僧舍，日常生活，常如老僧入定，即使門生至戚，亦只二三語❶。這一位無論是精神上或知識上，都可謂中國第一個現代人，就這樣寂寞地死在杭州。

　　魏源一生泰半在著作中度過，因此產量相當驚人，除了纂輯的《皇朝經世文編》與《淨土四經》之外，單行著作重要的有《詩古微》、《書古微》、《老子本義》、《聖武記》、《海國圖志》、《元史新編》、《清夜齋詩稿》，跨越了文、史、哲三個領域。若不是做專門研究，只想概略地了解他的思想，有北京中華書局一九七六年出版的二册《魏源集》，此書臺灣漢京文化事業公司，於七十三年（一九八四）有影印本。魏源的著作至今未見傳本的還不少，如《小學古經》、《大學古本》、《曾子章句》、

<hr>

❶　《黃譜》，頁一五一～二。《王譜》，頁一一七。
❶　《中國近三百年學術思想論集》二編，頁一〇二。（參考前註❹）。
❶　陳耀南：《魏源研究》，頁一四。

《子思子章句》、《論語孟子類編》、《孝經集傳》、《董子春秋發微》、《兩漢經師今古文家法考》、《孫子集注》等。因此我們今日所能知道的，作為新時代的魏源，其面貌相當清晰，而古典學術思想中的魏源，是嚴重殘闕的。

魏源很幸運，臺灣方面有王家儉的《魏源年譜》（一九六七），中國大陸有黃麗鏞的《魏源年譜》（一九八五），對推動魏源的研究工作頗有幫助。

第二節　龔、魏相提並論的歷史意義

中國十九世紀思想史上的三傑，包世臣乃龔、魏二氏的前輩，包與魏因對水利、漕運、鹽政、貨幣等經濟問題有共同的興趣，以及二人的幕僚生涯又多半在江蘇，因此建立了相當的友誼，彼此之間也很尊重。包世臣每至京師，與龔定庵也有往來，似乎只止於一般性的交往❿。比較起來，三傑之間的龔與魏關係最密，二人如手足般的友情至死不渝，他們的才氣與文章，為後人津津樂道，他們的志業以及所開的新學風，在晚清知識份子的心目中，幾已凝結成難以分割的整體。並世而生，又是同樣傑出的兩個心靈，不論是生前或死後，彼此的關係都始終密切交織著的現象，在中國思想史上除北宋「二程」（他們是親兄弟）之外，頗為罕見。如清代中葉學術思想史上的兩個高峯：戴震(1724～1777)和章學誠（1738～1801），在生前東原從來沒有把實齋

---

❿　《黃譜》，頁九六。

放在眼裏，二人相提並論乃近代人給他們的評價⑳。又如南宋時的朱熹（1130～1200）和陸象山（1139～1192），二人在當時都是儒門龍象，對儒學復興都有不朽的貢獻，彼此對對方也極敬重，卻無法建立深密的友情，論學也始終不能相洽，生前死後思想上都是一對峙之局。

默深於嘉慶十九年（一八一四）初至京師，卽與定庵相識，到道光二十一年（一八四一）定庵去世，二人的友誼保持長達二十七年。據《清稗類鈔》所載，定庵其人「有異表，頂稜起而四分如十字，額凹頰仰，目炯炯如岩下電，躯小精悍，作止無常則，語非滑稽不以出諸口」㉑。他形貌之怪，與他的「奇僻」之間，當不無關係。另有王苫孫在寫給龔氏的信中，承認他「見地卓絕」、「筆復超邁」，但也指出他有「立異自高」，「口不擇言，動與世忤」等缺點㉒。稗販之言雖不足盡信，然據定庵自述，他在內閣任中書時，「同列八九十輩，疑中書有痼疾」㉓之言看來，他的人緣顯然很差，與同僚難以相處，因此以上的記載，必有幾分眞實。要想與這樣一位「怪魁」維持終生的友誼，若無超俗的識見和過人的心量，恐怕是不容易的。定庵比默深早十六年成進士，並未因此改變他位卑職閒的命運，默深在仕途上的境遇也與之相垺，所以可以斷言，他們的交往很少有「功利」成分存乎其間。二人雖先後學《公羊》於劉逢祿，不過這層關係

⑳　余英時：《論戴震與章學誠》，頁一，六十六年（一九七七），臺灣華世出版社。

㉑　同前註⑱，頁二四八。

㉒　同前註。

㉓　《龔定庵全集類編》，頁一九〇。

對他們友誼的建立並不重要，因龔比魏早到京師，從學於逢祿卻比魏晚了五年。二人友誼的建立與維繫，主要應是彼此真能欣賞對方的才學。另外一個重要的因素，則是因為二人同是不合理而又僵化的科舉制度下的受挫者，才高而竟連連受挫的兩個靈魂，彼此相惜是可以想像的。

定庵生前長居京師，默深不論遊幕或寄寓，大部分時間都在南方， 因此相聚之時少， 睽隔之日多， 互通款曲的書信必定不少，可惜多已散失，這使我們想深入了解他們的關係已不可能，現在只能憑藉極有限的材料，鉤勒其往來片斷，以及彼此的印象或評價。

默深於嘉慶十九年（一八一四）隨父入都，卽館於李宗翰家。據魏者〈邵陽魏府君事略〉，其父至京師後，「古文辭則與董小槎太史桂敷，龔定庵禮部自珍諸公切磋焉」❷。董氏乃前輩（一八〇五年進士），默深有〈寄董小槎編修〉四首，謂「默好深思還自守，動皆得咎豈關窮」❷。魏者也說「府君生平寡言笑」，「至友晤談， 不過數刻」， 可見默深在性格上是傾向於狷者一型， 與「口不擇言」、 「作止無常則」的定庵， 不可能一見如故。但二人年輕時，皆負詩文之名，都受到前輩們的推崇，這應是二人終成密友的一大誘因。

《龔自珍全集》收有〈與魏默深箋〉：「客言足下始工於文詞，近習考訂，僕豈願通人受此名哉。又云足下既習考訂，亦兼文詞，又豈願通人受此名哉。足下示吾近作，勇去口吻之冶俊，

---

❷　《魏源集》，頁八四八。
❷　《魏源集》，頁八二〇。

爲汪洋鬱栗沖夷，是文章之祥也。……」❷⁶。從信中的稱呼和語氣，這顯然是初交階段所寫的信，「近習考訂」云云，當然也是默深早年在時風影響下不能缺少的功課。定庵以「通人」相期許，是希望他既不要沉溺於桐城之流的「文詞」，也不要囿限於乾嘉末流的「考訂」，這表示在定庵的心目中，默深是有可能成爲同道中人。從後來二人學術思想的發展來看，他們在當時都是一流的「通人」，不但「通」，而且「新」，這種發展，對二人友誼的增長和維繫，必然起了相當的作用。

　　道光九年（一八二九），魏源正在楊芳家做客，是時楊氏自防地喀什噶爾入覲，封爲二等果勇侯，對漢籍軍官是一項無尙的殊榮，定庵特爲撰〈書果勇侯入覲〉記其事，文中涉及魏源：「今大臣數楊侯，楊侯朝，客有徐松、張琦、魏源。源也雅材，龔自珍友之。噫嘻！美譚」❷⁷。在楊氏座客中，特別提起魏源，至少在定庵的主觀上已認爲他們的友誼已在一般朋友之上，「噫嘻」表示他對「源也雅材」的歡賞，「美譚」表示在一狂一狷之間竟然建立起友誼之難得，這是出乎一般人意想之外的。同一年，因宋刻〈洛神賦〉九行的拓本，經過四次易主，終於落到定庵手中，對這項珍貴的文物，定庵欲公諸同好，於是約集了一批文友，其中包括林則徐和魏源，一起來重摹❷⁸，可見詩文之好，也是增進彼此間友誼的一種方式。嗣後，默深多次到京，定龔都主

❷⁶　這封信在《龔定庵全集類編》的標題是＜與人箋＞，頁二〇三～四。

❷⁷　《全集類編》，頁二七六。

❷⁸　《黃譜》，頁八八。

動召集文友，如一八三〇年有龍樹寺之會，一八三二年有花之寺之會、花之寺之遊，除公車諸名士十二、三人外，還有宋翔鳳、包世臣。劉逢祿去世後（一八三〇），龔、魏共同整理遺著，並負責刊校之事，事畢，由年紀較輕的魏源為遺著作序，這說明在公羊學的繼承者地位中，魏比龔重要。逢祿去世的前一年，默深的《古詩微》書成，逢祿在序文中稱讚他「其志大，其思深，其用力勤矣！予向治《春秋》今文之學，有志發揮成一家言，作輟因循，久未卒業，深懼大業之陵遲，負荷之隕越。幸遇同志勇任斯道，助我起予❷⁹」。於此可見默深是如何受到這位承先啟後的公羊學大師的激賞。

默深對定庵比較冷靜而理智，既引為同道而深表欽佩，又能直言不諱地向定庵提出勸誡，如〈崑山別龔定庵自珍〉詩云：「人神孰波濤？天地誰鐘鼓？天昌二鳥鳴，同讁胥江浦。使為世所譁，又為饑所俯。……半生湖海氣，百年漂泊旅。誓回屠龍技，甘作亡羊補」❸⁰！ 前兩句是根據定庵〈尊隱〉一文中「山中之民，有大音聲起，天地為之鐘鼓，神人為之波濤」而來，表現出二人對時代的危機有共同的感受。「天昌二鳥鳴，同讁胥江浦」，正代表二位才高而在科舉下連連受挫的自白。

默深給定庵的信札，到目前唯一被後人發現的，是一封勸誡的信，對了解二人的關係很珍貴，信是這樣寫的：「近聞兄酒席譚論，尚有未能擇人者，夫促膝之言，與廣廷異，密友之爭，與酬酢異。苟不擇而施，則于明哲保身之誼，深恐有關，不但德性

---

❷⁹ 《劉禮部集》，卷九，《黃譜》，頁八六。
❸⁰ 《魏源集》，頁六〇〇。

之疵而已。承吾兄教愛，不啻手足，故率爾諍之。然此事要須痛自懲創，不然結習非一日可改，酒狂非醒后所及悔也」**❸❶**。信不知書於何年，但必是二人的友誼已達到推心置腹的程度，才可能寫得如此坦誠而懇切，默深眞不愧爲定庵「友直、友諒、友多聞」的益友。定庵於〈致鄧守之書〉有送別後，「歸來怳若有亡，……足下及默深去後，更可緘舌裹腳，杜絕諸緣」**❸❷**之語，或許就是默深要求他「痛自懲創」的反應。

定庵辭官南歸，曾兩度到默深的絜園盤桓，第一次是一八三九年南歸途中過江至揚州，並有詩記此行：「七里虹橋腐草腥，歌鐘詞賦兩漂零。不隨天市爲消長，文字光芒聚德星」**❸❸**。第二次是一八四一年，停留絜園時，曾撰〈跋王百穀詩文稿〉、〈跋傅征君書册〉二文，二文或已是他的絕筆，因據黃麗鏞的《魏源年譜》，此次宿絜園已在八月，這一年八月十二日卽卒於丹陽。定庵又曾爲默深《聖武記》題辭：「讀萬卷書行萬里路，綜一代典成一家言」**❸❹**，《聖武記》作於鴉片戰爭期間，題辭應在最後留絜園時。

龔、魏生前「嘗相謂孰後死孰爲定集」**❸❺**，所以定庵死後，其子龔橙攜其遺著至揚州，默深既爲「論定其中程者」，又爲

---

❸❶ 李瑚：《魏源詩文繫年》，頁三七，一九七九年，北京中華書局。李瑚所引〈致龔定庵書〉，見《甲寅》雜誌第一卷第七號。又《王譜》頁七七，據姚永樸《舊聞隨筆》卷二，頁一七上，引同樣的信，文字略有不同。

❸❷ 同前註李瑚書，頁三七。

❸❸ 《全集類編》，頁三七四。

❸❹ 陳耀南：《魏源研究》，頁一〇。

❸❺ 《黃譜》，頁一三〇。

「校正其章句違合者」，結果編定《定庵文錄》十二卷、《定庵外錄》十二卷兩種，並撰〈定庵文錄敍〉，序中言其文「能爲百世以上之語言，能駊宕百世以下之魂魄」，「窔奧洞闢，自成宇宙」。言其學「躡勒（唐勒）、差（景差）而出入況（荀況）、雄（揚雄）」。文末總述其一生學術、思想的特色：「於經通《公羊春秋》，於史長西北輿地。其文以六書小學爲入門，以周、秦諸子吉金樂石爲崖郭，以朝章國故世情民隱爲質幹。晚猶好西方之書（通案：指佛教典籍），自謂造深微云」❸。

在龔、魏齊名之前，就已有「湯（海秋）、魏」、「程（大理）、魏」並稱之號，但流傳不廣。道光六年（一八二六）春，默深入京與定庵同應會試，結果雙雙落第，考官劉逢祿〈題浙江、湖南遺卷〉深表惋惜，文中喻定庵爲「五丁神力尤輪囷」，蓋言其有蓋世才華，稱默深爲「無雙國士長沙子，孕育漢魏眞經神」❸，可謂鍾愛備至。從此龔、魏齊名。本只因不幸的命運把他們連結在一起，後來卻成爲歷史的美談，傳誦不絕，在傳聞的過程中，難免加進一些想像的成分❸。

身後龔、魏相提並論者，有的稱許其學，如胡韞玉視二人爲公羊派巨子❸；有的重視他們的才氣，如曹籀認爲二人皆難得一見的「嶔奇磊落之才」❹，張維屏也說：「魏默深、龔定庵皆奇

❸　《魏源集》，頁二三八～九。
❸　《黃譜》，頁六九。
❸　見前註。
❸　《黃譜》，頁二一一。
❹　《全集類編》，曹序。

才」❹，《清史稿・魏源傳》則覺得二人「皆負才自喜，名亦相
埒」❷。有的則較論其異同高下，如李柏榮：「龔自珍定庵以
才，魏源默深以學」❸。譚獻：「予謂『龔魏』並稱，魏氏理致
稍近儒術，遠不及定庵之不諱雜霸而恢詭，有諸子遺意也」❹。
黃象離：「近日持論家謂龔、魏兩家皆深於釋氏之學，龔氏之於
釋氏，固自謂造深微，先生（魏源）蓋深於道家言，……至其經
史掌故輿地之學，則兩家蓋周、召分封之望云」❺。

　　能從時代變化以及學術流變評論龔、魏，並在思想史上予以
定位、賦予意義的，是梁啟超（1873～1929）、王國維（1877～
1927），梁氏說：「今文學之健者，必推龔、魏；龔、魏之時，
清政既漸陵夷衰微矣，舉國方沈酣太平，而彼輩若不勝其憂危，
恆相與指天畫地，規天下大計。考證之學，本非其所好也，而因
眾所共習，則亦能之，能之而頗欲用以別闢國土，故雖言經學，
而其精神與正統派之爲經學而治經學者則既有以異。自珍、源皆
好作經濟（經世）談，而最注意邊事，……故後之治今文學者，
喜以經術作政論，則龔、魏之遺風也」❻。「舉國方沈酣太平，
而彼輩若不勝其憂危」，是說「龔、魏在十九世紀初葉乃時代的
先知先覺。到了晚清知識份子多發揚「龔、魏之遺風」，是肯定他
們乃維新運動的先驅。二人雖是「今文學之健者」，但今文學祇

❹　《黃譜》，頁二二五。
❷　《清史稿》，第十九冊，頁一三四二九。
❸　《黃譜》，頁八二。
❹　《黃譜》，頁二〇八。
❺　《黃譜》，頁二一〇。
❻　梁啓超：《清代學術概論》，頁一二五～六，六〇年，水牛出版
　　社臺版。

是他們假藉的工具，「以經術作政論」，批判現實的政治、經濟、社會，才是他們的目的。「能之而頗欲用以別闢國土」，說明他們所開闢的新學風，也是從考證學傳統的基礎上發展而來；「雖言經學，而其精神與正統派」不同，是因他們具有敏感的心靈，能呼應時代的需要。最難得的是，龔、魏並世而生，又能同聲相應，同明相照，因此才能爲十九世紀形成一種新的學風，衝擊著舊傳統和固有的世界觀（詳見下文）。

比較起來，王國維更側重於學術流變，以衡定龔、魏的歷史地位：「蓋嘗論之，亭林之學，經世之學也，以經世爲體，以經史爲用。東原、竹汀之學，經史之學也，以經史爲體，而其所得，往往裨於經世。蓋一爲開國時之學，一爲全盛時之學，其塗術不同，亦時勢使之然也。道、咸以降，學者尚承乾、嘉之風，然其時政治風俗已漸變於昔，國勢亦稍稍不振，士大夫有憂之而不知所出，乃或託於先秦西漢之學，以圖改革一切，然頗不循國初及乾、嘉諸老爲學之成法。……其言所以情感，而不能盡以理究，如龔璱人、魏默深之儔，其學在道、咸以後，雖不逮國初乾、嘉二派之盛，然爲此二派之所不能盡攝其逸而出此者，亦時勢使之然也」[47]。

王國維所說的「以圖變革一切」，與梁啟超所說「以別闢國土」，表示二人都充分注意到龔、魏思想代表著一種新的面貌與精神；二人另一點相同的地方，是由不同的著眼點上都同樣指出以經史爲體的考證傳統，與龔、魏的經世學風之間的內在關聯，

---

[47] 王國維：《觀堂遺墨》卷下，＜沈曾植七十壽慶序＞。《王譜》，頁一六四。

就思想史的演變與發展而言，龔、魏思想的形成，乃由於內在的傳承，以及中國本土經濟、政治、社會的危機，並非僅由外來的刺激❹。

第三節　思想傳承、方法與變易理論

定庵在日，因出身華胄，文采雄健，所以文名在默深之上❹。除此之外，定庵因沒有機會接觸西洋的知識和資訊，新學這方面的成就，固然不能相比，即使在傳統的學術與思想方面，其廣度與深度，亦遜於默深。毫無疑問，在十九世紀前期三傑之中，不論是舊學或新學，默深都是最重要的一位。包世臣的思想重實際，以凸出技術專家的心態而名家。定庵則以文學與政論傳世。默深遠爲複雜，即暫撇開新學的開拓不言，他思想的根鬚深入傳統的各面，在學術思想史上扮演著多重的角色。

若以四庫分類爲準，經學有《董子春秋發微》、《詩古微》、《書古微》、《兩漢經師今古文家法考》等，這方面的成就，劉逢祿生前便已激賞，也爲他在今文學運動中樹立起歷史地位。他之所以治經以及治經的態度是：「今日復古之要，由詁訓、聲音

---

❹ 劉廣京：「然中國傳統究能於斯時產生此人物（按：指魏源），對內在及外來之危機皆具敏感，而終其身治學窮知爲生民求出路，是使吾人可相信中國近代史上不斷創新，並非僅由外來之刺激，而實有其自發之精神與思想爲其基礎」。（氏著〈十九世紀初葉中國知識分子──包世臣與魏源〉，見中央研究院，《國際漢學會議論文集》，歷史考古組，中冊，頁一〇三〇。）

❹ 齊思和：〈魏源與晚清學風〉，見《中國近三百年學術思想論集》二編，頁一八一。

以進於東京典章制度，此齊一變至魯也；由典章、制度以進於西漢微言大義，貫經術、政事、文章於一，此魯一變至道也」❺⓪。依王國維說，顧亭林是「以經世爲體，以經史爲用」，則魏源又更爲落實，在他是體即用，經史卽所以經世。

魏源的著作，大部分屬於史學範圍，《聖武記》與《海國圖志》當然不能視之爲單純的史學著作，將留待下文專節討論。史學之作，主要是《明代食兵二政錄》與《元史新編》，前一書在史學上的意義，是因《明史》「食貨兵政諸志，隨文鈔錄，全不貫串」❺①，所以希望以類似《經世文編》的材料，補正史之不足。經世的意義，是該書序文所說：「立乎今日以指往昔，異同黑白，病藥相發，亦一代得失之林」❺②。後一書是因撰《海國圖志》而旁出，此書完成時，已是太平天國興起的第三年，所以還企圖以元中葉後蒙、漢民族矛盾和階級矛盾的尖銳，韓山童、劉福通農民叛變的「元亡之鑒」，教誡清廷當道，挽救危亡❺③。

於諸子之學，默深有兩本專著，一是《老子本義》，序文說「《莊子》注莫善於向、郭，《老子》注則無善本焉」❺④，可見他對這本著作是很自豪的。又說老子「輒言天下無爲者，非枯坐拱手而化行若馳也」❺⑤，其實他撰此書的眞正動機，就是要賦予《老子》以經世的精神：「老氏書昡古今、通上下，上焉者羲皇、

❺⓪ 《魏源集》，頁一五二。
❺① 《魏源集》，頁二二二。
❺② 《魏源集》，頁一六三。
❺③ 吳澤：〈魏源的變易思想和歷史進化觀〉，見《中國近三百年學術思想論集》二編，頁八一～二。
❺④ 《魏源集》，頁二五五。
❺⑤ 《魏源集》，頁二五四。

關尹之以明道；中焉者良、參、文、景治之以濟世，下焉者明太祖誦民不畏死而心減，宋太祖聞佳兵不祥之戒而動色是也」⑤。所以他肯定《老子》乃救世之書。一是《孫子集注》，據傳統的理解，《孫子兵法》當然是論兵之書，《易》、《老》乃言道之書，可是魏源由「百戰百勝，非善之善者也；百戰而屈人之兵，善之善者也」。而悟到《孫子》乃「言道之書」。由「亢之爲言也，知進而不知退，知存而不知亡，知得而不知喪」，悟到《易》乃「言兵之書」。由「天下莫柔弱于水，而攻堅強者莫之能先」，悟到《老子》也是「言兵之書」⑤。說《老子》與兵學有關，並不新鮮，說《易》與兵學有關，在以往較少見。把《孫子》視爲言道之書，一個目的是企圖把這部充滿哲學意趣的兵書，在終極之道上與《易》、《老》統合，所以說：「夫經之《易》也，子之《老》也，兵家之《孫》也，其道皆冒萬有，其心皆照宇宙，其術皆合天人，綜常變者也」⑤。就終極之道而言，這三部經典都涵有不變的「常」理，但同時它們也是善言「變化」之書，從「常」到「變」到「綜常變」是一個辯證的過程。由魏源所說「變化者，仁術也，上古聖人，以其至仁之心挽水火而勝之，挽龍蛇虎豹犀象而勝之」⑤，這部《孫子集注》可能有反戰的涵義。

　　由上所說，可知默深思想的傳承，遠比包、龔爲廣博深厚。

---

⑤　《魏源集》，頁二五八。
⑤　《魏源集》，頁二二六～七。
⑤　同前。
⑤　《魏源集》，頁二二七。

更值得注意的是，當他分別從事這三方面工作時，有著強烈的問題意識，因此他從性質完全不同的典籍中，發現到共同的經世精神，這種精神貫串於他自己所有的著作之中，即使於出世的佛教也不例外⑩。

由問題意識出發，他從不同的典籍中發現到共同的經世精神，也就是默深自己所說的「于分疆畫界之中，有會〔同〕觸類之旨」⑪。而經世的目的，主要在要求達到致用的效果，所謂「致用」，照蔣方震（1882～1938）說，即「實際于民生有利之謂」⑫，當制度僵化，政治、經濟、社會都弊端叢生之際，要想做到實際於民生有利，就必須改革現狀，從不同層面與不同角度要求改革現狀，正是包、龔、魏三傑思想上的一致願望，所不同者，是包氏實務的經驗最豐富，龔氏批判的精神最強烈，魏源於具體的構想之外，還要為現實的改造建立一套理論，這一點早在彙編《皇朝經世文編》時就已充分自覺到，如謂「既經世以表全編，則學術乃其綱領⑬」。這套理論在思想史上有獨立的意義，也就是說，魏源即使沒有《聖武記》、《海國圖志》，以及政、經方面的改革主張，在十九世紀的思想史中依然可佔一席之地。這套理論主要見之於晚年完成的《默觚》中，而在早年《經世文編》的序文與凡例已見端倪。在這裏，當然不可能全面探討他這方面的理論，下文只討論兩點：一是經世思想方法；一是與變革

---

⑩　參前註⑬，頁一〇六～七。
⑪　《魏源集》，頁一五九。
⑫　見蔣氏為梁啓超《清代學術概論》所作之序文。
⑬　《魏源集》，頁一五八。

直接相關的理論，使讀者可以知道，默深的改革主張，並非無源之水。

　　經世思想方法，從《皇朝經世文編》、《切問齋文鈔》到包世臣，都曾再三強調「實用」、「通今」等思想原則，做了方法論的提示，包氏更曾提出「效驗」原則，默深是在這個傳統的基礎上踵事增華，予以條理。他的思想方法根據四項原則❻：

　　(1)「事必本夫心。……然無星之秤不可以程物，故輕重生權衡，非權衡生輕重。善言心者必有驗於事矣」。這一原則的重點在最後一句。根據正宗儒家的說法，萬事萬物皆由心所主宰，所以「事必本夫心」是傳統儒家的原則，與默深所提原則相悖。他以「程物」為例來反駁，人類必然是先有稱輕重的事實需要，才會想到去制定稱輕重的標準（權衡），所以依默深，「心」就是權衡，心的權衡的正確與否，要靠經驗事實來驗證。這在科學方法上屬於印證原則。把這個方法應用到改革上去，即任何改革都不能只憑主觀、閉門造車，必須就實際問題詳加研究、分析，才可能提出比較正確而可行的改革計畫或主張。如要為這一原則尋找傳統的根源，它比較接近荀子的心態，如荀子就說過：「凡論者，貴其有辨合，有符驗」❻。默深哲學著作《默觚》中論知行，主張行先知、實踐決定認識❻，可以說是這一原則在認識論方面的發揮。

　　(2)「法必本於人。……然恃目巧，師意匠，般（公輸般）、

---

❻　〈皇朝經世文編敍〉，《魏源集》，頁一五六。
❻　《荀子・性惡篇》。
❻　《默觚上・學篇二》，《魏源集》，頁七。

爾（王爾）不能閉造而出合。善言人者必有資於法矣」。《管子‧任法篇》：「夫生法者，君也」，卽「法必本於人」之義。法是甚麼呢？《管子‧明法解》：「法者天下之程式也，萬事之儀表也」。法雖是由人所創造，但法一旦成爲「天下之程式」之後，必須使天下人所共守，才能發揮功能。在這裏，默深以巧匠造車爲例，說明卽使技術高造如魯班、王爾，造車若不以規矩程式，一樣造不出有用的車子。把這個原則運用在人事上，譬如拔擢人才，如沒有客觀的法規可循，就會產生徇私舞弊的現象，所以說：「善言人者必有資於法」。如言人而無資於法，結果會如何，這可用荀子的話來回答：「故人無師無法，而知則必爲盜，勇則必爲賊，云能則必爲亂，察則必爲怪，辯則必爲誕」❻❼。

　　(3)「今必本夫古。……然昨歲之曆，今歲而不可用，高、曾器物，不如祖、父之適宜。時愈近，勢愈切，……善言古者，必有驗於今矣」。從歷史的觀點來看，「今必本夫古」可以是一個正確的命題。如從價值觀點看，這個命題就成爲崇古的論調。但不論是那一種涵義，都與默深這裏所提的原則相衝突。「高、曾器物，不如祖、父之適宜」，有時間愈晚就愈好的進化涵義，不過作爲這一原則的論證，並不相干。「善言古者，必有驗於今」，此言本出於《荀子‧性惡》，其義並不反古，也與進化無關，它強調的是：古代的對當今能有效驗，都可採用，否則就不宜採用。既然有不宜採用的，改革就成爲必要，所以這可以說是變法所依據的原則。

---

❻❼　《荀子‧儒效篇》。

　　（4）「物必本夫我。然兩物相摩而精者出焉，兩心相質而疑
難形焉，兩疑相難而易簡出焉。……善言我者必有乘於物矣」。
「物必本夫我」在認識論上是主觀唯心的命題，與默深在這裏要
主張的原則顯然不符。《默觚・治篇一》：「未有學而不資於問
者也。……獨特之見，必不如眾議之參同也」❻❽。後面一句即
「善言我者必有乘於物」的確詁，「相摩」（互相觀摩）、「相
質」（互相質詢）、「相難」（互相爭辯），即「眾議參同」的
過程。

　　以上四原則，如予以簡化，便是：

　　（1）基本態度上重視實際經驗與效果。

　　（2）在實務上，主張處理人間事務，應有客觀的法度或規範。

　　（3）在傳統或古今的問題上，應依當前的需要活用傳統❻❾。

　　（4）在知識活動方面，宜求集思廣益，避免獨斷。

　　這四點不僅展現了經世之學的幾個主要面相，也使我們看到
了一個近代人近代心靈的躍動，把這種心靈進一步加以凸顯的，
就是他的變易理論。

　　默深的變易理論，雖已有專文研究❼⓿，但並不能令人祛除矛
盾混亂之感。在傳統思想裏，儒、道兩家都有歷史的退化觀與環
循觀，而意義不同，主張歷史進化觀的，除《公羊》三世義之

---

❻❽　《魏源集》，頁三五。

❻❾　《默觚下・治篇五》：「執古以繩今，是爲誣今；執今以律古，
　　　是爲誣古。誣今不可以爲治，誣古不可以語學」。可見默深對
　　　「治道」與「學術」屬於不同的層次這一點，意識的很清楚，「善
　　　言古者，必有驗于今」這個原則是就治道而言。

❼⓿　見前註❺❸之文。

外，還有法家的韓非⓪。這三種史觀在默深的變易理論中，兼而有之，如何使這些表面上矛盾的史觀，組成一統一的思想體系，在默深思想中，仍有待仔細研究，這裏我們僅能抉擇出其中與變革直接相關的部分。

這部分可分兩方面來探討：一是宇宙之變；一是歷史之變。有關宇宙之變，默深說：「三代以上，天皆不同今日之天，地皆不同今日之地，人皆不同今日之人，物皆不同今日之物。……故氣化無一息不變者也，其不變者道而已，勢則日變而不可復者也」⓰。天、地、人、物乃宇宙的四大要素，皆爲氣化所充塞，故「無一息不變」。張載（1020～1077）《正蒙》：「由氣化，有道之名」。在張子的哲學裏，氣化同於道，乃宇宙萬物的本體。默深的氣化異於道，所以只是指宇宙變動的現象。「勢」，默深有時稱「大勢所趨」，有時稱「運會所趨」，意義相同，這已是指歷史變動的現象。「氣化無一息不變」，是爲現實世界的改革，提供了宇宙論的根據。

下面這段話似乎很難理解：「神氣化形體，形體化衣食，衣食化語言，語言化酬酢，酬酢化尊卑，尊卑化軒冕，軒冕化宮室，宮室化城廓，城廓化市井，市井化賦稅，賦稅化宴饗，宴饗化獮狩，獮狩化盟會，盟會化歌舞，歌舞化聚斂，聚斂化刑獄，刑獄化甲兵，甲兵化水火，水火復化神氣」⓱。我們認爲這一連

⓪ 韋政通：《中國哲學辭典》，「歷史進化觀」（頁七六二）、「歷史退化觀」（頁七六三）、「歷史循環觀」（頁七六五），一九七七年，臺北水牛出版社。

⓰ 《默觚下・治篇五》，《魏源集》，頁四七～八。

⓱ 《默觚下・治篇十四》，《魏源集》，頁七一～二。

串對人類文明與社會演化的聯想，是要爲「氣化無一息不變」的命題，賦與具體的內容。由「水火復化神氣」來看，又可以使我們知道，宇宙萬物的變動，是終而復始、窮則返本之循環式的。

在「氣化無一息不變」的命題下，默深還思考了一個相關的問題，卽：宇宙的變化如何可能？對這個問題，中國早期思想裏至少有兩種講法：一是《周易・繫辭傳》：「剛柔相推，而生變化」。一是《老子》的「反者道之動」。講法雖不同，意思是一樣的，剛乃柔之反，柔乃剛之反，宇宙必須有兩個相反的元素相摩相盪，作用於其間，才能產生變化，所以也可以說「反者道之動」，動是動能或動力，旣是變化之源，也是變化的本身。默深說：「天下物無獨必有對」。進一步的解說是：「而又謂兩高不可重，兩大不可容，兩貴不可雙，兩勢不可同，重、容、雙、同必爭其功，何耶？有對之中，必一主一輔，則對而不失爲獨。……相反者適以相成也」❼。其中「一主一輔」乃由〈繫辭傳〉「乾尊坤卑」的聯想，默深對這個問題，只是以不同的語言，表達了《易》、《老》相同的意思，並無新義。

默深對歷史之變方面的討論，遠比宇宙之變爲複雜，他有一套以變爲中心理念的歷史哲學，在理論層次上，這是他思想最有價值、最富有時代意義的部分，因爲這套理論除了爲強烈的變革要求提供史學的根據之外，它還與中國十九世紀的時代脈動息息相扣，如果說魏源是十九世紀新思潮的先驅、先知，這一點是不可以忽略的。

---

❼　《默觚上・學篇十一》，《魏源集》，頁二六。

　　《默觚・治篇十六》有一段生動奇妙，涵義豐富，把歷史譬喻爲「一大弈局」的文字❼，既是弈局，棋盤就相當於歷史舞臺，在歷史舞臺上一旦發生「攻取之局」，決定勝負的有四個客觀因素：「天時有從逆，地理有險易，人情有愛惡，機事有利害」。中國歷史在常態下，勝負不論是誰，都是由華夏子孫取得統治權，例外的默深稱之爲「華夷之變局」，如魏孝文帝、金世宗，在他們做皇帝的時候，國家也治理得很好，簡直是「三代後之小堯、舜」。取得統治權的方式，「或逸之而得，或勞之而不得；或拙之而反得，或巧之而不得；或奇之而正，或正之而奇」。因此產生禪讓、傳子、傳賢、征誅等多種不同政治變局的形態。在人倫方面：「始放之而復反之，君臣之變局也；呂、賈、武之司晨，男女之變局也」。所謂歷史，在默深看來，就是由上述種種變局，「縱橫反覆，至百千萬局」所形成的史迹。這一段文字的最後幾句，才是他把歷史喻爲弈局的命義所在：「故廢譜而師心，與泥譜而拘方，皆非善弈者也，有變易之易而後爲不易之易。……孰是局中而具局外之識者乎」？歷史的經驗、教訓與歷史發展的規律，相當於弈局中弈者的棋譜，廢譜而師心自用，如「王莽以井田致亂」；拘泥於歷史的成規和根本沒有實行過的方案，如「王安石以《周禮》誤宋」；這兩種極端的態度，「皆非善弈者也」，善弈者（創造歷史者），必須是既不廢譜，也不泥譜，而能善用歷史縱橫反覆的經驗，接受歷史成敗的教訓，掌握歷史發展的規律。這就是所謂「有變易之易而後爲不易之易」。

---

❼　見《魏源集》，頁七八。

誰才能做到這一點？默深認爲「是局中而具局外之識者」，也就是身在歷史之中，而又具有超時代的智慧的人。

　　歷史之變就史觀而言，有三種情況：進化、退化、循環，默深對這三方面皆有論述，其中論證最有力的，是歷史進化觀，也只有這一部分才能提供作爲變革的理論根據。歷史之變的本身，可以是沒有價值涵義的，一說到史觀，就必然涵有價值的評判。史觀論者雖然也解釋歷史，但主要的目的不在學術，而是以歷史爲手段，達到其特定的目的，默深的史論便是如此。

　　首先，他根據史實，認爲「后世之事，勝于三代者三大端」❼：第一是「文帝廢肉刑，三代酷而后世仁也」。以歷史爲手段，這種論調，當然可以同情，但經不起史實檢證，所謂除肉刑，卽當黥者髡鉗爲城旦舂，當劓者笞三百，當斬左趾者笞五百，當斬右趾者棄市，故史稱其外有輕刑之名，內實殺人❼，以此作爲「后世仁」之證，豈不是很荒謬！第二是「柳子非封建，三代私而后代公也。」所謂「柳子非封建」，乃指柳宗元（773～819）〈封建論〉：湯、武「非公之大者也，私其力於己者，私其衛於子孫也。秦之所以革之者，其爲制公之大者，其情私也，私其一己之威也，私其盡臣畜於我也，然而公天之端自秦始」。默深用柳氏的論點作爲「三代私而后代公」的論據，是可以站得住的。第三是「世族變爲貢舉」，在這一點上，默深的論證也堅強有力：「三代用人，世族之弊，貴以襲貴，賤以襲賤，與封建

❼　《默觚下・治篇九》，《魏源集》，頁六〇。
❼　錢穆：《秦漢史》，頁六二，五十五年（一九六六），香港大中國印刷廠承印。

起于上古， 皆不公之大者。 雖古人教育有道， 其公卿冑子多通六藝，豈能世世皆賢于草野之人」， 其說亦本於柳宗元：「今夫封建者， 繼世而理（治）， 繼世而理者， 上果賢乎， 下果不肖乎」？

三大端之外， 復以秦、漢以下的用人、選拔、租稅、軍事等制度加以充實：(1) 用人制度：「秦漢以後，公族雖更， 而世族尙不全革，九品中正之弊，至于上品無寒門，下品無世族。……自唐以后， 乃以彷彿立賢无方之誼，至宋、明而始盡變其轍焉。雖所以教之未盡其道， 而其用人之制， 則三代私而后世公也」[78]。(2) 選拔制度：「鄉舉里選而門望，門望變而考試，……雖聖王復作，必不舍科舉而復選舉」[79]。(3) 租稅制度：「租庸調變而兩稅，兩稅變而條編，變古愈盡，便民愈甚，雖聖王復作，必不舍條編而復兩稅，舍兩稅而復租庸調也」[80]。(4) 兵制：「邱甲變而府兵，府兵變而彍騎、而營伍，雖聖王復作，必不舍營伍而復爲屯田爲府兵也」[81]。

在宇宙之變方面，他認爲「氣化無一息不變」。在歷史之變方面，他也認爲歷史如「江河百源，一趨于海，反江河之水而復歸之山，得乎」[82]？不過默深還是察覺到自然現象與歷史人文現象不同， 自然現象可以是無一息不變， 歷史人文現象則可以有變、有不變。就儒家傳統而言，立權度量、改正朔、易服色等制

---

[78] 同前註[76]，頁六一。
[79] 《默觚下・治篇五》，《魏源集》，頁四八。
[80] 同前。
[81] 同前。
[82] 同前。

度，是可以與民變革的，而親親、尊尊、長長、男女有別等倫常，是不可與民變革的[83]。默深論斷何者可變、何者不可變所取的標準，非常值得注意，他說：「天下事，人情所不便者，變可復；人情所羣便者，變不可復。……履不必同，期于適足，治不必同，期于利民」[84]。以人情作爲變與不變的取舍，正符合他經世思想方法中所揭示的效驗原則，至於便民、利民目標的強調，更是經世之學的崇高理想。

就應然層次言，主宰歷史應「是局中而具局外之識者」，在事實上往往不然，如「秦起戎翟（狄），以併天下，則知天下大勢所趨，聖人卽不變之，封建亦必當自變」[85]。「大勢所趨」卽「運會所趨」，也就是所謂「自變」，自變者不知其然而然。在歷史的重大變化上，如秦代周而興，郡縣代封建，只能訴之於運會，但在特殊現象和制度的措施上，人仍可有着力之處：「雖古之聖王，不能使甲兵之世復還於無甲兵，而但能以甲兵止甲兵；不能使刑獄之世復還於無刑獄，而但能以刑獄止刑獄；不能使歌舞之世復還於無歌舞，而但能以歌舞爲禮樂也」[86]。甲兵、刑獄、歌舞，都是歷史上無法改變的事實，當它們變得殘忍、墮落時，人可以設法改變它，使它變得較能控制或較爲合理，這似表示變法不但可能，而且必要。

---

[83]　《禮記・大傳》。

[84]　同前註[79]。

[85]　《書古微》，卷十一，頁一五，光緒四年（一八七八），淮南書局。

[86]　《默觚下・治篇十四》，《魏源集》，頁七二。

第四節　經濟改革方案及其實效

　　由上節變的理論的探討中，我們已感受到默深對現實的變革有一股強烈的願望，這股願望落實在政治、經濟方面，使他與包世臣、龔定庵聲氣相通，再加上獲得林則徐、賀長齡、陶澍等官吏的奧援，已爲經世之學的傳統注入新的活力，並在當時封閉、僵化的學風中，逐漸形成屬於新時代的意見氣候。比較起來，定庵的政論最尖銳、批判的精神最突出。包、魏二氏對政、經都有高度的關懷，但關懷的層面不盡相同，包氏着重實務，對技術性問題，最爲精到；魏氏也重實務，但由於史學的深厚素養，因此往往從現實問題追溯歷史的經驗，以吸取歷史的教訓。魏源說：「宜民者無迂途，實效者無虛議❽」。在政、經改革的問題上，以「宜民」爲目標，方法則講究「實效」，二氏實完全相同。近代西方能有力量侵略中國的國家，無一不是先求產業發達（致富），然後以武力在世界各地掠奪市場（致強），包、魏二氏憑藉著對西方極有限的了解，竟能相應著近代國家發展的情勢，提出具有新時代意義的「富強」觀念，並以此批判傳統儒者的「虛議」王道。這個觀念，包氏倡之於前：「過富強者爲霸，過霸者爲王，……未有既貧且弱而可言王道者也。故謂富強非王道之一事者，陋儒也❽」。魏氏應之於後：「自古有不王道之富強，無不富強之王道。……使其口心性，躬禮義，動言萬物一體，而民

---

❽　〈籌䃍篇〉，《魏源集》，頁四三二。

❽　《安吳四種》卷八，〈藝舟雙楫〉，頁一九上、下。

瘼之不求，吏治之不習，國計邊防之不問；一旦與人家國，上不足制國用，外不足靖疆圉，下不足蘇民困，舉平日胞與民物之空談，至此無一事可效諸民物，天下亦安用此無用之王道哉❽」？二氏之言雖一詳一略，其渴望富強，並無二致。

富強畢竟是一遙不可及的理想，就當時國勢而言，政、經之弊，皆已不可勝言，關此，默深有簡要的描繪：「無一歲不虞河患，無一歲不籌河費，前代未之聞焉。江海惟防倭防盜，不防西洋。夷煙蔓宇內，貨幣漏海外，病漕、病鹺、病吏、病民之患，前代未之聞焉❾」。面對如此複雜而又嚴重的問題，默深要如何興利除弊、因敗為功？下文將逐點予以探討：

（一）水　　利

默深二十八歲時（一八二一），作〈北上雜詩七首〉，第四首謂「西北水利枯，東南漕運逋」，早就注意到水利、河運問題的嚴重。最後四句：「手持水利書，副以溝洫圖，拜獻神禹前，冀免斯民魚❿」。可以看出他早有治好水利的志向。

黃河水患，自古以來一直危脅著中原地區的生命和財產，以清代為例，順治時十七年間水患有十一次，康熙時六十一年間有二十四次，雍正時十二年間有五次，乾隆時五十二年間有十五次，嘉慶時水患頻率又加速，二十五年間多達十五次❷，可知

❽ 《默觚下・治篇一》，《魏源集》，頁三六。
❾ 〈明代食兵二政錄敍〉，《魏源集》，頁一六二。
❿ 《魏源集》，頁五七七、五七八。〈北上雜詩〉，《魏源集》所載與《清夜齋》詩稿文字有異，上引前兩句本《清夜齋》。
❷ 陳耀南：《魏源研究》，頁一一七。

「無歲不慮河患，無一歲不籌河費」之說並不誇張。

水患頻率加速， 除天時難以測度的因素之外， 依默深的檢討，約有數端：

（1）治標而非治本 默深說：「但言防河，不言治河，故河成今日之患。……今日籌河， 而但問決口塞不塞與塞口之開不開，此其人均不足以與言治河者也㊗」。「治河」是說要有整體性的考慮，做全盤計畫，以達到標本兼治之效。「防河」只是應急， 僅由局部考慮，很難收實效， 結果是歲歲籌河費，年年有河患。 這一點包世臣早就檢討過， 而且對實情更清楚： 「自潘氏（潘季馴， 1521～1595） 之後， 莫能言治河者， 其善者防之而已。……能言治河者，用心力於霜後， 及汛至則恬然如無事者，心有眞識， 而事皆豫立故也。 今河員無尊卑， 皆汛至而奔馳旁午，霜後則羣居安坐， 樗蒲宴樂， 夗矣! 河底之深淺， 隄面之高下， 問之司河事者， 莫能知其數； 報有誌椿存水之文， 測量實水，則與報文懸殊，問之司河事者，莫能言其故——如彼所爲，宜其歸之天幸也㊗」! 照他這樣說， 所謂防河， 連治標都不可能，不過虛應故事而已。

（2）河費不勝負荷 〈籌河篇上〉（道光二十二年，一八四二）就淸初以來， 歷代治河得失， 及河費旣「浮自上」， 又「增自下」的情形，述之甚詳，大抵的趨勢是「乾隆四十七年以後之河費，旣數倍於國初，而嘉慶十一年之河費，又大倍於乾隆；至今日而底高淤厚， 日險一日， 其費又浮於嘉慶， 遠在宗祿、 名

㊗ 〈籌河篇上〉，《魏源集》，頁三六五。
㊗ 〈答友人問河事優劣書〉，見《淸儒學案》卷一三六，頁六。

糧、民欠之上」。因此默深說：「以今日之財額，應今日之河
患，雖管、桑不能爲計❾」。

　（3）**人謀不臧**　任何改革都會有人反對，有的河員因怕「裁
缺裁費」，喪失既得利益，因而反對；有的官吏因怕負責，仍堅
持舊例，敷衍塞職；有的因倡議改革，令「眾人側目，未興天下
之大利，而身先犯天下之大忌」❾。最嚴重的是貪污，默深稱之
爲「食河之饕」❾。再加上「玩視水利之官」、「畏勞畏怨之州
縣」、「循俗苟安之幕友」、「行賄舞弊之胥役」、「壟斷罔利
之豪右」。集此眾因，「而望水利之行，無是理也」❾。爲此，
默深慨嘆地說：「吁！國家之大利大害，當改者豈惟一河」❾！

　　上面第三點，基本上是政治改革的問題，下一節將予討論。
有關黃河水患標本兼治的方案，〈籌河篇〉上中下三文中有很詳
細的擘劃與建議，主要的構想，一方面主張利用東海，來「別籌
運道」；另一方面認爲，河流必須各歸其道，不相擾亂，才能減
輕災害，所以黃河不可南向奪淮入江，要東入大海❿。他的方案
特別注重兩點：一是歷史上治河雖有少數成功的經驗，但長久以
來，黃河已多次改道，地勢的變化也很大，所以方案不能「但慕
師古，無裨實用」⓿。一是因國家財源匱乏，設計方案必須考慮
節約，他覺得他的計畫，雖不能「侈王景（699～776，治河專

---

❾　《魏源集》，頁三六五。
❾　〈籌河篇中〉，《魏源集》，頁三七三。
❾　同前註❾。
❾　〈湖廣水利論〉，《魏源集》，頁三九〇～一。
❾　同前註❾。
❿　陳耀南：《魏源研究》，頁一二四。
⓿　《魏源集》，頁三七四。

家）河千年之遠效，而數百載間大工費必可省矣❿」。

　　默深「別籌運道」之說，曾遭到周馥（1837～1921）的批評：「魏默深懲當日河工之弊，激爲此說，然張秋以北，無汶濟運，難行灌塘之法，蓄黃濟運，煩費頗多。觀同治末年、光緒初年，河運十萬石之事，可知矣❿」。〈籌河篇中〉，認爲他的方案有六大優點，大都是樂觀的假定，其中第二點，以爲「舊河涸出淤地千餘里，以遷河北失業之民，舍磽瘠，得膏腴，不煩給價買地」❿。最近（一九八七年九月）觀賞日人所攝影集〈大黃河〉，日本記者在一山丘村落中訪問一老人，老人細述當年被水患，村人大半死亡的往事，記者問他爲何不遷移他處，老人以無奈的表情回答。默深作此樂觀假定時，忘了中國農民安土重遷的民族性。可見一個方案要眞正具有實用或實效，並不簡單。默深是一思想家，和包世臣一樣，他們那種「爲生民立命」的精神，永遠值得後人崇敬。這種精神本來就是代代推動改革的原動力。

（二）漕　　運

　　中國歷代大多建都北方，百官的供給，軍衛的糧餉，工役的酬養，以至京畿庶民的食用，都得仰賴江南糧食的供應，因此漕運就成爲朝廷的大政之一。漕運從徵米到交兌，中間轉運多次，有許多納賄舞弊的機會。包世臣早就指出：「漕爲天下之大政，

---

❿　《魏源集》，頁三七二。
❿　《治水迷要》，卷十，頁二六～七。陳氏《魏源研究》，頁一二六。
❿　《魏源集》，頁三七三。

又爲官吏之利藪。貪吏之誅求良民，奸民之挾制貪官，始而交徵，繼必交惡，關係政體者甚鉅[105]」。到了道光二十一年（一八四一）湖北崇陽縣果因漕事激起民變，朝廷動用大軍鎮壓，知縣師長治殉職。在此前數年間，浙江之歸安、仁和，江蘇之丹陽、震澤，江西之新喩，皆屢以漕事興大獄，並小用兵。崇陽事件後不到兩年，「湖南未陽復以錢漕浮勒，激眾圍城，大吏至調兩省兵攻捕于瓦子山、曾波洲，彌月始解散[106]」。

由河運漕，納賄舞弊的現象，由來已久，因此海運之議時起。一直到「康熙、嘉慶中，以河患屢籌改運」，仍「議皆不決[107]」。反對海運的理由，包世臣曾一一辯駁過（見前文第四章第五節），默深則斥責反對者「爭先爲難，百議一喙，坐失事機[108]」。更深的原因，則在「難於袪人心之積利[109]」。

道光四年（一八二四），「高堰決，運道梗，中外爭言濟漕之策，或主借黃，或主盤壩，發言盈廷，罔所適從。天牖帝心，有開必先，則有首咨海運之詔[110]」，終於使海運之議佔了上風。海運於一八二六年試行成功後，默深作〈道光丙戌海運記〉，細敍此事始末，由該文可知此次海運得以試行，大學士英和，兩江總督琦善，江蘇巡撫陶澍，布政司賀長齡皆有推助之功，默深則爲幕後策劃之人。在他看來，此次海運之役，有三個要點：「曰

---

[105] 〈籌漕弊〉，《皇朝經世文編》，卷四六，頁八上。
[106] 《魏源集》，頁三四〇。
[107] 《魏源集》，頁四一四。
[108] 同前，頁四一五。
[109] 同前，頁四一二。
[110] 同前，頁四一五。

招商雇舟，日在南兌米，日在北交米」⑪。其所以優於河運者也有四點，即利國，利民，利官，利商。與歷代相比，其優勝之處爲：「三代有貢道無漕運，漢、唐有漕運無海運，元、明海運矣，而有官運無商運。其以海代河、商代官，必待我道光五年乘天時人事至順而行之」⑫。

於〈籌漕篇上〉中，默深再度分析了此番漕事改革所以順利成功的因素，總言之，「勢而已矣」，析言之，有地勢、事勢、時勢。何謂地勢？「國朝都海，與前代都河、都汴異，江、浙濱海，與他省遠海者異，是之謂地勢」。何謂事勢？「元、明海道官開之，本朝海道商開之，海人習海，猶河人習河，是之謂事勢」。何謂時勢？「河運通則瀆以爲常，河運梗則海以爲變」（即〈海運全案序〉：「以海運之變通漕運之窮」之義），是之謂時勢」。也就是說，要把一件事改革成功，必須有外在形勢能配合，並運用客觀有利的條件，掌握可乘的時機，時機往往稍縱即逝，尤爲緊要，所以說「時乎，時乎！智者爭之」⑬。

必須補充說明，此次海運試行只限於江蘇四府一州，正式實行，要到一八四八年。

（三）鹽　　政

鹽於嘉、道年間，與河、漕共爲三大弊政，也是包、魏二氏共同關懷的焦點，包氏偏向鹽政實務的研究，早在嘉慶二十五年

---

⑪　同前，頁四一七。
⑫　同前，頁四一一。
⑬　以上均見《魏源集》，頁四〇四。

（一八二〇），卽已提出以票鹽代替綱鹽的建議，後爲陶澍所採行，默深則爲這一時期鹽政改革的經驗做了總結。

默深經濟改革的目標，是希望做到「便國而便民」，「便國」是指增加國庫的收入，「便民」是希望減輕百姓的負擔。從這個觀點出發，很容易看出，舊法所謂綱鹽制，因「文法委曲煩重，致利不歸上（國），不歸下（民），而盡歸中飽，官民交困」❶❶❹ 的嚴重弊端，具體點說，這種弊端，「一由淮所運本太重，一由口岸錢價太昂。官費太多，以致場私、蘆私、充斥滯銷。知綱鹽之弊，而後知票鹽之所以利」❶❶❺。這也就是包世臣所說的「私暢官滯」、「公私倒置」的現象。

爲了改革這種積弊太深的舊法，默深根據他的宇宙之變、歷史之變的理論，一再強調「天下無數百年不弊之法，無窮極不變之法，無不除弊而能興利之法，無不易簡而能變通之法」❶❶❻。「易簡」、「除弊」可以說是變法在理念層次上的兩個準則，而「防弊必出於易簡」❶❶❼，所以易簡又比除弊爲根本。在方法上，必須做到「輕本敵私」、「化私爲官」，具體的步驟是：「與其使利出三孔二孔病國病民，曷若盡收中飽蠹蝕之權使利出于一孔，出一孔之法如何？曰：非減價曷以敵私？非輕本曷以減價？非裁費曷以輕本？非變法曷以裁費」❶❶❽？歸根究柢，要革新鹽政，必

❶❶❹　《魏源集》，頁三二八～九。
❶❶❺　〈淮北票鹽志凡例〉，《魏源集》，頁四四二。
❶❶❻　〈淮南鹽法輕本敵私議自序〉，《魏源集》，頁四四三。
❶❶❼　《魏源集》，頁四四〇。
❶❶❽　〈籌鹺篇〉，《魏源集》，頁四三二。

先變法，這樣才是「推其本以齊其末，君子窮源之學」⑲。所謂變法，就是以票鹽代替綱鹽，「票鹽卽劉晏（715~?）收稅之法，其要在於以民販之易簡，變綱商之繁重」⑳。可見易簡的理念雖取之《易傳》，在鹽政的傳統裏也是有來歷的。

票鹽法雖有歷史的根據，但成敗的關鍵，是在如何「輕本」，因「輕本」方足以「敵私」，這一點默深於〈籌鹺篇〉有很詳細的討論，他認爲要輕本，必須使「利出一孔」，其道「不外四端」：(1) 額課減而不減。(2) 場價平而不平。(3) 壩工捆工裁而不裁。(4) 各岸浮費不裁而裁。「以上四條，計省科則四十餘萬，場壩浮費百餘萬，在場在岸官費二百餘萬，共計減輕成本約四百萬」㉒。

從理念到方法，到具體的步驟，最後一步是技術層面的做法，陳耀南根據〈淮北票鹽志凡例〉，列舉了六點㉒：(1) 於鹽場地區適中之處，設局收稅，無論官紳商民，只須照章繳納課稅，卽可領票行鹽買賣。(2) 票課在場內收納，等於就場徵稅。(3) 每票運鹽十引，每引二百斤。(4) 掣驗手續，與引法相類。(5) 在銷界以內，無論何縣，悉聽轉運流通，至於無票及越境者，仍以私鹽論罪。(6) 包捆和運輸途徑，也有改革，「百斤出場，更不改捆，徑赴口岸」，「停止陸運，以防透私」，「一改百年之積弊」。

---

⑲　同前。
⑳　〈淮北票鹽志凡例〉，《魏源集》，頁四四一。
㉑　同前註⑱，頁四三七。
㉒　《魏源研究》，頁一五二。

以上是默深於總結鹽政改革經驗的同時，也有系統地綜合了自己的主張，作為進一步改革並全面推廣的張本。

（四）外貿與貨幣

河、漕、鹽屬於內政，也是歷代累積下來的老問題，由鴉片輸入而引起的外貿與貨幣問題，則是由西方資本主義侵入造成的新問題。據估計，一七○○～一八○○年一百年間，中國白銀的淨輸入約有一億七千餘萬元[123]。到了道光十七年（一八三七），據默深說，對外貿易，「共計外夷歲入中國之貨，僅值銀二千十四萬八千員，而歲運出口之貨，共值三千五百有九萬三千員，以貨易貨， 歲應補中國價銀千四百九十四萬五千員。 使無鴉片之毒，則外洋之銀，有入無出，中國銀且日賤，利可勝述哉」[124]？但事實上，鴉片戰爭前夕，因煙毒輸入，每年流出的白銀至少有一千萬兩[125]，對這種情形， 默深稱之謂 「竭我之富， 濟彼之強」。可知禁煙聲浪日高，除了煙毒殘害國民健康之外，更直接的原因，是因它已導致我國財政的嚴重危機。

包世臣和魏源當然都是主張禁煙的， 不過包氏態度比較激烈，不僅要「撤關罷稅」，還要「絕夷舶」（夷民「必須」的茶

[123]　巫寶三：＜略說魏源的經濟思想＞，見《中國近代經濟思想與經濟政策資料選輯》（一八四○～一八六四），頁一四二～三，一九八七年，谷風出版社。

[124]　＜籌海篇四＞，見《近代中國對西方及列強認識資料彙編》，第一輯，第二分冊，頁九三四，六十一年（一九七二），中央研究院近代史研究所。

[125]　同前註[123]，頁一四三。

葉、大黃，仍准通行）❶❷❻。魏氏把鴉片輸入，白銀外流，視為財政上的「漏巵」，「無漏巵則國儲財」❶❷❼，如前所說，只要「使無鴉片之毒」，一般的對外貿易，對我國是有利的，應該正常進行。當時默深恐怕還無法了解鴉片貿易的國際背景，所以把問題想的過分單純。他主張一般貿易應繼續的另一理由，是希望藉此機會，使我國能自修自強，因貿易不斷，「不惟以貨易貨，而且以貨易船、易火器，准以艘械、火藥抵茶葉、湖絲之稅，則不過取諸商捐數百萬，而不旋踵間，西洋之長技，盡成中國之長技」❶❷❽。這當然也是過分樂觀的想法，但無疑的，在那個時代，他是知識分子中知道西方科技重要性的先驅。近二十年來，頗為流行的「科技生根」的觀念，追源溯始，默深也是最早提倡這個觀念的人物。

鴉片輸入，白銀外流，對貨幣的影響，據黃爵滋（1793～1853）奏言：「近年各省漕賦之疲累，官吏之虧空，商民之交困，皆由銀價昂，錢價賤。向時紋銀每兩兌錢千，今（一八三八）則每兩兌至千有六百，其洋錢價亦因之遞長，而銀少價昂之由，由於粵東洋船鴉片煙盛行，致紋銀透漏出洋，日甚一日，有去無返」❶❷❾。各省漕賦所以疲累，是因「地丁漕糧，徵錢為多，及辦奏銷，皆以鈔易銀，折耗太苦」❶❸⓿。也因此朝廷收不到足額

---

❶❷❻　《安吳四種》，卷二六，〈齊民四術〉，卷二，頁四～七。
❶❷❼　《魏源集》，頁一六二。
❶❷❽　〈道光洋艘征撫記上〉，《魏源集》，頁一八六。
❶❷❾　同前，頁一六八。
❶❸⓿　黃爵滋：〈請嚴塞漏巵以培國本摺〉，見前註❶❷❹之書，第一分册，頁一一一。

的稅課。 此外， 商業上零售用錢， 批貨又用銀， 也產生折耗問題， 由於銀荒， 商業上往來根本缺乏銀兩支付❸。白銀外流，已嚴重影響到原有的經濟秩序，因此有不同「更幣」的主張，有的主張發行紙幣， 廢止用銀， 如王瑬 (1776～1833)， 他以爲「以他物爲幣皆有盡， 惟鈔無盡， 造百萬卽百萬， 造千萬卽千萬」❸。他連起碼的貨幣知識都沒有，才敢提出這樣可怕的主張。包世臣也同意發行紙鈔，但他了解濫發紙鈔會引起物價暴漲，因此提議發行量應「陸續增造」，並以「足利民用」爲最高限額。默深堅決反對發行紙鈔，反對的理由於〈軍儲篇三〉中有詳細的陳述，對王瑬於《鈔幣芻言》中所說的行鈔十便：「造之省，用之廣，藏之便，賚之輕，無成色之好醜，爐冶之消耗，絕銀匠之奸僞，盜賊之窺伺，銅錢廢而盡鑄爲兵，白銀賤而盡充內幣」。在他看來是有十不便而無一便：「造之勞，用之滯，敝之速，僞之多，盜之易，禁之難，犯之眾，勒之苦，抑錢而錢壅於貨，抑銀而銀盡歸夷」❸。

默深「更幣」的主張是：「仿鑄西洋之銀錢，兼行古時之玉幣、貝幣而已」❸。爲何要兼行玉、貝？因銀源有限，「以貝、玉佐銀幣之窮」。爲了擴充銀源，同時必須「開礦以濬銀之源」❸。他的主張後來實行了一半，開礦之議，道光晚期已被採納，「仿鑄西洋之銀錢」，要到光緒十三年（一八八七），清廷准張

之洞之奏，大量鑄造銀元（時稱「龍洋」），終於獲得實現❸。

第五節　政治改革的理念

　　默深的政治思想，由《默觚・治篇》看來，比較偏重治術，大部分是在檢討傳統的老課題，有些觀念傳承於荀子❸，因他有機會接觸西方民主的資料，因此使他比黃梨洲政治思想已到達的新高點❸，又更進了一步。下面先看幾個比較突出的觀念，從這些觀念不難看出他政治改革的理念。

　　先看王、霸問題，這雖是春秋以來的老課題，在默深的政治思想裏，已賦予它與方法論相應的新義。這個問題在傳統思想裏，有主張尊王抑霸的，如孟子、程顥（1032～1085）；有認為王與霸僅是程度上的不同，並無本質上的差異，如荀子；有的為霸者辯護，如李覯（1009～1059）、呂坤（1536～1618）❸；陳亮（1143～1194）與朱熹（1130～1200）有關三代與漢、唐的辯論，基本上也是屬於這個範疇❹。默深的王、霸論，在思想脈絡上是承繼著陳亮的事功主義與顏習齋（1635～1704）的唯用論下來的。

　　根據「善言心者必有驗于事」的方法，他不認為王道與事功是不相容的，而是可結而為一的。他不否認王道，只是充實它、

---

❸　陳耀南：《魏源研究》，頁一七一。

❸　同前，頁五五。

❸　韋政通：《中國思想史》，頁一三〇〇，六十九年（一九八〇），臺北大林出版社。

❸　韋政通：《中國哲學辭典》，「王與霸」條（頁一六六～一六八）。

❹　參看前❸，頁一二一八。

轉化它，這樣對拘泥於固有觀念的人，較有說服力。陳亮的事功
強調英雄主義，默深的事功以富強爲主要內涵。荀子便已倡言富
強，不過在十九世紀有格外貼切的意義。他把富強與王道相結，
並由此批判了歷史上那些空談王道，而忽略事功的儒者：「自古
有不王道之富強，無不富強之王道。王伯之分，在其心不在其迹
也，心有公私，迹無胡越。……後儒特因孟子義利、王伯之辯，
遂以兵食歸之五伯，諱而不言，曾亦思足民、治賦皆聖門之事，
農桑、樹畜卽孟子之言乎？……王道至纖至悉，井牧、徭役、兵
賦，皆性命之精微流行其間。使其正心性、躬禮義，動言萬物一
體，而民瘼之不求，吏治之不習，國計邊防之不問，一旦與人家
國，上不足制國用，外不足靖疆圉，下不足蘇民困，舉平日胞與
民物之空談，至此無一事可效諸民物，天下亦安用此無用之王道
哉」⑭！照這樣說來，並不是王道不好，而是儒者們誤解了王
道。類似的言論，顧亭林、顏習齋都有過，它的新鮮處，是認爲
王道必須有富強的實效，也祇有富強才最接近王道的理想，這樣
把政治整個努力的方向都扭轉了過來，這個方向與鴉片戰爭時代
的需要是十分貼切的。

　　近代的富強之道，默深於《聖武記》、《海國圖志》兩書有
充分的發揮。就中國傳統而言，能趨近這個目標的，反而是被
「口心性」者所輕視的五伯、七雄、嬴秦，所以默深說：「五伯
者，三王之罪人，中夏之功臣；……七雄、嬴秦者，罪在一時，
功在萬世」⑭。這比荀子稱齊桓公、管仲爲「古之人有大功名者」

---

⑭　《默觚下·治篇一》，《魏源集》，頁三六。
⑭　《默觚下·治篇三》，《魏源集》，頁四三。

⑭，又進了一步。就歷史上霸者而言，這種話眞可以說是「乃與天地日月雪寃」（陳亮語）了。

富強對當時的默深來說，是一遙不可及的理想，呈現在他眼前的現實，是一個既衰弱又貧窮的國家，所以最迫切的問題是改革現狀，改革之道在興利除弊，要除弊就必須革除一些不合時宜的陳例舊規，也就是要變法。包世臣於十九世紀初，卽已主張改革科舉與中央及地方的體制，默深因對宇宙之變與歷史之變，都下過一番功夫去研究，因此很有信心且態度堅決，在思想層次上提出了若干政治改革的理念。

闡說這方面的理念，最重要的一篇文章是《默觚下・治篇五》⑭，一開頭就說：「三代以上，天皆不同今日之天，地皆不同今日之地，人皆不同今日之人，物皆不同今日之物」。然後得出「氣化無一息不變」的結論。接下來在討論租、庸、調的背景下，提出言辭頗爲激烈的「變古愈盡，便民愈甚」的命題。最後一部分論治術，又一再重復「上古之風必不可復」、「三代井田、封建、選舉必不可復」的信念，三代井田雖不可復，但「君子之爲治也，無三代以上之心則必俗，不知三代以下之情勢則必迂」。所謂「無三代以上之心」，卽「心有公私」之「公心」，井田制因不能適應「三代以下之情勢」，故不可復，井田所表現的道德原則（公心），仍當堅持，可見「變古愈盡」之說，是有限制的。「讀父書者不可與言兵，守陳案者不可與言律，⋯⋯善

---

⑭　《荀子・王霸篇》。
⑭　《魏源集》，頁四七〜九。

治民者不泥法，無他，親歷諸身而已」⑭⑤。「善治民者不泥法」，在字面上幾可視爲一切變法論者思想上的一個設準，在這裏僅是指科條法令，不涉及統治者的體制，與清末康、梁的變法主張，還有一段距離。卽使這點道理，亦獲之不易，是他長期研究歷史，尤其是元、明以來的歷史，他從具體的事實中（如河、漕、鹽、貨、食），一一探討其病源，才得到的經驗與教訓。「讀周、孔之書，用以誤天下，得不謂之庸儒乎？靡獨無益一時也，又使天下之人不信聖人之道」⑭⑥。不從歷史的具體事實中探討病源，沒有「親歷諸身」經驗的人，是說不出這種話的。在默深心目中的聖人之道，不只是能守常，更重要的是能通變——能吸收歷史的教訓，能洞察歷史發展的情勢，這樣自然能發現「天下無數百年不弊之法，無窮極不變之法」⑭⑦。

王莽（前 45～後 23）、王安石（1021～1086）是中國史上兩位變法的著名人物，默深對他們的評論卻是：「王莽以井田致亂，安石以《周禮》誤宋，故廢譜而師心，與泥譜而拘方，皆非善弈者也」⑭⑧。「泥譜而拘方」無異是「強人之所不能，法必不立；禁人之所必犯，法必不行」⑭⑨。因此變法必須考慮其是否有效驗，以求其可行性。「廢譜而師心自用」者，絕非「行法之人」，「人君治天下，……不難于立法，而難得行法之人，……君子不輕爲變法之議，而惟去法外之弊，弊去而法仍復其初矣。不汲汲求

---

⑭⑤　同前，頁四九。
⑭⑥　同前。
⑭⑦　〈籌䣈篇〉，《魏源集》，頁四三二。
⑭⑧　《默觚下・治篇十六》，《魏源集》，頁七九。
⑭⑨　《默觚下・治篇三》，《魏源集》，頁四五。

立法，而惟求用法之人，得其人自能立法矣」⑩。不但把行法之人看得比立法本身還重要，如果以爲變法只是「去法外之弊」，這種言論與他自己在漕運、鹽政等問題上所強調的，以及實際上所從事的，根本是不一致的。

王霸、變法之外，另一突出的觀念，是對統治者的不滿，以及對人民的同情。這個觀念在中國反暴君、反專制的思想傳統裏，可謂源遠流長⑮：周厲王（前 879～845）是中國史上第一個被人民推翻的暴君，嗣後春秋時代的逐君事件不斷發生，《左傳》襄公十四年（前 560）：「天之愛民甚矣，豈其使一人肆於民上，以從其淫，而棄天地之性，必不然矣」。正是那時代的反映，亦開思想上抗議暴君專政的先聲。戰國時代的孟子，有民貴君輕之說，孟、荀都主張誅桀紂若誅獨夫，也是抗議傳統的先驅。秦、漢以來，《呂氏春秋》，西漢末年的谷永，東漢末年的漢陰老父，魏、晉時的阮籍（210～263）、稽康（223～262）、鮑敬言，宋代的朱熹、陸象山（1139～1192）、葉水心（1150～1223），明代的呂坤（1536～1618），清初的黃梨洲（1610～1695）、唐甄（1630～1704），是這一光輝傳統的主要代表，龔定庵和魏源，是歷經清代雍、乾二朝酷毒慘烈的專制以後，重新延續了這個傳統的人物。

---

⑩　《默觚下・治篇四》，《魏源集》，頁四五～六。
⑮　韋政通主編：《中國哲學辭典大全》，韋政通撰「反專制」條（頁一九七～二〇四），七十二年（一九八三），水牛圖書出版公司。

中國傳統以農立國，屬於「匱乏經濟」形態❷，這種形態的經濟，使儒家「藏富於民」的理想根本不可能有實現的一天。藏富於民的目的在培養民力充實民力，歷代農民在專政壓榨下，多半只有「民」而無「力」，到了有一天農民負擔不了而倒下去的時候，也就是天下大亂、朝代更替的時候。默深熟讀史書，對歷史上惡性循環的悲劇，看得十分真切。他指出，《周官》有保富的理想，爲何要保護富民？因爲政府的「大徵發、大徒役」，國家的「大兵燹」，人民的「大饑饉」，皆「仰給焉」。可是那些「貪人爲政」者，不知保護富民，卻「專朘富民，富民漸罄，復朘中戶，中戶復然，逡致邑井成墟」。爲此，默深向統治者提出警告：「故土無富戶則國貧，土無中戶則國危，至下戶流亡而國非其國矣」❸。默深晚年，太平軍蠭起，正面臨著「邑井成墟」、「國非其國」的境況。

默深最後一任地方官時，正值歷史上惡性循環的悲劇重演，曾親赴殺戮戰場，目睹同胞互相殘殺，人民何罪？爲何當外侮日急的時候，仍會同室操戈？不久他就隱遁杭州，過著出世的生活，下面這一段話，或許就是在痛苦、內疚的心理背景下，站在人民立場發出的正義之言：「彼穡而我殽之，彼織而我溫之，彼狩而我絪之，彼馭而我軒之，彼匠搆而我庇之，彼賦稅商賈而我便之，彼干盾扞衞而我安之。彼于我何酬，我于彼何功？天于彼

❷ 參考費孝通：《鄉土重建》中〈中國社會變遷中的文化結藏〉一文，五六年（一九六七），臺北綠洲出版社重印。韋政通：《中國文化概論》，頁二六七～八，五十七年（一九六八），臺北水牛出版社。

❸ 《默觚下‧治篇十四》，《魏源集》，頁七二。

何嗇! 于我何豐? 思及此而猶泄泄于民上者，非人心也」❶。有如此覺悟的人，不可能再做清廷的官吏，年邁的默深，眼看著一生奉獻過的國家，卻一天天走向國非其國衰亡的道路，不逃于寂靜涅槃，又能如何!

比同情人民和不滿統治者更進一步的，是默深幾乎要突破民本思想的傳統，因爲他除了再發現人本身的價值之外，已認識到天子與眾人是平等的道理：「天地之性，人爲貴，天子者，眾人所積而成，而侮慢人者，非侮慢天乎? 人聚則強，人散則尫（弱），人靜則昌，人訟則荒，人背則亡，故天子自視爲眾人中之一人，斯視天下爲天下之天下」❶。「天地之性，人爲貴」，出於《孝經·聖治章》，《孝經》則是本於前引《左傳》之言。在這個前提之下，侮慢人當然就等於侮慢天。「天子者，眾人所積而成」，沒有眾人的積聚，何來天子? 這就否定天子爲天所生的傳統政治神話，同時專制皇權一直強調的「皇恩浩蕩」，也是顛倒了這自然的秩序，若說恩惠，「天于彼何嗇，于我何豐」，人民才是天子最大的恩主。人民團結，則國家強盛，人心渙散，則國家衰弱，人心相背，國家就要滅亡❶，這都是對統治者的諄諄告誡。「故天子自視爲眾人中之一人，斯視天下爲天下之天下」，猛一看，與《呂氏春秋·貴公》之言極相似：「昔先聖王

---

❶　《默觚下·治篇一》，《魏源集》，頁三八。
❶　《默觚下·治篇三》，《魏源集》，頁四四。
❶　人民的重要性，《默觚下·治篇十二》喻之爲人身的鼻息：「天下其一身與! 后元首，相股肱，諍臣喉舌。然則孰爲其鼻息? 夫非庶人與! 九竅百骸四支之存亡，視乎鼻息，口可以終日閉，而鼻不可一息柷」。（《魏源集》，頁六七）。

之治天下也，必先公，公則天下平矣，……凡主之立也，生於
公。……天下非一人之天下也，天下之天下也」。〈貴公〉所言
卽「天下爲公」之義，「公則天下平」之「平」，乃「和平」之
「平」，因以公心治天下，則天下之人無所爭。默深所言，是說
天子只有先把自己看作與眾人是平等的，然後公天下才有可能。
這個觀念對一向被視爲天威難測的專制皇帝是一大挑戰，比黃梨
洲的「有治法而後有治人」，更接近民主的理念。

　　從這個觀念出發，一旦有機會了解西方的民主制度，其內心
的嚮往，是可以想像的。咸豐二年（一八五二）於第二次增補
《海國圖志》時，終於接觸到美國民主的資料，不禁大加讚美，
可分三點：

　　（1）有垂之久遠的制度：「墨利加北洲以部落代君長，其章
程可垂奕世而無弊[57]」。

　　（2）總統有固定任期：「二十七部首分東西二路，而公舉一
大酋總攝之，匪惟不世及，且不四載卽受代，一變古今官家之
局，而人心翕然，可不謂公乎」！

　　（3）有由下而上的選舉：「議事聽訟，選官舉賢，皆自下
始，眾可可之，眾否否之，眾好好之，眾惡惡之，三占從二，舍
獨狥同。卽在下預議之人，亦先由公舉，可不謂之周乎[58]」！

　　以上三點，的確是民主政治形式上的三個特色，由「無弊」、
「公」、「周」等用字，不難想見民主制度在默深的心目中是如

---

[57]　《海國圖志》後序。
[58]　以上(2)(3)見《海國圖志》卷五十九，〈外大西洋墨利加洲全洲
　　　總說〉。

何完美。而這些在中國，縱然有類似的理想，也祇停留在理論層次。

第六節　《聖武記》的時代意義

龔定庵題《聖武記》：「讀萬卷書，行萬里路；綜一代典，成一家言」❺❾。是歷史上第一個爲此書寫下的評語，純粹是史學的觀點，以定庵的敏銳，當時也沒有想到它與時代的關聯。第二個評論者是包世臣，默深完成《聖武記》後，曾寄給包氏請代爲審定，包氏有〈答魏默深書〉❻⓪，對該書之體例及資料之眞僞，頗多批評，總的評語是：「國家武功之盛，具載官書，卷帙多至不可究。足下竭數年心力，提挈綱領，縷分瓦合，較原書才及百一，而二百年事迹略備。其風行藝苑，流傳后世，殆可必也」。也是學術的觀點。直到梁啓超（1873～1929），雖認該書「固不失爲一傑作」，也祇把它當作「清史方面之著作」看待❻❶。由非學術觀點非議《聖武記》及魏源其人者爲章太炎（1868～1936），章氏以清末滿漢不兩立的革命立場，痛罵其書頌揚清初武功爲「夸以媚虜」，斥其人爲「漢奸」、「食客」，陳耀南已反駁，認爲這「實在不算是論世知人的持平之論」❻❷。《聖武記》從書名所顯示，它是在表揚「聖清武功」的史書，但默深撰此書的動機

---

❺❾　陳耀南：《魏源研究》，頁十。

❻⓪　見《安吳四種》，卷三十四。

❻❶　梁啓超：《中國近三百年學術史》，頁二七五，四十五年（一九五六），臺灣中華書局臺一版。

❻❷　同前❺❾，頁九。

和目的，並不如此單純，引起他發憤撰此巨著的動機，是因鴉片戰爭的刺激，它的眞正目的，是希望國家的復興與富強。滿漢不兩立是歷史性的悲劇，跳出種姓的糾結，不難發現《聖武記》所表現的精神及其意義，與一八〇六年德國哲學家菲希德的《對德意志國民演講》，頗多相似之處。再看此書內容，對內政之種種弊端，頗多揭發，整個反映的是國家衰微的現狀，「聖武」也者，對鴉片戰爭時代的清廷而言，何嘗不是一大諷刺！

　　《聖武記》完成於道光二十二年（一八四二）「海夷就款江寧之月」，龔定庵逝世於前一年之八月十二日，他爲此書題辭時所見到的應是粗成的初稿。二年後於蘇州旅次做了第一次的修訂：「其全改者如廓爾喀、俄羅斯等篇。其半改者如雍正征厄魯特篇。其餘諸記，亦各有損益。而〈武事餘記〉幾卷，更定尤多❽」。又二年，在揚州再度修訂：「如征苗、征緬甸及道光回疆，向止一篇者，今皆增爲上下篇，……至〈武事餘記〉第十二、十三卷，舊多冗沓，今移其瑣事，散附各記之末，而更正其體例❹」。到一八九九年，共印過九種版本，一八五〇年即已東傳日本，並有摘錄翻刻本多種❺。其中〈道光洋艘征撫記〉長文，默深生前並未收入，只於重訂時列入目錄，光緒四年（一八七八）上海《申報》重新排印時，方依目錄將其補入。道光二十一年（一八四一）春，裕謙奉命爲欽差大臣督辦浙江軍務，聘默

---

❽　《聖武記》道光二十年重刊本，卷首目錄後，《黃譜》，頁一四一。

❹　《聖武記》第三次重訂本，目錄後附記，《黃譜》，頁一四七。

❺　《黃譜》，頁二二四～五。

深爲幕友，又奏調已被撤職的林則徐襄助，三人集會數月，不但
使默深有機會親身目睹鴉片戰爭前線戰況，也因此得知戰爭若干
內幕。蔣廷黻說：「所以從學術上和經驗上看，魏默深實有作鴉
片戰爭的史家的資格，他的這篇〈道光洋艘征撫記〉，是值得我
們研究的」。同時也指出，此文「史實的敍述卻有許多很可笑的
錯誤❻」。

　　一八四五年，默深於〈寄鄧顯鶴書〉，自述撰書之動機：
「源羈寓無聊，海艘迭警，不勝漆室之憂，托空言以徵往事，遂
成《聖武記》十四卷❼」。〈聖武記敍〉也說：「晚僑江、淮，
海警颮忽，軍問沓至，愾然觸其中之所積，乃盡發其櫝藏，排比
經緯，馳騁往復，先取其涉兵事及所論議若干篇，爲十有四卷，
統四十餘萬言❽」。一八二九年爲內閣中書時，雖已搜集史料，
但促使他撰書的動機，顯然是因受了鴉片戰爭國難的刺激。若無
國難當頭，縱然有撰述的動機，其所表現之精神與意義必然不
同。

　　在浩瀚的史料中，他所以會特別選擇武功史的時代與社會背
景，〈聖武記敍〉也有說明：「荊、楚以南，有積感之民焉，距
生於乾隆征楚、苗之前一歲，中更嘉慶征教匪、征海寇之歲，迄
十八載畿輔靖賊之歲始貢京師，又迄道光征回疆之歲，始筮仕京
師❾」。成長於動亂之中的默深，自稱爲「積感之民」，積感

---

❻　見蔣廷黻：《中國近代史研究》，頁一四五～六，七一年（一九
　　八二），臺北里仁書局。
❼　《寶慶府志》，卷一〇三，《黃譜》，頁一四五。
❽　《魏源集》，頁一六六。
❾　同前。

者，　積內憂外患而感慨萬千之謂。　「因以溯洄于民力物力之盛衰，人材風俗進退消息之本末❼」，是了解《聖武記》的一條主線。國力之衰微，主要是由民力之不振，物力之貧乏，要振興民力，充實物力，《聖武記·軍儲篇一》提出四點❼：（1）除弊：「何謂除弊之利？天下大政，利于國利于民者，必不利于中飽之人」。　所以要除弊必須先解決貪官污吏的問題，　把漕糧改由海運，把綱鹽改行票鹽，就是針對著此污政而提出，　雖不能澈底解決這方面的問題，定可減少貪污的機會。（2）節用：　除指出免征田賦，免除欠賦，結果「則利于富民而不利于貧民」的不當措施之外，　重點還是在如何節用軍費上。　國家財政收入一半用於軍隊，　而實際上的兵員卻不足編制的三分之一，　國家「養兵數十萬，而不得一半之用」，默深建議「何如先復國初之舊額，再核目前之虛伍，　或並三兵之費以養二兵，　使一兵得一兵之用」。（3）塞患：宜塞之患，主要在鴉片，「鴉片耗中國之精華，歲千億（萬）計，此漏不塞，雖萬物為金，陰陽為炭，不能供尾閭之壑」。默深很氣憤地說：「今不能禁外夷，何難禁內地」？他主張「先行刺面之法」（依據《大清律》），　下令「限期三月戒煙，不戒者黥之」。「被黥者再予三月之限，不戒者誅」。「十七省各出巡煙御史一人，不責以有犯必誅之事，專責以有犯必黥之事」。「惟販煙之犯則立誅」，「其販煙吸煙，必許告發，告不實者反坐」。（4）開源：　應開發的資源有二，　一為食，一為貨。開發的對象，「食源莫如屯墾，貨源莫如採金與更幣」。

---

❼　同前。
❼　《魏源集》，頁四六八～四七三。

　　〈軍儲篇〉共有四篇文章，除第一篇總論之外，其餘三篇都在申論「開源」之道，〈軍儲二〉論開礦，〈軍儲三〉論更幣，〈軍儲四〉論屯墾，充分表現開源重於節流，興利重於除弊之義。〈聖武記敍〉：「今夫財用不足國非貧，人材不競之謂貧；令不行于海外國非羸，令不行于境內之謂羸」[172]。在這樣國非其國的情況下，上述四方案中，除海運、票鹽二項，其他皆無實效可言。內政如此，「奚必更問其勝負於疆場矣」！在鴉片戰爭期間，默深雖站在主戰派這一邊，他當然很清楚，以當時中國的民力與物力，是無法與外夷相抗衡的，他的憂憤之情，與以國家興亡爲己任的責任感，使他在二三年之內，完成《聖武記》、《海國圖志》兩部鉅著，雖未見立竿見影之效，終於爲國家未來的發展開出一個新的方向。

　　討論開源問題時，默深提出「語今日緩本急標之法，則貨又先於食」的觀念，雖是「急標之法」，在一向標榜重義輕利，與「民以食爲天」的傳統裏，顯得很突出，由此也可以看出，所謂「變易」，在他的心靈中不祇是一抽象的概念，已成爲思考問題的「支援意識」。有人以爲默深「貨先於食」的觀念和他的經濟改革主張，「既反映了資本主義萌芽要求加快發展的客觀趨勢，又反映了人民抵制外國資本主義經濟掠奪的強烈願望」[173]。尲就此一觀念而言，說它針對「塞患」是正確的，說它「反映資本主義萌芽要求加快發展的客觀趨勢」，未必是眞，因他爲了緩急的考慮，雖改變了傳統「食先於貨」的次序，但他仍認爲在常態

---

　　[172]　《魏源集》，頁一六六～七。
　　[173]　《魏源詩文選註》，頁一七五，一九七九年，湖南人民出版社。

下，食是本，並未否認「重本抑末之誼」。至於他的經濟改革主張，也祇是順應時變、因勢利導的內政問題，與資本主義還扯不上關係。

劉廣京說：「魏氏之作《聖武記》，除其治史求真之興趣外，並欲藉軍事史探究清代盛衰之跡象」❼❹。這個了解是恰當的，但仍不足以凸顯其精神及其豐富的涵義。在這方面，吳澤的理解最具概括性❼❺。首先他指出《聖武記》以清初軍事史歌頌清初武功（這就是章太炎斥爲「夸以媚虜」的主要原因），激勵人心，企圖恢復清初的盛世；同時希望中國強盛起來，不受外國殖民主義者的侵略。其次，書中反復強調進化觀點和社會改革思想（引文從略），竭力倡導變法，此時已不像鴉片戰爭前，專注於票鹽、海運、水利等改革，而開始把視線擴展到國防、軍事乃至外交。第三，由於戰爭失敗的經驗，使他深切地體會到西方船堅炮利之「長技」，所以提出學習西方，「以彼長技，御彼長技」、「以夷制夷」的主張。吳澤認爲「這種主張向西方資本主義國家學習的思想，是魏源歷史進化觀點在鴉戰時期國內外形勢劇烈變動下的新發展，是魏源強烈的反侵略的愛國思想的又一重要表現」。

一八〇六年普魯士於普法之戰中失敗，正當「外受懲創，內部大震」，領土與主權受損之際，菲希德起而爲激勵士氣之演講，希望國人提高自信力，檢討過失，不可再求媚於外人，使國內不

---

❼❹　見前註❹❸之書，頁一〇一三。

❼❺　見前註❺❸之書，頁九八。

團結❼，他的講詞，遂成爲德意志民族復興的經典。菲希德說：
「舊世界之光榮偉大，旣因吾祖若宗之不德而淪落矣，吾輩所提
改造國家之計畫，誠含有眞理於其中，則播善良之種子與負提倡
之責任者，除在座聽講者之外，無他人矣」❼。默深於「索觀者
眾，隨作隨刊」❼的匆忙中趕寫《聖武記》，其用心也是如此。

第七節　《海國圖志》：一部改變歷史
　　的書

　　默深撰《海國圖志》的動機、目的，及其所表現的精神和意
義，與《聖武記》大抵相同。在思想上此書最爲突出之處，是爲
解決當前危機，並使國家如何走向富強，提出一套思想模式（如
「以夷攻夷」、「以夷款夷」、「師夷之長技以制夷」），使同
時代關心國家前途的知識分子討論問題時，從此有一個共識的基
礎與共同的方向。由十九世紀六十年代開始的洋務運動，固由此
書所啟導，稍後的西學與西政，亦莫不以此爲始基❼。《海國圖
志》的世界史地知識的豐富，在中國史上是空前的（此就整體而
言，在個別的問題上，也有倒退現象，例如魏源對西方宗教的了

---

❼　張君勱譯：《菲希德對德意志國民演講》，四版序言，頁一、四。

❼　同前，頁八九。

❼　《聖武記》第三次重訂本目錄後附記。

❼　《康南海自編年譜》：「光緒五年，己卯，二十二歲，乃復閱
　　《海國圖志》、《瀛寰志略》等書，購地球圖，漸收西學之書，
　　爲講西學之基矣」。見《黃譜》，頁二四二。又張之洞：《勸學
　　篇・外篇》：「近人若邵陽魏源于道光之季譯外國各書、各新聞
　　紙爲《海國圖志》，是爲中國知西政之始」。

解，就遠不及明末的徐光啟。），它的意義不限於豐富的知識，它所展現的新世界觀，至少在理論上已粉粹了中國兩千多年來天朝型的封閉心態。

道光二十一年（一八四一）五月，由林則徐囑撰《海國圖志》，次年即已完成五十卷本，嗣後四、五年間，又擴充末卷「洋炮」部分為八卷，於「輪船」、「地雷」、「望遠鏡」等部分，也增加了新的資料，一八四七年完成六十卷本。一八四八年（道光二十八年）徐繼畬寫成《瀛寰志略》，默深輯錄其中部分材料，加上其他所獲，補成百卷，時為一八五二年（咸豐二年）⑱。

中國固有史志，記錄歐洲事物甚少，尤其近世歐洲列強，記載更缺。鴉片戰爭前，中國人自撰這方面較為可靠的參考書，僅有陳倫炯的《海國聞見錄》（一七三〇）、王大海的《海島逸志》（一八〇六）、謝清高的《海錄》（一八二〇）。為了瞭解英國國情，一八三九年林則徐曾參考《海錄》⑱。《海國圖志》不但有新材料，其規模也遠非前三書所及。與同時期的徐著相比，《瀛寰志略》雖不如《海國圖志》繁富，但較簡明且具系統⑱。

《海國圖志》材料的來源，陳耀南區分為五類：(1)《四洲志》及其他西人史地著述；(2)西方圖表報紙；(3)實際訪問；(4)中國歷代史志；(5)明以來島志及其他華人著述⑱。唯一要

---

⑱　陳耀南：《魏源研究》，頁一八三。
⑱　王爾敏：《中國近代思想史論》，頁八。
⑱　同前。
⑱　同前註⑱，頁一八三～六。

補充的是，一八四一年張穆從《永樂大典》畫出元經世大典西北地圖，送給默深，被收入《海國圖志》❿。全書包括科目有歷史、地理、民族、宗教、民俗、藝術、曆法、政治、經濟、教育、文物、軍事、外交、交通、貿易、科技等，堪稱中國第一部世界知識百科全書。

就思想而言，〈籌海篇〉（一～四）是全書較重要的部分，〈籌海篇一〉首段，則是全文的綱領：「自夷變以來，幃幄所擘畫，疆場所經營，非戰卽款，非款卽戰，未有專主守者，未有善言守者。不能守，何以戰？不能守，何以款？以守爲戰，而後外夷服我調度，是謂以夷攻夷。以守爲款，而後外夷範我馳驅，是謂以夷款夷❿」。「非戰卽款，非款卽戰」，主「戰」者在當時稱爲剿夷派，主「款」者稱爲撫夷派，「款」是希望用談判的方式來解決爭端。默深總結了鴉片戰爭的教訓，認爲這兩派主張，都忽略了更根本的戰略：「守」。「不能守，何以戰」？在兵學理論上也許是對的，但在鴉片戰爭時期的中國，所謂「以守爲戰，而後外夷服我調度」，「以守爲款，而後外夷範我馳驅」的客觀條件，根本不存在，因此以夷款夷或以夷攻夷，也都未見成效。

這一策略（以夷款夷不過是以夷攻夷的一種手段）雖未見實效，但這方面的討論，代表默深對鴉片戰爭經驗的反省和檢討，對了解他個人的思想，仍有其意義。〈籌海篇一〉討論「自守之策」，根據「守外洋不如守海口，守海口不如守內河」的策略，

❿ 《黃譜》，頁一一九。
❿ 《近代中國對西方及列強認識資料彙編》，第一輯，第二分冊，頁九一〇，六十一年（一九七二），中央研究院近代史研究所。

檢討鴉片戰爭全局，戰爭期間所以不能自守的主要原因，是由於軍隊旣無紀律，用兵又乏謀略，「以無律無謀之兵，卽盡得夷礮夷艘，遂可大洋角逐乎？不知自反，而惟歸咎於船礮之不若，是疾誤庸醫，不咎方而咎藥材之無力也，噫」[186]！

〈籌海篇二〉仍是討論「自守之策」，所依據的策略是：「調客兵不如練土兵，調水師不如練水勇」。從客地調兵，不如挑選土著，挑選土著不只是因爲有服水土、熟道路、顧身家之三利，而且調客兵一員所花的軍費，相當土著的五倍，「以五兵之費養一兵」，「兵何患不精」[187]？包世臣道光八年（一八二八）就已指出，「閩、粤中水師皆食土規，一旦有事，情必外向」[188]，默深根據這個教訓，才主張「調水師不如練水勇」，水勇成員是指「械鬪之民」，「回匪、鹽匪、捻匪、江湖匪、曳刀匪」之流，這些人物在官吏心目中多視之爲「亂民」，在默深看來，他們是「能豪一方」，「其人皆偏裨將才」，如經由訓練，「其所屬皆精兵」[189]。鴉片戰爭期間，雖有「募水勇之事」，但因一再議和、談判，使水勇之銳氣頓挫，這也是導致不能「自守」的重要原因。

〈籌海篇四〉是討論「款夷之策」，「旣變之後，則不獨以夷攻夷，並當以夷款夷[190]」，所以款夷之策是用於事變之後。此篇是檢討我國款夷之失敗，主要在不了解夷情。「欲制夷患，必籌

---

[186]　同前，頁九二〇。
[187]　同前，頁九二一。
[188]　同前，頁八〇一。
[189]　同前，頁九二二。
[190]　同前，頁九三七。

夷情」❶。「同一款敵，而知其情與不知其情，利害相百焉❷」。
因不知夷情，結果「不款於可款之時，而專款於必不可款之時」
❸，款夷之策如何能有效!

　　〈籌海篇三〉是討論「攻夷之策」，「未款之前，則宜以夷
攻夷，既款之後，則宜師夷之長技以制夷」❹。要想打敗侵略
者，必須虛心學習侵略者的長處，在技術上，侵略者顯然有三種
長處:(1)戰艦，(2)火器，(3)養兵練兵之法。關於(1)(2)
兩項，默深建議設造船廠、火器局各一，並仿效過去「欽天監夷
官之例」，向佛蘭西（法國）、彌利堅（美國）聘請專家和工匠來
華，國內則選「閩、粵巧匠精兵以習之」，一二年後，可「不必
仰賴於外夷」，甚至可「盡得西洋之長技為中國之長技」❺。默
深雖把技術轉移之事，看得過分簡單，但他的構想是正確的，可
惜這個構想，要等到二十多年後，才由曾國藩接納容閎的提議，
付諸行動。「人但知船礮為西夷之長技，而不知西夷之所長不徒
船礮也」❻，所以除了學習西夷之長技之外，還要學習他們的養
兵練兵之法，因「贍之厚故選之精，練之勤故御之整」❼。士兵
有良好的素質，加上嚴格的訓練，自然就有紀律，默深看到夷兵
「登岸後則魚貫肩隨，行列嚴整，豈專恃船堅礮利哉」❽？這是

---

❶　同前，頁九三三。
❷　〈海國圖志敍〉，《魏源集》，頁二〇七。
❸　〈道光洋艘征撫記下〉，《魏源集》，頁二〇六。
❹　同前註❺，頁九二七。
❺　同前。
❻　同前，頁九三〇。
❼　同前。
❽　同前。

超越技術心態的洞察，因此他主張，欲「選兵練兵，先籌養兵」
⑲，否則兵匪不分，不但不能悍衛國家，反而魚肉鄉里，爲人民
帶來災難。

　　鴉片戰爭的對手是英國，《海國圖志》對英國的理解，形成
本書另一焦點。於〈英吉利小記中〉 ⑳ 對英國的地理形勢、物
產、殖民情況、財政、軍事、國都、王室、風俗民情、宗教信
仰、禮儀，都有扼要的介紹。此外，於各部分敍文中，說「志南
洋」、「志西南洋」、「志小西洋」、「志北洋」、「志外大西
洋」，皆「所以志西洋」，而於〈大西洋歐羅巴洲各國總敍〉中
又說：「志西洋正所以志英吉利也」，理由是：「繞地球一周皆
有英夷市埠，則籌夷必悉地球全形，故觀圖但觀英夷本國之圖，
非知考圖者也，讀志而但閱英吉利本國數卷，非善讀志者也」
⑳。默深在介紹大西洋歐羅巴洲各國的十七卷中，英國就佔了四
卷，他的用心很顯然，戰爭是失敗了，但對擊敗我們的對手，應
有充分的認識。《海國圖志》雖因戰敗的刺激發憤而作，它的目
標是長遠的，即對內要求富強，對外能制服西夷，這兩個目標是
分不開的。不論要達成那個目標，都必須從認識西夷著手。「古
之馭外夷者，諏以敵形，形同几席，諏以敵情，情同寢饋」⑳。
這也就是撰《海國圖志》的願望。

　　鴉片戰爭時代，西夷中國力最強的是英國，中國想要學富強

---

⑲　　同前。

⑳　　見前註⑲之書，頁九〇五～八。

㉑　　《中國近三百年學術思想論集》，二編，頁一一九。（參前註❶）

㉒　　〈海國圖志敍〉，《魏源集》，頁二〇七。

之術，就必須了解英國何以會富強？默深把握到的兩點相當中肯：第一，由於殖民地的開發：「英吉利戔然三島，不過西海一卷石，揆其幅員，與閩、廣之臺灣、瓊州相若，卽使盡爲沃土，而地力產能幾何？所以驟致富強，縱橫于數萬里外者，由于西得亞墨利加，東得印度諸部也。亞墨利加一土，孤懸宇內，亙古未通聲聞，英人于前明萬曆年間探得之，遂益萬里膏腴之土，驟致不貲之富」[203]。其中對面積的印象與實際不符，以爲發現美洲新大陸的是英國人，更是大錯，這是因侷限於當時貧乏的資訊所致。

第二，由於工商業發達：「自意大里裂爲數國，教雖存而富強不竟，于是佛郎機、英吉利代興，而英吉利尤熾。不務行教而專行賈，且佐行賈以行兵，兵賈相資，遂雄」[204]。工商業發達，使生產過剩，原料缺乏，都必須開拓國外市場，並掠奪原料，於是產生殖民主義，竭力尋求殖民地，要完成這個目標，必須仰賴強大的軍事力量，尤其是海上武力，這就是「佐行賈以行兵」。「兵賈相資」的認識是深刻的，因它不但造成西夷的富強，也是近代國際衝突的根源之一。

於學習西方技術之外，默深已注意到「欲悉夷情者，必先立譯館、繙夷書始」[205]，這是學習西方更紮根的工作，再加上他一

[203] 《海國圖志》，卷五二，頁二六，《中國近三百年學術思想論集》，二編，頁一一九～一二〇。

[204] 《海國圖志》，〈大西洋歐羅巴洲各國總敍〉，道光二十四年古微堂刊之五十卷本，卷二四，頁一，《中國近三百年學術思想論集》，二編，頁一一九。

[205] 《海國圖志》卷二，〈籌海篇三〉，《近代中國對西方及列強認識資料彙編》，第一輯，第二分冊，頁九二六。

再欣羨的西政，從西技到西學到西政，已簡括了十九世紀中國學習西方最重要的幾個目標。值得一提的是，以一個純粹由中國傳統文化教養出來的知識分子，當他熱衷倡議學習西方文明時，心理上毫不自卑，相反地，他對中華民族充滿自信：「中國智慧，無所不有，曆算則日月薄蝕閏餘消息，不爽秒毫，儀器則鐘錶晷刻，不亞西土。至羅鍼壺漏，則創自中國而後西行」⑳。他甚至認爲，師夷之長技以制夷的目標，一旦付諸實踐，不久的將來，必將是「風氣日開，智慧日出，方見東海之民，猶西海之民」⑳。除自信之外，他還對我們這個民族表現出殷切的期待和卓絕的遠見。

默深完成《海國圖志》後，非但不自滿，還深刻地反省到，僅靠認識西方，學習西方，仍不足以馭外夷：「然則執此書卽可馭外夷乎？曰：唯唯，否否！此兵機也，非兵本也；有形之兵也，非無形之兵也。明臣有言：『欲平海上之倭患，先平人心之積患』⑳。」積患之大者，一爲人心之寐而不覺，一爲人才之虛而不實，欲除此患，努力的方向必須是「違寐而之覺」，「革虛而之實」。前者有賴於思想的啟蒙，後者有賴於制度的變革，這兩項正是思想家魏源，一生奮鬥的兩大目標。

當默深撰《海國圖志》，中國官府對西方的了解極爲模糊，連最大對手的英國，與我通市達兩百年，「竟莫知其方向，莫悉其離合」，對其他各國，更可想而知。默深不禁爲此深爲慨嘆：

---

⑳　同前，頁九二八。
⑳　同前，頁九二九。
⑳　〈海國圖志敍〉，《魏源集》，頁二〇七。

「嗚呼，八荒以外，存而不論，烏知宇宙之大哉」❷！同時也斥責士大夫們，「徒知侈張中華，未覩瀛寰之大」❷。在這樣的知識環境下，《海國圖志》的問世，對當時士大夫們的世界視野，自然起了極大的作用，對知識階層一向懷抱的天朝型的世界觀，也是一大衝擊。《海國圖志》在十九世紀中葉的中國，它的歷史意義及其所生影響，一如十三世紀馬哥波羅的遊記之在歐洲，它們共同拓展了人類的視野，是東西方建立新世界觀的起點，從這個起點出發，使古老的「天下一家」（默深稱之爲「中外一家」）的美夢，有了眞實的可能。

唐斯博士在編撰 《改變歷史的書》 時， 定下的第一個標準是：「被選出來的書，必須曾經對於人類的思想和行動，發生過重大而持續的影響；而且這種影響不止是限於某一個國家，而是及於全世界重要的大部分地區的❷」。用這個標準來衡量《海國圖志》，只要把「人類」改爲「東亞」，就完全符合，因《海國圖志》的影響不限於中國，對日本也有過重大而持續的影響❷。無論如何，就前文所已陳述者來看，它在中國近代史上，曾是一部改變歷史的書，這一點是沒有疑問的。

---

❷ 《海國圖志》，卷五九，〈外大西洋墨利加洲總序〉。
❷ 《聖武記》，卷十二，〈武事餘記：掌故考證篇〉，頁三五九。
　陳耀南：《魏源研究》，頁一八〇。
❷ 唐斯著，彭歌譯：《改變歷史的書》，頁三，五十七年（一九六八），純文學月刊社。
❷ 參考吳澤、黃麗鏞：〈魏源《海國圖志》研究〉，最後一小節：〈《海國圖志》對日本維新運動的影響〉，《中國近三百年學術思想論集》，二編，頁一三一～二。

中　編

巨變與傳統

第七章　太平天國

　　從第一章到第六章，稱之謂「巨變的序幕」，乃標示著本書於中國十九世紀前期思想史的取材、及探討問題的重點，是與新時代的脈動相應或相關的部分。「巨變」即「三千餘年一大變局」[註]的簡稱，從此一向懷有「天朝型世界觀」的中華大帝國，被迫著推向世界舞臺，成為世界的一部分，十九世紀前期，正為這一過程揭開序幕。在這時期，最重大的歷史事件，是鴉片戰爭，最重要的思想家是魏源，最重要的一部書，是魏源於鴉片戰爭刺激下寫的《海國圖志》，它之所以重要，是因它具有前瞻性的思想，並為新時代的中國指出一條應走而又可行的道路。

　　魏源前瞻性的思想，所以未能在短期間即獲得朝廷及政治菁英的重視，於下文太平天國興起的複雜因素中，將可獲得充分的理解。任何一位史學家，當他面對太平天國這樣一個政權，即使閱讀了它的所有文獻，做了某種程度的縝密思考，對其中任何一個關鍵性的問題，恐怕仍舊很難做下很有信心的判斷，因為這個

　　❶　此乃李鴻章的名言，見《李文忠公奏稿》，卷十九，頁四五。但更早提出此種認識者，則為黃鈞宰和黃恩彤，嗣後，時代的巨變，已是晚清官紳普遍的感受，詳見王爾敏：《晚清政治思想史論》，頁一九二、一九三、二一五，五十八年（一九六九），自印本，臺北學生書局總經銷。

政權，不僅在思想上混雜了中西與新舊，它從理論到行動，更是充滿了矛盾，例如：(1) 學者們幾乎公認太平天國是一種神權政治，但實質上它卻是最惡性的人治——極權統治。(2) 由於太平天國最大的敵手是滿清，打倒滿清當然是民族主義，可是它賴以號召的革命旗幟和革命組織，卻是根於西方新舊約而成立的拜上帝會，打擊了中國人民的民族意識。(3) 太平天國是中國近代反傳統的先驅，一九四九年以後，中國大陸的學者由此特別強調它的反封建，這並非完全沒有根據，但從另一方面來看，從理論到實踐，洪氏王朝某些方面的封建性比以往任何一個封建王朝的帝王，幾乎有過之而無不及。(4) 太平天國的思想中，最偉大的理念是平等，按之實際，洪氏王朝對尊卑的差序看得十分嚴重，階級意識也極其濃厚，形式上是男女平等，實際上是奴役女性，統治者形成一種特殊的新階級，與被統治的廣大民眾之間，地位是絕不平等的。

我們提出這幾點，並不是要否定太平天國是神權政治、民族主義、反傳統反封建、主張平等，而是在提醒當我們做類此重要的判斷時，必須照顧到一些相反的理論與事實，認識到它們的侷限性，而避免誇大失真。我想：假如洪秀全只闡揚他的烏托邦理論，只從思想上建構他的理想國，那麼他的歷史地位和歷史評價，必然與現有的大不相同。任何人想把他的烏托邦或理想國，直接實現到人世間的企圖，最後終必走向他原始理想的反方向上去，為人類帶來一場浩刧。以洪氏單薄的知識背景，當然無法了解這一點，就人類歷史而言，不能認識這個道理的，「大人物」中又豈止洪氏一人！

一九四九年後，中國大陸的史學工作者，由於中共自認爲是這場偉大的農民戰爭和農民革命的傳承者，因此對洪秀全和太平天國加以無條件的歌頌，爲中國史學史留下莫大污點，這種把史學當作政治宣傳工具的做法，今後必須徹底改正。當然，因政治的需要，使這一工作獲得官方的大力支持，因此在資料的搜集和整理上的成績，功不可沒，今後的史學家，在這些資料的基礎上，有機會更進一步了解這一幕歷史的眞相。

第一節　太平天國興起的複雜因素

對太平天國的文獻了解一個大概之後，經過一再地反思，我想最確當的稱號，應稱之謂在人類歷史上並非罕見的「文明病」——這絕非諷刺，它祇是針對某一特定文明現象的描述詞，理由是在禽獸的世界裏，絕不會發生如此大規模驚天動地集體屠殺的行爲，它是人類文明中的反理性成分強性發作的結果。

這一場文明病的病源體，就是十九世紀中葉滿清統治下的中國，要追究病源，需要對當時滿佈病菌的國土做分類的檢查，檢查的程序，是由政府到民間，由各地的動亂收縮到西南一角。

（一）太平天國前十年的動亂❷

前十年卽一八四一～一八五〇（道光二一～三〇），在此之

---

❷　以下叛變及騷動事件，是參考下列各書：(1)羅爾綱：《太平天國史稿》，頁二三～四。(2)鄭學稼：《中共興亡史》，第一卷（上），頁四八～九。(3)陸寶千：《論晚清兩廣的天地會政權》，附錄：大事記。(4)黃麗鏞：《魏源年譜》。

前四十餘年間，各地人民的叛變事件早已頻傳，其中尤以長達二十五年（一七九六～一八二〇）的白蓮教之亂，亦曾震動全國，因此有的史家認爲，接二連三的叛亂和政府無情的鎮壓，是十九世紀前半葉各地歷史的主題❸。不過，自一八四一年以後，各地人民叛變的頻率，有顯著的增加❹：

（1）一八四一年十二月，湖北崇陽縣民鍾人杰，聚眾數千，攻佔縣城，殺害知縣，自稱鍾勤王，豎都督大元帥紅旗，次年元月，爲湖南總督裕泰捕殺。

（2）一八四三年初，雲南騰越廳南甸土人叛；七月湖南武岡州民曾如炷，因阻米穀出境反叛，旋被滅；同月廣東香山三合會高明遠等亂事又起；青海西寧番民這一年也發生叛亂。

（3）一八四四年三月臺灣嘉義天地會洪協、郭崇高等二千餘人起事，與清軍六次戰鬥後，失敗；六月湖南耒陽縣楊大鵬因抗不完糧，率眾進攻縣城，敗亡；四川馬邊「彝匪」出擊官軍；廣東附近一帶盜賊焚掠無忌。

（4）一八四五年，廣西藤縣鄧立奇自封平地王，鍾敏和自封高山王，於赤水墟起事（至一八五〇年始平）；廣州府屬，盜刼日滋，聚眾數萬，千百爲羣，持械擄官，橫行無忌，尤以香山、新會、順德、新安、新寧、南海、番寓、東莞、三水等地之三合會、臥龍會爲最著，自上年多至今年春夏之交，民間報刼者不下數千案，清廷命耆英等緝捕究辦；十二月十八日廣州人民爲拒英

---

❸ 費正清編：《劍橋中國史》，第十冊，晚清篇（上），中文版，頁一七〇，七十六年（一九八七），臺北南天書局。

❹ 與本書第二章、第二節所列叛變事件加以比較，可以看出。

人入城，搗毀府署。其他地區有浙江奉化生員張名淵不服知縣張
濟先擅增糧價，率鄉民反抗；山東巡撫發兵捕殺曹州府捻黨，捻
黨拒捕。

（5）一八四六年，雲南永昌府回民與清軍相持於猛庭一帶；
七月胡有祿攻湖南寧遠，潰退；九月，會黨王棕獻於湖南新田起
事；十月江蘇昭文縣金得順叛變；十二月廣東北流李二起事。

（6）一八四七年，雲南回民在緬寧、雲州一帶抵抗清軍；五
月，江西長寧謝嗣封、潘蛇、羅二（天地會）起事，謝自稱平光
王（八月二十六日平）；九月湖南新寧、廣西全州交界之黃坡岡
教黨猺雷再浩，合全州五排梅溪口猺蕭立山及民人李輝、李世德
等叛變；同月廣西鬱林州天地會刧平樂墟；十二月，廣西平樂一
帶范連德、張八等圍攻府城；湖南道州李魔王（旺）在湘桂邊境
與清軍作戰；湖南乾州苗民抗租起事。

（7）一八四八年，雲南永昌府保山漢人起事；三月，廣東欽
州天地會秦興晚糾廣西賓州黃啟珍赴武宣，合陳亞（阿）貴刧掠
修仁、荔浦；廣西鎮安府天地會黃天宋亂；十一月廣西盜張家祥
敗官兵於賓州，遊擊鄧宗恒死亡；十二月廣西橫州馬成龍、馬成
虎進攻貴縣、懷西等地。

（8）一八四九年春，廣西大飢，天地會率領飢民叛變；三
月，廣東大頭羊張釗、大鯉魚田芳、捲嘴狗侯成、豆皮滿王庸
（均三合會）等掠廣西梧州；四月張釗等又攻廣西平南武林堡；
四至五月，張家祥、楊捹家等刧廣西南寧府左江、柳州府右江及
桂林府灕江一帶，所部皆紅巾包頭，豎替天行道旗幟，人民先後
遭刧者達數萬戶；十月湖南新寧教黨李沅發（雷再浩餘黨）佔領

縣城，廣西全州靈川教黨響應，勢力迅速擴展，擾及粵西。

（9）一八五○年一月，廣東靈山李士奎、方晚、劉八起事；同月十五日，天地會羅亞旺（卽羅大綱）自廣西平南永安州刦長壽墟；二月十日李沅發擊清軍於湘桂，廣西參將瑪隆阿陣亡，清軍反擊，至四月杪李沅發於湖南新寧紫金峯，被提督及鄉勇所擒；六月，廣東有數千人圍攻廣寧，知縣以銀二千五百兩始行解圍，遂進往清遠、英德；同月廣西天地會陳亞貴、覃香晚等分四路進攻，提督閔正鳳駐柳州不敢出，七月陳亞貴連破修仁、荔浦，八月進逼桂林，清廷令兩廣總督徐廣縉赴援，九月陳亞貴被執死；這年秋季，廣西天地會各山堂分破太平府、寧明州、左州、龍州、遷江、永康州、河池州等地。

就以上所列舉的叛變事件來看，遍及的地區已達廣東、廣西、湖南、湖北、雲南、四川、青海、江西、浙江、江蘇、山東、臺灣，上列雖已包括規模較大的事件，但尚不完整，如根據郭廷以《太平天國史事日誌》的記錄，這十年間的亂事，兩廣地區達五十一次，兩廣以外的地區達一○五次❺，由亂事發生的數據及其發展的情況，可以明顯地看出，愈接近太平天國起事的時間，亂事的出現率愈頻繁，愈靠近太平天國起事的地區，亂事的發生率也愈高，如果叛變事件可以用「社會的炸藥」來形容，太平天國的領導羣於道光三十年十二月初十（公元一八五一年一月十一日）起事的廣西紫荊山金田村，無異已被高度密接的社會炸藥所圍繞，一旦再有強烈的催化劑：如出現令人鼓舞的領袖和有

❺ 數據統計見盧瑞鍾：《太平天國的神權思想》，頁二四，七十四年（一九八五），臺北時英出版社。

中心信仰的有效組織，自易引燃局部的社會炸藥，爆發全面性的革命運動。

（二）鴉片戰爭的影響

鴉片戰爭的爆發，是因西方資本主義先進國的侵略，而與資本主義接觸最早和最繁的南方各省，在社會經濟上所受到的震盪，比別的區域更加嚴重❻。這可以說明為什麼南方成為太平天國革命運動策源地的部分原因。洪秀全個人的政治傾向，戰爭對他究竟有多少影響，現仍有不同的看法，有的學者認為影響重大❼，這可能與強調太平天國的反帝反封建有關；有的學者則覺得這個問題難以確定❽。事實上鴉片戰爭結束的次年(一八四三)，洪氏還參加了科舉考試落第，這已是他第四次應試失敗，所以這時候洪氏反清的政治意向(假定他有)所受戰爭影響，絕對應低於考場受挫的影響。簡又文以為這時候洪氏已着手推翻滿清政權❾，並沒有事實的根據。正確地說，鴉片戰爭對太平天國的革命運動，直接間接都有影響，但對洪氏個人顯然並未產生立卽的影響。

（三）清廷的無能與腐敗

此處所說的無能，主要是指當國者，包括君主與大臣；腐敗則是指京官與外官的表現。君主專制體制屬於「人治」的政治形

---

❻ 平心：《中國民主憲政運動史》，頁四，一九八六，臺北古楓出版社影印。

❼ 羅爾綱：《太平天國史稿》，頁二。

❽ 見前註❸之書，頁三二三。

❾ 簡又文：《太平天國全史》，頁四一。

態，這種形態的政治，當國者的強弱，對朝政的興衰，有決定性
的影響。君能臣賢，乃人治政治的理想，不然，能二者居其一，
仍大抵可維繫朝綱，使朝廷政務不致廢弛。多事的道光朝，二者
俱缺，又恰值歷史性巨變，其難以適應變局，已在意料之中。

　　道光帝本是一位庸懦的君主，在位三十年（一八二一～一八
五〇），先後任曹振鏞（1755～1835）、穆彰阿爲首席軍機大
臣，曹氏爲政之道，據《清史稿》云：「振鏞歷事三朝，凡爲學
政者三，典鄉會試者各四，衡文惟遵功令，不取淹博才華之士。
殿廷御試，必預核閱，嚴於疵累忌諱遂成風氣」。他到晚年，「
恩眷之隆，時無與比」❿，門生詢其爲爲官之術，他說：「無
他，但多磕頭少說話耳」⓫。正是荀子所說「巧敏佞說，善取寵
乎上」的「態臣」⓬。穆彰阿，其「窺帝意移」的作風，及「恩
眷不衰」的隆遇，均與曹氏相似。咸豐帝及位後，下詔歷數其
罪，謂其「保位貪榮，妨賢病國」、「傾排異己」、「遇事模
稜」、「其心陰險」、「固寵竊權」、「罔上行私」⓭，雖或不
免有欲加之罪的嫌疑，但其爲人，已是荀子所謂「朋黨比周，以
環主圖私爲務」的「篡臣」⓮，殆無疑義。由此看來，面臨巨變
的局勢，以庸懦之君，態、篡之臣主持國政，終演成「內以遺太
平天國之亂，外以開鴉片未有之奇辱」⓯，又豈能謂之意外?!

---

❿　《清史稿》，臺北洪氏出版社影印，第十六册，頁一一四〇六。
⓫　李岳瑞：《春冰室野乘》，轉引自鄭學稼：《中共興亡史》，第
　　一卷（上），頁三〇。
⓬　《荀子・臣道篇》。
⓭　同前註❿，頁一一一四～七。
⓮　同前註⓬。
⓯　蕭一山：《清代通史》㈡，頁八八一。

京官與外官的表現，曾國藩（1811～1872）嘗慨乎言之：「京官辦事通病有二，曰退縮，曰瑣屑；外官辦事通病有二，曰敷衍，曰顢頇」。所謂退縮，是言同官互推，不肯任怨；動輒請旨，不肯任咎。所謂瑣屑，是言利析錙銖，不顧大體，察及秋毫，不見輿薪。所謂敷衍，是指裝頭蓋面，但計目前；剜肉補瘡，不計明日。所謂顢頇，是指外面完全，中已潰爛，章奏粉飾，語無歸宿。同時曾氏並揭露了驚人的內幕，經過鴉片戰爭如此驚天動地、奇恥大辱的事變之後，十年內竟然「九卿無一人陳時政之得失，司道無一摺言地方之利病」⑯，朝廷上下已到了痲木不仁的地步。所以這時期清廷情況的嚴重，已不止「但求苟安無過，不求振作有為」，而是如王命岳所說，京官則「鬻朝廷之爵」、「賣朝廷之法」，外官則如「縱千百虎狼於天下，而吮盡天下之蒼生」⑰。

經過鴉片戰爭，清廷軍隊之不能禦侮或作戰不力的弱點已暴露無遺。數十年來，為平定「教黨」、「會黨」之亂，為抵禦外侮，軍隊所到之處，沿途刼奪，兵匪不分，普遍激起人民的仇怨。南京條約訂立後，清廷必須向民間搜索巨額賠款，使原已疲困不堪的人民，自易萌生異念。鴉戰期間因兵力不足，為權宜之計，官府曾佈告人民購備軍械，組織團練義勇隊以自衛，停戰後地方武裝漸次解散，軍械流入民間，助成民亂的誘因⑱。

⑯　以上均見曾氏＜應詔陳言疏＞，《曾文正公全集》，頁四四一～三，五十二年（一九六三），臺灣東方書店再版。
⑰　見王氏＜懲貪議＞，轉引自蕭一山：《清代通史》㈢，頁三九。
⑱　以上參考沈雲龍：《中國近代史大綱》，頁四五，七十三年（一九八四），臺北文海出版社。

（四）土地分配不均，農民生活困苦

咸豐元年（一八五一）曾國藩於〈備陳民間疾苦疏〉，對農民生活困苦的原因，有扼要中肯的檢討：(1)銀價太昂，錢糧難納；(2)盜賊太眾，良民難安；(3)冤獄太多，民氣難伸。銀價太昂的主因之一，是因鴉片輸入激增，白銀大量外流，政府又賤錢貴銀，折算的結果，「朝廷自守歲取之常，而小民暗加一倍之賦」，人民不堪負擔，而州縣責職所在，又必須「全力以催科」，於是「吏役四出，晝夜追比，鞭扑滿堂，血肉狼藉」，「民之完納愈苦，吏之追呼亦愈酷，或本家不能完，則鎖挐同族之殷實者而責之代納，甚者或鎖其親戚，押其鄰里」，「眞有日不聊生之勢」❶❾。

所謂「盜賊太眾，良民難安」者，非祇因盜賊本身的搶刼、更嚴重的是官府差役「平日皆與盜通，臨時賣放」，反趁機「訛索事主之財物」，結果是「案不能雪，贓不能起，而事主之家已破」。至於盜賊太眾的原因，曾氏於疏文中只提到兵役「豢盜縱盜」，未予深扣，曾爲太平天國起事留下歷史性證言的汪士鐸（1804〜1889），在其所著《乙丙日記》中，認爲廣西多盜的原因，是在於人口過剩❷⓿。中國十九世紀初葉的人口問題，前文第二章已有討論，人口暴增固然爲社會經濟帶來沉重壓力，而中國歷史一直未能解決的土地分配不均，導致貧富懸殊的問題，更直接有利於太平天國革命的號召。

---

❶❾　同前註❶❻，頁四四六〜七。
❷⓿　包遵彭等編纂：《中國近代史論叢》，第二輯第二册，《社會經濟》，頁七九〜八〇，四十七年（一九五八），正中書局臺初版。

　　湖南巡撫楊錫紱於乾隆十三年（一七四八），曾估計田之歸於富戶者，大約十之五六，清朝的旗田、官莊、屯田又佔去十分之一，到太平天國起事前，人口較百年前增加約兩倍，超過四億，人口激增，土地兼併的情況必更嚴重，卽使以百年前的估計爲準，四億人口所賴以爲活者亦不過約十分之三的土地，則章謙於《備荒通論》所述，富有地主之家，「席豐厚，樂驕逸，詼調歌舞，窮園林亭沼倡優巧匠之樂」，而一般貧農，「得以暖不號寒，豐不啼飢，而可以卒歲者，十室之中，無二三焉」的懸殊現象，絕不致誇張⓴。更何況地主復以增租、奪佃、增高押租、提高折價等方法欺壓佃戶，貧苦人家，自難逃孟子所謂「終歲勤動，不得以養父母，又稱（舉）貸益之，使老稚轉乎溝壑」的噩運。所謂「衣具盡而質田器，田器盡而賣黃犢，物用皆盡而鬻子女」，「典衣剝債，男啼女哭」，「民之財盡矣，民之苦極矣」⓴，恐怕是當時許多地區農民生活的眞相。這樣的社會不醞釀大動亂，才是眞正的奇怪。

（五）嶺南的地區性因素

　　太平天國的革命何以在嶺南爆發？下列幾個因素可以幫助我們了解這個問題：（1）鴉片戰爭發端於廣州一帶，戰爭期間，援兵雲集，歷任督撫亦多鼓勵士紳動員百姓，期能利用民氣以制夷，因此民氣浮動，使排外之風，大盛於粵，地方官吏不但不加

⓴　以上見蕭一山：《清代通史》㈡，頁三八～九，以及前註⓴之書，頁八二，附錄：＜乾嘉道三朝歷年人口表＞。

⓴　同前註❺，頁三四。

制止，反以團結民心爲由，任其囂張。結果「用民制夷」（勝保
語）無功，卻發生了民眾搗毀府署之事[23]。（2）廣州原爲唯一通
商口岸，五口通商後，使近十萬負責湘粵間肩貨者，數千負責閩
粵間運茶者，以及成千上萬引水、挑夫、旅店從業員，頓失生計，
這些成員大多爲會黨份子，大量流落江湖，自易重新組合，滋生
事端[24]。（3）自一八〇七年馬禮遜傳入基督新教，相繼來華之傳
教士莫不以廣州爲根據地，原先崇拜偶像的民眾，一旦改宗新教，
遂具有宗教「邊際人」性格，其狂熱、執着，往往倍徙於一般基
督教徒。原本排外性強烈的一神教，在這樣性格的教徒內心產生
作用的結果，便容易與多神教的社會起信仰衝突[25]。（4）明朝覆
亡時，廣東人民抵抗劇烈，被殺者七十餘萬人，清廷爲防反動力
量之串連，而迫遷沿海居民，致民眾喪失田宅財產，流離失所，
此均爲粵民仇滿深結不解之源頭[26]。（5）兩廣偏處南陲，一有亂
事，易因訊息往返費時，而致運籌決策，調兵遣將，均難收劍及
履及之效，此乃動亂時代兩廣每易成爲盜賊淵藪或革命基地之緣
故[27]。

（六）客家人的處境

洪秀全是廣東花縣客家人，早期拜上帝會傳教的紫荊山一
帶，爲客家人聚集之地。宋室南渡，中原望族隨之南遷，其後二

---

[23]　王爾敏：《晚清政治思想史論》，頁一七六。
[24]　盧瑞鍾：《太平天國的神權思想》，頁四〇。
[25]　同前，頁四〇～一。
[26]　同前，頁四一。
[27]　同前。

帝蹈海，由浙而閩而粵，遂止於惠州、潮州一帶之山地，當地人稱之謂「客」。客家人有不向異族屈服的傳統，民性素稱強悍。因長期流落異地，謀生不易，多能克苦耐勞，貧農、炭工、礦工，多為當時客家人之職業，馮雲山初至紫荊山傳教，即以此三種人為對象，後為太平天國的基本部隊。客家人與當地居民，因習俗不同，又為爭生活資源，本就難以融洽，土客之間，常有爭端。道光三十年（一八五〇）客家富人溫阿玉因「艷土人農民女美」，強娶之，遂引發土客械鬥，客家人勾結股匪，土人組織團練，仇殺逾八月，客終不敵，相率加入洪秀全之上帝會，太平軍之勢始熾❷❽。

我們所以要詳列上述複雜的因素，因為這些因素不祇是對我們了解太平天國之所以興起有用，對十九世紀中葉以後，自強運動為何難以成功？為何解決中西、滿漢的矛盾終必走向革命不歸之路？為何在一九〇〇年仍會爆發拳亂？都不難從這個歷史背景中找到重要線索。

根據這些因素，我們有充分理由相信，爆發大規模革命已勢不可免，只要有一種強而有力的意識形態，有比教黨、會黨更有效的組織和領導羣，必可一呼百應，洪秀全與他的革命集團，遂於此複雜而有利的背景下應運而起。

第二節　洪秀全和他初期的革命集團

洪秀全（1814～1864）出生於廣東花縣農家，行三，乳名火

❷❽ 以上參考蕭一山：《清代通史》㈢，頁四三～五。

秀，譜名仁坤，自名秀全，祖父洪國游，父親洪競揚，皆以農爲
業。中國一般農家，都希望子弟中有能讀書中舉者，以改善社會
地位，秀全自幼好學，家人都把這個願望期待於他，很不幸，除
童子試外，四次府試皆落第。

　　第一次參加廣州府試是一八二七年（道光七年，也有人說是
一八二八），落第回家後，半耕半讀，過了兩年，就做了鄉村塾
師。第二次府考是一八三六年（一說一八三三），在廣州街上閒
逛時，偶遇美國傳教士 Edwin Stevens 正在傳道，隨手給了洪
秀全一套九冊名叫 《勸世良言》 的小冊子， 作者是中國傳教士
梁阿發（1789～1855），他本是一印刷工人，因工作關係認識第
一位來華傳教 （一八〇七） 的美國長老會教士馬禮遜 （Robert
Morrison）， 後跟隨馬禮遜的同事米憐 （William Milne） 去麻
六甲，開辦英華書院。在米憐的長期調教下，終於成爲最早的中
國籍牧師，書成於一八三〇年左右，稍後在麻六甲與廣州印行。
這套小冊後來改變了洪秀全的一生㉙，也是他重估中國傳統價值
的主要依據，不過這時候，他並沒有感覺到《勸世良言》對他有
何意義，帶回家丟在一旁。

　　第三次參加府考的年份，也有兩種說法——一八三七或一八
三八，這次應試「初考時其名高列榜上，及覆考又落第」。因此
對洪秀全的打擊格外嚴重，據說是僱轎抬回家的，遂大病四十餘
日，病中精神異常，盧瑞鍾根據心理分析與醫療社會學，判定他

㉙　詳見鄧嗣禹：＜《勸世良言》與太平天國的關係＞，《大陸雜誌》
　　第三〇卷，第八、第九期。又見大陸雜誌史學叢書，第二輯、第
　　四冊：《明清史研究論集》，頁二六七～七七。

患了「狂躁型的躁鬱症」❸。一個人受了過度的刺激，因而產生
精神異常的現象，這是可以理解的。至於在病中夢奉上帝之命，
並贈其寶劍金璽，與妖魔大戰等情節，當然是後來為了革命宣傳
的需要，捏造出來的具有政治作用的神話，因為這時候他還沒有
仔細閱讀過《勸世良言》，連做這種夢的「材料」都不具備。

　　洪秀全開始仔細閱讀《勸世良言》，是在一八四三年第四次
科場失意之後，這次失敗大概已使他萬念俱灰，在百無聊賴中，
才撿出多年前攜回的小冊子翻閱。假如他在這次應考前，已有反
封建，反滿清的意識，他應該不會再四度參加府考，所以他在病
中那些有政治傾向的詩，應該也是後來的附會❸。假如應考後已
有反帝的意識，他對宣揚帝國主義宗教的小冊厭棄才對，事實
上，一八四三年，正值鴉片戰爭失敗，訂了喪權辱國的南京條約
之後，各地排外情緒高漲，尤以廣東地區為甚，洪秀全此刻卻有
心情研讀《勸世良言》，說明他對周遭人民的反帝活動，根本渾
然不覺。

　　研讀《勸世良言》，對其中教義雖僅一字半解，卻啟示了他
一個新的希望，最先和他起共鳴的是表弟馮雲山（？～1852）、
族弟洪仁玕（1822～1864）。因基督教反對供奉偶像，他們就把
私塾裏的至聖先師牌位打碎，引起族人不滿，失去塾師職位。家
鄉待不下去，遂與馮雲山結伴到廣西傳教，起先並不順利，一年
後洪秀全先回花縣，留下雲山一人繼續傳教，後來他終於在桂平
縣紫荊山的客家聚落中定下來，憑著他的才能與組織力，為太平

───────────────

❸　同前註❺，頁一二五～七。
❸　參考前註❷，《論集》，頁二七六下。

天國的革命運動，建立起最早的一片基地，並成立了拜上帝會。

洪秀全返鄉後，大概仍靠塾師謀生，到一八四七年前這段時間，他最重要的工作是寫了幾篇傳世之作，如〈原道救世歌〉（一八四五）、〈原道醒世訓〉（一八四五）、〈原道覺世訓〉（一八四六）等，文章中雖口口聲聲勸人拜皇上帝，不可信一切邪神，卻找不出一點有革命的思想與民族英雄的表現，相反地，〈原道救世歌〉裏還認爲「聚黨橫行天不佑」呢！〈原道覺世訓〉提到「閻羅妖」一詞，有的學者爲了強調他的反滿意識，遂曲解爲指滿人，實則看全文，閻羅妖絕無指滿人之意。

這時候信基督教似乎已是洪秀全唯一的出路，於是決定到廣州碰碰機遇，這是一八四七年，他找到美國傳教士羅孝全 (I. J. Roberts, 1802～1871)，在他那裏二個多月，「背誦聖經，學習聖道」，他要求羅爲他行洗禮，並能給一份固定工作，羅覺得他動機不純，想受洗不過是爲了找差事，就命他離開教會。這次受辱的遭遇，恐怕才是他興起造反念頭的一個關鍵。

在無路可走的情況下，才又到廣西投靠馮雲山，他發現這裏的情勢比起三年前有了很大的變化，馮雲山已使拜上帝會的支會遍佈十幾個縣，它的總部設在紫荊山麓的一個小村落金田❸ 。這時刻洪秀全的興奮是可以想見的，他的長處是能思考能撰文，於是爲拜上帝會製訂規章儀式，以及後來在太平天國居於憲章地位的〈十款天條〉。參加拜上帝會的多爲客家人，本卽與土人不睦，生員王作新以「拜會謀叛」的罪名告發，馮雲山被團練拘

---

❸ 以上參考前註❸之書，頁三二六。

捕，押解縣獄，洪秀全營救不成，還是會眾籌款賄賂官吏，才被釋放（一說在押解途中說動差役獲釋）。

當洪秀全、馮雲山離開了紫荊山的這段時間裏，拜上帝會崛起了幾位新的領導人，他們是楊秀清、蕭朝貴、韋昌輝、石達開。一八四九年洪、馮重回紫荊山，這時拜上帝的教徒與團練的衝突日趨激烈，又適逢廣西大饑荒，參加拜上帝會的民眾越來越多，天地會黨也到處起事，在天災人禍交乘中，使得拜上帝會的領導們，覺得革命的時機已經成熟，道光三十年（一八五〇）六月，遂下達動員令，十月初一各地會眾齊集於金田，編制營伍，隨卽與清軍展開戰鬪，十二月初十（公元一八五一年一月十一日），趁會眾爲洪秀全祝壽之際，正式宣佈起事，建號「太平天國」，洪氏稱「天王」❸❸。

在太平天國初興階段卽崛起的幾位新的領導人，對這個革命集團後來的演變及崩潰，有很大的關係，對他們的身世背景，扮演的角色，也應有些交代❸❹。

楊秀清　他是廣西桂平縣紫荊山裏平隘山新村的客家人，出生僱工家庭，幼孤，由伯父楊慶善撫養，沒有受過教育。山中人家多以燒炭爲業，秀清少年時亦依此爲生，馮雲山在這個地區吸收了一些徒眾，因秀清與蕭朝貴都從事燒炭業，拜上帝會曾被當地人視爲「炭黨」。五口通商前，秀清參加護送洋貨到內地的行列，結交了一些江湖朋友，五口通商後，洋貨集散中心移轉上

---

❸❸　以上參考羅爾綱：《太平天國史稿》，頁三～四。

❸❹　以下有關各人身世的敍說，大都參考：⑴羅爾綱：《太平天國史稿》各人的列傳。⑵范文瀾：《中國近代史》，頁一〇〇～一。

海，他又回到故鄉重拾舊業，遂爲馮雲山吸收。當馮氏被捕，洪秀全去廣州營救，紫荊山區無人主持大局時，秀清利用當地「降僮」迷信，假託天父附體，團集徒眾，並成爲新的首腦。金田起事前，洪、馮一度被清軍圍困，秀清帶隊把清軍擊退。洪秀全稱天王時，卽以秀清爲左輔正軍師，領中軍主將，同年十月封爲東王，已是革命集團的二號人物。於進攻湖南途中（一八五二），與蕭朝貴共同發佈〈奉天討胡檄布四方諭〉，有謂：「予總料滿洲之眾不過十數萬，而我中國之眾不下五千餘萬，以五千餘萬之眾受制於十萬，亦孔之醜矣」！

南京建都後，由於他的戰功和幹練，軍、政以及宗教大權幾皆爲其所奪，有時候因自信天父附體，能代上帝傳旨，連洪秀全也祇好聽命於他，終於隱伏二大難以並存的危機。秀清驕上壓下的作風，早已使其他諸王懷恨。一八五六年，他既解了鎮江之圍，又攻破清軍的江南大營，便決心奪取天王之位。洪氏表面恭順，暗中秘令韋昌輝、石達開帶兵回京殺死楊秀清，他的部屬二萬多人也一同被害。這一年的天京內亂事件，史家公認是太平天國革命由盛入衰的重要關鍵。

蕭朝貴 廣西武宣縣人，出生貧農之家，經歷與楊秀清相似，同時於拜上帝會崛起，楊自稱天父附體，他也假稱天兄耶穌附體。二人早相識，洪秀全爲拉近與他們關係，遂將親妹妹許配給朝貴，洪氏稱天王時，以朝貴爲右弼又正軍師，領前軍主將，並封爲西王，地位僅次於楊。朝貴亦驍勇善戰，軍興初期，累建奇功，一八六二年七月，於進攻長沙時，中砲身亡。

韋昌輝 廣西桂平縣金田村人，地主兼營典當業，頗富有，

捐了一名監生。他所以會參加洪楊集團起事，有兩種說法，一是因受官吏勒索，爲了要報仇；一是因掩護拜上帝會活動，被官衙指爲謀反，因而逼上梁山。不管是甚麼原因，太平天國由金田起事，昌輝的「毀家赴難」，並運用他的資產協助革命，這應是他也能封爲北王的主要原因。雖封爲王，在軍政方面只是楊秀清的副手，屈居於秀清的淫威之下。他爲人圓滑陰險，既諂媚楊，又迎逢洪，洪秀全利用他殺了秀清，他爲洩恨，又用計誘殺楊的部屬，使天京內亂擴大，人心離散，結果死於眾人之手，史家對他皆無好評。

石達開 廣西貴縣客家人，讀書無成，業農，家頗富有，傾家協助革命，也與昌輝同被封爲翼王。達開善用兵，與湘軍對壘，曾於多次重要戰役中獲勝，曾國藩嘗謂：「逆首石達開狡悍爲諸賊之冠」。左宗棠也有「其才智出諸賊之上，而觀其所爲，頗以結人心，求人才爲急」的評語。達開爲與昌輝合謀楊秀清事起了衝突，昌輝欲殺達開，達開逃抵安慶，起兵靖難，昌輝身亡後，天王迎歸天京，給以「義王」尊號。洪秀全經歷兩次嚴重內訌，猜忌日甚，一八五七年四月，達開終被迫離京，並帶走了太平天國的精銳部隊，從此率領著一支孤軍，無目的地轉戰四方，終因內部不和，眾叛親離，最後以「達願一人而自刎，全三軍以投安」的理由投降清軍，仍被殺，時爲一八六三年五月。

太平天國的起事者，雖不止上述六人，但他們對這個革命集團興衰的命運，卻有格外密切的關係。依據他們的社會背景和在革命集團中的簡單經歷，可以使我們知道：

(1) 他們的社會背景，包括農民、工人、商賈、地主，其中

洪秀全與石達開雖讀書較多，但「對於外來之基督教義與固有之
中國文化均無深切之了解」❸這一斷語，仍可成立。假如他們對
基督教有深切了解，使太平天國的體制，更符合教義，就有可
能得著國際輿論的景仰與援助。如果他們對中國文化有更深的造
詣，對中國的民族性多一點了解，那麼就有更多機會引動高級人
才的響應，在應付湘軍的策略上，也必將有所不同。而實際上，
當時的「天京」，被謔稱之爲「苦力王爺的城」❸，因此首領們
的形象，以及在一般人民心目中的印象，自難與湘、淮軍的首領
匹敵。

（2）洪秀全雖號稱太平天國第一號人物，但他從來就不是一
個革命家，既不能臨陣殺敵，也非足智多謀，只是在鬥倒楊秀清
的過程中，看出他是一個心機深沉的人。在諸王未能獨霸之前，
他是一象徵性的領袖，一旦時機成熟，就有被取代的危險，楊秀
清便是顯著的例子。楊氏或死有餘辜，但內訌事件引起的連鎖反
應，使天京這棵大樹的枝葉，已漸被剝落。洪氏本性猜疑，自此
以後，更難相信異姓，完全缺乏開國帝王的氣象。如說他是農民
革命的領袖，以他在天京的所作所爲，更不相襯。

（3）太平天國因信基督教，而與其他教黨、會黨不同，革命
初期也曾獲得信仰的助力。然也使太平天國的權力結構建立在極
不穩定的神話上，誰也不是眞正的權威，誰也無法樹立強而有力
的領導中心，這對一個革命集團而言，是致命的缺點。

---

❸　蕭公權：《中國政治思想史》㊦，頁六六二，四十三年（一九五
　　四），臺北中華文化出版事業委員會。

❸　同前。

（4）太平天國的思想，尤其是〈天朝田畝制度〉，不論是否能實現，帶給傳統社會的強大衝擊力，是無可懷疑的。均平一直是中國社會思想的一個主流，每當社會出現危機，常以此為主要訴求。洪秀全因受基督教博愛、平等的啟發，刺激了他的想像力，遂發展出一套「人間天國」的平等理論。於革命初期，他的平等無私的理念，也有過凝聚羣眾的力量。無奈後來的行徑，越來越與其標榜的理想背道而馳，一幕幕殘酷無比、赤裸裸的權力鬥爭，使士人不親，民眾生畏，最後終難逃眾叛親離的危亡命運。

第三節　太平天國與基督教

（一）勸世良言

梁阿發根據馬禮遜的新舊約聖經譯本，以類似中國傳統經學的注疏體，寫下約九萬字的《勸世良言》，洪秀全又依據這部小書，闡發了太平天國的教義，在二人轉手之際，不論從文化或心理的觀點，都是一典型的涵化 (acculturation) 問題。所謂涵化，大抵是指個人與團體在接觸新異文化特質時，在原有的文化基線上，所引起的迎、拒、改造，以及融會的反應過程。

例一：馬禮遜和梁阿發傳佈的是一神教，而中國則是一泛神論的國家，因此《勸世良言》提出這樣的問題：「或說神天上帝不能管理世界偌大之事，致要神佛幫理，如君王要眾大臣管理國事一般」。梁的回答是：「且天地雖大，萬類人物雖多，在神天

上帝看來，不過如一家之人耳，何難管理之？況且神天上帝乃係純靈，無所不知，無所不在，無所不能，非君王可比之也」**❸**。在一神教耶穌的教訓和工作中所表達出來的上帝國，主要是屬於上帝的，而非我們的國度，它是上帝所賜予的，而非人「建造」的； 所謂神的統治乃特指祂所行的神蹟而言， 因此根本不發生「管理世界」的問題**❸**，梁阿發用中國人的實際頭腦去理解，自易產生隔閡。奇怪的是他既了解到「上帝乃係純靈」，純靈的上帝怎麼會「 如君王要眾大臣管理國事一般」 去「管理全世界之事」？太平天國的革命集團， 從拜上帝會初期，卽已形成集體領導制，因此， 一神教無法適應他們的實際需要，遂經由中國式的神話， 如「太兄曁東王輩， ……蒙天父上帝原配卽天媽肚腸生出」**❸**，使洪秀全、東、西、南、北四王及翼王都成為同胞兄弟，所謂上帝，在實際的運作中，不過是滿足楊秀清之流權力意志的工具而已。

例二： 在希伯來人屬靈的宗教裏，神爲父的觀念（以及與之隨來的權威意義）與肉體之父的觀念是完全分離的。人是照著上帝的形像造的，而不是爲上帝所生的；神和兒子的關係不是出乎自然的，乃是出乎恩典的**❹**。梁阿發雖祇說：「神天上帝乃係萬國萬類人之大父母」，已易啟神人關係出乎自然的聯想。到太平

---

❸　以上《勸世良言》文，轉引自蕭一山：《清代通史》㊁，頁三五二。

❸　以上見《聖經神學詞彙》，頁二五九、二六○，一九七五年，香港基督教文藝出版社再版。

❸　洪秀全： ＜欽定舊前遺詔聖書批解＞，見《太平天國史料》上冊，頁八六。

❹　見前註❸，頁一六五～六。

天國集團，他們所崇拜的上帝，與洪秀全及開國諸王之間，都有血統關係，顯示西方的神學概念，已受中國人濃厚的血緣倫理所改造❹。

例三：原罪在西方一神教裏，是對人性眞理的驚人透識。上帝造人本是完全的，如未墮落以前的亞當與夏娃，隨後因背叛上帝的旨意，便從恩典之中墮落了，這便是人類始祖之罪，它像身體的欠缺一樣，是遺傳給後代的。人雖已墮落，然而神的形像和樣式尙遺留著，因此他明白自己是一個罪人，這就使人仍有獲得拯救的希望❷。梁阿發雖不能深刻體會這種人性相反相成的觀點，但他能了解原罪說在西方一神教裏的重要性，於《勸世良言》開宗明義，卽加以強調。而太平軍觀念中耶穌所贖的「罪」，乃是中國人所常道「人孰無過，雖聖賢所不能免」的倫理性或法律性意義的罪，與西方一神教宣示的原罪乃宗教性意義的罪，有所不同❸。

從上面的例子看來，梁阿發於轉手之際，雖仍不免受原有文化的影響，但他的動機與目的都是宗教性的。如果說，一神教的引進，可能導致傳統信仰或核心價值的改變，梁氏實爲促使這一改變最早者之一。洪秀全的反應中，原有文化的影響遠較梁氏爲重，當是由於他吸取的文化資源比梁爲多之故。洪秀全利用一神教去詮釋他的病中夢境，說明他的動機具有宗教性，但目的主要是爲了滿足革命的實際需要，因此說太平天國的宗教是一種「政

---

❹　見前註❷，頁一一三。
❷　見前註❸，頁八、九、十。
❸　見前註❷，頁一一四。

治宗教」並不爲過。

　　《勸世良言》對太平天國的影響，鄧嗣禹曾列舉十端：（1）
棄除偶像。（2）施用洗禮。（3）拜一神教。（4）拜上帝會。（5）
太平天國。（6）天堂地獄。（7）天下一家。（8）天條大律。（9）
禮拜禱告。（10）言行影響❹。其中　（5）(6)(7)　有中國傳統的影
響，「太平」一詞，其直接來源是天地會，因革命初期曾有天地
會的領袖參加（如洪大全），亦藉以團結天地會的羣眾；其間接
來源是公羊家所說三世中的「太平世」。《勸世良言》言及「太
平」，有謂「君政（正）臣忠，父慈子孝，官清民樂，永享太平
之福，將見夜不閉戶，道不拾遺的清平好世界矣」❺。正是洪氏
集團所嚮往的太平世的景象。地獄觀念雖源自佛教，但早已成爲
中國民間普遍的信仰。天下一家的觀念爲儒家和基督教兩大傳統
所共有，當洪秀全撰寫〈原道醒世訓〉、〈原道覺世訓〉發揮天
下一家之義時，主要的根據仍是儒家的〈禮運大同章〉和民胞物
與之懷。

　　上列十端中，影響洪秀全及其革命集團最大的，是(1)與(3)
的棄除偶像、拜一神教，這兩項在基督教教義中是一體兩面，分
不開的，爲了崇拜一神，才必須棄除其他一切偶像（這兩項在拜
上帝會時期是入會的主要條件）。《勸世良言》：「獨有一位造
化天地萬物之主係神，俗稱神天上帝，惟啟示眞經本字音義，稱
之『爺火華』三個字。斯乃眞神，而普世萬國之人，皆當尊崇敬

---

❹　詳見前註❷之書，頁二七○～三。
❺　同前，頁二七一下。

奉之，其餘所有甚麼神佛菩薩之像，悉不應該敬拜的」❻。此義
與中國慣常的信仰大不相同，因此梁氏於書中屢屢言之。梁阿發
甚至已自覺到要「中華大國之人」，去接納一神教，「必要虛心理
會，忘乎國之禮義文華，泯於道之傳自何方」❼。就吸收異文化
的態度而言，他的話很深刻，所謂「必要虛心理會」，是說必須
先有心理準備（心理建設），才可能做比較客觀的認知，因為一
神教對中國人的信仰與價值系統衝擊太大了。「忘乎國之禮義文
華」，根本上是要求超脫文化自我中心的信念；「泯於道之傳自
何方」，要做到這一點，又必須為開放社會培育開放心靈。這三
點對「文化接觸」與「文化重組」，都是相互關聯、大而根本的
問題，問題最大的關鍵在培育開放的心靈，其中最大的阻力在超
脫文化自我中心信念之難，這個阻力克服了，才可能有開放心
靈，有了開放心靈，要做到虛心理會，自然就不難。梁阿發根據
他自己的體驗，提出這些深具智慧的警語，是一八三〇年左右，
到今天（一九八八）已將一六〇年，在中西文化交會上仍然是很
嚴重的問題，不用說一般「中華大國之人」，即使高級知識分
子，大多數仍未能做到。梁阿發當然無法預見這種情況，恐怕也
不見得真能了解要解決他所提問題有多困難。

　　洪秀全潛心細讀《勸世良言》，最初的動機並不是要「虛心
理會」，向西方尋求真理，他是在人生絕望之際，期待著能由其
中獲得一些慰藉和一點新的希望，當他讀到「何故各人都係同拜
此兩像（指文昌、魁星二像），而有些自少年讀書考試，乃至七

---

❻　同前註❸，頁三五一。
❼　同前註❷之書，頁二七六下。

十八十歲，尚不能進黌門爲秀才呢？還講什麼高中乎」❹這類話時，必然感到「於我心有戚戚焉」，打破偶像的念頭，自油然而起。由於缺乏記載，我們已無法詳知洪氏當初接觸到一神教教義，對他內心的衝擊有多大，以及他如何化解因新異經驗引發的精神緊張，不過從他確信新教教義（經由他錯解與曲解之後的），有符合其受命之夢者；以及《勸世良言》各章中「我、我等、汝、他」等代名詞，他以爲「汝」、「他」和書中「全」字，卽指秀全自己等情節來看❹，他對一神教種種是深信不疑的。他所以能如此輕易跨越文化「邊際人」可能產生的困境，主要是因他乃是一精神異常之人，因此比較容易使一神教信仰內射到人格裏去。

　　拜一神教與棄除偶像這兩項，我們以爲影響太平天國最大的一點，是這一體兩面的教義，恰好提供了二元價值觀點。所謂二元價值觀點，是指一種祇用兩個價值：正的和負的，好的和壞的，愛和恨，來觀察或評價一切事物的趨向，這種觀點不但能引起許多的心理作用，並且也能引起許多的生理作用，因此它是一種激發戰鬥意志的有效工具❺。在太平天國集團與滿清王朝的鬥爭中，就曾運用這種二元價值觀點，以激勵羣眾的鬥志，當一八五二年太平軍進攻湖南陷入苦戰之際，用蕭朝貴和楊秀清名義聯合發佈的〈奉天討胡檄布四方諭〉，便是一著名的例子，檄文中一方面是蒙上帝大恩並受命的天王，和「榮耀無疆」、「順天」

---

❹　同前註❻。

❹　見前註❷，頁一五一～二。

❺　見早川原著，柳之元譯：《語言與人生》，頁一七五、一七六，四十九年（一九六〇），臺北淡江書局。

的太平軍，一方面是「妖孽」、「胡鬼」、「犬豕」、「逆天」
的滿清，因此「奉天誅妖」就完全符合上帝的旨意。從這種觀點
出發，屠戮所有有利或有助於滿清王朝的人，就成了一種道德上
的責任，可以殺得心安理得!

（二）　天條書

太平天國以拜上帝會起家，也就是以一神教信仰組合羣眾，
推動革命，這個運動在精神上是宗教的，目的卻是政治的。因
此，爲何把一神教的教義，轉化過來以適應政治的目的，並使其
能切實可行，這對太平天國初期的領導羣而言，實是一繁雜而又
艱鉅的文化工程和社會工程。其所以繁雜而艱鉅，是因這工作是
要爲未來的新國家建構一套新的體制和新的生活方式，在這個意
義上，可以了解太平天國在中國史上，的確是一次空前的革命運
動。

爲了上述的目的，第一，必須建立起類似國家的基本法典，
以作爲其他次級規章的「法源」，和新生活方式的主要依據。其
次，必須改造上帝的性質，使創造萬物、拯救人類靈魂的上帝，
轉化爲能激勵鬥志、發揮羣眾戰鬥力的上帝。第三，使中西雜
揉、宗教爲政治服務的一些重要訊息，透過權威性的作品，向參
加革命行列的羣眾宣示。最後是使太平天國勢力所能控制的地
區，實行基督教化，一方面可以深化革命羣眾的信仰，另一方面
也可藉以強化革命陣營與清廷之間的「矛盾對立面」。

太平天國集團中，相當於國家基本法典的是《天條書》，其
中包括宗教儀式與十款天條。十款天條乃摩西於西乃山由上帝所

授十條誡律之異稱，最早見於《舊約·出埃及記》，《勸世良言》並未完整地提到十誡，在天京印行的十款天條的文字，與國外的對照，和羅孝全編印的傳道書相近，所以洪秀全這方面的知識，應學自羅氏處❺。十款天條的條文是：（1）崇拜皇上帝。（2）不好拜邪神。（3）不好妄題皇上帝之名。（4）七日禮拜頌讚皇上帝恩德。（5）孝順父母。（6）不好殺人害人。（7）不好奸邪淫亂。（8）不好偷竊刼搶。（9）不好講謊話。（10）不好起貪心。與「十誡」相比，內容完全相同，後六條文字稍有變動，前四條則予以簡化，另於每條之下，加上通俗說明，還配以七言詩四句，以利教讀傳誦。前四條是規範宗教生活，後六條則屬於一般道德法則。

十款天條之外，《天條書》對崇拜儀式也有詳細規定，共有九項：（1）悔罪規矩。（2）悔罪奏章。（3）朝晚拜皇上帝。（4）食飯謝皇上帝。（5）災病求皇上帝。（6）凡生日、滿月、嫁、娶一切吉事，俱用牲饌茶飯祭告皇上帝。（7）凡作竈、做屋、堆石、動土等事，俱用牲饌茶飯祭告皇上帝。（8）昇天是頭頂好事，宜歡不宜哭，一切舊時壞規矩盡除，但用牲饌茶飯祭告皇上帝。（9）七日禮拜頌讚皇上帝恩德。由崇拜儀式的詳細說明中，可以看出、崇拜上帝，棄絕一切邪神仍是重點所在。崇拜上帝是因人生的一切皆爲上帝所賜，必須隨時向上帝謝恩。悔罪是希望經由否定過去、否定自我，重新塑造成適合革命需要的「新人」。最有趣的是所謂棄絕邪神，中國民間信仰的「邪神」，主要是爲了消災、除病、趨吉、避凶、求子、求壽、求功名、求發財等等，在

---

❺　王慶成：〈拜上帝會釋論〉，見《中華學術論文集》，頁二一九。

上述悔罪和祈禱的儀式中，也同樣包含了滿足民間這些需要的內容，這等於是說，太平天國集團，不過是以上帝替代所有邪神的功能而已❺❷，所謂「一切舊時壞規矩盡除」，只是表面文章罷了，自然也達不到塑造新人的目的。雖然如此，由於革命初期，嚴格奉行《天條書》，凡違犯十款天條者一律殺無赦，天條無異軍令，所以對組織羣眾仍發揮了相當大的作用。

（三）改造上帝

太平天國的一神教旣是爲政治服務，因此，它所崇拜的神或上帝的性質，必然會依著政治現實的需要而有所改變。如前文所言，洪秀全的上帝觀是由《勸世良言》轉手，而《勸世良言》本卽承襲了不少猶太教的上帝觀，耶穌的活動在書中只不過猶太教上帝觀念系統中的一個環節。洪氏集團在這個影響下，所以最早成立就是「拜上帝會」，而不是「耶穌教會」。拜上帝會是以上帝爲中心，耶穌地位雖受尊崇，但並不突出❺❸。

猶太教的上帝不但被認爲是全能的、全人類歷史的主，而且是唯一的神，因是唯一的，所以「耶和華是忌邪的神」❺❹，因爲忌邪，所以信上帝就必須棄絕其他一切的崇拜，否則就是背叛，背叛是有罪的。這種性質的上帝，相對於其他的神及其信徒而言，必然是富有戰鬥性的，由宗教性的「戰神」轉化爲洪氏集團所需要的「革命的上帝」，恐怕不是換換字面就能做得到的。

---

❺❷　同前，頁二二六。
❺❸　同前註❺❶，頁二一八。
❺❹　參前註❸❽之書，頁一九三、一九五。

　　由於耶和華是忌邪的神，所以在拜上帝會的初期，所要打倒的邪神是當地的廟宇偶像，以及傳統儒、佛二敎。起事後洪秀全被描繪爲接受一種新天命的朝代開創者——這天命直接來自耶和華（上帝）——而敵對一邊的滿人，則被視爲邪惡的化身❺❺。這一步信仰與政治目的結合的轉化，關係重大，誠如 Philip A. Kuhu 所言，如果沒有洪秀全從廣東帶來的新信仰，客家人的動員仍是難以想像會成功的；這個信仰將客家人的奮鬥提昇到一個有意義的新層次：變成世上得救者和墮落者的一場戰鬥。他們充滿一種獨特的正義感，遂能在一個涵蓋性的宇宙觀的基礎上對抗滿清文化❺❻。

　　再進一步，是強力運用一神敎摩西以來「破壞偶像主義」的信仰，以擴大與滿清政權之間的矛盾對立面。同時爲了迷惑革命羣眾，使革命領導者不只是承受天命的新朝開創者，而是把他神化，如以天王爲太陽神，以東王爲風神❺❼。於是革命者的性格和需要，自然就成爲「忌邪的神」的性格和需要，於是革命者政治性的意識形態，充塞於一神敎上帝觀念的系統之中，使宗敎信仰最大的目的，已不在靈魂的救贖，而在鼓吹激烈的變遷，主張建立「新天新地新人新世界」的天朝，許多舊的制度或事物自在揚棄之列❺❽。在這樣一個目標的制約之下，不管原有上帝的性質如何，都必將化爲革命的上帝。鄧嗣禹說：「登山寶訓與黃金律，是

---

❺❺　費正清編：《劍橋中國史》，第十册，晚清篇，中文版，頁三三一。
❺❻　同前，頁三三七。
❺❼　盧瑞鍾：《太平天國的神權思想》，頁一一二。
❺❽　同前，頁三一三。

基督教理最重要的一部分，注重愛、注重恕、注重仁，而太平天
國最缺乏這種精神，那麼馬禮遜之譯文，實在是貽誤蒼生❺❾」。
鄧氏把太平天國集團缺乏仁愛、寬恕的精神，歸咎於這方面的譯
文在《勸世良言》中，太不引人注意，意思好像是說，如果當年
《新約》這方面的教理的譯文更顯豁，而能引起洪秀全的充分注
意，後來太平天國的表現，就不致如此充滿仇恨與殘暴。他忽略
了仁愛的精神，根本無法配合革命破壞的需要——這一需要的滿
足，才是洪氏集團吸取猶太教的上帝觀，忽視耶穌的眞正原因。

（四）宣揚教義

　　爲了傳教的需要，太平天國集團自製了一套宣傳小册，用來
宣示它的教義和政治理想。宣示基本教義的，就是前面講過的
《天條書》，宣示政治理想最重要的作品，是洪秀全受《勸世良
言》影響而自撰的〈原道救世歌〉、〈原道醒世訓〉、〈原道覺世
訓〉，太平天國建立後，改正本把「歌」、「訓」皆改爲「詔」，
合稱爲《太平詔書》。初刻本因作於起事之前，多用成語典故及
《詩》、《書》、孔、孟之言，定都天京後改正本則大加刪削，
宗教意味加濃。以下簡介據初刻本。

　　〈原道救世歌〉第一句就是董仲舒的「道之大源出於天」，
並用中國《詩》、《書》中的「天」混同一神教的「上帝」。第
五句「道統根源惟一正」，是用中國道統觀念來彰顯上帝乃惟一
眞神之義。接著又以「天父上帝人人共」的教義，提出中國本有
的「天下一家」的理想。前文說過，洪氏受《勸世良言》影響最

---

❺❾　同前註❷❾之書，頁二七五上。

大的，是崇拜一神與棄除偶像，在這裏洪氏用通俗的歌詞宣揚這重點教義：「上帝當拜，人人所同，何分西北？何分南東？一絲一縷荷上帝，一飲一食賴天公，分應朝朝而夕拜，理應頌德而歌功。人而舍此而他拜，拜盡萬般總是空」。

〈原道救世歌〉的主要內容，是提出類似道德箴言的六種不正當行爲：第一不正淫爲首，第二不正忤父母，第三不正行殺害，第四不正爲盜賊，第五不正爲巫覡，第六不正爲賭博。作此歌時，洪氏尚未具備「十誡」的完整知識，但前五點卻與「十誡」吻合，成爲詔書之後，亦有助於十款天條的宣示。值得注意的是，不僅對這六點的解釋，完全是中國傳統的思想，其中「聚黨橫行天不佑，罪惡貫盈禍自隨。……殺一不辜行不義，即得天下亦不爲」，還有反對革命造反的意思❻。這一證據足以說明洪氏於一八四五年寫此歌詞時，只是爲了宣教以救世，尚缺乏革命的意態。

〈原道醒世訓〉也是起事前的作品，其中最重要的思想，是運用中國固有的「天下爲公」、「天下一家」的觀念，闡揚基督教的博愛，如謂：「天下多男人，盡是兄弟之輩；天下多女子，盡是姊妹之羣；何得存此疆彼界之私，何可起爾吞我併之念」！洪氏認爲，大至國與國之間，小至鄉里與鄉里之間，它們之所以「相侵相奪，相鬥相殺」，皆由於「人心澆薄，所愛所憎，一出於私」。由於私、故見小，見小則量小，「量小則福小，而人亦與之俱小」。因此，要實現博愛的理想，必須反其道，先培養福

---

❻　這一點鄧嗣禹已提到，見前註❷之書，頁二七六上。

大量大之大人，這是將中國傳統的道德理論與博愛理想相結合。
此文較爲突出之處有二，一爲肯定「皇上帝」乃「天下凡間大共
之父」，並以此作爲「天下一家」的理論根據；二是在「亂極則
治，暗極則光」、「夜退而日升」的信念中，以「上帝之眞道」
代表「日升」之「光」，這兩點都已越出中國的傳統，而與梁阿
發宣揚西方眞理的目標一致。

　　《太平詔書》中三文，以〈原道覺世訓〉最長，傳教的意味
也最濃。文章雖長，論點卻相當集中，主要在以「上帝」與「閻
羅妖」對揚，上帝是獨一的，全能的，閻羅妖則爲迷信邪神的代
表，如：「皇上帝之外無神也，世間所立一切木石泥團紙畫各偶
像皆後起也、人爲也，被魔鬼迷懞靈心，顚顚倒倒，自惹蛇魔閻
羅妖纏捉者也」。又如：「敬拜皇上帝，則爲皇上帝子女，生前
皇上帝看顧，死後魂昇天堂，永遠在天上享福，何等快活威風；
信各邪神，則變成妖徒鬼卒，生前惹鬼纏，死後被鬼捉，永遠在
地獄受苦，何等羞辱愁煩」。全文將此二元價值觀點，發揮得淋
漓盡致。洪氏論述的上帝，明明是來自基督教，他用中國經書裏
「皇上帝」的概念，不但使上帝有中國味，且認爲「自盤古至三
代，君民一體，皆敬拜皇上帝」，企圖由概念混同，以減少傳教
的阻力。此外，耶穌自稱爲「人子」，洪氏也把他說成具中國味的
「皇上帝太子」，同時又是「救世主」。既是救世主，「天上地下
人間，有誰大過耶穌者乎」？因而推想到，「耶穌尙不得稱帝，他
是何人，敢覬然稱帝者乎」？此雖非革命思想，但已啟反動之幾。

　　以上三文，後來成爲太平天國集團宣傳宗教開導民眾的依
據。對一般民眾宣教，太平天國有個特殊名稱，叫做「講道理」，

所講「道理」，大抵是根據《太平詔書》所宣示的理念，就實際的需要，由各級首領們隨機加以運用，例如在行軍中吃了敗仗，爲防人逃走，於是傳集兵眾，登臺宣講：「萬事皆由天父排定，你等都要練得正正眞眞，不怕妖魔一面一面變，都難逃天父手內過。眾兄弟切不要慌，兄弟們昇天乃是好事，勝敗常事，總是兄弟中多有不肯眞心頂天之人，纔被妖魔侵害，此是天父磨練我們的，務要放膽放草，自有天父看顧」❻。在太平軍中，「講道理」是以宗教信仰爲手段，以滿足其各種需要的重要方式，除上述例子之外，其他如募兵、倉卒行軍、臨時授令、驅使羣卒爲苦役、勸人貢獻，都必先「講道理」。這種方式所要傳達的訊息，以及發揮的作用，包括強化上帝的權威、神化領導、鼓舞士氣、心靈安撫，必要時還加以恐嚇。如照《賊情彙纂》所說，處決罪犯時也必「講道理」，那就可能包涵審判、警眾、安魂等作用。

（五）基督教化

所謂基督教化，是指太平天國集團，爲了團體信仰、組織紀律而設計的一套異於中國傳統的生活方式，這套設計包括宗教儀式與十款天條，合稱爲《天條書》。依照《天條書》，教徒入會或民眾加入革命集團都要受洗，受洗有悔罪奏章，進入團體後，朝起夜睡有拜上帝祈禱文，吃飯有感謝上帝文，七日禮拜有讚美上帝詩，其他如災病、生日、滿月、嫁娶、喪葬、作竈、做屋、堆石、動土等事，都有祭告上帝奏章❻，眞是做到「凡事謝恩」。

---

❻　轉引自蕭一山：《清代通史》㈢，頁三六〇。
❻　以上見羅爾綱：《太平天國史稿》，頁七〇。

太平天國集團的禮拜日，比西洋早一天，就是在星期六舉行禮拜。禮拜前一天在交通路口掛旗宣告：「明日禮拜，各宜虔敬，不得怠慢」。依基督教傳統，教堂不設神位或偶像，不焚香燭、元寶、冥紙，但於禮拜日當天三更子時後，點燈二盞，供茶三杯，菜三盤，飯三盌，然後打鑼召集，齊聚一堂。長官和掌書記叫做「先生」的立在正中，眾人兩旁立，齊誦讚美畢，先生寫成黃表奏章，盡列參拜者姓名，手執奏章跪地高聲朗讀，眾亦跪下，誦奏章畢，即予焚化，禮拜儀式就算完成。民間如此，各王府及官衙也同時分別舉行禮拜❻❸。

太平天國有六大節日，為原基督教所無，這些節日，不但加強了它神權政治的色彩，也使少數領導人更進一步神化。這六大節日是(1)正月十三日為太兄昇天節；(2)二月初二為報爺節；(3)二月二十一為太兄暨天王登極節；(4)三月初三為爺降節；(5)七月二十七為東王昇天節；(6)九月初九為哥降節❻❹。

太平天國的領導者，為了號召民眾，並給予他們一種美好的夢想，於起事初期，便提出一個新鮮頗具吸引力的「小天堂」的觀念。小天堂似有二義，一是指太平軍及其所到之地，如一八五○年七月十九日天王於廣西茶地的詔書謂：「總要個個保齊，同見小天堂威風」❻❺。一是指革命成功正式定都，如同年九月二十五日於永安下詔：「每場殺妖，……遵令向前，則畫圓圈以記其功，……俟到小天堂，以定官職高低」❻❻。十月十二日仍在永安

---

❻❸ 同前，頁七一。
❻❹ 見＜太平天國辛酉拾壹年新曆序＞。
❻❺ 見＜天命詔旨書＞。
❻❻ 同前。

苦戰之際，又下詔：「上到小天堂，凡一概同打江山功勳等臣，大則封丞相檢點指揮將軍侍衞，至小亦軍帥職，累代世襲，龍袍角帶在天朝」❻❼。一八五三年太平軍打到江南，攻佔金陵，定都後美夢化爲殘破的現實，遂改稱「天京」，這個觀念就很少用了。

　　前文說過，太平天國的理想，是要建立一「新天新地新人新世界」的人間天國，定都天京後，終於把這個理想付諸行動，實施的方式與目標，就是把天京變爲天王心目中的基督教化。具體的作爲，是破壞與建設並進，在破壞方面，曾進行大規模焚書，傳統經典及所謂「凡情諸書」如《三國志》等，均經洪秀全親改欽定，始准閱讀，否則一概處斬。建設方面是有計畫地進行天京子民的思想教育，尤其重視幼童的社會化工作，依照太平天國的制度，每二十五家應有一所禮拜堂，各家幼童每日前去，由管理此二十五家的鄉官「兩司馬」教讀，《三字經》（新編）、《幼學詩》、《千字詔》、《太平救世歌》、《天父詩》、《天情道理書》均爲必讀之物❻❽。內容以敬拜上帝爲首要，如《幼學詩》第一首「敬上帝」：「眞神皇上帝，萬國盡尊崇，世上多男女，朝朝夕拜同」。末首「天堂」：「貴賤皆由己，爲人當自強，天條遵十款，享福在天堂」。《幼學詩》爲一神教信仰下，提供了詳細的倫理規範，其製作方式及各詩標題，顯然受中國歷代士大夫所作遺規的影響。

---

❻❼　同前。
❻❽　以上據郭廷以：＜太平天國的極權統治＞，見郭著《近代中國的變局》，頁一一五～六，七十六年（一九八七），臺北聯經出版公司。

（六）外人的印象

上述太平天國集團基督教化的情形，僅是依據來源不同而又零星的一些資料拼湊而成，根據這些資料，我們無法判斷它基督教化的程度，少數進入天京的外國人實地觀察的印象，多少有助於我們對這方面情況的了解。

太平軍興之年（一八五一）十月六日，羅孝全牧師首先宣揚洪秀全是基督教徒的革命運動者，他興奮地說：「中國要革命了，要基督化了，廣大的人民羣眾要得救了。全世界各國的教徒，當用最大的努力，助主完成這個大革命」⑩。可見一個外國傳教士，對太平天國的革命，有著高度的期待。十九世紀初葉以來，西洋人到中國，不論是爲了貿易，或是爲了傳教，由於彼此陌生，又缺乏共同的語言與足資溝通的觀念，累積了許多痛苦無奈的經驗，在這個背景下，一個標榜西洋宗教的革命集團的興起，會引起他們高度的關注和幻想，是可以想見的。

事實又如何呢？據一八五四年五月二十三日〈東王答英譯員麥華陀問誥諭〉，太平天國對西洋人，仍然以「天朝」自居，稱對方來函爲「稟文」。不僅如此，且以「我主天王（指洪秀全），是上帝親子，天兄（指耶穌）胞弟，爲天下萬國太平眞主」，顯然已以洪秀全獨佔「天父權能」，取代了耶穌的地位。「誥諭」全文，荒誕可笑，以爲西洋人根本不識上帝與耶穌，甚至說：「有一個不到天國朝上主皇上帝，朝救世聖主，朝萬國眞主，便是

---

⑩　轉引自鄧嗣禹：〈太平天國之興亡與美國之關係〉，見香港中文大學中國文化研究所學報，第三卷第一期，頁二。

妖魔，爾等知否」？

同年五月十一日，英國新任香港總督包令率領畢特勒與施泰士艦訪問天京，此行結果與印象，據英怡和洋行上海支店負責人僕希佛爾於一八五四年七月七日致香港大衛・查甸信說：「畢特勒艦和施泰士艦今日上午從南京回來了，幾乎什麼事都沒有幹，他們證實美國人關於叛黨傲慢的報告，叛黨對待他們簡直就無禮。據說他們並沒有多麼基督化，甚至根本就毫無」❼⓪。這些話與東王「誥諭」對照來看，並不誇張，「並沒有多麼基督化」，不過代表西洋人的看法。由「誥諭」所說有關上帝、耶穌的種種，天京所進行的，恐怕已不是太平天國基督教化，而是基督教太平天國化，洪氏等所改造的，不只是一個上帝而已。

經由羅孝全的宣揚，以及太平軍的初期勝利，這個標榜基督教的新政權，頗引起外人的同情，好幾位傳教士冒險去天京皆未成功，只有一位美國傳教士丁韙良克服困難達到目的，他的觀感與僕希佛爾信中所說不同，他寫過三、四封信，第一封信要求美國中立，不要援助清朝；第二封信，他把太平天國運動與英國克林威爾（Cromwell）的清真基督徒相比較，預言洪秀全在二、三年內一定成功，從此中國可成為美國最大的市場。為廣宣傳起見，丁氏並將這些信件發表在一八五六年六月七日的上海英文《華北先驅報》上❼①。

四年後（一八六〇），另一位名花牧師者（The Reverend J. L. Holmes），也在同一個報紙上（九月一日）發表長信：「

---

❼⓪　以上見前註❻②羅著，頁一六七。

❼①　同前註❻⑨鄧文。

我此次到南京訪問，本預期得到良好的印象。其實上次到蘇州所
得的良好印象，是引起我到南京一行的興趣。我離南京，觀點大
變了，我很傷心地找出（發現）他們毫無耶穌教的色彩，徒擁虛
名與假冒行道而已」。這位花牧師在天京，曾要求以私人身份見
天王，未果，僅由章王林紹璋接待，章王向他提出關於外國機器
的問題，頗使其不悅；他又親眼看到天京官員用烤豬肉祭上帝、
作禮拜，禮成則分食之，因此印象惡劣[72]。

　　給予太平天國打擊遠超過花牧師者，正是當年懷著高度期待
和幻想的羅孝全，他於一八六〇年十月，歷經艱險，終於到達天
京，天王初以師禮待之，並聘爲外交顧問，住在洪仁玕的王府
中。因二人個性倔強，教育膚淺，對教義和儀式意見又多相左，
因此爭論日多，關係日壞，前後留京十五個月，終藉故出走，並
公開對太平天國大肆攻擊。因他身份特殊，又深知宮廷腐敗的內
幕，他的話自然使人信以爲眞。《華北先驅報》於一八六二年一月
八日根據羅孝全的攻擊言論寫社評，主張英國在華海陸軍當局，
「用武力，毫無拘束（顧忌）的，對上帝與人類的敵人進攻」[73]。

第四節　太平天國與中國文化

　　自從中西文化交會以來，於一百四十年中，曾發生三度大規
模的反孔及反傳統的運動，最近的一次是被世人稱之爲「十年浩
刼」（1966～1976）的「無產階級文化大革命」。向上追溯，第

---

[72]　同前註[69]鄧文，頁三～四。
[73]　同前註[69]鄧文，頁四。

二度是起自一九一五年的《新青年》，因「五四」運動而擴大其
影響力，今日統稱之爲「五四反傳統運動」；這個運動屢遭保守
主義反撲，但直到六〇年代初期的臺灣，依舊餘波盪漾。再向前
看，便是發生於十九世紀中葉，下文卽將探討的太平天國的反
孔、反傳統運動。這三次大規模的反傳統運動，皆與西方文化東
漸或衝擊的歷史分不開，太平天國反傳統的依據是西方的一種宗
教，目標是基督教化；五四反傳統的依據是西方的民主與科學，
目標是西化；文化大革命反傳統的依據是西方馬克思的階級理
論，目標是社會主義無產階級化；運動的規模一次比一次擴大，
也更徹底，傳統並未因此完全瓦解，努力的目標卻都失敗了。假
如能把這三波反傳統的歷史做比較研究，必可對我國近代的文化
遭遇，以及現代化的核心問題，做相當程度的釐清。

被學者稱爲近代「開大規模反孔運動之先河」❼ 的太平天國
的反傳統，至少受三種因素的影響：（1）是洪秀全個人心理的，
由於四次考場挫敗，因而萌生異念，這是可以想像的，而且每次
挫折，必定使其異念增強，最後終於付諸行動。（2）最後一次考
試失敗，因細讀《勸世良言》，在極爲新奇的經驗中，他由啟示
而獲得「一種基本上含有顛覆中國傳統價值的信仰」❼，假如沒
有這方面的啟示，他的異念至多只能發展成爲一個異端思想家，
而不可能引發一場羣體的反傳統運動。（3）如單單靠一種宗教的
啟示，依當時的客觀環境，宣揚反孔、反傳統的思想，很難獲得
低層民眾的同情，所以來自西方宗教的啟示，對運動仍只具「引

❼　同前註❻，頁三九九。
❼　同前註❺，頁三七七。

發」作用。促使此一運動不可避免、最具關鍵性的因素，是太平天國嚮往以「新天新地新人新世界」，以及「新民新世」、「天地更新」❼❻的革命目標，在此一目標下，必然與舊傳統產生全面的矛盾對立。

太平天國的反孔、反傳統運動，全面地看，大抵經歷了四個階段：

第一階段是自受洪秀全《勸世良言》啟示，到拜上帝會成立以前。一八四三年，雖因獲得新信仰而有「將孔子牌位棄去」的激烈舉動，恐怕只能看作一股反叛情緒的發洩。最能代表這一階段想法的，是他於一八四五和一八四六年間寫成的那三篇宣傳上帝教義的作品，在這些作品中，儘管已肯定皇上帝爲「天下凡間大共之父」（〈原道覺世訓〉），主張「循行上帝之眞道」（〈原道醒世訓〉）和「勿拜邪神」（〈原道救世歌〉），但這時候的想法，至多也只是希望中國人能和他一樣改信基督教而已，尚未涉及任何塵世制度變革的行動。從這些作品所表露的思想，可以看出，洪氏顯然認爲這種信仰的轉變，最好是經由基督教與儒家傳統的調和而達成❼❼。

值得注意的是，洪氏於調和的同時，在〈原道覺世訓〉與〈原道救世歌〉二文中，已提出一種宗教史觀來支援他的想法，這種宗教史觀是以敬拜上帝與否作爲各朝各代善惡之標準❼❽，他

---

❼❻　見洪仁玕：〈英傑歸眞〉，此文作於一八六一年，但這些想法在太平天國革命運動推展的過程中，早已顯現，洪秀全的〈天朝田畝制度〉，就是爲建立「新人新世界」提供理論。

❼❼　同前註❺❺，頁三二三。

❼❽　盧瑞鍾：《太平天國的神權思想》，頁二四五以下，對此有詳細的分析

說：「自盤古至三代，君民一體，皆敬拜皇上帝也，……至秦政出，遂開神仙怪事之屬階，……自宋徽至今，已歷六七百年，則天下多惘然不識皇上帝，悍然不畏皇上帝，又何怪焉」[79]？這種史觀不僅有助於「立」，也「破」除了國人爲何要信番教的疑惑：「考中國番國鑑史，當初幾千年中國番國俱是同行這條大路，但西洋各番國行這條大路到底，中國行這條大路到秦、漢以下，則差（岔）入鬼路，致被閻羅妖所捉，故今皇上帝哀憐世人，大伸能手，救世人脫魔鬼之手，挽世人回頭復行轉當初這條大路，生前不至受鬼氣，死後不至被鬼捉，得上天堂享永福」[80]。

　　第二階段是自拜上帝會成立之後到起事之前。拜上帝會於廣西桂平縣紫荆山成立後，一八四七年九月，洪秀全與馮雲山曾率領信徒到象州搗毀甘王廟，並宣佈甘王十大罪狀，甘王爲一著名兇神，這是他們把「勿信邪神」的信條付諸行動，希望由此招徠更多的信徒，結果是馮雲山被告以謀叛而坐了牢。

　　這一階段最重要的一個例子，最運用鑄造神話的方式，以詆諆孔子，這則神話見於洪秀全一八四八年所撰之〈太平天日〉，文中以二元價值觀把上帝與基督所遺之書，視之爲「眞無有差錯」，而「孔丘所遺傳之書」，則「甚多差謬」，因而「推勘妖魔作怪之由，總追究孔子教人之書多錯」。於是藉天父（上帝）之口斥責孔丘：「爾因何教人糊塗了事，致凡人不識朕，爾聲名反大過於朕」？又藉父兄基督之口斥責孔丘：「爾造出這樣書教人，連朕胞弟讀爾書，亦被爾書教壞了」！最後是主（洪氏）亦

---

[79]　〈原道覺世訓〉。
[80]　原見北平圖書館攝製柏林藏初刻本《天條書》，此處轉引自前註[79]盧著，頁二五〇。

斥孔丘：「爾作出這樣書教人，爾這樣〔算〕會作書乎」？「孔
丘見高天人人歸咎他，他便私逃下天，欲與妖魔頭偕走，天父卽
遣主及天使追孔丘，將孔丘綑綁見天父，天父怒甚，命天使鞭撻
他，孔丘跪在父兄基督前再三討饒。鞭撻甚多，孔丘哀求不已。
天父乃念他功可補過，准他在天享福，永不准他下凡」。這一
回，總算把幾年前考場屢屢受挫所積的怨憤，藉撻伐孔子的神話
充分渲洩。孔子在中國歷史上乃文化精神的象徵，士子崇拜的偶
像，歷代批評他的言論雖非罕見，但遭到如此蹂躪，畢竟是破天
荒的。不過由「乃念他功可補過」之語，仍還有少許保留。

　　最激烈並大規模展開反孔、反傳統運動，是起事後到定都南
京的第三階段，行軍之際為了奉行天條，到處搗毀偶像，包括
佛、道神像，祖宗牌位，卽連天主教堂的神像也不能免。由於太
平天國實施軍民合一的制度，又標榜男女平等，因此婦女一律編
入組織，所謂「男將女將盡持刀，……同心放膽同殺敵」[81]。一
八五三年定都南京之前，設男營與女營，定都後又設女館，他們
有一奇怪而又嚴厲的規定，卽男女之間不可有性關係，夫妻也不
例外，否則會被處死，這則禁令一八五五年後才解除。這種制度
和禁令，也許只是為了軍事上的需要而有的權宜之計，但由此也
不難看出，太平天國的領導階層，完全無視於傳統家族倫理這一
事實，假如他們的新王朝僥倖成功，可以想見的是，必然會為中
國傳統的社會組織和生活方式帶來巨大的變革。

　　上述制度與禁令，皆產生於定都前，定都後反孔、反傳統最

---

[81]　<永安突圍詔>。

具體的工作，是大幅刪改天王洪秀全早期的作品，最激烈的舉動是焚燒傳統的經典。刪改後的版本與初刻本的不同，據羅爾綱的研究有三點⑧⑫：

（1）初刻本所引孔、孟的學說，《詩》、《書》的文句，改正本或全刪除，或稱古語。

（2）初刻本所引古事，凡爲儒家所常稱道，而不合於耶穌教義，改正本都刪去。

（3）初刻本由古道今或以今溯古的，改正本不作上帝，便是改作洪秀全自己。

就這三點來看，刪書的目的，一是爲了適應天京基督教化的需要，爲了滿足這一點，甚至連《天條書》裏的喪禮儀式也改變了。一是進一步神化了天王洪秀全。這方面的工作，他們美其名曰合於「天情」，所謂「天情」，不過是太平天國現實的需要罷了！

焚書之舉，據天京地官副丞相黃再興〈詔書蓋璽頒行論〉說：「凡一切孔、孟、諸子百家，妖書邪說者，盡行焚除，皆不准買賣藏讀也，否則問罪也」。又據馬壽齡〈金陵癸甲新樂府〉中「禁妖書」一條，描繪天京焚書情況：「搜得藏書論擔挑，行過廁涵隨手拋，拋之不及以火燒，燒之不及以水澆。讀者斬，收者斬，買者賣者一同斬，書苟滿家法必犯，昔用撐腸今破膽」⑧⑬。當時已屬太平天國統治的鎮江文宗閣、揚州文匯閣所藏《四庫全

⑧⑫ 《太平天國史稿》，頁二二五。此外，盧瑞鍾前引書，頁三四六～九，對新舊刻本的改變有列表，可以參考。

⑧⑬ 轉引自盧瑞鍾前引書，頁三九九～○。

書》，也被視爲妖書，盡付一炬[84]。至於黌宮與孔子之像，依《賊情彙纂》所載：「所陷之處，凡黌宮正殿兩廡木主，亦俱毀棄殆盡，任意作踐，或堆軍火，或爲馬廐；江寧黌宮則改爲宰夫衙，以璧水圜橋之地爲椎牛屠狗之場」[85]。

　　太平天國雖有焚書及其他種種破壞傳統的舉動，天京早有刪書衙的設置，可見「盡行焚除」並未徹底執行，幼主洪天貴福被捕後的供詞有謂：「老天王叫我讀天主教的書，不准看古書，把古書都叫妖書，我也偸看過三十多本」。天王宮，都如此，遑論民間。洪氏眞正的意圖，不過是希望經由「御筆改正四書五經各項，待鐫頒後再行誦讀」[86]，以便符基督教化的要求，但此一工程始終未能完成。到了一八六一年，反孔、反傳統運動，進入尾聲的第四階段，因從這一年政策上有了顯著的改變，如〈欽定士階條例〉，既云「其他凡情諸書，業經欽定改正」，又有「孔、孟之書不必廢，其中有合於天情道理亦多」的「聖旨」。同一年，洪仁玕撰《欽定軍次實錄》，也有太平軍「所到之處，禁止焚屋焚書」的記載。洪仁玕於一八五九年始到達天京，他是太平天國集團中，眼界和思想比較開潤的人物，也是在這一年刻行的〈英傑歸眞〉，雖被大陸學者認爲是「批判封建迷信和封建文化思想」[87]之作，實則文中不僅引「《書》云」、「《易》曰」、「孔子云」、「孔子又云」，且有「如讀書士子不知學堯、舜之

---

[84]　同前註[69]，頁一一五。

[85]　張德堅：《賊情彙纂》，收入《太平天國資料》第三册，引文見頁三二七。

[86]　〈欽定士階條例〉。

[87]　巫寶山等編：《中國近代經濟思想與經濟政策資料選輯》（一八四〇～一八六四），頁二六六，一九八七年，臺北谷風出版社。

孝弟忠信，遵孔、孟之仁義道德，而徒以牲禮敬孔、孟」之語。
洪仁玕是不贊成嚴格禁絕政策的，一八六一年以後的改變，受到
他的影響不小。

以上四個階段，只有第三個階段，有過激烈的舉動，而所破
壞的也多屬有形之物。假如太平天國集團中，眞有深研基督教的
高級人才，就基督教義批判中國文化，在思想史上也有重大意
義。可惜「其多數首領以學識淺薄，故對外來之基督教義與固有
之中國文化均無深切之了解」⑧，弄得所謂基督教化，僅止於皮
毛形式，反孔、反傳統亦只是破壞局部的有形物而已。不僅如
此，對太平天國最大的諷刺，是他的道德理想及整個的體制依然
建立在傳統與專制皇權的基礎之上，而封建意識則更加濃厚，例
如要求人人當努力做正人君子，切戒姦淫、忤逆、殺害、盜竊、
巫蠱、賭博，並實踐君臣、父子、夫婦、兄弟、男女的倫常⑨。
此外，不止傳承了儒家的大同理想，並依據它構想了一套土地制
度，卽連道教、佛教的思想，也有不少保留在太平天國的文獻之
中。一個標榜「天下爲公」大同理想的政權，在政治倫理方面竟
然比歷代專制帝王還要高揚「忠」之德目，經由上帝教的形式，
旣認爲忠乃昇天得救的首要條件⑩，又主張「賴親而生，賴君以
成，君恩更大，莫之與京，旣盡其忠，不顧其親」⑪。

---

⑧ 蕭公權：《中國政治思想史》，頁六六二。
⑨ 林載爵：〈洪秀全思想綱要〉，見《現代中國思想家》第一輯，
　　頁二三五，六十七年（一九七八），臺北巨人出版社。
⑩ 陳華：〈太平天國經世理念的局限〉，此文乃臺灣清華大學歷史
　　研究所主辦「中國思想史上的經世傳統」研討會論文，尚未發
　　表。
⑪ 〈太平救世歌〉。

洪秀全到南京後，爲了過皇帝癮，建造了壯麗的天王府。羣臣朝覲天王，依舊是「趨蹌起跪，不得喧嚷，三呼萬歲，聽旨傳宣」[92]！官員一律坐轎，天王轎夫六十四人，東王四十八人，最下級官兩司馬也有轎夫四人。東王儀仗隊多至千數百人，有開路龍燈等器物，很像迎神賽會。對天王、天王父、天王子、及各王名字皆須避諱。太平禮制對稱呼的規定，既繁瑣又嚴格，如「王長女臣下稱呼天長金，第二女臣下稱呼天二金」；「丞相子至軍師子皆稱公子，但同稱公子，亦有些區別，如丞相子稱丞公子，檢點子稱檢公子」；「丞相女至軍帥女皆稱玉，師帥女至兩司馬女皆稱雪」[93]。對以上這些禮制，連以美化太平天國爲職志的史學家羅爾綱都忍不住罵道：「這些妄自尊大、瑣碎齷齪的禮，充分表現出封建落後性」[94]。其封建落後性有更甚於此者，是自王侯以至軍帥，無不累代世襲，並各有其儀衛體制。

太平天國爲了製造新貴、收攬人心，起事初期（一八五一）便於廣西永安舉行科舉考試，這位四次落第的天王，做了主考官，一榜取了四十多人，南王馮雲山得到榜首。定都天京後，每年開科取士，不但次數頻繁，且名目繁多，除文武秀才、舉人、進士之外，東、北、翼三王生日也要開科，至東、北二王內訌，翼王離京才停止[95]。

太平天國本是希望建立一個「新天新地新人新世界」的，科舉筆試用的仍是八股試帖體，爲了配合基督教化，考題大都出自

---

[92] 羅爾綱：《太平天國史稿》，頁一八一。
[93] 同前，頁一七九。
[94] 同前。
[95] 太平天國科舉制，見前註[92]羅著，頁一八九。

《舊遺詔聖書》、《新遺詔聖書》、《天命詔旨》，如天京試題
有：〈天父鴻恩廣大無邊，不惜己子，遣之受難，因爲代贖吾儕
罪孽，尙未報恩，又得榮光〉，鄉試題有：〈眞神獨一皇上帝〉。
童子試題中，也有〈大孝終身繼有虞〉、〈孝弟力田論〉等題目
❾⑥。

由於太平天國集團，大多出身於社會低層，因此對與試者也
不計較其社會背景。絕大多數傳統士大夫之家，因視其爲叛亂集
團，很少有子弟參加考試，與試者包括還俗的和尙、占卜者，甚
至有太平天國教條嚴屬排斥的「迷信」文人。因與試者教育水平
很低，錄取的尺度也很寬，一八五四年湖北省試，應試者不足千
人，就產生八百多舉人。參加考試的士子中，偶然也有不惜犧牲
生命，交上一份充滿諷刺謾罵的試卷❾⑦。

從以上簡單的描述，也不難看出，太平天國是依附於外來的
宗教信仰，自外於傳統，希望擴大二者之間的矛盾對立，以收毀
棄傳統或改造傳統的效果，結果傳統在外來宗教的包裝下，不但
得到延續，反而比原先他想革掉的對象更落伍，這至少已顯示太
平天國面對傳統的基本態度有了問題。值得注意的是，「五四」
和「文化大革命」的反孔、反傳統運動，其形成的背景與所反的
內容，雖遠比太平天國複雜而深刻，但「自外於傳統，希望擴大
二者之間的矛盾對立，以收毀棄傳統或改造傳統的效果」這種態
度，似乎並沒有什麼改變，這種奇異的態度，是否也是中國現代
化失敗的根本原因之一呢？

---

❾⑥　同前註❾②，頁一九〇。
❾⑦　同前註❻⑤，頁三四九～三五〇。

第五節　太平天國與民族主義

　　以上兩節太平天國與基督教，以及與中國文化的討論，有助於我們釐清太平天國與民族主義的關係。由前一節，大抵能確定它的立國精神，其立國精神既屬外來宗教，那麼他對中國文化採取叛離的態度和破壞的行動，乃有其邏輯上和事實上的必然性，今日我們要探討太平天國的民族主義成分，這是最重要的準據。以往對這個問題所以有爭論，除了非學術性的動機之外，是由於概念上的含混，太平天國當然有民族主義成分，就其「有」而言，你可以說他「是」民族主義者，問題在他是那一種意義的民族主義？它所表現的民族主義，是否與其他主張有矛盾？這些問題弄清楚，就可以進一步知道，太平天國的民族主義，究竟是手段還是目的？

　　強烈主張太平天國乃「高揭民族革命之大纛，以圖恢復漢家天下」的，是一生研究太平天國史的簡又文，他在〈太平天國與中國文化〉一文中[98]，雖說「其在首義前後以至末期，各領袖及各王各將倒滿興漢之民族大義，充塞于已經發現之各種文獻中」，事實上文中所羅列的文獻，數量上很有限，見於《起義記》而被認爲是洪秀全所賦之詩，只引了二句：「神州被陷從難陷，上帝當崇畢竟崇」。簡氏解說：「此卽民族與宗教革命意識合一之表

---

[98]　文見《大陸雜誌》第三五卷，第一、二期，已收入大陸雜誌史學叢書，第三輯第五册：《近代外國史研究論集》，五十九年（一九七〇），臺北大陸雜誌社。

示」。 由此一解說， 卽已透露出簡氏之不求深解和思想上的含混：民族革命的具體目標是「滅滿」，但作爲民族革命的意識形態，如照簡氏所說是一種「充塞」的民族主義，那麼至少也要包括恢復中國人在民族上的自我意識，這樣就不可避免的會與宗教革命的要求發生衝突，因太平天國宗教革命的目標，是使中國基督教化，要做到這一點，就必須努力剷除「中國人在民族上的自我意識」，反孔、反傳統運動，就是爲配合此一目標，而採取的行動。其次，十九世紀中國的民族主義在現實上所要抗衡的，有兩個完全不同的目標， 一是滿清， 一是外來帝國主義， 前者是各地會黨和太平天國的主要目標，後者則爲清廷所主導，卽所謂「用民制夷」。鴉片戰爭期間及其後，在兩廣地區，制夷的聲勢遠大於抗清，由於「結合人民最容易的方法之一就是： 使他們對抗另一民族」[99]，清廷「用民制夷」策略的運用，不僅相當程度地「結合人民」，也模糊了太平天國的抗清滅滿的民族意識。假如洪氏集團的民族主義是「充塞」的，也應涵蓋「制夷」的民族意識。這樣當然也會與宗教革命產生矛盾，不僅矛盾，且與清廷站在同一立場，可爲清廷引爲同調，這是太平天國在民族主義問題上必然要遭到的困境。在這雙重矛盾之下，民族與宗教革命意識， 又如何能合一？

如果太平天國的民族主義，僅以單一的「滅滿」爲其目標，那麼他不可能是「充塞」的民族主義，而只是一種狹隘的種族主義。太平天國原始組合羣眾的動力，是靠拜上帝會的外來信仰，

---

[99]　華特金士與克拉姆尼克合著，張明貴譯：《意識型態的時代》，頁四四，七十二年（一九八三），臺北聯經出版事業公司。

這種信仰在與滿清政權對抗的過程中，自然可以與狹隘的種族主義意識合而為一，但這樣卻為太平天國帶來更嚴重的問題，這問題是：「滅滿」只不過是一階段性的目標，最後是經由宗教（信仰）的革命，使中國基督教化。因此使太平天國陷入一種非常奇特而又畸型的矛盾之中，即以種族的民族主義去打倒文化的民族主義。這一矛盾，使曾國藩集團可以堂堂正正運用文化的民族主義予以反制，這也是導致太平天國自毀的一個基本重要的因素。

從以上簡單的分析，已不難看出，太平天國與民族主義之間，實是一相當不簡單的問題，無法不經深思，就貿然判定他是或不是民族主義。下面再就太平天國的文獻來看這個問題。

簡氏文章裏，所引洪秀全最早的反清言論，見於洪仁玕的〈英傑歸真〉：「中土十八省之大，受制于滿洲狗之三省。以五萬萬之華人，受制于數百萬之韃妖，誠足為恥辱之甚者」。據仁玕說，這話是洪秀全於一八四五──六年間，私下向他說的，此言是否屬實，令人懷疑，因在同一時間，由洪秀全親手所撰之三文，後來被稱為《太平詔書》者，皆在宣揚一種崇拜，未見反清言論，有人把〈原道覺世訓〉中的「閻羅妖」之「妖」即指滿洲，實則看全文，閻羅妖絕無指滿洲之意[⑩]。

代表太平天國反清言論的重要文獻，是以楊秀清、蕭朝貴二人名義發佈的〈奉天討胡檄布四方諭〉，這已是一八五二年，當時太平軍從永安攻桂林，屢攻不克，遂撤兵轉攻興安、全州，獲勝後又進軍湖南，這篇檄文就是此次戰役中發佈，其作用當然是希望藉它鼓舞士氣、發揮鬥志。

[⑩] 前註㉙鄧嗣禹文，對這一點早已辨正。

　　起事之年（一八五一）太平天國雖也發佈過〈奉天誅妖救世安民示〉的文告，文告中仇視「滿妖」，主要是因其「拜邪神、逆眞神」的宗教理由，所以他們起事仍是以拜上帝會爲旗幟，這是他們與其他起事會黨不同之處，也是他們不能團結其他會黨的主因之一。討胡檄文云：「予惟天下者，上帝之天下也；衣食者，上帝之衣食，非胡虜之衣食也；子女民人者，上帝之子女民人，非胡虜之子女民人也。慨自滿洲肆毒，混亂中國，而中國以六合之大，九州之眾，一任其胡行而恬不爲怪，中國尚得爲有人乎！妖胡虐焰燔蒼穹，淫毒穢宸極，腥風播於四海，妖氣慘於五胡，而中國之人，反低首下心，甘爲臣僕。甚矣哉，中國之無人也」。文中充滿仇滿言辭，如稱滿人爲「妖人」、「妖孽」、「胡虜」、「胡鬼」、「犬豕」，較前一年之文告，也淡化了宗教成分。雖然如此，檄文並未掩飾太平軍起事的目的，是在建立一信仰上帝之國，而洪秀全則爲其代理之人，如謂：「中國名爲神州者何？天父皇上帝眞神也」，「今旣蒙皇上帝開大恩，命我主天王治之，豈胡虜所得而久亂哉」！「公等世居中國，孰非上帝子女，倘能奉天誅妖，……在天榮耀無疆」。簡又文於引上面那段檄文時，顯然已發現太平天國的民族主義，絕對應站在中國的立場上，不應該是西方的上帝，他爲掩飾這一矛盾，竟將「上帝之天下」、「上帝之衣食」、「上帝之子女民人」三個「上帝」改寫爲「中國」，以符合自己的主張。

　　太平天國的目的，旣是在建立一信仰上帝之國，則其「滅滿」、「討胡」的主張充其量也只能視之爲革命的手段而已，絕不可能是「充塞」的民族主義。

　　根據陸寶千對兩廣天地會的研究，天地會的民族主義有三層涵義：第一是歷史的，即是重提明代滅亡時淸軍殺戮之慘。其次爲現實的，即是痛恨異族虐政。最後是基於法律觀點而反淸，也就是說滿淸政權存在之「不合法」，從而是非「正統的」❶。若以此爲準，則太平天國於「誅妖」、「討胡」兩次文告的內容，重點是在現實層，即痛恨異族虐政，僅表現爲種族主義。檄文雖也提到「中國有中國之人倫」、「中國有中國之制度」、「中國有中國之言語」，似已涉及法律觀點，甚至具有文化的涵義，可惜這些訴求與建立信仰上帝之國、使中國基督教化的目的，有著嚴重的衝突，當然無法取得人民的信任，發揮文化民族主義的力量。

　　簡又文於其論文發表兩年後（一九六九），因「最近又得閱一種反對太平太國之特別論調，竟以太平革命與漢倒滿之民族主義，違背國族觀念，爲其失敗之基本原因」，而認爲「此眞聞所未聞、荒謬怪僻之論，影響於國人對民族國家之觀念者甚大」，於是有〈再論太平天國與民族主義〉之作❷。其實引起簡氏不滿的，並不是甚麼「特別論調」，早在他撰此文之前十五年（一九五四），蕭公權（1897～1981）的《中國政治思想史》就已點出這個問題：「天國建於法蘭西革命六十二年之後，而猶未聞民族大義，此洪、楊知識受其歷史背景限制之又一例。今日尙論，誠

❶　陸寶千：《論晚淸兩廣的天地會政權》，頁四一～三，六十四年（一九七五），中央研究院近代史研究所。
❷　見《大陸雜誌》，第三九卷，第三期，收入大陸雜誌史學叢書，第四輯第六册：《近代史外國史研究論集》，六十四年（一九七五），臺北大陸雜誌社。

不勝其慨嘆矣」⑩。簡氏企圖反駁的論調，問題是在「太平革命
與漢倒滿之民族主義」，究竟是否「違背國族觀念」？其關鍵則
在「國族觀念」如何理解上。毫無疑問，這裏所說的「國族觀
念」，就是蕭公權所指，隨著法國大革命而高揚的「民族大義」，
這是異於傳統原型的民族主義或種族型民族主義的「近代的民族
主義」。

民族的光榮、民族的自決、人民與民族的主權，是近代民
族主義構成的要素。法國大革命傳播了民族具有權利與自己本體
的觀念，使法國變成一個民族，而此民族對人民之命運負有責
任，但要求人民的忠貞與獻身作爲報答。因此，民族與國家融而
爲一，提供近代史上「國族觀念」的原型⑩。若以此爲準，說太
平天國的民族主義，「違背國族觀念」，有何不妥？

簡又文氏乃當代畢生研究太平天國史的著名學者，他當然沒
有像洪、楊那樣，「知識受其歷史背景限制」的問題，最低限
度，我們知道他讀過蕭公權這部著作的太平天國部分，由蕭氏的
話，本應有所啟發，可惜他因習之已久的偏見橫梗於心，對不合
於一己偏見的言論，逐視而不見，反而斷章取義，引蕭氏之言，
以與己爲同調。學者的偏見，還可令人同情，如此曲解他人的理
論，頗有誤導讀者之嫌，這是不可原諒的。

簡氏〈再論〉之文引蕭書如下：「太平天國含有民族革命之
意義，實無可否認（下引東王西王檄文略），⋯⋯檄文之主旨
如此。以較朱元璋之諭中原，詞氣激揚，殆無遜色。吾人如謂朱

---

⑩　見該書，頁六六三。
⑩　恩格爾等著，張明貴譯：《意識型態與現代政治》，頁四三、四
四，七十年（一九八一），臺北桂冠圖書公司。

檄爲中華民族革命之第一聲，此足爲其鏗鈜之嗣響」❶⓪⑤。這段文字孤立地看，確足以支援簡又文的論點，然蕭氏此文僅就其抗清而言。太平天國之抗清，與其基本立場和信仰大異其趣，這一點蕭公權看得很清楚，所以下文緊接著說：「然二者之間，固有一重要之區別：前者純取民族觀點，後者雜以宗教情緒；一襲固有之夷夏區分，一探外來之耶教信仰。惟其根本立場如此相異，故明太祖於定鼎後卽圖復唐宋以前之舊制，而太平天國則破壞中國社會習慣，不稍寬假。………天國所主張之激烈社會改造，固未必無可取之點，然以當日之形勢論，殆不能認爲收取人心適當之政策。況清政府爲異族之政權，基督教亦異邦之宗教，以此攻彼，實不易自圓其說」⑥。

簡氏引爲同調，而其言論頗具權威且影響極大者，爲孫中山對太平天國革命之推許，孫氏一方面稱太平天國「純爲民族革命的代表」，另一方面則斥責其對手曾國藩、李鴻章等爲「漢奸」，爲「民賊」。孫中山爲推翻滿清，所有可能的資源無不利用，這類言論，視之爲革命宣傳則可，作爲歷史證詞，則失之偏頗，如謂：「嗟乎！彼三桂固卑卑不足道，若耿（精忠）、鄭（成功）、洪（秀全）、楊（秀清）、賴（張）之世，李（鴻章）、曾（國藩）諸民賊苟勿破壞，則吾漢族子孫早已安居淨土，何至多受此數十年黑暗之苦哉」⑦？他的話出於一種二元觀點：凡是反清的都是好的，凡是反反清的都是壞的。這種言論在學術上是不能立

⑤　見蕭公權：《中國政治思想史》，頁六六三。
⑥　同前，頁六六四。
⑦　以上孫中山之言，均見簡又文：＜再論太平天國與民族主義＞之引文，出處同前註⑫。

足的。不幸由於孫氏崇高的地位，在中國現代史上卻引發了一場無必要的論戰。

第六節　太平天國的極權統治

太平天國的政治形態，相對於十九世紀以前的中國政治史而言，它是一新的開端，因它所表現的特色，與秦、漢以前的封建政治既不相類，與秦、漢以後的專制政治，也是相異之處遠大的相同。當代雖有學者討論過太平天國的極權統治⑩，那只是就其表面現象加以指陳，還沒有把它當作一種獨特的政治類型去做深入的分析。當西方政治學者認為極權主義乃是二十世紀獨特的現象時⑩，他們顯然沒有注意到太平天國的存在。忽略的原因，可能是惑於它的宗教包裝以及神權的意識形態。的確，太平天國的極權統治的根源，是來自一神宗教，這使它與二十世紀極權主義不同。但它的世界觀和統治策略、技術，與西方現代的極權主義，實具極大的雷同處。現代極權主義的基本組織是「黨」，如法西斯黨、納粹黨，太平天國的基本組織是「上帝會」，名稱不同，就其軍事化而言，其性質仍然相同。

所謂極權統治的根源來自一神教，指的是它的信仰與態度。洪秀全從《勸世良言》中獲得猶太教唯一真神的信仰，這種信仰，使他相信神是萬能的、公義的，其道路是不可究詰的，祂的

---

⑩　如郭廷以：〈太平天國的極權統治〉，原載《大陸雜誌》第十卷第二期，現收入郭氏著：《近代中國的變局》。

⑩　同前註⑭。

律法永遠有效，永遠不變，萬事的發生，祂都預先知道❿。由於
猶太教的一神主義，對敬拜偶像和異教是絕對禁止的，因此信仰
本身同時就具備了不寬容的排他的態度。這種信仰與態度植根於
太平天國，始於拜上帝會的組織，它既以上帝教號召羣眾，又是
一革命的團體；它既是宗教的，又是政治的。在宗教上，洪秀全
是上帝教的教主，在政治上，他是天國的天王。表面上看，他的
措施均以宗教為中心，事事以宗教理論為根據，以宗教立國，以
宗教統軍，以宗教治民，一切在神權籠罩之下。實際上，由於他
擁有聖書的解釋權，甚至自頒「眞約」而與新舊約鼎足而三，必
要時天王且能隨已意宣佈「爺知《新約》有錯記，故降東王詔
證，……況朕親上高天見過天父多少，見過天媽多少，見過天兄
多少，有憑有據正為多，上天下凡總是一樣，耳聞不若目見也，
欽此」。其餘任意曲解之處，不勝枚舉。是知兩《遺詔聖書》亦
無約束他的力量⓫。所以太平天國實是以上帝教為名，遂行其極
權統治之實，而又以一神主義的信仰和態度，為其極權統治價值
體系的原型。由此出發，一方面摧毀了孔子這個民族文化的象
徵，而代之以天父天兄天王的新象徵；另一方面，又以教條儀式
的麻醉，把人民玩弄於股掌之上，並用「眞福多寒」的道理，要
求人民為了將來能享眞福，必須勇於犧牲現在。

　　根據以上的分析，我們也許可以稱太平天國的政治，是一種
神權的極權主義，由此而發展出來的政治形態，則為一不折不扣

---

❿　　以上對一神信仰的解釋　見布賴特著、蕭維元譯《以色列史》，
　　　頁四九四，一九八一年三版，香港基督教文藝出版社。
⓫　　盧瑞鍾：《太平天國的神權思想》，頁二〇六～七。

的極權統治，下面從幾方面來觀察：

（一）政治控制

要了解太平天國的控制方式，何以與傳統的封建、專制都不同，首先應知它所要求的，不只是一個朝代的更替和鞏固王（或皇）權，它要建立的是「新天新地新人新世界」的天朝，所以它的控制方式是相應著「新民新世」的需要，或是相應著一種新的世界觀而設計的。值得注意的是，太平天國鼓吹的新世界觀，與二十世紀的極權主義者所標榜的，若合符節，例如列寧曾聲明：「吾人已經創造了新的國家形式」。共產主義是主張世界革命的，他說的「國家」無異「世界」。希特勒就直截了當地說：「一個新的國家觀，……一個新的世界觀」。墨索里尼也說：「一黨以『極權方式』統治一國，是歷史上的新開端」⓬。可見極權統治與一種新的世界觀是分不開的。

墨索里尼也談到極權主義控制的方式：「法西斯主義的國家觀點是無所不包，任何人或精神的價值都不能够脫離國家存在，更不用說還會具有價值。如此，我們可以了解到法西斯主義是極權主義，而法西斯國家——亦即一個綜合體，與包含所有價值的一個單位——解釋、發展、與賦予整個民族生機」⓭。恩格爾區分極權主義與傳統的獨裁，認為二者最大的不同即在其控制的範圍：在獨裁政治下，權力的運用通常僅限於政治範圍內，而極權主義的控制，如墨索里尼所說是「無所不包」，不僅滲入個體行

⓬　以上引語均見前註⓾之書，頁七〇～一。
⓭　同前，頁七〇。

爲的各方面，也擴及政治、社會、經濟，甚至人的精神價值❶。
這種控制的方式，正是太平天國全力所要達成的目標。

構成極權主義的要素之一，是強調以二分法爲基礎的衝突與
鬥爭，而將所有的罪惡誘諸「敵人」❶，這一點在太平天國也十
分顯著。太平天國將世界二分爲光明的與黑暗或邪惡的，自己一
方代表光明與正義，敵對一方則爲妖魔，且相信光明必將戰勝黑
暗，所以說：「凡有那些妖魔，任他一面飛一面變，絕不能走得
過我天父天兄手下過」，「任那妖魔千萬算，難走天父眞手段」
❶。代表妖魔與黑暗的主要是滿淸，「滿妖」固爲「天所不容，
所必誅者也」，助淸之「團勇」亦將「玉石俱焚」❶。太平天國
除以「滿妖」爲政治的敵對體之外，又依據二元觀點把人世間分
爲信上帝者與不信上帝者，造成它的統治殘酷無比的另一根源，
因《天條書》規定：「凡不拜皇上帝者犯天條」。犯天條要被如
何處罰，《天條書》雖只有宗教性的宣示：「定罰地獄受苦」，
事實上，依照其平日任意行刑的作風，是絕無生理的。

由太平天國的刑律，最足以看出它高壓控制與恐怖統治的性
格。傳統的五刑被廢止，刑只有兩種：枷杖與死刑，杖責自五板
到二千。死刑主要有三種：（1）斬首：凡賭博、演戲、口角、打
架、飲酒、吸鴉片、吃黃煙、私藏金銀剃刀、口出怨言的皆斬。
此不僅要控制人的行爲，且企圖控制人性，連口角、打架都要斬

---

❶ 同前註❶之書，頁七一。
❶ 同前註❶之書，譯序，頁八。
❶ 同前註❶，頁三二三。
❶ 同前註❶，頁二〇六。

首，其苛酷的程度，恐怕在人類史上絕無僅有，是否也是傳統苛酷道德要求，在一羣瘋狂統治者身上的反射？（2）五馬分屍：是將受刑者頭及四肢繫於五馬足部，再鞭馬奔跑，此刑只限於反叛罪一項。（3）點天燈：是將受刑者裹以棉麻紙張易燃物，澆上火油，把人倒吊，自足部燒起，凡反叛通敵、老兄弟犯姦淫及典官藏匿盜賣等罪，皆行此重刑。行刑之時，鳴鑼集眾，先聽「講道理」，再宣示受刑人所犯何罪，然後當眾執行，有如共產黨鬥爭時的公審[118]。以上三種死刑，一種比一種殘酷，恰好印證了佛洛姆所說：「殺還是最溫和的方式」[119]。

（二）社會控制

太平天國打破了傳統的社會組織，採取軍事化的方式管理人民，其中最奇特的控制方式，是曾絕對禁止男女接近，夫妻也不例外，兩性關係森嚴的程度，恐怕也是史無前例的。據郭廷以的分析，天國何以採行這種違背人類性情的辦法，是因：（1）太平軍初期皆攜家室同行，嚴禁是爲了不使牽累軍事行動。（2）定都南京後，婦女置於女館，無異成了人質，使戰士不敢有叛逆行爲。（3）女館的婦女，有如儲款以待的懸賞，天下平定後，功高者不但可以婚配，且可置妾，男女爲人之大慾，以此誘之，實以此迫之，要部下捨死以戰。（4）婦女既無家累，可充分利用其勞力從事各種勞動[120]。

---

[118] 以上太平天國刑罰，參考(1)：羅爾綱：《太平天國史稿》，頁一八七。(2)郭廷以：《近代中國的變局》，頁一一八～九。

[119] 佛洛姆著、孟祥森譯：《人類破壞性之剖析》（下），頁一三二，六十四年（一九七五），臺北牧童出版社。

[120] 郭廷以：《近代中國的變局》，頁一一九～一二〇。

上述禁令，各王屬於例外，他們不但盛置姬妾，廣設女官，在獨佔女性上也形成一種特權，例如爲防止後宮「娘娘」們與外人私通，天王曾下詔旨：「后宮姓名位次永不准臣稱及談及，臣下有稱及談及后宮姓名位次者，斬不赦也。后宮而（面）永不准臣下見，臣下宜低頭垂眼，臣下有敢起眼窺看后宮面者，斬不赦也」⑫。要求別人做「聖人」，自己卻極盡聲色犬馬之娛，還要假惺惺地說：「后宮爲治化之原，宮城爲風俗之本，朕非好爲嚴別，誠體天父天兄聖旨，斬邪留正，有偶不如此，亦斷斷不得也」⑫。他們只要假藉上帝之名，便可任意而爲，權力沒有任何約束，天王如此，其他諸王亦然，當然會導致內訌而互相殘殺。

（三）經濟控制

經濟控制是所有極權主義者爲達到全面控制社會，極重要的一個環節，控制的方式雖不盡同（如共產主義採取國有、國營與持續的五年計畫，法西斯主義者與納粹黨人，則在依賴國家控制私人企業組合上。），控制的目標甚爲一致，卽經濟主要是在配合政權的利益，並使其意識形態得以貫徹持續⑬。

洪秀全〈天朝田畝制度〉說：「蓋天下皆天父上主皇上帝一大家，天下人人不受私物，物歸上主，則主有所運用，天下大家處處平均，人人飽暖矣，此乃天父上主皇上帝特命太平眞主救世旨意也」。這就是太平天國經濟控制的理論基礎。他們主張廢除

---

⑫　見＜天命詔旨書＞。
⑫　同前。
⑬　以上參考前註⑭之書，頁八五。

私有財產，因爲它是上帝所有。「天下大家處處平均，人人飽暖」，這是其他制度無法辦到的，他們遂以這種經濟的烏托邦，蠱惑愚眾。這個理論如僅止於以上兩點，不過是空想的社會主義而已。使這些空想變爲極權統治的政策的關鍵，是在太平眞主（卽天王或東王）不但宣示上帝旨意，且代上帝執行，而他的權又是沒有拘束力的。

根據上述理論，太平天國制定的經濟控制制度，叫做「聖庫」。這個制度在拜上帝會成立之初便已實行，因凡入會者，必須繳出全部財產。金田起兵時，所有參加革命隊伍的人，都先將田產房子變賣，易爲現金，與其他財物一併繳入聖庫，全體衣食均由聖庫開支，一律平等。太平天國元年（一八五一）秋攻克廣西永安州，天王下令：「各軍各營眾兵將，各宜爲公莫爲私」，「凡一切殺妖取城所得金寶綢帛寶物等項，不得私藏，盡繳歸天朝聖庫，逆者議罪」。自私乃人類天性，豈能因一道命令而輕易改變，所以次年大軍進攻長沙時，又命令「通軍大小兵將，自今不得再私藏私帶金寶，盡繳歸天朝聖庫，倘再私藏私帶，一經察出，斬首示眾」❿。

定都南京之初，又貼出告示：「天下農民米穀，商賈資本，皆天父所有，全應解歸聖庫」。這一羣出身農村的「苦力王爺」，那裏會知道，天國要想眞正做到這一點，需要發展多大的官僚層級組織的體系？此一要求行不通，只好修改政策，天京以外，對農民採取徵收漕米，對商人任其自由貿易❿。在天京仍然施行聖

---

❿　以上見羅爾綱：《太平天國史稿》，頁八二～三。
❿　同前，頁九五。

庫制度，後因洪姓家族以及政府人員嚴重貪污，再加軍隊紀律的
日漸敗壞，才使這個制度名存而實亡。不過，太平天國的經濟控
制，在初期對防止兵員的逃亡和軍紀的維繫，確曾有過相當大的
功效。

（四）思想控制

極權主義意識形態，是爲極權統治服務的，要產生效果，必
須加強思想控制，恩格爾稱之謂「通訊工具的獨佔」，「通訊工
具的獨佔，是與極權主義結構另外兩個標記——普及宣傳效果與
有系統地安排將意識形態灌輸給兒童——具有重要的關係」[126]。
這兩個標記在太平天國也十分顯著，他頒行的詔書有二十九部之
多，其中絕大部分都是爲了普及宣傳效果。至於「有系統地安排
將意識形態灌輸給兒童」，太平天國也下了功夫，曾編撰了一套
新的《三字經》、《幼學詩》、《千字詔》，此外〈太平救世
歌〉、〈醒世文〉、〈天父詩〉、〈天情道理書〉均爲兒童必讀
之物。兒童所受教育，就是每天去禮拜堂由鄉官「兩司馬」教讀
這些書籍。由於兒童在思想上有如白紙，因此太平天國把童子視
爲至寶，每攻陷一城，過一鄉，必將所有童子盡行虜去，經由文
字與精神訓練，卽可成爲忠實死黨。天國晚期的幹部，有不少是
早年虜得的童子[127]。

前文我們討論過的基督教化，以及焚書、刪書之舉，和選拔
人才的考試，都有助於太平天國的思想控制。思想、經濟、社

---

[126]　同前註[104]，頁八三。

[127]　同前註[120]，頁一一六。

會、政治的控制，非但沒有鞏固太平天國的政權，反而加速其滅亡。

第七節 〈天朝田畝制度〉在思想史上的意義

洪秀全的〈天朝田畝制度〉，在太平天國的文獻中，不但顯得相當突出，即使在中國思想史上，也應有其獨特的地位，理由是：

（1）中國傳統思想裏，雖不乏理想社會的描述，如《老子》的小國寡民，如《禮記·禮運》的大同社會，但就整個思想史來看，類似西方「理想國」或「烏托邦」的思想是非常貧乏的[128]。這一類型的思想，不論你對它採取何種態度，做何種評價，最低限度它代表「一種對於秩序、安靜與平和的夢想」，「可以讓我們用新眼光來看真實的世界」[129]，更重要的是，它表現著探索可能性的精神。在這意義下，我們不能不承認〈天朝田畝制度〉的理想社會完整建構，在中國思想傳統中，佔有獨特的地位。

（2）在中國思想史裏，平等的觀念，均平的思想，雖未佔有重要的地位，但並不匱乏[130]，不過像洪秀全把它作為建設理想社

---

[128] 在這裏，我並沒有忘記《周禮》，但此書性質，異說紛紜，難以定位，故不以為例，參看《經子解題》，四十六年（一九五七）臺一版，臺灣商務印書館。

[129] George Kateb著、孟祥森譯：《現代人論烏托邦》，頁一四、三〇，六十九年（一九八〇），聯經出版事業公司。

[130] 參考韋政通：《中國哲學辭典》，「平等」條（頁二五九〜二六一）及「均」條（頁三二一〜三），一九七七年，臺北大林出版社。

會的基本理念，則絕無僅有。在中國農民革命的傳統裏，北宋淳化四年（九九三）王小波起事時曾提出「均貧富」的口號，明末李自成有過「貴賤均田」的口號⓭，也從沒有一個革命團體，能據此理念發展出一套有系統的社會思想。洪秀全所以能有此突出的表現，雖不無中國傳統的影響，主要還是得之基督教的啟發，如謂：「蓋天下皆天父上主皇上帝一大家，天下人人不受私物，物歸上主，則主有所運用，天下處處平均，人人飽暖矣」。根據這個啟發，太平天國不但有「大天堂」的遠景，且以天京為具體而微的「小天堂」。由「小天堂」的概念，可知〈天朝田畝制度〉在洪秀全的心目中，並不以為是理想國或烏托邦，而是可以在基督教化的過程中，逐步實現的建國大綱。

（3）以上兩點是對照著過去的傳統來說的。洪秀全的社會理想在十九世紀中葉，同樣具有重大的歷史意義，這一點，Philip A. Kuhn 已先指出，他說：「他們比當時任何叛亂團體更致力於面對時代的危機，並設法提出具體的解決辦法。他們理想中的新的財產關係，新的地方控制系統，以及新的個人與國家的關係，代表著對帝制末期所有的獨特問題所作的一種真正的反應。由於太平天國本身的現象及其產生的背景，要將十九世紀中國社會史歸結在以往慣知的王朝衰亡的模式中，是相當困難的」⓮。的確，烏托邦這一類型思想的興起，與時代或社會危機息息相關，洪秀全對中國十九世紀中葉多重危機的回應，正顯示著已不

⓭　見前註⓼之書，頁二三六。
⓮　費正清編：《劍橋中國史》，晚清篇（上），中文版，頁三七八
　　～九。

能從往日的歷史軌跡中去尋找解決危機之道，在這個意義上，他是宗教方面之社會預言家，一位為中國尋找新出路的理想家。道家理想社會的指標是「無為」，儒家理想社會的指標是「天下為公」，太平天國理想社會的指標是「平等」，後兩個理念在孫中山的思想中，佔有重要的地位，到二十世紀，經由社會主義的宣揚，平等的理念更加突出，終於形成一股時代的巨潮。

由〈天朝田畝制度〉所見的理想社會：

第一，基本上它是軍事組織，更恰當地說，它把宗教、經濟、政治、軍事打成一片。這種一元化的統治結構的構想，顯然受到早期拜上帝會，以及革命集團性格的制限。軍為上層組織，依次分七等，每軍一萬三千一百五十六人，主要職掌有三：(1) 分田；(2) 刑法；(3) 錢穀。「凡一軍一切生死黜陟等事」，皆須層層上報，向上服從，最後奉「天王降旨，軍師遵行」。有功者，「世食天祿」。所有伍卒，「有警則首領統之為兵，殺敵捕賊，無事則首領督之為農，耕田奉尚（尚同上）」。其組織類於墨家的尚同，而以法家的耕、戰為其社會政策。

第二，所謂「田畝制度」，是依下列幾個準則製訂：(1) 土地一律公有，依產業分為九等，每一等佔地數量皆有規定，為求公平，愈好的田所分數量愈少，愈壞的田所分數量愈多。(2) 依照人口年齡公平授田，不分男女。(3) 以有餘補不足，豐荒相通。這個制度的目標：「務使天下共享天父上主皇上帝大福，有田同耕，有飯同食，有衣同穿，有錢同使，無處不均勻，無人不飽暖」。

第三，洪氏的理想社會，不僅土地公有，所有農產品及其他

財物也屬公有，爲此而有「國庫」（又稱「聖庫」）制度的構想。國庫的來源：「凡當收成時，兩司馬督伍長除足二十五家每人所食可接新穀外，餘則歸國庫，凡麥、豆、苧麻、布帛、鷄、犬各物及銀錢亦然」。國庫的分配：「凡二十五家中，所有婚娶彌月喜事，俱用國庫，但有限式，不得多用一錢，如一家有婚娶彌月事，給錢一千，穀一百斤，通天下皆一式。總要用之有節，以備兵荒」。因所有財物皆屬公有，傳統買賣式婚姻，自無存在之理，所以說：「凡天下婚姻不論財」。孟子早有「鰥寡孤獨廢疾者皆有所養」的社會福利觀念，但一直被傳統的社會制度所忽視，洪秀全的想法又進一步，他主張社會上那些不能生產以及苦而無告的一羣，不但免服兵役，且「皆頒國庫以養」。

第四，社會控制的標準有二：一是〈十款天條〉，「總遵守〈十款天條〉及遵命令盡忠報國者，則爲忠」，忠心者不論官民，皆可「由卑升至高」，且世襲其位。一是賞罰，決定賞罰則在是否努力生產。所以說：「民能遵條命及力農者，則爲賢爲良，或舉或賞；民或違條命及惰農者，則爲惡爲頑，或誅或罰」。執行刑法，並無專職人員，由軍事系統掌理，「凡各家有爭訟」，可由最下層級向上申訴，最後由「天王主斷」，申訴的過程極爲繁複。值得注意的是，這裏所說的社會控制，與太平天國實際上的極權統治有相當距離。

第五，爲吸收新的人才，得「每歲一舉，以補諸官之缺」。保舉的方式，也是經由軍事系統的最下層，一級一級向上申報，每經一級，均須調查民意。爲激勵諸官的工作情緒，「三歲一升貶，以示天朝之公」。凡「保升奏貶」，每經一級，均得詳加審

核，「凡濫保舉人及濫奏貶人者，黜爲農」。不論保舉和升貶，其考核過程皆極爲繁複。

第六，天父皇上帝爲唯一眞神，基督教自然成爲國教。宗教活動方面，每二十五家有一禮拜堂，由兩司馬掌理。各家如有婚娶吉喜等事，「一切舊時歪例盡除」，唯一重要的儀式，便是「祭告天父上主皇上帝」。爲了加強信仰，灌輸神權的意識形態，每家的童子，每天都必須到禮拜堂，由兩司馬教讀新、舊約及天父天兄下凡聖旨與天王詔旨。每逢禮拜日，所有官民均須至禮拜堂，「分別男行女行，聽講道理，頌贊祭奠天父上主皇上帝」。「每七七四十九禮拜日」，上級須至下屬各禮拜堂「講聖書，教化民，兼察其遵條命與違條命及勤惰」。

由以上六點來看，在洪秀全的主觀願望〈天朝田畝制度〉，無疑的是太平天國建國的總綱，但在客觀的實踐上，即以天京爲例，除了軍事系統與宗教形式之外，絕大部分都未能做到，聖庫制度雖一度實行，不久便遭破壞，這方面誠如巫寶三所說：「〈天朝田畝制度〉是空想的，違反社會發展規律的，不能實現的農業社會主義」[133]。不過，一套社會理想的價值，能不能實現並不是唯一的評準，甚至不是最重要的評準，最重要的是，它所宣揚的主要理念，是否有長遠的意義，就這一點而言，洪秀全的這篇論文，在思想史上應獲得肯定。

---

[133] 同前註[87]，頁二三五。

第八節　洪仁玕和他的〈資政新篇〉

太平天國的文獻中，除了〈天朝田畝制度〉之外，另一篇重要的皇皇鉅作〈資政新篇〉，是出於後期來到天京的洪仁玕（1822～1864）之手。睽違多年的洪仁玕，突然出現在天京，不僅對洪秀全在親情上是一大安慰，當天京經歷內訌危機，早期諸王眾叛親離，仁玕的來歸，對他鞏固政權的信心必然大增。從他不顧屬下的反對，而又迫不急待給予仁玕以重任的情形看來，洪秀全這時候的確需要一位足以信賴的得力助手，有的學者甚至認為這是使太平天國復興的因素之一❸，事實上又如何呢？〈資政新篇〉是仁玕經過慎思熟慮，同時也是奠定他「國師」地位，並企圖影響太平天國今後走向的一份建議書，文中雖一再強調「因時制宜，審勢而行」，但對天京面臨的內外複雜情勢，根本缺乏檢討，尤其對如何因應太平天國的剋星曾國藩集團，也無一言涉及。如果說，〈天朝田畝制度〉是不能實現的農業社會主義，就當時天京的主客觀條件，〈資政新篇〉則是不能實現的商業資本主義。兩位最具權勢又號稱革命的領袖，都同樣活在自己的美夢中，對眼前環繞著的問題既缺乏深刻的感受力，更不用說提出有效的對策了！

洪仁玕原名謙益，號吉甫，年輕時和他的族兄一樣，累試不第，後來他成為基督教的傳道人，最早接觸外來信仰，卻是經由

---

❸　同前註❷，頁三五五。

秀全的宣傳，一八四七年並隨從秀全到廣州美國傳教士羅孝全處學道。他沒有洪秀全那樣多的幻想，也缺乏強烈的政治慾望，這應是他未參加金田起事的主要原因。起事後，他無路可走，遂趕往廣西潯洲，時太平軍已行軍至永安州，未能會合。一八五二年避難香港，嗣後七年，除一度赴上海就讀於倫敦傳教會所設之「墨海書院」外，大都在香港基督教會學習，並教授外人中文。在此期間，交往的教士，屬英籍者有理雅各、湛孖士、朱士威大人、俾士、合信、覺士、濱先生、慕維廉、艾約瑟、韋律；屬美籍者有羅孝全、卑（裨）治文、花蘭芷、高先生、晏先生、贊臣先生、寡先生；德籍有黎力居、韋牧司、葉納清、韓士伯；瑞籍有韓山明（又名戚北）。據《傳教雜誌》記載，他在倫敦傳教會時，外人對他的評價很好：「未幾，彼（仁玕）即博得該會西教士及華教徒之信仰與尊敬。因其文才好，得人敬重，其性情溫良易與，頭腦靈敏機警，善於應變，且多才多藝，為在中國人中所罕見者。至於他對基督教義之了解，與日俱增，其對真道之篤信，確無可疑」**⑱**。後果為香港倫敦教會之傳道人，顯然經過許多考驗。一八五四年在上海時，即想投奔天京，因戰事未果。延至一八五九年春，在洋教士資助下，終於從廣州過梅嶺、經江西、湖北，輾轉抵達天京。他的著作除〈資政新篇〉，還有〈英傑歸真〉（一八六一）、〈軍次實錄〉（一八六一）、〈誅妖檄文〉（一八六一）及〈自述〉。其中〈英傑歸真〉是干王仁玕與

---

⑱　轉引自鄧元忠：〈洪仁玕的經世思想〉，見《近世中國經世思想研討會論文集》，頁四七六，七十三年（一九八四），中央研究院近代史研究所。

一歸順天京之官吏的問答，主要用心恐怕還是在藉此問答，消除世人對太平天國之種種疑惑，如爲何要稱天王？爲何用新奇官名？爲何要留長髮？爲何要毀神像等等。仁玕抵達天京後，其初頗獲天王信賴，在現實上，主要努力鞏固領導中心，在理想上，則提出〈資政新篇〉。現實上的努力，不但未能成功，反而加速內部的不和；〈資政新篇〉，卻使他青史留名。在天京雖因握有重權而腐敗，畢竟曾是一位有教養的基督徒，天京陷落後，遂共赴幼天王之難，南昌被俘，猶以文天祥自況！

洪仁玕向天王所呈之〈資政新篇〉，是希望「以廣聖聞，以備聖裁，以資國政」。內容分四部分：(1) 用人察失類；(2) 風風類；(3) 法法類；(4) 刑刑類。後三類乃全文要點，而以「法法類」最重要也最詳備。

(一) 用人察失類，主張禁止朋黨，以免導致「弱本強末之弊」，這是爲鞏固領導中心而設想的。此外他指出「我中花（華）之人，忘其身之爲花（華），甘居韃妖之下」，是因「不務實學，專事浮文」，這個觀念與中國十九世紀前期的學術脈動相應。至其重視「勤儉誠樸」的農民，輕視「雜教九流」，也與太平天國的價值觀一致。文末則以「千古英雄」期待天王，以「新天新地新世界」期待天國。

(二) 風風類，是有關社會風氣的改造，卽「厚風俗之法」。洪仁玕把價值分爲三個層面，稱之爲上寶、中寶、下寶，基督教的三位一體信仰爲上寶，西方的科技爲中寶，表現中土「驕奢之習」的「詩畫美豔，金玉精奇」爲下寶。要改造社會風氣，應以基督教信仰爲精神生活的指導原則，再輔之以「有用之物」的科

技，袪除中土的「驕奢之習」。不論是精神和物質，都明顯地表現出西化的傾向。

中土之不善者，不只是「驕奢之習」，傳統的九流與佛、老皆無益於世道人心，因「九流足以惑眾志，釋、聃尚虛無，尤爲誕妄之甚」。又說：「儒教貴執中，罔知人力之難」。好像對儒教只批評它不知勞動力之可貴，其實不然，因足以惑眾志的九流中卽已包括了儒教。下文「法法類」復主張「除九流：惰民不務正，專以異端誣民，傷風敗俗，莫逾於此，准其歸於正業，焚去一切惑民之說」。相對於上寶的基督教而言，儒教必然包含在「誣民」又「傷風敗俗」的「異端」之中。就基督教化與反傳統的態度，洪仁玕與洪秀全並無二致，所不同者，是仁玕增加了「有用之物」的西化。這方面的知識本爲洪秀全所缺，一經仁玕提出，從他的「御批」，可知這個方向，基本上他是完全同意的。

〈資政新篇〉除「刑刑類」之外，很少涉及天京現況及其措施得失的檢討，在「風風類」有一點值得一提：太平天國因沿襲專制王朝之習，對耶穌、天王、天王父、天王子皆隱諱其名，仁玕認爲「上帝之名，永不必諱」，蓋「天父之名，至大至尊至貴，至仁至義，至能至知，至誠至足，至榮至權，何礙一名字」？「若諱至數百年之久，則又無人識天父之名矣」。事實上太平天國的文獻對「上帝」之名並未隱諱，仁玕之意，或只是批評隱諱惡習之不當，連上帝都不必諱，何況其他。

（三）法法類，佔全文約三分之二的篇幅，由兩部分組成，一部分介紹國際大勢，提到的國家有英吉利、花旗邦（米利堅）、日耳曼邦、瑞邦、丁邦、羅邦、佛蘭西邦、土耳其邦、俄羅斯

邦、波斯邦、埃及、暹羅邦、日本邦、馬來邦、秘魯邦、澳大利邦、新嘉坡、天竺邦（印度）等。他稱英國「爲最強之邦」，而所以能致強，「由法（制度）善也」。英國是中國當時最大的敵人，仁玕建議天王，今後「凡於往來言語文書，可稱照會、交好、通和、親愛等意，……又夷狄戎蠻鬼子一切輕污之字，皆不必說也。蓋輕污字樣，是口角取勝之事，不是經綸實際，且招禍也」。這一點在今日看來已甚無謂，在當時卻是件牽涉到天朝意識形態的大事。

仁玕把美國說得最好，有謂「禮義富足，以其爲最」，還提到總統選舉之公及社會福利之佳，不過把總統任期誤認爲「五年一任」。他對英美兩國的評語是：「花旗之信行較實，英邦之智強頗著。所以然者，因花旗富足，不待外求，可常守禮法也；英邦用繁，必須外助，故多逞才智也」。其言雖未必恰當，但大概是最早用比較的觀點從事國際評論的。

此外，他介紹德國，「其人有太古之風，故國不甚威而德則獨最」。又合言「瑞邦、丁邦、羅邦」之人，皆「相品幽雅，誠實寬廣，有古人遺風焉」。仁玕所接觸的多屬有教養的傳教士，才有這種印象。於法國，他的感覺是「其教多務異迹奇行」。於土耳其，「因此邦之人不信耶穌基督爲救世主，仍執摩西律法，不知變通，故邦勢不振」。於俄羅斯，「百餘年前亦未信父兄（指基督耶穌），屢爲英、佛、瑞、羅、日耳曼等國所迫」，該國大帝遂「遣其長子僞裝凡民，到佛蘭西邦學習邦法，……及歸邦之日，大興政教，百餘年來，聲威日著，今亦爲北方冠冕之邦也」。波斯崇拜太陽，「不食犬豬，亦信妖佛」，「其人只求富

貴，不爭榮華，故流落他方，隨人轉移，毫無貞節，一如今之中邦（中國）」。埃及，「今其人尊約瑟、摩西爲聖人，名回回教」。「暹羅近與英邦通商，亦能仿造火炮大船」，「今亦變爲富智之邦」。「日本近與花旗邦通商，得有各項技藝以爲法則，將來亦必出於巧焉」。「馬來邦、秘魯邦、澳大利亞、新嘉坡、天竺邦、前西藏、後西藏、蒙古、滿洲，皆信佛教，拜偶像，故其邦多衰弱不振而名不著焉」。

洪仁玕對各國的紹述是否正確，不是這裏要討論的，最值得注意的是，他在介紹各國的過程中，明顯地表達了他的價值觀，卽於十九世紀中葉的世界，凡是強盛進步的國家，無不信奉基督教，與他們通商並向他們學習的國家，前途也無不看好；反之，不信基督教，而信其他宗教如回教、佛教者，不是「邦勢不振」，便是「邦多衰弱」。這種觀點，無異爲太平天國的基督教化，提供了理論基礎。

法法類另一部分，是對經濟、社會、政治三方面提出具體的建議：

（1）經濟建設　包括：①興建水陸交通網，成爲「全國之脈絡」，可發揮貿易、戰守、治安多方面的功能，不但使「國內可保無虞」，也可與外國通好。②興辦銀行，以「利於商賈士民」。③獎勵技藝發明，發明者可享專利。④准許民間開採各種礦產。⑤省、郡、縣設錢穀庫，負責「文武官員俸值公費」。⑥設市鎮公司，負責「工商水陸關稅」。

（2）社會建設　①設立「新聞館以報時事常變」，「則上下情通，中無壅塞弄弊者」。②成立慈善機構，「以拯困扶危」，

照顧「廢疾無所歸者」。③由富有之家樂捐，「興醫院以濟疾苦」。④禁溺子女。⑤興辦人壽及財物保險。⑥禁賣子女為奴，以免「貽笑外邦」。⑦禁煙、酒及鴉片。⑧禁止寺、觀，僧、道還俗，焚其書，改寺、觀為禮拜堂，「藉其資為醫院」，「此為拯民出於迷昧之途，入於光明之國也」。⑨革除舊日民俗，如演戲、修齋、建醮、風水。⑩除九流，以免「異端誣民，傷風敗俗」，並「焚去一切惑民之說」。⑪新開發市鎮，建築「宜就方正」。

（3）政治建設 ①建立郵政制度。②各省設新聞官，「其官有職無權」，主要工作在為天王搜集情報，可使「奸者股慄存誠，忠者清心可表」。③設鄉官，「以理一鄉民情曲直吉凶等事」。④設鄉兵，以維持地方治安與衛生。⑤立丈量官，負責水利及屋宇田畝之規劃。⑥禁私門請謁，杜賣官鬻爵，以澄清吏治。

（四）〈資政新篇〉最後一部分是刑刑類，這一部分似是有意針對太平天國之濫施殺戮、嗜用酷刑而發，洪仁玕提出兩點，以求改進：首先他主張「善待輕犯」，罰其從事勞務即可，「期滿釋回，一以重其廉恥，一以免生他患，庶回時改過自新，此恩威並濟之法也」。其次主張教而後殺，對「大罪宜死者」，不妨用吊刑，以「少符勿殺之聖誡」。還提到與國際法有關的建議，他認為不必拘拘不與外人交接，那樣會使「全體閉塞，血脈不通」，但與外人交往，「亦必有一定之章程，一定之禮法，方不致妄生別議」。

洪仁玕的〈資政新篇〉，尤其是其中有關經濟、社會、政治

等建設的構想，曾獲得中西學者的推崇：中國方面，如謝興堯：「倘『太平』不亡，仁玕政策得行，則中國科學物質之建設，亦卽所謂『現代化』，必能提早一百年」。又如彭澤益：「總之，在十九世紀六十年代的中國，有洪仁玕這樣一個前進的人物，能順應歷史發展的潮流，提出各種建設計畫，是何等的難能可貴」！西方學者如 So Kwan-wai and Eugene P. Boardman：「他的所作，值得稱爲十九世紀介紹西方思想的中國人之先驅。他的獨到之處，在與傳教士的關係，對基督教的了解，和缺乏拒抗西方思想的狹窄民族意識上」。又如 Franz Michael：「他吸收了很多西方的知識，而要改革中國。他比在清朝方面任職的同代人中，更具遠見和新見」❶❸❻。

以上這些話，並非全無根據，但也有失察與推崇過當之處：

第一，就現代化而言，〈資政新篇〉多半只涉及其成果，而根本未觸及現代化的本源。現代化的本源是科學精神與自由精神，在這個基礎上才能發展出近代技藝、工業化、法治和民主。洪仁玕雖主獎勵技藝發明，但科學知識貧乏，與外國傳教士交往多年，這方面顯然不是他的興趣所在。介紹美國時提到民主，並非主張民主，相反地，禁止朋黨之議，正是反民主的。仁玕思想最與現代化衝突的，是他反對信仰自由，和洪秀全一樣，只相信基督教的福音才是眞道，其他如佛、老和傳統的九流，不是視爲誕妄，便是看作異端邪說，不但應加禁止，且要焚其經典。

第二，比之同時代的中國士大夫，說洪仁玕有新見，是一個前進的人物，這沒有錯。但他也有落伍的一面，例如他將「詩畫

❶❸❻　同前，頁四七三。

美豔，金玉精奇」視爲「驕奢之習」，連民間並不常見的娛樂節目——演戲都要禁止。由其主張禁止煙酒來看，他大概是屬於基督教中清教徒一派。他到天京後，被天王引爲親信，賜以高官厚祿，馬上就利用權位，照樣三妻四妾，也是他封建落後的一面。

第三，嚴格地說，洪仁玕在經濟、社會、政治三方面的建議，以及對各國的介紹，都只能算是一般的常識，並未能提昇到思想的層次，發展出一套有系統的新學。所以純就思想的價值而言，〈資政新篇〉反不如洪秀全的〈天朝田畝制度〉，更難與魏源的《海國圖志》媲美，因爲他們的思想中有一基本的理念在引導。因此，「新見」則有之，「遠見」則未必。

第四，就思想史的角度來看，〈資政新篇〉不但主張物質建設要學習西方，連精神信仰也要基督教化，他應該是中國近代史上主張全盤西化之第一人。前文所引兩位西方人說「他的獨到之處，在與傳教士的關係，對基督教的了解，和缺乏拒抗西方思想的狹窄民族意識上」，他們的話恰好印證了他的傾向於全盤西化，同時也說明了他何以有這種主張的背景。民國以後的歷史告訴我們，全盤西化的主張，並不能導引中國走向現代化。

第九節　太平天國的失敗及歷史教訓

歷來討論或研究太平天國的學者，都相當重視它失敗原因的探討，一方面是由於鴉片戰爭以後的滿清政府，仍然沒有什麼作爲，因此對太平天國的革命運動，總不免有些同情，希望知道其中原因。另一方面，太平天國的失敗，畢竟代表中國人以集體運

動的方式，回應西方文明的挑戰，結果卻上演了一場歷史性的大悲劇；太平天國雖覆亡，但它在應付巨變的過程中，留下來的許多問題，卻值得我們去了解。

前人對其失敗原因的探討，相當複雜，下面列舉的一些，是比較重要的：

（1）**領袖的性格**　天王洪秀全有大志無大識，性猜忌多疑，又乏容人之量，蕭一山指出，天地會的首腦洪大全，曾爲太平天國釐訂軍制，教以用兵之法，對起事初期頗有貢獻，而秀全卻陷害他，致使被俘犧牲了性命。天地會黨人錢江，亦曾爲太平天國運籌帷幄，遭秀全排擠，後來錢江投靠雷以諴，「乃倡抽釐法以與湘軍添翼，卒滅太平」⑬。太平天國六年（一八五六），天王密詔北王韋昌輝入京，趁其不備，殺了東王楊秀清，導致天京最大的內訌，使天國開始走向下坡。范文瀾認爲內訌後更增長了洪秀全暮風沉沉的保守思想，他爲了保全一己的權位，「對臣下採取有疑忌沒有團結，有懲罰沒有愛護的消極手段」。像李秀成、陳玉成那樣優秀忠心的將領，仍然遭他猜忌，竟封了九十多個王來互相牽制，結果「人心不服」（李秀成語），「各爭雄長，苦樂不均，敗不相救」（曾國藩語），遂使太平軍呈瓦解現象⑬。

（2）**思想矛盾**　梁啟超早就說過，洪秀全失敗最重大的原因，就是他拿那種「四不像的天主教」做招牌，因爲這是和國民

---

⑬　蕭一山：《清代通史》㈢，頁三〇八。
⑬　范文瀾：《中國近代史》上册，頁一四〇。

心理最相反的⑬。也就是說，他信奉的外國宗教與鴉片戰後中國人普遍反侵略的心理是矛盾的。蕭一山也持同樣的看法：「洪秀全之失敗，其主要原因，卽由於不明歷史趨勢，而數典忘祖，自作聰明。宗教原爲其達成民族革命目的所採取手段，結果反以改革宗教爲目的，而以民族革命爲手段，於是思想矛盾，乖謬百出，不能自圓其說」⑭。

　　另一矛盾，來自上帝教要破除迷信，甚至把尊孔也當作迷信，鄭學稼批評道：「可是尊孔不算做迷信，他（指秀全）一面引孔子的話，甚至用儒家的思想，另一面又毀孔子和關、岳廟，目儒書爲妖書，不免矛盾」⑭。太平天國反孔並未成功，反造成政策上的前後矛盾，依洪秀全的〈詩韵〉，明言刪書所刪的是「一切鬼話、怪話、妖話、邪話」，所留的是「眞話、正話」。到後來，令「所有應試士子必須習練詩書技藝」，這還不够，在〈欽定士階條例序〉所附〈勸戒士子文〉中又說：「孔、孟之書不必廢，其中有合於天情道理亦多」。等於允許讀孔、孟之書，也就是孔子未被打倒，孔子勝利的反面，就是天父、王兄的失敗⑭。

　　太平天國的神權思想，在拜上帝會時期，曾起了極大的組織作用，到後來，對太平政權卻引來嚴重的反功能，據盧瑞鍾的研

⑬　梁啓超：《中國近三百年學術史》，頁二七，四十五年（一九五六）臺一版，臺灣中華書局。
⑭　同前註⑬，頁二九八。
⑭　鄭學稼：《中共興亡史》第一卷（上），頁五六，五十九年（一九七〇），臺北中華雜誌社。
⑭　同前，頁五八。

究，這種反功能有三：其一，導致權力鬥爭。其二，導致極權統治而自絕於民。其三：導致非理性領導⓭。

(3) **軍事上的失策** 失策有二，一是太平軍未定都南京前，雖攻克了岳州、武漢、九江、安慶等地，竟然棄守，使滿清很快恢復失地。一是定都南京後，據〈李秀成自述〉：「此時天王與東王尚是計及分軍鎮守江南，欲往河南，取河南為業」，結果楊秀清因聽信湖南老水手「河南河水小而無糧，敵因不能救解」，「南京乃帝王之家，城高池深，民富足餘」的話，遂決計定都南京，范文瀾說：「這個戰略上的失策，說明了太平軍領導思想上保守成份戰勝了進取成份， 安富尊榮的觀念戰勝了刻苦戰鬥觀念」。 當時羅大綱就說： 「天下未定， 乃欲安居此都， 其能久乎？吾屬無噍類矣」⓮ 。

(4) **內訌** 前面已提到，太平天國最大的內訌發生於一八五六年，是洪秀全革命事業由盛至衰的分水嶺。導致天京主要領導人內訌的原因很複雜，太平天國建立之初，蕭朝貴與楊秀清都取得天父天兄的發言權，即已埋下內訌的火種。之後，蕭氏早亡，楊氏不斷假託「天父下凡」，代聖傳旨，藉以擴張權勢⓯ 。天王於定都南京後，「高拱於深宮之中，修帝王之威儀，蓄眾多之嬪妃」，「軍事文報，刑賞黜陟，一取決於秀清，於是秀清獨攬大權，威壓全朝」。加上因女色的糾紛，使諸王之間猜忌日深。又因楊秀清過分跋扈囂張，終於使「太平舊黨集矢於秀清，東府勢

⓭ 詳見盧瑞鍾：《太平天國的神權思想》，頁三七九～九〇。

⓮ 以上參考：(1)范文瀾：《中國近代史》（上），頁一一〇。(2)鄭學稼：《中共興亡史》第一卷（上），頁五二。

⓯ 參前註⓲范著，頁一〇八、一二二。

日孤，而秀淸方恃其察察爲明，造作威福，迄未稍改，故不旋踵而禍作矣」❶。這次內訌，楊秀淸、韋昌輝相繼被殺，誠如蕭一山所說：「自此諸王水火，羣下解體，太平朝遂不復振矣」❶。

（5）**外軍的介入**　這一點涉及到列強侵華的複雜背景。鴉片戰後，雖開五口通商，並不能滿足列強的欲望，於是有英法聯軍之役，有天津、北京、璦琿等喪權失地不平等條約之締結。滿淸政府之無能，自然增強太平軍的氣勢。太平軍定都南京後，列強有短期間觀望，他們想，假如太平天國能給更優厚的條件，他們會與之合作，攻入北京。後來天京的態度和表現令列強失望，他們遂轉而支持滿淸，以便繼續勒索，列強的兩面策略，可謂予取予求。好在不論是天國或是滿淸，還沒有卑賤無識到爲了一姓的政權而寧願犧牲整個國家的地步，否則在十九世紀六十年代，便已陷入萬刦不復。

最後滿淸方面因持久苦戰，仍無法平亂，終於有限度地讓外軍介入，先准成立洋槍隊，由美國人華爾任隊長，由上海鉅商供應軍餉，以保衛上海。一八五九年六月與次年二月，洋槍隊三次進攻靑浦，均爲太平軍所敗。一八六二年李秀成率軍攻上海，洋槍隊因獲英海軍爲主力，擊退了太平軍，捷報傳到北京，「兩宮皇太后」賞華爾四品翎頂，並將洋槍隊更名爲「常勝軍」。常勝軍於慈谿之役，華爾陣亡，由美國人白齊文繼任管帶，白齊文因與李鴻章不和，以欠餉爲名，不執行進攻南京的命令，被李免職，以曾參與火燒圓明園的英國軍官戈登繼任。戈登率領常勝軍

---

❶　以上見前註❶蕭著，頁一五八、一五九。
❶　同前註❶，頁一六二。

會合淮軍攻下崑山、蘇州、常熟等城，與曾國荃會師於溧陽，到一八六四年四月攻陷常州後，常勝軍解放，太平天國接著也滅亡了⑭。

孫中山於一九〇二年談到太平天國之敗，只提「英國助清」⑭，事實上天國後期，由於天王不信異姓，終致諸洪亂政，滿清卽使不利用外軍，恐怕也只能多拖一段時日，不可能逃脫滅亡的命運。

太平天國雖滅亡，這一驚天動地的革命運動，對中國近代的影響卻是多方面的，這一點前人討論亦多⑮。但對這個革命運動，我們應得的歷史教訓，似乎很少被討論。太平天國之失敗，原因儘管不止一端，最基本的一點應是在神權的意識形態上，因它來自西方，因此也可以說是失敗在「西化模式」上。假如這個了解沒有大錯，太平天國後的一百多年中，回應西方挑戰的思想主流，內容雖一變再變，卻大都沒有跳出這一模式，也就是沒有了解天國失敗的歷史教訓，一直到最近中國的文革十年浩劫，仍然與這一模式有著深密的關係。

根據經濟學家肯尼斯・包定 (Kenneth E. Boulding) 的觀察和分析，人類在現代化過程中，面對巨變的態度，可分別爲⑮:

---

⑭ 以上參考前註⑭鄭著，頁六三、六四。

⑭ 孫中山:〈支那保存分割合論〉，見《國父全書》，頁三六七～八，五十五年（一九六六）臺灣三版。

⑮ 這方面的討論，可看⑴蕭一山:《清代通史》㈢，頁三一六以下。⑵鄭學稼:《中共興亡史》第一卷（上），頁六四～五。⑶盧瑞鍾:《太平天國的神權思想》，頁三九〇以下。

⑮ 以下三種態度，詳見肯尼斯・包定著、孫慶餘譯:《二十世紀的意義》，頁一六一～四，六十六年（一九七七），臺北長河出版社。

（1）從拒絕到懷恨地接受。

（2）狂熱地、無批判地接受。

（3）謹慎地、批判地接受。

毫無疑問，太平天國對基督教，中國共產黨對馬列主義的態度是屬於第二種；同、光年間的滿清政府，和北伐以後的國民黨政府，對西方文化的態度，屬於第一種。在接受西方文化上，比較健全的態度，當然是第三種。可惜我國近代並沒有從天國的悲劇中學習到歷史教訓，及早加以調整。文革後的中國，似乎又由第二種態度，轉向第一種態度了！第三種態度，經過長期對近代史的檢討和反省，近十年來已是海內外中國知識分子的共識，今後將開創一個學術思想的新時代，已不是奢望。祇有中國在這方面有了真正的成就和成功，才能使太平天國和文革十年，以及其他類型的歷史悲劇，不再重演。

第八章 曾 國 藩

　　十九世紀中葉，曾國藩集團與洪楊集團的對決，在當時的中國，是件驚天動地的大事，假如這場對決發生在以往任何時代，清廷極有可能因此覆亡。但在十九世紀中葉，前有鴉片戰爭之慘敗（一八四二），後有英法聯軍之攻陷廣州和北京（一八五七、一八六〇），產生了歷史上少見的文化認同感的危機，這一變數，使得原本爲農民暴力推翻舊王朝的戰爭，轉變爲保衛文化認同感之戰。當然，洪楊集團的目標，不祇是推翻舊王朝，他們還希望能建立一個以上帝教爲體，以共產制度爲用的新國家，縱然他們所標榜的理念是正當的，可是在西方帝國主義侵略的歷史條件下，他們的作爲卻是擴大了文化認同感的危機。洪楊集團所凸顯的觀念中，並不是沒有支持文化認同感的成分，如民族革命的意識，不過這一意識已爲其所依附的洋教色彩所冲淡。

　　曾國藩集團在這場對決中終能獲勝的原因很多，他們爲保衛文化認同感而戰，在社會文化方面取得堅強的立足點，無論如何是主要原因之一。也因爲如此，我們把在認同感之間互相衝突的兩個集團，都納入「巨變與傳統」的概念架構中來處理，應該有助於了解這一段思想史的眞相。

第一節　生平四階段

曾國藩（1811～1872）原名子城，字伯涵，號滌生，入翰林院後改名國藩，祖籍衡陽，先世於清初遷居湘鄉荷塘都的大界里，父親曾麟書，累試十七次，到四十三歲才補入縣學爲生員，他一共生了五個兒子，國藩列長，曾國荃（1824～1890）行四。國藩的宦途比他父親順利，二十三歲考取秀才，二十四歲中舉人第三十六名，二十八歲中進士第三十八名，朝考獲一等第三名，進呈宣宗改爲第二名，並入翰林院爲庶吉士。嗣後十年間，由七品檢討升爲四品侍講，再升爲二品內閣學士兼禮部侍郎，可謂一帆風順。擢授內閣學士後，寫信給諸弟：「蒙皇上天恩及祖父德澤，予得超升內閣學士，顧影捫心，實深慚悚，湖南三十七歲至二品者，本朝尙無一人」●。雖深自「慚悚」，其內心的志得意滿仍不可抑。

國藩的一生可分下列幾個時期：

（1）**青少年期**　這一時期讀書雖很用功，主要爲獵取功名，各方面並無特異的表現，後來在寫給劉蓉（一八一六～一八七三）的信中，就有「僕早不自立」❷的話。

（2）**京官時期**　共十五年，嘗自謂：「自庚子（道光二十年）以來，稍事學問，涉獵於前明本朝諸大儒之書，而不克辨其得失。……於是取司馬遷、班固、杜甫、韓愈、歐陽修、曾鞏、

●　《曾文正公全集》（以下簡稱《全集》），頁六十三，臺灣東方書店，五十二年（一九六三）再版，此書實際只是選集。

❷　同前，頁一九三。

王安石及方苞之作，悉心而讀之」❸。科舉考試，非關眞學問，中了進士之後，猶知專心向學，這一步自覺，再加上後續的長期苦讀潛修，終於奠定了他深厚的學養。這時候他當然沒有料到自己將來會成爲一位功業彪炳的大人物，但京官生涯的歷練，和對學問的鑽研，確已爲扮演歷史人物進行了長期的準備。王聿均曾探討曾國藩的內心世界，如知識的累積，思想的孕育，心性的陶冶，生活之體驗等❹。這種內心世界的開拓，主要就是在這一時期。

這一時期，還有值得一提的，是他在上書皇帝時，已表現出直言不諱的剛正性格。道光三十年（一八五〇）於〈應詔陳言疏〉中說：京官辦事的通病是退縮、瑣屑；外官辦事的通病是敷衍、顢頇，因此，「十餘年間，九卿無一人陳時政之得失，司道無一摺言地方之利病，相率緘默，一時之風氣，有不解其所以然者；科道間有奏疏，而從無一言及主德之隆替，無一摺彈大臣之過失，豈君爲堯舜之君，臣皆稷契之臣乎」❺！次年，又有〈敬陳聖德三端預防流弊疏〉，其言論之大膽，在專制時代頗爲少見，卽連對曾氏有惡評的學者，也認爲這是他「生平中的一次冒險舉動，也表示了他是一個有眼光的政治家」❻。疏文直指咸豐皇帝在禮儀方面雖有敬慎的美德，如講求過當，則會產生因小失

---

❸　同前。

❹　王聿均：〈從日記書札中探討曾國藩之內心世界和自強思想〉，見《清季自強運動研討會論文集》下册，頁九二五，七十七年（一九八八）中央研究院近代史研究所，臺灣臺北。

❺　《全集》，頁四四一～二。

❻　李曦：〈曾國藩〉，見《中國近代著名哲學家評傳》上册，頁一二二，一九八二年，濟南齊魯書社發行。

大的流弊；在納諫方面雖有好古的美德，徵之實際，不過是虛應
故事，徒尚文飾而已；在心胸方面雖有廣大的美德，可是因皇帝
高高在上，不免因驕矜之氣，而產生自執己見的流弊。所謂「美
德」，不過是進言的技巧，真正的用意是指責皇帝既不能用心於
國家大計，又喜私心自用。專制帝王是「獨制而無所制」的，因
而歷來為人臣者，為求自保，「大率戇直者少，緘默者多」。曾
國藩又為何敢「干犯天威」呢？由於膽識，同時也自恃理直，他
說：「自古之重直臣，非特使彼成名而已，蓋將借其藥石以折人
主驕侈之萌，培其風骨，養其威稜，以備有事折衝之用，所謂『
疾風知勁草』也。若不取此等，則必專取一種諂媚頓熟之人，料
其斷不敢出一言以逆耳而拂心，而稍有鋒鋩者，必盡挫其勁節而
銷鑠其剛氣，一旦有事，則滿廷皆疲苶沓泄，相與袖手，一籌莫
展而後已」❼。此一疏文撰於咸豐元年四月二十六日，是年初洪
秀全已在廣西起事，最後數言，正道出清廷實況。疏文雖不免刺
傷皇帝的自尊，但也無法否認它說得很有道理，只好以「迂腐
欠通，意尚可取」的批示了結。

（3）**征戰時期**　這一時期長達十年，十年之間使一個二品京
官達到位極人臣、擎天一柱的地位，也是他一生中履歷最艱辛，
處境最險惡的階段。壓力主要來自兩方面：一是與太平軍對決，
毫無取勝的把握，且時常處於劣勢；一是因滿、漢之間的矛盾，
使他與清廷之間，長期處於緊張之中。

　　奉命籌組湘勇之初，卽遭遇重重困難，因國藩既無權又無

---

❼　《全集》，頁四四五。

錢，湘勇旣非經制之兵，地方官吏處處抵制，綠營官兵又與之爲敵，在如此惡劣的條件下，竟然能組訓出一支支撐大局的湘軍，表現出他確有開創性的能力，卻未因此改善他的處境。咸豐四年（一八五四）太平軍屢敗官軍，攻佔武昌，當國藩率領湘軍收復武昌的捷報傳到京師，皇帝興奮地向軍機大臣說：「不意曾國藩一書生，乃能建此奇功」！可是這位軍機大臣（祁嶲藻）的反應卻是：「曾國藩以侍郎在籍，猶匹夫耳。匹夫居閭里，一呼蹶起，從之者萬餘人，恐非國家福也」❽。於是僅以兵部侍郎銜領軍，直到咸豐十年（一八六〇），江南大營第二次被太平軍擊潰，在不得已的情況下，始命國藩署理兩江總督。如果說曾氏的內心世界，「時見和諧清明之象，時有矛盾掙扎之迹；時而剛毅堅忍，時而消沉頹唐；時而曠達恬淡，時而急功好名」❾，必然是在這一時期最爲嚴重。

到了同治初年，征戰之事雖未勝利在望，但因位高名重，自覺日處危機之中，更加深他內心的戒懼，曾寫信給郭筠仙（嵩燾）：「近來體察物情，大氐以鄙人用事太久，兵柄過重，利權過廣，遠者震驚，近者疑忌，揆之消息盈虛之常，卽合斂熱收聲，引嫌謝事，擬於近日毅然行之，未審遂如人願否」❿？因此於同治三年（一八六四）六月十六日克服金陵後，爲了避免功高震主的讒言，立卽着手將湘軍裁撤二萬五千名，又屢次寫信給此役居首功的曾國荃，要他「設法將權位二字，推讓些許，減去幾

---

❽　薛福成：《庸盦全集》，《庸盦文集續編》卷下，頁五。
❾　同前註❹。
❿　李瀚章編：《曾文正公書札》，卷二十三，頁三十八下、三十九上，光緒二年（一八七六）湖南傳忠書局刊。

成，則晚節可以收場」。又告誡他：「吾兄弟高爵顯官，爲天下第一指目之家，總須在奏疏中加意檢點，不求獲福，但求免禍」❶。在這裏，曾氏已將「物禁太盛」、「禍福相依」的道理，體現在實際生活之中。

（4）**晚年** 平定太平天國之後，處境仍極不順，先是奉命剿捻無功（一八六五），屢遭朝廷譴責；在直隸總督任內（一八六八～一八七〇），發生天津教案，使朝野交相指責，嘗自謂「外慚清議，內疚神明」，他的健康一向不佳，在重謗之下，身心俱受重創。離開北方，回任江督，不過一年多就去世了。就在這種處境之中，他仍悉心擘劃製炮造船，師法泰西之事，成爲我國早期推動近代化的中堅人物。他這一生眞可以說是「鞠躬盡瘁，死爲後已」。

第二節　曾國藩集團及湘軍精神的形成

由上文可知曾國藩的爲學、做人、治事，都確有過人之處，這是在與太平軍對決中，除保衛文化認同感之外，又一重要的取勝條件。除此之外，更重要的是，以其爲靈魂人物的曾氏集團的形成。國藩以一儒生而成就功業，已是奇蹟，湘軍一批南征北討的幹將中，竟然也有一些是書生，尤爲奇中之奇。以下選介集團中幾位核心人物，當有助於我們了解這個集團的一股特殊的精神。

---

❶　以上轉引自蕭一山：《曾國藩傳》，頁一五九～一六〇。

羅澤南　字仲嶽，湖南湘鄉人，生於嘉慶十二年（一八〇七），卒於咸豐六年（一八五六），比國藩年長四歲。爲生員時，即講學鄉里，咸豐元年，舉孝廉方正，宗程、朱之學，學者稱羅山先生，著作有《小學韻語》、《西銘講義》、《周易附說》、《人極衍義》、《姚江學辨》、《方輿要覽》等。太平軍到達長沙時（一八五二），他在家鄉倡辦團練。次年曾國藩奉命督辦團練，組訓湘勇，澤南是最早的合作者，湘勇早期的幹部，有不少是澤南的門人，第一次使國藩感覺到「湘軍果可用」的，也是這批師生。

咸豐四年（一八五四）六月，武昌爲太平軍攻佔，曾氏會諸將於金口，謀商反攻之策，果於短期間即收復武昌，使咸豐帝大喜過望，即由「澤南繪圖獻方略」所致。以後他的所部，幾乎成爲一支以寡擊眾的常勝軍，往往能於關鍵時刻，上書國藩，因而扭轉大局。一八五六年三月，於武昌戰役中（一八五五年二月武昌第三次爲太平軍攻陷），親自督戰，爲飛炮碎片擊中左額，傷重而亡。國藩對他的讚語是：「洛、閩之術，近世所捐，姚江事業，或邁前賢。公愼其趣，既辨其詭，乃立豐功，一雪斯恥。大本內植，偉績外充，茲謂豪傑，百世可宗」**⑫**。

胡林翼　字潤之，湖南益陽人，嘉慶十七年（一八一二）生，咸豐十一年（一八六一）卒，比國藩小一歲。父名胡達源，爲嘉慶二十四年探花，曾任詹事府少詹事，學宗宋儒，林翼因家學，少年時即由父親授以性理諸書。道光十年，林翼二十四歲中

---

⑫　曾國藩：〈羅忠節公神道碑銘〉，見《全集》，頁三六八。

進士，曾任翰林院編修。史載「林翼貌英偉，目巖巖，威棱懾人」，爲陶澍賞識，並以女爲其妻。平生喜讀兵書，亦善用兵，著有《讀史兵略》等。

林翼本在貴州任知府，因安民有功，頗有政聲。咸豐三年（一八五三）奉旨率黔勇增援湖北，因湖廣總督吳文鎔殉職，又奉命赴國藩營，從此與國藩合作無間，因戰功升湖北布政使、巡撫。羅澤南曾率湘勇援湖北、林翼對他的學問和做人很敬佩，遂執弟子禮，澤南分出一部分幹部，進入林翼兵營，授以湘軍規制。澤南陣亡，林翼將妹妹嫁給他的兒子，並薦其弟子李續賓、李續宜代領其士卒。他和國藩一樣，雖生活在極不安定的軍中，但治經史有常課，每天講《通鑑》二十頁，《四子書》十頁，如太忙，則減半，形成湘軍一種特殊的精神和氣氛。

胡林翼與太平軍對抗七年，戰功無數，終因憂勞過甚而逝。去世後，從國藩的奏文中，可以看出他對湘軍的貢獻：（1）調和諸將領之間的矛盾，使湘軍和協如骨肉；（2）湖北大局粗安之後，不爲自固之計，鄰近地區需要援兵，莫不全力以赴；（3）從不自居其功，每上奏朝廷，則盛稱諸將之功。因此，《清史稿》對他的評論是：「使無其人，則曾國藩、左宗棠諸人失所匡扶憑藉，其成功且較難」。光緒三年（一八七七），彭玉麟奏稱：「林翼撫鄂之日，曾國藩、羅澤南等講學則同方同術，討賊則同心同力，請合祀省城曾國藩祠」。這就是「三忠祠」的由來⓭。

左宗棠 字季高，湖南湘陰人，嘉慶十七年（一八一二）生，

⓭　以上參考蕭一山：《清代通史》（三），頁七六二～三，五十二年（一九六三），臺灣商務印書館。

光緒十一年（一八八五）卒，比國藩小一歲。父名觀瀾，廩生，有學行。宗棠僅一舉人，但才氣縱橫，並世無雙。仕途雖不順利，際遇倒不差，就讀城南書院時，因山長爲賀長齡之弟賀熙齡，因而得見長齡，讀其藏書，勉勵有加。陶澍任兩江總督時，返鄉掃墓，路過醴陵，宗棠恰爲當地淥江書院山長，縣令假書院爲行館，由宗棠撰聯以示歡迎，聯語云：「春殿語從容，廿載家山，印心石在；大江流日夜，八州子弟，翹首公歸」。陶氏年少時，嘗讀書於資江濱之水月庵，有方石矗立江心，名爲「印心石屋」。顯貴後，晉見道光帝，帝詢及印心石屋事，並書寫四字贈陶氏，遂成佳話。宗棠於聯語中提起，自然使陶氏開懷，經過一席談話，宗棠被讚爲「天下奇才」。陶幼子尙在髫齡，知宗棠有女，意欲結爲親家，宗棠不敢應，陶澍說：「君他日功名，必在老夫上」⓮。

宗棠躬耕柳莊時，湖南巡撫張亮基因慕名請他協助平亂，被他拒絕，後經胡林翼、江忠源、郭嵩燾等人敦促，始入張氏幕府，因守長沙有功升任同知。不久張氏調職山東，駱秉章繼任，宗棠不願留，駱氏乃設計捕陶澍之子陶桃，宗棠聞訊，晉省謁駱，駱氏大笑迎接：「不如此何能邀諸葛先生大駕也」。於是入駱幕，助治團練，振興湘軍。宗棠因獲秉章的充分信任，故名爲幕賓，實握大權，也因爲如此，當曾國藩於咸豐四年（一八五四）初度率湘軍水陸之師東征時，曾得湖南大力支援。後來隨國藩入江南，在打敗閩、浙太平天軍的戰役中，也立了大功。而他

⓮　同前，頁七三六～七。

一生功業的巔峯，則爲遠征新疆，獲勝後，並爲新疆建行省。此役使其威名遠播，蓋世功名，果不出陶澍所料❺。

宗棠雖恃才傲物，盛氣凌人，然能識大體，善用兵，頗得胡林翼、曾國藩之敬重。曾、左之間雖有齟齬，但未致因私害公。國藩去世後，宗棠說：「謀國之忠，知人之明，自愧不如」❻。

郭嵩燾　字伯琛，號筠仙，湖南湘陰人，嘉慶二十三年（一八一八）生，光緒十七年（一八九一）卒，比國藩小七歲。道光二十七年（一八四七）進士。於國藩未中進士前，卽已相識，後二人同間學於唐鑑，不僅爲莫逆之交，且結爲兒女親家。太平軍攻長沙，國藩因嵩燾力勸，始奉詔出治團練，燾亦從旁協助，湘軍編練水師，也是他的建議。湘軍威名大顯之後，因功獲授編修，於是調回京師，入直上書房。在京師期間，與肅順交善，使肅順對湘軍留下深刻印象。後因與僧格林沁意見不合，辭歸，國藩請入幕中，參贊軍務，成爲湘軍重要智囊，湘軍領導如胡林翼、左宗棠、李鴻章，無不敬重。嵩燾有弟名崑燾，也曾從國藩東征。他學養俱佳，一生行事正直，舊學方面，著有《禮記質疑》、《大學中庸質疑》、《訂正家禮》、《周易釋例》、《毛詩約義》、《綏邊徵實》等；新知方面，他是推動自強運動的靈魂人物之一。

彭玉麟　字雪琴，湖南衡陽人，嘉慶二十一年（一八一六）生，光緒十六年（一八九〇）卒，比國藩小五歲。父名鳴九，做過安徽合肥梁園巡檢，去世時，玉麟年方十六，田產爲族人所奪，遂上石鼓山避入石鼓書院。因貧無以爲生，投協標充任書記

---

❺　同前註❸，頁八〇九～八一〇。
❻　左宗棠寄子孝威書，見《左文襄公家書》下。

以養母，衡陽知府見其文、奇其貌，招入署讀書，二年後始獲隸諸生之籍。以一生員身份，要成就大功業，根本很少可能，因此投入湘軍成爲他一生最大轉捩點。蓋曾國藩用人，只要有眞本領、眞才幹，不講究資歷。

最初由常儀安推薦給國藩，因值母喪，不就，國藩因聞其有膽略，寫信勸他：「鄉里藉藉，父子且不相保，能長守邱墓乎？」經一再敦促，才勉強入營，果然在楊載福的合作下，爲湘軍建立了一支水師，二十餘年間，除一度歸隱，幾以水師爲家，常年生活在風濤矢石之中。初見國藩時，卽誓言不儲私財，不受官職，他做到了，在一次奏文中，他說：「臣素無家室之樂，聲色之好，性尤不耽樂逸。治軍十餘年，未嘗營一瓦之覆，一畝之殖，以庇妻子；身受重傷，積勞多疾，未嘗請一日之假；……雖甚病，未嘗一日移居岸上」。因戰功，咸豐十一年（一八六一），詔授安徽巡撫，力辭不就；光緒七年（一八八一），因重整水師有功，命署兩江總督，仍力辭❶。這方面他比曾國藩還要看得透，因此也未造成國藩那樣艱困的處境，而始終能獲得朝廷的信任。劉廣京認爲，「彭氏英勇、正直又勤懇，最能符合曾國藩對儒將的要求」❶，實際上彭氏似早已洞悉《老子》「多藏必厚亡」之理，而達到「知足者富」的境界。史載其人「好畫梅，詩書皆超俗，文采風流亦不沫」，也正是入世道家的風格。

由湘軍而形成的曾國藩集團，當然不止以上六人，我們在這

---

❶　同前註❶，頁八二〇～四。
❶　劉廣京：〈同治中興〉，見《劍橋中國史》，中譯本，第十册，晚清篇（上），頁五〇一，七十六年（一九八七），臺北南天書局。

裏特別選介其中部分的核心人物，主要的目的是希望透過他們，來凸顯湘軍精神。其他人物如江忠源，曾首創楚軍，爲湘軍先驅，曾國藩也很賞識他，但他在咸豐三年(一八五三)便已殉職。又如駱秉章，比國藩年長二十歲，湘軍初期獲得他大力支援，並重用左宗棠治湘，他的身份只能算是曾氏的親密戰友。李鴻章與國藩乃師生關係，不過爲人處世的作風與國藩不同，他另外建立了淮軍，他之成爲歷史中心人物，要到自強運動時期。曾國荃爲國藩三弟，指揮收復金陵之統帥，爲湘軍立下最大功績，但入城後其部屬之燒殺刼掠，紀律之壞，亦古今罕見，就在功績達到巔峯之際，湘軍聲譽也毀於一旦。

　　根據前文對曾氏集團的簡介，很明顯地可以看出、他們每一個人幾乎都能做到國而忘家、公而忘私，這是作爲一個領導，最重要的條件。其次，他們都認識到，要「回狂瀾於旣倒，支大廈於將傾」，必須要靠更多的傑出人才，因此求才若渴，一旦有可用之才，則必定推心置腹，被拔擢者，也能做到「士爲知己者死」，彼此之間，不僅同甘共苦，也能同聲相應。尤其難得的是，這些人物在萬死不辭的冒險生涯中，都表現出堅忍不拔的意志力和開創力。以上這幾點合起來，便是這裏所說的湘軍精神，這種精神才是曾氏集團與太平軍對決中決勝的主要動力。

　　湘軍精神的形成，至少有三個來源：

　　(一)陶澍、賀長齡提倡的經世思想與表現的經世事功。陶爲湖南安化人，賀爲湖南善化人，與國藩、林翼、宗棠皆同屬長沙府。湘軍人物中與陶氏有直接關係的，是林翼與宗棠，嘉慶二十四年(一八一九)，陶澍以給事中觀察川東道，取道益陽，初識

胡林翼時，林翼才八歲，後來成爲他的女婿⑲。陶總督兩江時，
林翼在其幕中，常恣意聲伎，其妻告陶，陶回答：「此子功名蓋
世，勞苦到頭，亦應讓其盡興三兩年，過此恐終身無憩息時矣」
⑳。太平軍興，胡於湖北巡撫任內，其勇於任事、禮賢下士的作
風，不啻陶澍的化身。左宗棠與陶澍初見的故事，前文已提過，
因早結爲兒女親家，所以陶逝世後，宗棠卽居陶府，博涉陶氏藏
書，同時教其子陶桄讀書。宗棠一生景仰陶澍、林則徐，以繼
陶、林自許，得志後嘗爲二公合建一祠，親撰聯語：「三吳頌遺
愛，鯨浪初平，治水行鹽，如公皆不朽。冊載接音塵，鴻泥偶
踏，湘間邗上，今我復重來」。其以陶自繼之心，躍然可見㉑。

曾國藩與陶氏雖無直接關係，但因陶氏盛名及其在事功方面
的成就，早爲國藩所欽慕，第一次會試落第，歸途中拜謁陶氏，
竟爲幕客李子木所阻，但國藩與陶氏愛婿胡林翼同學、同寅又同
鄉，必間接受其影響㉒。事實上，後來曾氏在兩江總督期間，對
於財政、吏治、士習、民風的設施，都大體不出陶澍舊政的規
模。又如設兩江采訪忠義局，修建書院，以及重禮教、旌節孝、
正風俗等政策，亦皆效法陶澍㉓。

國藩未能親炙陶澍，與賀長齡則頗有往來。賀氏聘魏源編
《經世文編》，正在陶氏轄下江寧布政使任內。《經世文編》所

---

⑲　魏秀梅：《陶澍在江南》，頁二七三～四，七十四年（一九八
　　五），中央研究院近代史研究所專刊(51)。
⑳　同前註⑬，頁七三六。
㉑　同前註⑲，頁二七三。
㉒　同前註⑬，頁七三七。
㉓　見前註⑲之書，＜劉廣京先生序＞頁四。

揭櫫的精神與原則，所以能成爲一時的風氣，陶鑄一世人才，主要賴陶澍事功的示範㉔，所以蕭一山說：「中興（湘軍）人材之盛，多萃於湖南者，則全由於陶澍種其因，而印心石屋乃策源地也」㉕。

（二）湖南人獨特的性格。張朋園於《中國現代化的區域研究——湖南省，1860～1916》一書中，從三方面探討湖南人的性格：（1）血緣因素，因湖南處於諸蠻錯處之地，由於雜婚，遂形成強悍的性格。（2）地理因素，因湖南三面環山，五分之四爲山區，交通困難，對外隔絕，遂形成悍直冒險的性格。（3）經濟因素，由於湖南具有優厚的生存條件，因此外來移民日增，長期處於激烈競爭的環境之中，遂形成堅強不屈的性格㉖。這些性格很明顯地反映在曾氏集團核心人物的身上，成爲湘軍精神的又一來源。

（三）傳統文化，尤其是儒家思想。王定安說：「湘軍創立之始，由二三儒生被服講道，以忠誠爲天下倡，生徒子弟，……皆知重廉恥，急王事，以畏難苟活爲羞，克敵戰死爲榮」㉗。這番說詞，用於曾氏及上述集團中的核心人物，可以當之無愧。孟子說：「分人以財謂之惠，教人以善謂之忠，爲天下得人者謂之仁」。湘軍人物也大體都能做到。他們那種大公無私的胸懷，急難相救的義氣，以及經世濟民的使命感，無一非儒家思想的身體力行。正因爲他們具備這些條件，當他們打出護衛傳統文化，儒

㉔　同前註，頁三。
㉕　同前註⑬，頁七三七。
㉖　見張著，頁三四〇～五，中央研究院近代史研究所專刊(46)，七十二年（一九八三），臺北。
㉗　王定安：《湘軍記》·〈湘粵戰守篇〉，中。

家禮教的招牌，才能發揮鉅大的效力。

第三節　為保衛傳統文化而戰

　　前文說過，湘軍與太平軍對決，是保衛文化認同感之戰，此在理想層次上，確然如此。但在現實層次上，卻是太平軍「荼毒生靈數百餘萬，蹂躪州縣五千餘里」，極可能導致舊秩序全面崩潰的危機，所以曾國藩於〈討粵匪檄〉文告中，除了要「扶持名教」之外，他也以舊秩序的守衛者自居，且後一危機更是有燃眉之急。只要舊秩序不全面崩潰，文化認同感就不致幻滅，大清王朝亦隨之能保，在這場對決中，文化的價值體系、社會秩序、大清王朝是三位一體的，在當時的歷史條件和客觀環境下，要求曾氏集團只保衛前二者，而不保大清，是不可能的。

　　大清王朝在當時沒有覆亡，我們也不要忽略它在重重危機中所表現的政治智慧，因從團練到湘軍興起的過程中，正代表著國家的一些重要權力，逐漸移向民間、轉入漢人手中，就專制王權的特性和滿漢矛盾的角度來看，大清執政者能聽任這個趨勢的發展，必定經過深入的反省和痛苦的抉擇，深入的反省是指公然承認八旗與綠營已腐敗到不堪重用，痛苦的抉擇是指，明知道漢人一旦握有兵權，會給大清政權帶來潛在的威脅，仍不得不讓漢人發展地方武力。

　　最早證明地方性防衛武力，足以抵抗太平軍的，是崛起於興寧的江忠源。曾國藩由奉旨協幫團練，到發展出一支湘軍，至少有兩個重要的因素助成：一是因國藩長期在京中任官，朝廷有不

少舊關係，同時他爲人正直，較易獲得信賴；一是他獲得了選官、徵稅和出售官銜的權力。徵稅權的獲得，最初也是因爲朝廷無力負擔額外的軍費，要地方設法自籌，於是有所謂釐金制度的產生，團練的領袖因能證明這筆錢花得確實有效，朝廷也就睜一隻眼閉一隻眼不加干預。這些權力轉移到民間，不但使湘軍能迅速發展，也使他們能有效地維持地方治安。到咸豐十年（一八六〇），據《年譜》記載：「十三日派員專管地方案牘。其時文卷日以繁多，迺仿照平時衙署章程，分別吏、戶、禮、兵、刑、工六科，擇書吏收貯彙歸安慶老營」❷❸。這時候曾氏的督府，已儼然一小朝廷。國藩行事，一向謹愼，爲了消除朝廷的疑慮，除了在奏章中再三表示過多功少之外，也運用了一些其他的策略，如任用滿人塔齊布爲指揮官便是一例。總之，清廷能將部分權力轉移到地方大吏和軍事領袖的手上，是大清在這場浩刼中能免於覆亡的一個重要關鍵。

這批有守有爲的湘軍領袖，並世而生，同聲相應，同氣相求，也非歷史的偶然，他們是宋學、今文經學、經世之學等學術所形成的新學風下，鑄造而成的一代新人。這批新人，不但是儒生，也是儒將，不僅在道德方面能成爲部屬的表率，也把一些儒家思想，活用到治軍之中。

曾國藩著手辦團之初，對官軍的缺失做過一番檢討之後，在奏摺中毫不隱諱地告訴皇帝，官軍在與太平軍對抗時，「往往見賊逃潰，未聞有與之鏖戰一場者；往往從後尾追，未聞有與之攔

---

❷❸　《曾文正公年譜》，頁一三五，臺北文海版。

頭一戰者；其所用兵器，皆以大砲鳥槍遠遠轟擊，未聞有短兵相接以槍鈀與之交鋒者」。所以致此的原因，國藩認爲「皆由所用之兵，未經練習，無膽無藝，故所向退卻」❷。因此他訓練團練，決心改弦更張，並參仿明代戚繼光（1528～1587）的成規。

戚繼光組織及訓練「戚家軍」的方法，首先劃明指揮系統，指揮系統中的關鍵職位是營官，每營統率六五○人，營官之上爲統領，統率二至十餘營，營官對手下五個哨長須負全責，每個哨長各率領一○○人，各個階屬之間靠個人的關係緊密結合：營兵擇哨長，哨長擇什長，什長也由自己募集十個能聽命於他的人❸。國藩就上述指揮系統，更規定每任命一個新營官，該營所有下級幹部以及兵丁，都要經過重新挑選，以保持靠個人關係緊密結合的軍隊特性，以增加部隊的內聚力和戰鬥力。

比兵制更重要的，是如何選擇士兵與軍官，這方面國藩也有獨特的想法。先說選兵，據他的觀察，「山僻之民多獷悍，水鄉之民多浮滑；城市多游惰之士，鄉村多樸拙之夫」。因此他認爲「善用兵者，常好用山鄉之卒，而不好用城市近水之人」。於〈招募之規〉中，他遂主張挑選士兵必須選「年輕力壯，樸實而有農夫氣者爲上」❹，湖南省正是中國「山僻之民」最多的地區之一，湘軍領袖又多屬湘人，就地取材，湘軍成員，至少在初期大都能符合這個要求。至於選將，在其《治兵語錄》強調應具「文

---

❷　曾國藩：〈敬陳團練查匪大概規模摺〉，見《全集》頁四四九～五○。

❸　Philip A. Kuhn：〈太平天國之亂〉，見《劍橋中國史》中譯本第十冊，晚清篇（上），頁三四三～四。

❹　以上見前註❷張著，頁三四三。

經武衛之才」❸，又曾列舉四個條件：(1)才堪治民。(2)不畏
死。(3)不急名利。(4)耐辛苦❸。但實際的情況，如劉廣京所指
出，自羅澤南、李續賓這些傑出的儒將殉職後，曾、胡二人所依
賴的統領並沒有儒家性格，營中具有知識的軍官已不多見❸。不
過，太平天國的石達開，曾認為「曾國藩雖不以善戰名，而能識
拔賢將」❸，可見這方面也收到相當的成效。

國藩治軍的一大特色，是注重精神教育，精神教育的基本原
理，來自儒家的仁與禮，他說：「待兵之道，用恩莫如用仁，用
威莫如用禮。仁者，所謂欲立立人，欲達達人也。待弁兵如待子
弟之心，常望其發達，望其成立，則人知恩矣。禮者，所謂無眾
寡，無大小，無敢慢，泰而不傲也。………守斯二者，雖蠻陌之
邦行矣，何兵之不可治哉」❸？國藩一生深信道德對人心感化的
力量❸，要發揮這種力量，當然要靠領導人自身的克己進賢，以
身作則，湘軍的主腦們，這方面的確表現得很好。由國藩自述「
我湘軍之所以無敵者，全賴彼此相顧，彼此相救，………雖平日
積怨深仇，臨陣則彼此相救；雖上午口角參商，下午仍彼此救
援」❸；足證中國文化中獨鍾的人與人間的義氣，已貫徹於湘軍

---

❸　見前註❻之書，頁一三九。

❸　同前註❷，頁三八。

❸　同前註❸，頁五〇二。

❸　蔣星德：《曾國藩之生平與事業》，頁一六六，轉引自《中國近
　　代著名哲學家評傳》，頁一三八。

❸　曾國藩：《日記・軍謀》，轉引自《中國近代著名哲學家評傳》，
　　頁一四〇～一。

❸　曾國藩著名的〈原才〉一文，卽闡發此義。

❸　《曾國藩書札》，卷十七，〈批唐桂生稟〉。

之中，也說明國藩注重的精神教育，確已收到相當的效果。

曾氏集團與洪、楊集團的對決，所以異於以往懲治叛亂者的戰爭，是因曾氏深切地理解到，太平軍的目的不只是要推翻大清王朝，同時還要毀棄中國文化和儒家禮教。基於這種理解，遂將這場戰爭提昇爲保衛文化認同感之戰，這一提昇，至少在當時已使曾氏集團在精神上立於不敗之地，咸豐四年（一八五四）一月底，曾國藩發佈的〈討粵匪檄〉，充分表露了這一點，他用很有力的文字，向全國知識階級宣告：「自唐虞三代以來，歷世聖人，扶持名教，敦敍人倫，君臣父子，上下尊卑，秩然如冠履之不可倒置。粵匪竊外夷之緒，崇天主之教，……士不能誦孔子之經，而別有所謂耶穌之說、《新約》之書，舉中國數千年禮儀人倫，詩書典則，一旦掃地蕩盡，此豈獨我大清之變，乃開闢以來名教之奇變，我孔子、孟子之所痛哭於九原，凡讀書識字者，又烏可袖手安坐，不思一爲之所也」❸？這一宣告，不僅使傳統文化、儒家禮教成爲他的精神武器，也使洪、楊集團成爲中華民族的公敵與罪人。

要進一步了解這篇檄文所可能產生的效力，宜知洪、楊集團越演變到後來，其外來宗教信仰或神權色彩遠重於民族革命這一事實。這種演變，除了具有維護文化道統使命感的知識分子，必然與他爲敵之外，還有本土宗教信仰中的僧侶道士巫覡之流。此外，因其主張實行共產制度，自然使全國的地主或財主全力反抗；因其裹脅民眾、分男女行、拆散家庭、禁拜祖先之舉，必然

---

❸　《全集》，頁三五九。

難免引起安土重遷之農民的驚恐。盧瑞鍾說得好，曾氏統領的湘軍，是靠農民的「體力」與儒生的「智力」相結合，加上洋人的「火力」，終於消滅了太平軍，同時也否定了「神力」❹。

第四節　曾國藩的學養

道光三十年（一八五〇）三月，國藩應詔陳言，有謂「臣愚以爲欲使有用之才，溢出範圍之中，莫若使之從事於學術。漢臣諸葛亮(181～234)曰：『才須學，學須識』❹」。這段話表達兩點：(1)有用之才必須經由學術的陶鍊。(2)從事於學術，必須具備器識。由上文可知「溢出範圍之中」，是指如何擺脫京官外官「但求苟安無過，不求振作有爲」的通病而言，因此，這裏所說的「有用之才」，是指經世之才，所謂「學術」乃經世之學，從事這種學術，所需要的也不是一般的識見，而是要識大體、有擔當，且自信能「力挽頹風」，此之謂器識。

上面引這段話，主要想說明國藩在點了翰林之後，爲何不像一般京官只是在利祿場中浮沉，反而虛心地去親師取友，沉潛向學，鑄造了他新的生命。這些話正透露出他當初經由自覺地反省後，所定下的人生新意向，他痛恨官場那種退縮、瑣屑、敷衍、顢頇的風習，專心一意，爲使自己將來能擔當國家的艱鉅，而從事長期的準備。要了解國藩學術探討的歷程，這一意識背景的把握，應有幫助。

---

❹　以上見盧瑞鍾：《太平天國的神權思想》，頁四一二～三。
❹　《全集》，頁四四一。

　　道光二十年（一八四○），理學家唐鑑（1778～1861）由江寧藩司入京任太常寺卿，結合了一批講友論學問道。次年七月，國藩登門，「求爲學之方」，據七月十四日《手書日記》所記，這次談話，有兩個重點：（1）對義理、考據、詞章做了一番評價，依唐鑑的看法，詞章不過「小技」，「可不必用功」；至於考據之事，他認爲「多求粗而遺精」。（2）唐氏推崇義理之學，尤其是朱子，他告誡國藩：《朱子全書》「最宜熟讀，卽以爲課程，身體力行，不宜視爲瀏覽之書」。

　　唐鑑之學，《清儒學案》說，「於宋宗程、朱，於明宗薛（敬軒）、胡（敬齋），於清宗陸（隴其）、張（履祥），排斥心宗最力，以爲害道」❷。所謂「心宗」「害道」，是指王學末流，這種說法在十七世紀以降的反王學思潮中很流行，國藩沒有經過批判地反省，就輕易接納了這種歷史性的偏見。他在答同鄉好友劉孟容（蓉）的信中，對王陽明致良知說，也深表懷疑，同時以王學與朱子的思想相提並論，以爲陽明的知行合一，「則是任心之明，別無所謂實行」，「循是說而不辨，幾何不胥天下而浮屠之趣哉」❸！在這裏，我們無意爲陽明做任何辯解，只想藉機指出國藩是屬於苦學苦幹、腳踏實地那種類型的人物，對「靈心一覺，立地成佛」既不敢奢望，也未必眞信人間會有此境界。對國藩這一型人物，於心學的精微不能體會，並不是甚麼缺陷，但因此而將陽明排於三十三「聖哲」之外，就不能不令人感到遺

---

❷　《清儒學案》，卷一四○，頁一。

❸　《全集》，頁三二三～四。

憾了❹。

在上述給劉蓉的信裏，詳細敍說了見唐鑑後二、三年間的學習心得和思想上的趨向，最後對「太常唐先生」，旣崇敬其「博聞而約守，矜嚴而樂易」的風格，又對他在考據的「狂瀾」中成爲理學的「砥柱」，更是佩服不已。在此期間，他爲自己日常生活所定的課程是：(1)敬，(2)靜坐，(3)早起，(4)讀書不二，(5)讀史，(6)謹言，(7)養氣，(8)保身，(9)日知所亡，(10)月無忘所能，(11)作字，(12)夜不出門❺。從這些課程，不但使我們知道他作息有規律，也使我們了解到他是一位自律性很強的人。在此之前，類似的生活習慣早已養成，受理學薰陶之後，使他修養的內容更充實、更強化。他的健康一向不佳，心力卻強，如果沒有身心鍛鍊的工夫，絕難支持長期的征戰生涯。

國藩雖始終敬佩唐鑑，但在學術上他從未想到要把自己培養成一個專家；又因「欲行仁義於天下，使凡物各得其分」❻的經世理想，在學術上自不能拘限於理學。常課中「讀史」一項，通常並非理學家主課，於前述信中，自謂「而淺鄙之資，兼嗜華藻，篤好司馬遷、班固、杜甫、韓愈、王安石之文章，日夜以誦

---

❹ 曾國藩於一八五九年作＜聖哲畫像記＞，包括他心目中之「聖哲」共三十三人爲：文王、周公、孔子、孟子、左丘明、莊子、司馬遷、班固、諸葛亮、陸贄、范仲淹、司馬光、周敦頤、二程子（程頤、程顥）、張載、朱熹、韓愈、柳宗元、歐陽修、曾鞏、李白、杜甫、蘇軾、黃庭堅、許愼、鄭玄、杜佑、馬端臨、顧炎武、秦蕙田、姚鼐、王念孫。見《全集》，頁三四八～九。
❺ 《全集》，頁四八六。
❻ 《全集》，頁三二四。

之不厭也」❹。這些話透露出，他吸納理學，主要在作爲修身之資，他眞正的興趣，仍在文史。他內發的興趣雖在文史，然人生理想卻在經世濟民，因此又必須把自己培養成一個領袖人才。領袖人才需要的是通才與通識，當時的學術主流，仍是考證、小學，儘管深知此學的流弊，到三十六歲仍願在這方面下功夫。他對傳統文化多方面的興趣與涉獵，也在三十三位「聖哲」的選擇中充分反映出來。

〈聖哲畫像記〉作於咸豐九年（一八五九），在此之前，在經世意識的驅使下，已逐漸發展出論學不偏於一隅的特色：先是宗宋而不廢漢，然後承繼了戴震（1724～1777）、姚鼐（1731～1815）義理、考據、辭章三途並行之說，到一八五六年，在三類之外，又加進經濟之學。唐鑑是主張經濟之學、卽在義理之內的，國藩顯然不同意這個看法。經濟、義理、辭章、考據，就是他從歷史上選擇三十三位「聖哲」的準據。

從〈聖哲畫像記〉，一方面使我們覺得，國藩的人格世界是多元而開放的，因爲歷史上很少思想家能肯定並推崇如此分歧的人物。另一方面，從選取的人物來看，他並未能跳出傳統中的一些偏見，例如前文已提過的王陽明，他是於儒學有創見，事功方面又有表現的人物，照理說，國藩應該最能欣賞他才對，卻因誤於陽儒陰佛的歷史性偏見，把他排出於聖哲之林。

如要從這篇文章找它的宗旨，那麼「先王之道，所謂修己治人，經緯萬彙者何歸乎？亦曰禮而已矣」❹這幾句可以代表，也

---

❹　同前。
❹　《全集》，頁三四九。

就是說，國藩是藉這篇很能引人注目的文章，提倡他的禮學，禮學也就是他心目中「經世之大法」。荀子是中國思想史上第一位建立系統禮學的人物，國藩雖稱讚他「兢兢以禮爲務，可謂知本好古，不逐乎流俗」[49]，但並未收入三十三「聖哲」之列，如不是囿於襃孟貶荀的傳統偏見，實很難找到其他的理由來解釋。

禮是國藩思想的核心，也是事功的學術基礎。關於前者，他說：「古之君子之所以盡其心養其性者，不可得而見，其修身齊家治國平天下，則一秉乎禮。自內焉者言之，舍禮無所謂道德；自外焉者言之，舍禮無所謂政事」[50]。禮兼賅內聖與外王之道，本是荀子思想的基本架構，這一點似乎未獲國藩的重視，因當他敍及禮的歷史傳承時，提到「體國經野」的《周禮》、象徵著「周禮盡在魯」的《春秋》、「猥以禮書與封禪、平準並列」的《史記》、「得先王經世之遺意」的《通典》、「以扶植禮教爲己任」的顧亭林、纂《禮書綱目》的江愼修，最後特爲「國藩私獨宗之」者，則爲秦蕙田[51]，他推崇秦氏所著《五禮通考》，乃「舉天下古今，幽明萬事，而一經之以禮，可謂體大而思精」[52]。不過秦氏禮書，國藩認爲仍有所不足，卽食貨一門，仍付闕如。因此，禮的內涵到國藩手中，擴充爲「十四宗」，卽：官制、財用、鹽政、漕務、錢法、冠禮、婚禮、喪禮、祭禮、兵制、兵法、刑律、地輿、河渠[53]。這都是「經世之大法」，在國藩的思

---

[49] 《全集》，頁四六九。
[50] 同前。
[51] 曾國藩：<孫芝房侍講芻論序>，見《全集》，頁三〇九。
[52] 《全集》，頁三四九。
[53] 王啓源編：《求闕齋日記類鈔》，卷上，<治道>，頁五〇，光緒二年（一八七六），傳忠書局。

想裏，禮就是經世，經世就是禮，二者是一體不分的。

　　值得注意的是，國藩的好友和湘軍人物中，善言禮者，頗不乏人，如劉蓉：「蓋凡一代之興，必有一代之禮，禮之興替視其德，德厚者，禮從而隆，德薄者，禮從而污，上者神合焉，次者文具焉，其下苟而已。故善法先王之禮，惟其德之肖，而不必其蹟之同也」❺❹。又如郭嵩燾：「三代王者之治，無一不依於禮，將使習其器而通其意，用其文以致其情，神而化之，使民宜之」❺❺。又如羅澤南：「館有讀《周禮》者，時與討論其書，見得周公當年制作，極廣大，極精密，……達而天下國家，治之無不得其要，此方是眞經濟、有用學問」❺❻。相對於魏源、賀長齡等人倡導的經世之學，曾國藩、劉蓉、郭嵩燾、羅澤南等，已是在經世新學風下崛起的一代新人。他們的人生目標，主要並不在發揚經世之學，而是要像陶澍那樣，直接爲通經致用示範，因此，儒學傳統中最能符合這個需求的禮學，遂成爲他們學術上的共識。禮學對他們來說，不僅提供了源遠流長的精神資源，也賦予事功以文化理想。

第五節　曾國藩與自強運動

　　十九世紀中葉，有兩件改變國運的大事，一是洪、楊集團企

---

❺❹　劉蓉：〈復曾相國書〉，見《養晦堂文集》卷八，頁一一。
❺❺　郭嵩燾：〈三禮通釋序〉，見《養知書屋文集》卷七，頁四四。
❺❻　羅澤南：〈與劉孟容書〉，見《羅山遺集・文集》卷六，頁一二。

圖推動滿清，一是開展自強運動。曾國藩旣是打敗太平軍的主帥，又是封疆大吏中推展自強運動的主導者。歷史提供機會和舞臺，他也沒有辜負歷史要他扮演的角色。

「自強」與「洋務」在意義上有其相關性，而又不同❺。這一點王爾敏說得很清楚：「洋務是當時人形容從事事業之實體，自強則是當時人努力奔趨之目標」。「自強是一個持續的思想動力，洋務只是所依循的途徑」❺。除此之外，「洋務」多少是相對著「反洋務」而言的，在當時不算是個好名詞，因此，這個運動剛開始的階段，不論是朝中大臣或地方大吏，多使用「自強」，不只是因爲「自強」一觀念乃中國傳統所固有，而是因這一觀念足以塞反對者之口，以減少運動的阻力。滿清王朝經歷鴉片戰爭、太平天國、英法聯軍連連重挫之後，自強的要求，已形成朝野務實者的共識，所等待的只是時機。

咸豐十年（一八六〇）秋季，英法聯軍打進北京城，咸豐皇帝避難於熱河承德，留下恭親王奕訢、侍郎文祥在京主持大局，終於使時機成熟。二人與各國議和、訂約、退兵之後，隨即於一八六一年一月二十四日奏請設立總理衙門，議定章程六條。奕訢等在一份奏摺說：「臣等酌議大局章程六條，其要在於審敵防邊以弭後患，然治其標而未探其源也。探源之策在於自強，自強之術必先練兵」❺。就在這一年，恭親王與文祥推動下，開展了以

---

❺　有關「自強」的觀念是怎樣產生的，以及「自強」一詞在晚清的意義，劉廣京的討論可以參考，見《清季自強運動研討會論文集》下冊，頁一一二三～四。

❺　見前註《論文集》，頁一二〇〇。

❺　同前註❺，《論文集》，頁一一二三。

下的工作：（1）聘請外國軍官訓練新軍於天津。（2）設立同文館
於北京，爲中國新學之始。（3）託總稅務司赫德購買砲艦，聘請
英國海軍人員來華，創設新水師❻ 。

　　曾國藩於京官時期，正如郝延平所指出，他和當時大多數的
中國知識分子一樣，是一個守舊的儒生，對外來侵略者的認識，
也和一般士大夫同樣懵懂❻ 。後來演變成爲地方大吏中自強運動
的主導者，至少有下列幾個因素：

　　（一）經世之學的影響。國藩雖曾是一個守舊的儒生，但與
一般士大夫不同者，是他一向比較注重經世之學。唐鑑是一位理
學家，國藩向他問學之初，就提出「經濟宜如何審端致力」的問
題， 同時將古來政事人物加以分類， 隨手抄記， 「以備政事之
考」。根據當翰林時的日記、家書，對魏源編的《經世文編》、
《聖武記》，不但一讀再讀，且以《經世文編》和記載一代典章
制度的《會典》二書，作爲他研究經濟之學的範本❻ ，而魏源正
是經濟之學的大家，最早提出「師夷之長技以制夷」這一時代課
題的思想家。

　　從傳統的經世之學出發，加上長期領兵的歷練，國藩對有關
洋務之書，一直相當關心。馮桂芬（1809～1874）是自強運動初
期思想上代表人物之一，一八六一年著《校邠廬抗議》，認爲中

❻　蔣廷黻：《中國近代史研究》，頁二六九，七十一年（一九八二
　　），臺北里仁書局。

❻　郝延平：〈由守舊到革新——自強運動中守舊者的態度之轉變〉
　　見大陸雜誌史學叢書第一輯第七册《清史及近代史研究論集》，
　　頁一六四下。原載《大陸雜誌》第二〇卷第七期。

❻　以上參考王少普：〈曾國藩洋務思想的形成、性質和作用〉，見
　　一九八三年四月十五日北京出版之《歷史研究》，頁一六七。

國之不如人者，爲船堅砲利，應設特科以獎才能。又主張在通商各口岸設船砲局，以達到「自造、自修、自用」的目的。國藩對他的主張雖覺得「多難見之施行」，但不能不佩服它「是名儒之論」⑥。此外，他爲了想知道一些泰西輿地的知識，同治六年（一八六七）十月三十日的日記裏，曾有讀徐繼畬《瀛寰志略》，經月不倦的記載，並託江蘇陽湖人方楷（子可）製《球圖凡例》一冊，又勉勵方楷繪製輿圖，應以西學爲法⑥。

　　（二）由長期征戰和治軍的經驗中，逐漸興起「使彼（西人）之所長，我皆有之」的意念⑥。國藩練兵之始，卽於廣東購置洋砲，後來肅清兩湖的太平軍，以及上海之未被太平軍佔領，皆得力於洋砲洋槍。因此，當奕訢等發動自強運動，國藩於〈覆陳購買外洋船砲摺〉中，竭力加以支持，他說：「恭親王奕訢所奏，請購買外洋船礮，則爲今日救時之第一要務」。理由是：「輪船之速，洋礮之遠，在英法則誇其所獨有，在中華則震於所罕見。若能陸續購買，據爲己物，在中華則見慣而不驚，在英法亦漸失其所恃。……況今日和議既成，中外貿易有無交通，購買外洋器物尤屬名正言順」。這一奏摺撰於一八六一年（咸豐十一年）八月二十三日（陰曆七月十八日），咸豐帝已於前一日近世熱河。十二天後，曾國荃收復安慶，國藩在安慶，不因皇帝的去世而影響他的計畫，隨卽將「訪募覃思之士，智巧之匠，始而演習，繼而試造」的構想，付諸實施，延攬華蘅芳、徐壽、李善蘭、張斯

---

⑥　以上參考郭廷以：《中國近代史綱》，頁一九五，六十七年（一九七八）臺灣影印本。
⑥　參考前註㉔之文，見《論文集》，頁九三九。
⑥　同前註⑥，頁一九二。

桂、張文虎等國內第一流科技人才入幕，一八六三年遂在安慶設軍械所，試造船礮。據容閎（1828～1912）所記，這一時期，「總督幕府中亦有百人左右，……凡法律、算學、天文、機器等等專門家，無不畢集」❻❻，已成為推動自強運動的重鎮。

（三）外力的壓迫，中樞的支持。蕭一山說：「海防政策，本林則徐用以抵抗英人者，不能再用於鴉片戰爭以後。蓋海岸線長達六省，通商之口岸有五，既無可防，亦不能防，則不得不變而為洋務矣。然不遭英法聯軍之破壞，不受外力之壓迫，則中國仍懷夜郎自大之夢，即洋務論亦無由而興」❻❼。自一八六一年恭親王奕訢和文祥在京內發動自強運動，一八六三年以後，重要的自強事業，幾皆由曾國藩、左宗棠、李鴻章相繼推動❻❽，這一發展雖對穩固滿清政權有利，但必須放手給予主其事者相當大的權力，尤其是支配大部分海關關稅和釐金的權力（因為這是自強事業的主要財源），若無京內奕訢、文祥這些大員的大力支持，是很難做得到的。

由曾國藩主導的自強事業，重要的有兩項，一為設立江南製造廠，一為派少年赴美留學，這兩項工作皆由容閎建議並執行。在此之前，曾氏在安慶嘗約請國內技術人才用土法試造輪船，結果失敗。後又與奕訢接受英人赫德（時任滿清政府總稅務司）提議，由李泰國經手向國外購買船砲。李泰國卻私自募集了六百洋兵，組成一支艦隊，使國藩購買船砲、「據為己物」的想法落

❻❻　《西學東漸記》，頁八六。

❻❼　蕭一山：《清代通史》（三），頁八三九。

❻❽　同前註❺❿。

空，耗費了一百四十五萬七千兩白銀，才把艦隊解散，「不得不另求造船之方」❸。

同治二年（一八六三），國藩從張斯桂、李善蘭等幕僚口中得知美國耶魯大學畢業生容閎其人，急於想見他，遂由張斯桂去函代邀，是時容氏在九江經營茶業，經舊友李善蘭函促，方於九月抵達安慶，經過科技幕僚們一再磋商，國藩接納了容氏設立機器總廠的建議，並奏授以五品軍功，得戴藍花翎，由容氏攜帶四十五萬圓，到美國採購機器。這批機器於一八六五年春運到上海，即於高昌廟裝設，命名爲江南製造總局。國藩自製船砲的理想，終於初步達成❼。

同治六年（一八六七），國藩至南京就任兩江總督，履新前，到滬視察親創之江南製造局，目睹「由美購回各物，並試驗自行運動之機」，其內心之快慰可以想見。容氏乘機勸其於廠旁立一工兵學校，招收中國學生，教以機器工程之理論及實驗，以期來日不必再依賴外國機械與工程師。此議深獲讚許，不久遂得實行。翌年，復於局中開設翻譯館，專事譯述泰西科技要籍❼。

派遣學生出洋留學，一八六七年容閎已向丁日昌（1823～1882）提議，時丁氏任蘇淞太道，兼任江南製造局總辦，熱心洋務，遂將此提議上書文祥請代奏，適文祥丁艱退職，未果。一八七〇年國藩在天津辦理教案，時任江蘇巡撫的丁日昌奉旨北調會辦（丁曾入國藩幕府），容閎亦隨行。在天津舊事重提，經與國

---

❸　以上參考前註❻之文，頁一七五。
❼　以上設廠經過，詳見李志剛：《容閎與近代中國》，頁九～十，七十年（一九八一）臺北正中書局。
❼　同前註之書，頁一〇。

藩多次商榷，由國藩兩次附奏朝廷，均未獲回應。一八七一年七月再與李鴻章合奏⑫，奏文中除說明此事原委外，並強調派學生出洋「學習軍政船政步算製天諸書」，不僅「與用兵相表裏」，以及有助於「和好大局」，更重要的，將來這些幼童學成歸國，可「使西人擅長之技，中國皆能諳習，然後可以漸圖自強」。奏文中對朝廷可能產生的疑慮，皆加以剖析，對如何選材，如何籌措經費，甚至連出國後，幼童學習、生活的安排，以及政府如何監督等大小事宜，都有詳細說明。這一次的努力，終於說服朝廷，次年，由陳蘭彬任監督，容閎任副監督，率領第一批少年（十二歲至十六歲）出洋，開啟了中國近代教育史和中西文化交流的新頁。

　　曾國藩與自強運動的關係，除以上兩項主導的自強事業之外，他想到要使這方面的工作順利推展，必須有一較安定的政局，因此主張「信守和議，弭兵柔遠」，對朝中輕言戰爭者，深不以爲然，在處理天津教案時，雖因此「大蒙譏詬」，仍堅守此一信念，所謂「未敢遽問九世之仇，亦欲稍蓄三年之艾」，可見其苦心。此外，一八六八年國藩北調任直隸總督，李鴻章盼望他積極練兵籌防，使直隸成爲自強運動的中心。國藩的考慮卻不同，他深知北方數省，因循已久，既無良將勁卒，足備任用，餉項又難籌措，因此覺得設防誠無把握。他提醒鴻章，「東南〔乃〕新造之區，事事別開生面，百戰將士，尚不乏有用之材，餉項足以濟之。製器造船各事，皆已辦有端緒」。因而主張「自強

---

⑫　曾國藩：<擬選子弟出洋學藝摺>，見《全集》，頁四五七～八。

之策，應以東南為主」，並勉勵鴻章「宜引為己任，不必以越俎為嫌」[73]。這不是推委，歷史證明他把自強事業的棒子，交到李鴻章的手中，是一正確而具有遠見的安排，這不只是因為鴻章個人的才幹和兩人之間的關係，最適宜做國藩的繼任者，更重要的，是鴻章對內政的革新、國際的處境，以及自強對國家的重要性，都有過人的認識[74]。

第六節　曾國藩的評價問題

有關曾國藩的歷史評價問題，正如沈雲龍所指出的，他「在近代史上是位容易引起爭論的人物，他的評價隨著時代的不同，行情有高低之別」。眾所週知，晚清時期，國藩乃中興名臣，死後諡文正，文正在清朝一共只有八人。到了清末革命時代，在革命人物心目中，國藩成了民族的罪人。到二十世紀三十年代，國民黨的領袖在南昌行營曾通令各級官兵，規定幾種必讀之書，其中就包括曾國藩的[75]。中共統治大陸後，因推崇太平天國運動，乃反抗封建剝削和壓迫的農民革命，在中國農民戰爭史上寫下了光輝的一頁，因此與之對決的曾國藩，又成為反革命、反動階級代表，甚至斥之為漢奸[76]。

---

[73] 以上參考前註[4]之文，見《論文集》，頁九三六～八。
[74] 李鴻章這方面的認識，可看同治三年（一八六四）四月致總理衙門書，蔣廷黻說：「這封信是中國十九世紀最大政治家最具有歷史價值的一篇文章」（前註[60]，頁二六八）。此一奏稿見《同治朝籌辦夷務始末》卷二五，頁九～一〇。
[75] 以上見《清季自強運動研討會》下冊，頁九四一。
[76] 《中國近代著名哲學家評傳》，頁一五一。

　　這種出於政權利益、政治立場和特定意識形態所做的評價，都是爲政治服務的，並不値得我們重視，也未形成眞正的爭論，一旦時過境遷，自然會被丟棄。對這樣一位複雜的人物，要使他獲得比較公正的評價，檢討一下前人的相關言論，應不難得到一些持平的看法。

　　官場中人，因利害衝突而產生一些恩恩怨怨，很難避免。但國藩的弟子、同輩、僚屬中，對他的評價雖有好有不好，但無惡評。例如李鴻章於〈督臣忠勳事實疏〉中（疏文中由薛福成代擬），對國藩的「治軍治吏」、「知人之鑒」皆稱頌不已，這或許是因他們之間關係特殊，以及疏文的性質，不免揄揚過當。容閎《西學東漸記》：「曾文正公爲中國歷史上最著名人物，同輩莫不奉爲泰山北斗，其才大而謙，氣宏而凝，可謂完全之眞君子，而爲清代第一流人物，亦舊敎育中之特產人物」。說他是「完全之眞君子」，當然嫌誇大，活在現實世界中人，無一足以當之，何況國藩身當如此複雜艱鉅的環境。說他「同輩莫不奉爲泰山北斗」，很接近事實，恃才傲物的左宗棠，可能是一例外，因據吳汝綸〈左文襄公神道碑〉所言，左氏不但愛「題目二公」（另一人指胡林翼），而且「又以事是非不合」。可是當國藩去世，寫給兒子孝威的信中，旣稱許他的「知人之明，謀國之忠」，又謂「吾與侯有爭者國事兵略，非爭權競勢比，同時織儒，妄生揣疑之詞，何直（値）一哂耶」⑰？

----

⑰　左宗棠寄子孝威書，見《左文襄公家書》下，轉引自何貽焜編著：《曾國藩評傳》，頁五七五～六，七十四年（一九八五），臺北正中書局初版第七次印刷。

　　同時代人中，對國藩意見最多的，是嘗居國藩幕府的王闓運，他的批評一則曰：「滌丈收人材而不求人材」；再則曰：「胡文忠公少多不檢，及後才德遠勝曾文正」；三則曰：「曾國藩以懼教士，以懼行軍，用將則勝，自將則敗」⑱。這些批評唯一沒有爭論的，恐怕只有「用將則勝，自將則敗」這一點。在與太平軍作戰的初期，不免要「自將」，後來地位高了，身爲統帥，能「用將」就好，所以「自將則敗」也不能算是什麼大缺點。

　　革命黨人對國藩的評論，可以章太炎（1868～1936）爲代表，他在《檢論・近思》中，對國藩最大的責難是：「洪氏已斃，不乘方伯四岳之威，以除屍虜而流大漢之愷弟，是以沒世不免惡名」。但也稱讚他的所作所爲能伸張民氣：「曾、左知失民不可與共危難，又自以拔起田舍，始出治戎，卽數爲長吏牽掣。是以所至延進耆秀，與共地治，而殺官司之威，民之得伸，自曾、左始也」。

　　曾國藩自始至終忠於滿清，這一點毫無疑問。至於他內心是否有過矛盾掙扎，如傳說他與宗棠不和，是爲了掩飾，做給朝廷看的，但也只是傳說，無從證實。假如他有矛盾，我覺得蔣廷黻的解釋是合情合理的，蔣氏提出三點：（1）中國的舊禮教旣是國藩的立場，而且士大夫階級是他的藉依，他不能不忠君。（2）他想清廷經過大患難之後，必能有相當的覺悟，事實上，同治年間的清朝，確有中興的氣象。（3）他怕滿清的滅亡會引起長期的內亂，尤其在十九世紀，因有帝國主義環繞著，長期內亂，就能引

---

⑱　轉引自前註《曾國藩評傳》，頁五八二、五八三。

起亡國之禍，曾國藩所以要維持滿清，最大的理由在此⑦。

　　如果以上的解釋是合情理的，那麼，中共統治下的大陸學者，說他「一生是罪惡的一生」，並給他戴上「劊子手」、「賣國賊」的帽子⑧，就純是以階級鬥爭史的眼光，來看這段歷史和其中人物的結果。這種眼光或觀點，根本昧於時代和環境，已不屬於一般史學的範疇，可以不必深論。縱然如此，大陸學者對曾氏的學術思想，不論是政治思想、軍事思想還是哲學思想，仍覺得有其價值，有認眞研究的必要⑧。

　　在近代史上，有人對國藩的評價，正好與上述大陸學者相反，視之爲人間完人，如郭斌龢不但讚美他「才德俱備，文武兼資」，甚至認爲「西洋歷史上之人物中，……道德、文章、事功三者之成就，可與文正相比者，實不數數覯」⑧。卽連梁啟超，也覺得他「立德、立功、立言三並不朽」，「蓋有史以來不一二覯之大人」⑧。

　　古今歷史上品鑒人物，絕難避免主觀色彩，能有平實的看法已很難得。據我所知，對國藩的評價能出之以平實者，一爲熊十力，他以國藩與王陽明相提並論，認爲「陽明一生精神，理學家的意味過重」，「都只在修身，而不知身之不離家國天下與一切民物也」。而「滌生於經濟，蓋用功尤勤，其詔諸子，恒以農

⑦　蔣廷黻：《中國近代史研究》，頁二六四。
⑧　《中國近代著名哲學家評傳》，頁一二九。
⑧　同前註，頁一一九。
⑧　郭斌龢：〈曾文正公與中國文化〉，二十一年（一九三二）十一月七日《天津大公報》，轉引自《清季自強運動研討會論文集》，頁九四九。
⑧　見梁氏〈曾文正公嘉言鈔序〉（《飲冰室文集》第一二冊）。

桑、鹽鐵、水利或河工、海防、吏治、軍事、地理、歷史等專門
之業。……一旦領軍，又留心四方可造之士，置之左右，幕府而
兼學校，將帥而兼師道，其全副精神，都在致實用、求實學，故
其成就者眾，足以康濟一時」❽。就整個人格價值而言，在熊氏
心目中，陽明不如國藩，可謂持平之論。司馬遷評儒者，嘗謂其
「博而寡要，勞而少功」，國藩顯然也不屬於這一類型的儒者。

　　另一位是蔣廷黻，他簡簡單單地說「曾國藩是我國舊文化的
代表人物，甚至於理想人物」❽，是很確實的，恐怕也是表現中
國文化結晶的最後一人。

---

❽　見《十力語要》，頁三〇二～六。
❽　同前❼，頁二五九。

第九章 劉　蓉

在「巨變與傳統」的概念架構下，以上兩章我們已探討過洪秀全與曾國藩這兩個相當極端的例子，以下兩章將續探討劉蓉與倭仁——這兩位同屬理學家，對時代巨變的反應，卻有很大的不同。以上四人都成長在同一傳統的思想世界裏，而應變的方式大異其趣，這一方面說明傳統有多麼複雜，同時也說明個體在外在環境刺激下引起的回應過程中，個性與實際遭遇佔有相當重要的地位。

劉蓉是李慈銘（1829～1894）筆下的奇人，因並無功名，「以七品選入而驟躋三品，行二品官事」❶。也是康有為心目中「可以應變」、「克佐中興」的「異才」❷。今人陸寶千對其人更有恰當的評述：「夫韋布之士，激於義理，驅馳戎馬之場，重膺封疆之寄，為理學洗陋名，為書生振豪氣」❸。因此，他在思想上雖無特殊成就，但他所扮演的角色，在這一段思想史上仍具有突出的意義。

---

❶ 李慈銘：《越縵堂日記補》，辛集，頁三。
❷ 《戊戌政變記》，卷一，＜康有為萬言書＞。
❸ 陸寶千：《清代思想史》，頁三四〇，六十七年（一九七八）臺北廣文書局。

以一位崇奉理學的湖南儒者，而能「驅馳戎馬之場」，與近代湖湘文化不無關係。羅福惠曾將近代湖南文化分爲五個發展階段，其中第二個階段爲半殖民地形成中的理學經世派，代表人物爲曾國藩、胡林翼、羅澤南、左宗棠等。毫無疑問，劉蓉的文化環境也是屬於這一派，他與上述湘軍巨頭都有深密的關係。據羅福惠的了解，這一派人物，在立言上多效朱熹；在行事上多效王陽明，以儒者而務戎機；在具體行動上，則將義理和功利合一，王道霸道雜用❹。是長期在這樣的文化薰習下，才使得一位「耐寒餓而厭聲稱」的書生，終於走出家園、馳騁沙場，建立功業。

第一節　生平與著作

劉蓉（1816～1873）字孟容，號霞仙，湖南湘鄉人。父名振宗，恢奇有才識，嘗私語曾國荃：「天下之亂已兆，無有能堪此者，其吾滌生乎？君與湘陰郭君（郭嵩燾）及吾家阿蓉，皆中興之資也」。是時鴉片戰爭未起，曾國藩尚以翰林官京師，其言若可怪愕，而後乃皆驗❺。

據陸寶千《劉蓉年譜》，劉氏於十八歲到二十二歲之間，曾讀書於嶽麓書院，本無意仕進，年三十六，邑令朱孫貽陰使先生父督就試，始補弟子員。在此之前，曾於菁莪精舍講學，後二年，又曾於長沙「處館」。道光二十七年（一八四七），賀長齡

---

❹　羅福惠：＜近代湖湘文化鳥瞰＞，見馮天瑜主編：《東方的黎明——中國文化走向近代的歷程》，頁三七七，一九八八年，四川成都巴蜀書社。

❺　郭嵩燾：《養知書屋文集》，卷十九，頁九。

因患病回到湖南故鄉，過訪劉蓉，賀氏曾任雲貴總督，屬於羅福惠所說近代湖南文化第一階段的經學主變派，時年高六十三，劉蓉方三十二，因此晤談之後，劉報之以書，有謂：「近世士大夫酣於勢位，足己自賢，自公卿以下，不聞禮賢下士之風，而士之自重有恥不求聞達者，亦寧韜光匿迹而不屑枉道以求知，蓋上下之無交非一日矣。先生獨執古道，虛心延訪，降禮以就之，非其好賢樂善，出於中心之誠，烏能若是」❻。由此書可知其淡於仕進之故，也可知如有「禮賢下士」者，他也不會峻拒。

　　後來劉蓉終於出山，「進為國用」的第一件事，是協助縣令朱孫貽辦理團練，時在拜上帝會起事不久。曾國藩辦團練後，又入曾幕，甚獲曾氏倚重。後羅澤南率軍西援武昌，以左營屬劉蓉，遂暫別曾幕。劉蓉之弟劉蕃，亦從羅澤南平亂。咸豐五年（一八五五）劉蕃於戰爭中陣亡，他很傷心地帶著弟弟的靈櫬回到故鄉，不擬再出。嗣後，胡林翼向朝廷奏薦，不就；曾國藩促駕，未應；咸豐帝諭回羅營，以父年力衰邁為辭；江西巡撫耆齡聘請入幕，仍辭；左宗棠欲薦代己職，卻之。雖身居鄉里，對湘軍的動靜卻很關心，與曾國藩等人的關係，也未間斷。至於何以長時不出，丁父憂只是一部分原因，當左宗棠轉託胡林翼相邀時，劉蓉復胡氏信中，坦陳不能應邀之故：「且任事實難，成功恒少，借使居其位而自為之，猶不必盡如吾意，況執筆以佐人者，能保吾志之必行哉」❼。不願做別人的幕僚，這恐怕才是他

---

❻　＜上賀藕耕先生書＞，見《養晦堂文集》（以下簡稱《文集》），
　　卷四，頁三三（影印本二九八）。
❼　＜復胡詠芝宮保書＞，見《文集》，卷六，頁一（三八三）。

不出的真正原因。

直到咸豐十年終於再出者，至少有三種因素：（1）本年八月，英法聯軍攻入北京，焚圓明園，咸豐帝避難熱河。（2）累奉起用諭旨，因「不欲坐違朝命，自鳴高蹈」。（3）太平之亂未平，京師之難又起，時曾國藩初膺巨任，支撐大局，不論是公義或私情，已萬無再推諉之理。基於這三種因素，遂於一八六一年正月隨駱秉章啟程入川，主持軍事，九月卽「以四川軍營運籌得力」，由知縣升爲知府，翌年二月實授四川布政使，同治二年（一八六三）七月，又因其「謀勇兼優，戰功卓著」，擢爲陝西巡撫。這三年可謂一帆風順，實現了進爲國用的抱負。但因久處軍旅，身心交瘁，一八六四年九月，因患病懇請開缺，朝廷不許，僅賞假二月令調理。不料卻因此搞得難以全身而退，先被編修蔡壽祺告了一狀，說他：「挾重貨而內膺重任，善貪緣而外任封疆」。一八六六年本是因病解職，但又奉命暫留陝西，辦理軍務，遂與新任巡撫喬松年不和，終致互相參劾，影響軍心士氣，接二連三吃了敗仗，遂遭朝廷重責，最後被革職回籍。

同治六年（一八六七）春，回到湘鄉，營築「遂初園」，園中有玩易閣、繹禮堂、迎薰館、修篁寮、天遊臺。晚年含貽弄孫，生活優裕、悠閒，直至一八七三年十月一日去世，享年五十八。死後，生前之革職處分，獲加恩開復。一八七六年陝甘總督左宗棠等奏請獲准於陝省建立專祠，以表揚其對陝省百姓的貢獻。

劉蓉的著作，已成書者有《劉中丞奏議二十卷》、《養晦堂文集十卷》、《養晦堂詩集二卷》、《思辨錄疑義二卷》等。

第二節　劉蓉與曾國藩的友誼

前文討論曾國藩集團時，曾特別提到湘軍精神，以及它的來源。所謂湘軍精神，踏實地說，就是由中國文化陶養出來的一種具有經世傾向的道德力量。這股力量，不但使湘軍領導羣志同道合，也使他們情義相聯。就「情聯志通」而言，這種精神可以說是發自超乎手足、父子之情的友誼，而友道正是中國文化中儒學所重視和強調的。

儒學中的五倫之道，有的已被時代所淘汰，如君臣，其餘如父子、夫婦、長幼，從現代觀點來看，容有可議之處，惟朋友一倫中的友道，的確留下許多萬古長新的道理。友道在儒學中除了倫理學的意義之外，更重要的是身體力行的實踐，你可以根據農民革命的立場，否定曾國藩的功業，但無法抹煞他領導的集團中所表現的傳統友道，尤其是他與劉蓉之間長達四十年「情聯志通」的友誼，更是將此一傳統發揮得淋漓盡致，令人嘆爲觀止。

劉蓉比國藩小五歲，十八歲時兩人訂交，是湘軍集團中與曾氏認識最早的一位。十九歲兩人同肄業於嶽麓書院，是年（道光十四年）八月，國藩鄉試中式，劉蓉備酒祝賀，大醉三日，劉蓉詩：「棘闈戰罷奪標回，傾蓋殷勤及早梅，一話徹宵三日醉，洛陽眞見二鴻來」❽。卽記此事。國藩長居京師，有時返鄉，到劉蓉家作客，論學、下棋、作詩，不拘形迹。有一年（道光二十一

---

❽　《養晦堂詩集》（以下簡稱《詩集》），卷二，頁二五（九三三）。

年），國藩集東坡句爲聯寄贈劉蓉：「此外知心更誰是，與君劉處合相親」。國藩中進士後，官運亨通，劉蓉並無功名，一在京師，一居鄉野，相見的機會很少，但並沒有影響他們之間友誼的進展。

道光三十年（一八五〇）皇帝去世，新帝咸豐繼位後，下詔九卿科道負言責者檢討國事，國藩連上三篇陳言疏，因言論大膽，又切中時弊，一時傳誦。這是他京官生涯中得意之作，寄給劉蓉，劉氏在回信中，表示「深所歎服，而用人行政疏中培養人才之說，尤切時務之大者」❾。在此前一年，另一信中劉氏論及友道，自己感覺到「僻處山隅，見聞寡陋，終不獲友朋之助以自輔益」。益友何以難得？「性情篤厚可深交者少，而能明道義執古誼相切磋者又加少」。劉蓉所說「古誼」（義）卽孔子所說「直、諒、多聞」友道的三個指標，做到這三點才算是道義之交。爲何性情篤厚的人仍難與深交？因其「諒」有餘而「直」不足。爲此不禁有「同志之難得」的慨歎，也因此格外懷念老友：「安得卓識偉度如老兄者，相與一暢此懷乎」❿？

劉蓉在國藩幕中前後三年，劉撰〈曾太傅輓歌百首〉中，對這一段生涯有很生動的描述：「環湘賊騎尙重重，苦語連宵倚夕烽，最是五更情緒惡，城頭鼓角寺樓鐘」⓫。又：「幕府三年共短檠，一牀風雨慰孤情，驚心夜半船頭角，吹作蒼涼出塞聲」⓬。兩個書生，又共同宗仰理學，投身於時代的烽火之中，朝夕

---

❾　《文集》，卷五，頁一四（三二九～三三〇）。

❿　以上均見《文集》，卷五，頁七（三一五）。

⓫　《詩集》，卷二，頁二五（九三四）。

⓬　同前，頁二六（九三五）。

相處，患難與共。有一次劉蓉辭幕歸里，國藩修書請他回幕：「吾弟能來此一存視否？吾不願聞弟譚宿腐之義理，不願聽弟論膚泛之軍政，但願朝挹容暉，暮親臭味，吾心自適，吾魂自安」⑬，可見彼此在對方心目中地位有多麼重要。

又一回，劉蓉因在軍中日久，亟思歸省，國藩苦相遮留，說必須等到郭嵩燾來，才肯放人。稍後，郭氏已到，心想挽留而難於措詞，於是藉辭作一詩相挽，劉：「戲謂詩果佳，不行也」，曾氏：「儻得佳詩而君不謂然，奈何」？劉：「但使我讀之而笑，即佳詩矣」。國藩遂極意作詭趣語，詩成，曰〈會合篇〉，蓉讀罷，不覺失笑，遂中止歸省。劉蓉有詩記此事：「羈客何由返故廬，苦將詼語絆征夫，詩成一笑驪駒逝，不入都湖送別圖」⑭。

他們軍旅生活中輕鬆的一面，尚不止此，下面舉劉蓉自記的兩個例子，其一：「公（國藩）每讌談，好舉蒙莊曠達之語用相諧笑，及遇事，用心精細，終夕惕厲，予每笑之曰，何不喚取莊生來也」。其二：「公在軍中嘗出一文稿見示，予讀竟笑曰，祇作得半截韓退之耳。公問其狀，予舉昌黎語曰，當其始也，惟陳言之務去，戞戞乎其難哉。已而談諧大作，滑稽不窮，予又笑曰，竟是全身東方朔矣」⑮。如此戲而不謔的情狀，即使在病中都會發生⑯。

---

⑬　《曾文正公書札》，卷四，頁一。
⑭　《詩集》，卷二，頁二八（九三九～九四○）。
⑮　以上均見《詩集》，卷二，頁二六（九三六）。
⑯　《詩集》，卷二，頁三二（九四八），〈曾太傅輓歌百首〉之一的註文：「予在南康軍中，偶病頗劇，公就榻前握手戲相謂曰：悲乎聖俞，欲逼我作歐陽子邪？予強起應之曰：果九死者為聖俞，則後死者即為永叔，此時孰歐孰梅（聖俞），尚未知誰屬也」。

　　劉蓉在曾幕時，國藩因深知其才學，足堪重用，薦牘中每列其名，蓉堅稱不可，國藩「謂此古人之常，且幕客皆敍勞績，君何得獨不爾耶」？劉「謂蕭朱王貢以轉相汲引爲賢，蓋漢人踵戰國餘習，非友道之正，且士各有志，亦奚必以此相強耶」[17]。可知劉蓉追隨國藩，基於友情的成分居多，爲利祿者少，正因爲如此，才能發展出深交，並長期保持友誼。

　　據劉蓉回憶：「軍事少暇，每望山川風景殊勝處，欲一登覽不可得，公每慨然謂他（予？）曰：幸得平賊，當棄官與君徜徉湖山煙水間，以窮清曠閒適之趣，庶幾一弭此憾也」[18]。後來太平天國之戰雖平息，並未能踐約，因國藩於平亂後，早已是清廷重臣，身不由己，只有鞠躬盡瘁，死而後已。倒是劉蓉因宦途受挫，得抽身還鄉，享了幾年清福。

　　四十年間，二人的友情並非毫無波折，湘軍初期有王鑫其人，是劉蓉的好友，在他心目中，王鑫乃是一位「懷忠義之志，有俠烈之風，趨義赴公，不顧利害，其心其志，在敝邑士林中，殆不多得」的人才[19]，國藩卻因營制等事與王氏意見不合，友輩多懷疑國藩是「妬功嫉能」，使「憤恨無已」。這件不愉快的事發生後，國藩曾致書劉蓉爲自己辯解，劉蓉對國藩的處人，也不免有些失望，但從以後交往的情形來看，雖有波折，並未留下明顯的裂痕。朋友相交，貴相知心，而知心必基於誠信，這一點國藩也同樣做到，當劉蓉在陝西巡撫任上受謗，屢遭朝廷重責，終被革職。如在一般同僚中，凡是爲主子所排斥的人物，爲了避嫌，

<hr>

[17]　《詩集》，卷二，頁二六（九三五）。
[18]　《詩集》，卷二，頁二六（九三六）。
[19]　《文集》，卷五，頁一七（三三五）。

必與之疏遠，而國藩在安慰他的信中，把劉蓉的處境，比喻爲「陳蔡之阨」，認爲那個在朝廷陷害他的人，是既不知人，又不曉事。劉蓉革職還鄉後，二人之間互通款曲，一如往昔。

國藩一生事業多在艱苦刻厲中，湘軍初興，一敗塗地，於軍事險惡之際，憂悴已甚，不免向好友吐露心聲，發抒內心的不滿：「當世如某公輩，學識才具，君所知也，然身名俱泰，居然一代名臣。吾以在籍侍郎，憤思爲國掃除凶醜，而所至齟齬，百不遂志，今計日且死矣，君他日志吾墓，如不爲我一鳴此屈，泉下不瞑目也」[20]。後國藩果比劉蓉早二十月去世，蓉聞訊，作詩〈哭曾太傅十二首〉、〈輓歌百首〉、〈曾文正公墓銘〉。由這些深切懷念的文字中，不禁令人想起古羅馬政治兼哲學家西塞羅（106～43 B. C.）說過的話：「我認爲，除智慧之外，不朽的神所給我們的，沒有比友誼更好的了」[21]。此刻的劉蓉，定有同感吧！

前文已提過孔子爲友道所立的三個指標，下文卽以此爲標的，進一步考量這兩位中興名臣對儒學中友道的實踐。這方面的表現，以儒學的標準而言，其重要性絕不在理論思想之下。

首先從「友直」來看，朋友之間或勸善規過，或直言不諱，如做不到這一點，很難發展出深刻的友誼。國藩初辦團練時，每以「不要錢、不怕死」勉勵部屬，一時稱頌，劉蓉不以爲然，他認爲「以此二者明執事自待之志」則可，「若以慰天下賢豪之望」則不可，你不能用聖賢的標準去看待一般人，一般部屬大都

[20] 《詩集》，卷二，頁二八（九三九）。
[21] 《西塞羅三論》，邱言曦譯，頁五二，六十七年（一九七八），臺北黎明文化事業公司。

爲功名利祿，你要他們背鄉離井，與死寇相角逐，「非賞不勸」，吝賞，則「功名之士，乃掉臂而思去之矣」。這的確是深解人性的話。劉蓉更深刻的見解，是他認爲，一個部屬卽使能做到這點，「特亦士行之一節耳」，爲此他責備國藩：「不規其大而遽以自旌，則何其見之陋也」㉒。

在劉蓉心目中，國藩是天生的領袖人才，但在湘軍初期，與同僚之間，實際上所表現的，卻是「多忤少諧，小有異同，輒相爭執」，難免使劉蓉感到失望，爲此他作書勉勵老友：「凡舉大事，當先定規模，挈綱領，合羣策羣力以圖之」。所謂「定規模」，是希望他要有涵育羣倫的度量，對人能從大處著眼，不必計較小節；所謂「挈綱領」，是作爲一個領導，主要工作在定謀略、做決策，對部屬不可事事干預，這樣才能「使人人效其智能，勤其職事」。信末劉蓉說：「《春秋》之法，責賢者備，故他或從略，而於老兄則不敢恕焉」㉓。這才是眞正的直友。

朱熹注孔子三友說：「友直則聞其過，友諒則進於誠，友多聞則進於明」。人的習性多喜歡對方的讚美，厭惡別人的指摘，「聞過則喜」的人畢竟少之又少。糾正朋友的過失，不但要有「識」，也要有「膽」，更困難的是，還可能要冒與你疏遠甚至斷交的危險，所以比較起來，「友直」要比「友諒」來得難。諒是一種同情，一種諒解，以及「聞流言而不信」，祇要「反求諸己」就能做得到的。王鑫是劉蓉所激賞的人物，與國藩發生激烈的

㉒ 以上均見〈與曾滌生侍郎書〉，《文集》，卷五，頁九（三一九）。

㉓ 《文集》，卷五，頁二六（三五三）。

爭執，夾在中間的劉蓉，必然左右爲難，這時刻如缺乏諒解的功
夫，就可能使齟齬擴大。咸豐四年（一八五四）國藩的湘軍收復
武昌，捷報傳到京師，皇帝非常興奮，軍機大臣祁寯藻卻趁機獻
媚、賈禍，提醒皇帝，曾國藩以一在籍侍郎的身份，竟然登高一
呼，萬人景從，恐非朝廷之福。這席話在「獨制而無所制」的專
制時代，是可能招致滅門大禍的，傳到國藩的耳中，自然會引起
極大的惶恐，劉蓉勸慰他：「伯起生逢亂世，爲權倖所擠，固應
爾也。公幸以忠誠結明主之知，宜不至此」❷。正因爲他有深刻
的同情，才能適時給老友以安慰和支持。劉蓉曾向國藩書薦鄒守
愚，國藩以無適當位置可以安挿，和「餉項日絀」的理由拒絕。
「友諒則進於誠」，誠是不虛僞、不敷衍，他們之間眞能做到這
一點。

　　「友多聞」直接的意思，是指常識豐富，學問淵博。在孔子
心目中，唯有多聞者，方能解惑，所謂「多聞闕疑」是也，這也
是朱熹說「友多聞則進於明」的根據。在劉蓉與國藩無數往來的
信件中，幾乎無所不談，論學（論禮、論易、論理學、論文與道
的關係）也不在少數。在從軍生涯中，甚至「朝出鏖兵，暮歸講
道」，於生死一髮之際，仍不減理學家本色。講道、論學，有助
於使煩亂的心情轉爲澄澈，促使人做明智的決斷。當國藩被軍機
大臣賈禍，不禁使他們想起夕陽亭舊事重演的可能❷，但經過劉
蓉一番分析，並下了「宜不至此」的判斷。在這種情況下，「多

---

❷　《詩集》，卷二，頁二八（九三九）。
❷　夕陽亭事，指後漢太尉楊震被讒，詔遣歸本郡，震行至洛陽城西
　　夕陽亭，飲酖而卒。（見《新校後漢書》，頁一七六六～七）。

聞」之友，就顯得格外重要。

理學家呂坤（1536～1618）論友道：「一德虧則友責之，一業廢則友責之，美則相與獎勵，非則相與匡救，日更月變，互感交摩，駸駸然不覺其勞且難，而入於君子之域矣」[26]。此正是劉蓉與國藩實踐傳統友道最眞實的寫照。

第三節　劉蓉的學養與志趣

從道光二十二年（一八四二）劉蓉覆國藩的一封長信來看，是時國藩仍在博覽階段，而劉蓉在學術上已有明確的歸向。國藩打算彙集經、史、子、集的言論，以爲家教之用，於是把構想中的綱目隨函寄給劉蓉，蓉回敬他當頭之棒：「竊謂爲學之道，莫先於明善以誠其身，而著書垂訓，則成德以後之事，非當務之所宜急」[27]。此乃儒學古來通義，國藩未嘗不知。但「知」是一回事，是否能「行」又是一回事，既是老友，不能不有所提撕。

在同一封信裏，又回答「爲學大意」之問：「竊聞之：主敬者存心之要，致知者進學之功，二者相資，其道始備。歷考前聖之訓，蓋未有不由於此，而可以幾於成德之域者也」。「主敬」屬於內省，「致知」在求博觀，內外兩種功夫相資爲用，乃程、朱一系成德之學的精義所在，而爲劉蓉所宗仰。時蓉年方二十七，他以此勗國藩，亦正所以自勉。

劉蓉有關理學的言論，多發自於出仕之前。出仕以前的學

---

[26]　《呻吟語》，卷之一，倫理，頁二七～八。

[27]　《文集》，卷四，頁一（二二五），〈復曾滌生檢討書〉。

行，好友郭嵩燾於〈陝西巡撫劉公墓志銘〉中有簡要的論述：「先生不事科舉，力求程、朱之學，尤務通知古今因革損益、得失利病，與其風俗及人才所以盛衰，慨然有志於三代，思一用其學術，以興起教化，維持天下之敝，不樂貶道以求仕」❷。「不事科舉」，是因有志於聖學。「力求程、朱之學」者，其主要的目的，也在「明善以誠其身」，非爲著書立說。他悟到這一步，也曾有過一段苦學的歷程。

　　早年與一般士子一樣，只求廣事涉獵，因此，「所資者，記誦之餘，所志者，詞章之末」而已，雖「泛覽累年」，而「茫無所得」❷。到了第二階段，才終於發現古老的四子六經，才是聖賢之道的宏綱要領，掌握到宏綱要領，在學問上才有辨別是非以及如何取舍的標準。但到這一步，也祇能說是方法上正確，而四子六經的內涵複雜萬端，若非經由大儒如程、朱之深造自得者，恐難體會其中義旨。「程、朱出而六經、《語》、《孟》之旨，燦如日星，苟有目者皆得見焉，非其心體而躬詣之，烏能昭晰若是」❸，這就是他所以「力求程、朱之學」的原因了。

　　劉蓉於程、朱，可謂推崇備至，不但認爲他們所學所養「能充實光輝，含宏博大」，且「洞達世務，體用兼賅」❸。在他心目中，程、朱之學乃儒學繼統中唯一正學，所以主張「程、朱卒

---

❷　《養知書屋文集》，卷十九，頁六。
❷　陸寶千：《劉蓉年譜》，頁一七，六十八年（一九七九）中央研究院近代史研究所。
❸　《文集》，卷二，頁二六（一二九）。
❸　《文集》，卷七，頁四～五（四六○～一），〈復寶蘭泉侍御書〉。

不可議，議程、朱者非妄則誕」❸。這種言論，即使在朱學風行的時代，也會被認爲是囿於門戶之見，何況程、朱一系的理學，歷經明代、清初嚴屬的批判，到了十九世紀中葉，它已非顯學，如此突兀的言論，自然令人難以置信。與劉蓉討論過學術異同的陳廣敷，就批評他乃「寄程、朱矮簷，執方隅之見以囿天下，其道已隘」❸，是很有道理的。

　　「執方隅之見以囿天下」的劉蓉，或許與他長期「僻處山隅，見聞寡陋，終不獲友朋之助以自輔益」❸的環境有關，但從他對近世學風的批評來看，他的宗仰程、朱，是有他自己的理由的：「近世談義理者，惟講章語錄之求，而束經子史傳於不讀；尚考據者，惟其私智之鑿，而置本經語脈大義微言於不論；與習詞章者惟宗派之趣而不復玩味古書，研諸心而悅諸慮；皆所謂末流之失，不求自信而信他人，苟以逐時好而已」❸。就三者之末流而言，他的評論都相當正確，而在這三方面，朱熹幾乎都能獲得正面的評價。歷史上宗仰程、朱者，幾皆貶抑王學，這是宗派的偏見，劉蓉也不例外。王陽明本是理學傳統中罕見有事功表現者，富有經世精神的湘軍人物，理當欣賞他才對，實際上他們和劉蓉一樣，幾皆崇朱抑王，其中至少有一個原因，即他們都被長久流傳的，以爲王學「竊禪旨、亂儒宗」的成見所誤了。

　　就學術層次而言，劉蓉對理學內部問題的討論，如論理與

---

❸　《文集》，卷二，頁二六（一二九）。
❸　《文集》，卷二，頁二五（一二七），＜書陳蕊叔贈言後＞。
❸　《文集》，卷五，頁七（三一六），＜復曾滌生侍郎書＞。
❸　《文集》，卷八，頁三六（六〇一～二），＜復吳南屛學博書＞。

事、理與氣、天理與人欲、靜與敬等❸，並不能深入。因此，嚴格一點說，他不算是一位有深度的理學家。在主觀上他雖宗仰程、朱之學，而在爲學的志趣上，實更接近主張「明道以救世」的顧亭林。前引郭嵩燾說他「尤務通知古今因革損益、得失利病，與其風俗及人才所以盛衰」是明道，「慨然有志於三代，思一用其學術，以興起教化，維持天下之敝」是救世。

劉蓉〈與曾子植（國荃）書〉中的言論，不但可與郭氏之言相印證，對明道救世之志講得也更爲明切，他說：「君子之求志也，不期立異於人世，亦不肯苟同於流俗。躬仁義而力踐之，不以舉世不爲而自阻；飲道德而心樂之，不以沒世無聞而自戚」❸。「躬仁義而力踐之」，「飲道德而心樂之」，這便是他所求之志，也是他所明之道，明道而後體立，「體立而後用行」❸。「知其當爲而行之不力，自棄者也；知其可爲而諉之不能，自賊者也」❸。自棄、自賊乃救世之志的背離者，成爲陳亮所斥之「風痺不知痛癢之人」❹。

鴉片戰爭，清廷慘敗，給一些關心國事的知識分子極大的刺激，劉蓉雖「僻處山隅」，但由〈致某官書〉看，信中不但對戰後的國事充滿憂患，對戰後的國情也有相當廣泛而深刻的分析。

---

❸　論理與事，見《文集》卷三，〈復彭竹溪書〉。論理氣，見《文集》卷三，〈復羅仲嶽論養氣說書〉。論天理人欲，見《文集》卷一，〈勉學者說〉。論靜與敬，見《文集》卷四，〈答曾滌生檢討書〉。

❸　《文集》，卷四，頁三八（三〇〇）。

❸　同前❸。

❸　《文集》，卷四，頁三九（三〇一）。

❹　陳亮：《龍川文集》，卷一，頁六，〈上孝宗皇帝第一書〉。

信中說：「天下之事，有不足憂者，有大可憂者。不足憂者，已形之患，暎夷（英國）是也；大可憂者，方在隱而未形之間，而有厝火積薪之勢，失今不圖，後將有潰裂四出而不可救藥者」❹。有關大可憂者，他共討論了五點：（1）吏治不廉而民生日蹙。（2）賄賂公行而官箴日敗。（3）風俗益壞而人心日偷。（4）財用日匱而民業日荒。（5）盜賊橫行而奸民日眾。他所以要寫信給朝廷命官，是由於「深察夫時世之弊，有怵於中，不能自已」，可見在未出山十多年之前，他已具有以天下為念的胸懷。

第四節　吏治的廢弛與整治

所謂「失今不圖，後將有潰裂四出而不可救藥者」，劉蓉似已預感到太平軍之起。令他最觥憂的，雖列舉了五點，主要的還是吏治廢弛。

清代自乾隆中期之後，政風日趨敗壞，至嘉道年間，上自督撫，下至州縣，心懷民瘼，正直廉能之官吏，已漸少見。據魏秀梅的研究，嘉慶、道光年間，吏治廢弛的現象，可分三類來了解❹：

（一）**不知檢束**：包括貪黷、擾民、私刑諸生如治賊、濫權、奢靡、偽造政績、詐財、姦淫僕婦、因關說顛倒案情、營私枉

---

❹　《文集》，卷三，頁一（一五三）。

❹　魏秀梅：《陶澍在江南》，頁五○～七，七十四年（一九八五），中央研究院近代史研究所。

法、卸過邀功、仗勢殺人、藉案索贓、營商謀利、冒犯長官。

　　（二）**行政過失：**包括放任不肖士子為惡、辦案辦事敷衍、奏文不實、積壓案件玩視獄囚、誤判罪刑、恣意狎邪、擅離職守、冒領庫款、結交匪徒。

　　（三）**怠玩職守：**包括監督不力、放縱要犯、草菅人命、督徵錢糧不力、衙門稿案假手於人、遇事婪索。

　　以上列舉的項目，好貪黷、奢靡、詐財、關說、營私枉法、藉案索贓、營商謀利、冒領庫款、遇事婪索，都可以說是由於「吏治不廉」所導致的腐敗現象。吏治不廉也同樣是「大可憂者」的根本原因，蓋官吏不廉，才使賄賂者有機可趁，「賄賂公行而官箴日敗」，遂形成惡性的循環。根據傳統的觀念：「世運盛衰在風俗，而風俗之淳澆由政教」，推行政教的責任是在官吏，官吏本身的操守都有了問題，自然難以推行政教，「政教不行，而欲期風俗之美，此必不可得之事也」。至於財用日匱，依劉蓉看，是因「貪殘之吏，以朘削困之，而奢侈之民，以妄用耗之」❹❸。更嚴重的恐怕是如監察御史朱潮在奏議中所指陳：「上下分肥，歸於公者一，入於私者九」❹❹所造成。集此數弊，盜賊之橫行，必然會如「厝火積薪之勢」，國家焉能不亂。

　　劉蓉又再深一層追究「吏治不廉」的原因，他提出三點：(1)科舉取士之不當。(2)捐納取士之不當。(3)條例之苛煩❹❺。關於第一點，劉蓉認為「其始取之也，以記誦詞章，而不必有德

---

❹❸　以上均見《文集》，卷三，〈致某官書〉。
❹❹　《道咸同光四朝奏議》，冊三，頁一三三七。
❹❺　同前❹❸。

行道藝之實」。科舉取士不足以爲國家選拔適當的人才，歷來論之者已多，降至明、淸，所謂八股，連「記誦詞章」都談不上。不過官吏的操守問題，卻不能直接歸咎於科舉制度，因任何文官考試，至多能測出應試者知識方面的能力，品格是測不出來的。上述（2）（3）兩點才是造成吏治不廉的直接原因，「法律之外，又加以條例之煩，是借之使挾以爲奸，而制其死生之命也」，朝廷所立的條例越多，官吏上下其手的機會也越多，結果是朱潮所言「未充公府，先飽私囊」。

捐納取士卽賣官鬻爵，影響所及，又甚於條例之苛煩。這種荒謬絕倫的吏治惡例，等於公然鼓勵官吏貪贓枉法，劉蓉所謂「是驅之使責償於民，而肆其貪婪之志也」。此一惡例始於康熙十三年（一六七四）用兵三藩之時，不久便遭到御史宋得宜的批評，他奏「請飭部限期停止，以示愼重名器之意」。一直到道光，仍旋停旋開，太平軍興，軍需孔亟，於是捐例繁多，無復限制，仕途蕪雜，日甚一日❹。其弊害已不祇是官吏操守問題，而是如馮桂芬〈變捐例議〉中所說「捐途多而吏治益壞，吏治壞而世變益亟，世變亟而度支益蹙，度支蹙而捐途益多，是以亂召亂之道也」。

吏治之敝旣如此嚴重，「思急起以淸其源」，劉蓉認爲仍不能不以「敦士行、明學術」二者爲當務之急❹，也就是說，要由培養吏才著手。培養之道，一在恢復儒家的社會秩序，如謂：「於編成里甲之後，修明鄉約，設立義學，以禮讓型其父兄，以詩

---

❹　以上見蕭一山：《淸代通史》㈣，頁一四二五。
❹　《文集》，卷二，頁七（九一）。

書澤其子弟。地方官復不時親臨而勸率之，務使涵濡聖化，比戶
成風，此其因勢利導，潛移默化之功，蓋有存於法令條告之外
者」❽。一在重振理學家自由講學的風氣，如謂：「今誠舉有道
德通經術者爲之師長，略仿安定先生湖學教授之法，分經義、治
事各齋以處之，公(指胡林翼)亦不時躬往勸學，去月課季考之陋
規，而惟以成德達材爲務，遠則十年，近或三五歲，楚材日興，
抑可漸收作人養士之報矣」❾。這兩點雖然是一種理想，但也並
非全無事實的依據，如胡安定，卽曾是爲北宋理學開風氣之先的
人物。與胡氏同時的范仲淹，被史家稱爲「政治上的模範宰相」，
也具有平民學者的精神，對一代政風產生極爲深遠的影響❺。他
們都是儒學傳統中培養出來的傑出人物。假如政局安定，胡林翼
輩，是有可能朝這個理想去努力的，所以在那樣的歷史背景下，
我們不應把劉蓉的建言視爲空論。

上述培養吏才之道，在政局極不安定的情況下，自然很難著
手。在戰時，欲弭亂於旣成，必須有更具體更有效的辦法，針對
這個需要，劉蓉討論了吏治與軍事的關係。

首先他看出自太平軍興以來，文官與武將在職守上未能兼籌
的缺點：「邇歲守土者以文法相承，而不知有禦侮之策。治軍者
以掃除爲亟，而不暇爲善後之圖」。結果使「百戰所爭之土地，
不旋踵而失之」。這種情況在當時經常發生，一般的看法，總以
爲人民好亂成性，主張「非痛加翦刈，不可爲治」。劉蓉站在同

❽　轉引自陸寶千：《劉蓉年譜》，頁二七七。
❾　《文集》，卷五，頁三三（三六七），〈與胡詠芝宮保書〉。
❺　參錢穆：《國史大綱》，頁三九九，四十五年（一九五六），臺
　　灣商務五版。

情人民的立場，予以駁斥：「夫好亂者，抑豈其本性哉！彼見夫守土者不爲吾民策久遠，無所恃以爲安，又值流離顚沛之後，不加矜恤，而但繩以一切之法，是以情常渙而志易搖，或相煽誘，則無所顧戀而輕去其鄉，推其本心，亦迫於救死而然耳」❺。

那麼怎樣才能做到既有禦侮之策，又爲善後之圖？劉蓉所提的辦法是：對外須擇形勢險要之地，列重鎭以鞏固防禦，對內則治團練以策應。列重鎭的先決條件是選將，「非智勇兼資者難與圖功」。治團練的先決條件在擇吏，「非得練達愷弟眞有父母斯民之心者，不可以有成❺」。問題是上選的將才和官吏要到那裏去找？豈不是又要回到培養吏才的問題上去？

第五節　劉蓉的事功

劉蓉早年本無志於宦途，後來不僅入仕，而且在軍旅生涯中，屢建奇功，終因軍功官至封疆大吏，其間與太平軍之興固然有莫大的關係，如果他不是早與曾國藩相識，並結爲至交，恐怕也不會走上這條道路。

劉蓉的主要學養在理學，理學的主要要求在實踐。實踐有兩個層次，一是「內在超越」之路，一是「明道救世」之路，這兩個層次先秦儒學在理論上雖都已發展出來，但明道救世的表現，顯然更爲突出。到了宋——明儒學復興的時代，由於要克服來自佛學的長期挑戰，才使儒學內在超越之路，不論是理論與實踐都

---

❺　以上均見《文集》，卷一，〈東臺山讌遊後記〉。
❺　同前。

發展到顛峯，但也因此產生所謂的「王學末流」。明末清初顧亭林輩針對這種末流之弊，重又揭示出明道救世的學旨，十九世紀初葉的經世之學，主要是受顧氏的影響。劉蓉與其他湘軍人物如曾國藩、羅澤南、胡林翼輩，統屬於理學經世派，他們以理學爲重要的精神資源，而在事功方面又能有傑出表現，此不但對宋以來的理學是一大突破，一羣儒者竟然能馳騁疆場，征戰千里，發揮了「安國定邦」的作用，在中國整個儒學史上，也是絕無僅有的。不過，這也是儒學在中國歷史上，最後一次扮演重要的角色。

同治五年（一八六六）四月二十八日，曾國藩在給劉蓉的信中說：「陳蔡之阨，來書所指，敝處亦略有所聞。大約講義理之學而居崇高之位，則讀書、知人、曉事三者，闕一不可。某公讀書本儉，而又不知人、不曉事，流弊一至於此。吾輩亦頗負清望，尤不能不於此三者猛省而精求之」[53]。「陳蔡之阨」指劉蓉在陝西巡撫任上被人參劾，「某公」據陸寶千推測「似指倭仁而言」。讀書、知人、曉事三者，是曾氏心目中一個講義理之學的儒者，要在事功方面有所表現，必須具有的三個條件。劉蓉是否具備這些條件呢？讀書不必說，況且一個具有事功取向的人物，讀書有效與否，就可以由知人、曉事的表現看出來。

國藩初辦團練時，曾書告省城紳士及各州公正紳耆，謂團練之難，莫難於集費，並宜擇地擇人而行。關於擇人，他提出不要錢、不怕死二個條件，頗獲讚許。劉蓉卻不以爲然，他寫信給老友：「不愛錢，不惜死，壯哉言乎！雖然，以此二者明執事者自待

---

[53]　《曾文正公書札》，卷二五，頁三〇。

之志，爲戡亂濟時之本焉可矣，若以慰天下賢豪之望，盡大臣報國之忠，則豈但已哉」。「自待之志」屬於自律，這是很可貴的品德，但欲以此去攏絡天下人才，效死沙場，是不切實際的，自然也缺乏號召力。爲了加強他的論證，劉蓉舉例說：「於此有人焉，志節皎然，大利當前而不動，可不謂賢乎？然自君子觀之，特亦士行之一節耳。貞女之自號於眾曰，吾能不淫，不淫遂足以該淑媛之賢德乎」！由此看來，一個人縱然能做到不愛錢、不怕死，也不過是「士行之一節」，並不足以包括其人所有的美德。爲此劉蓉批評曾國藩招募人才的條件，乃「不規其大而遽以自旌，則何其見之陋也⑭」。

　　要真想號召「天下賢豪」，在劉蓉，首先應考慮到目前「天下禍亂方興，士氣彌懦」的客觀艱難的環境，以及「欲驅天下智勇材辨之士，棄墳墓，捐親戚，出沒鋒鏑之餘，與死寇相角逐」的冒險性，這是要求人捐軀的工作，因此「非賞不勸」。當然，賞也要講求分寸，否則也有流弊，「故濫賞則志士恥與庸豎爲儕，而吝賞則抑無以繫豪傑之心。以廉自獎，則抑將以廉繩人，而功名之士乃掉臂而思去之矣」。這真是對人性有深刻洞察之言，前文也已提過。「吝賞則抑無以繫豪傑之心」，乃真正的「知人」，「非賞不勸」之說，也足以說明他頗能「曉事」。這方面的才能，在劉蓉朋輩的觀感中也能獲得印證，如胡林翼稱他「學有本原，志期遠大，膽識恩威，能結士心而寄軍政」⑮。郭

----

⑭　以上均見《文集》，卷五，頁十（三二一～二），〈與曾滌生侍郎書〉。

⑮　《胡文忠公遺集》，卷四十，頁七。

嵩燾對他也有過「名賢得位，天下屬心」的讚譽❺❻。

劉蓉在軍旅生涯中，至少有三次重要的戰績：

（一）咸豐十一年（一八六一）正月，新任四川總督駱秉章率軍入川，劉蓉因駱氏堅邀，隨軍同行，實際主持軍事。八月初藍大順圍攻綿州，十四日蓉親率湘軍擊退之，遂解綿州之圍，軍威大振。秉章大喜，即上奏稱蓉「悉心籌劃，動中機宜，故能屢獲大勝，立解城圍」。是時湘軍乘勝追擊，再敗藍大順於崇慶州。九月十日，奉清廷諭：「以四川軍營運籌得力，擢知縣劉蓉以知府用」❺❼。翌年二月十三日，獲實授四川布政使。接事後，幕中先後有張薊雲、黃彭年、陳懿叔、唐鄂生、顧幼耕、范雲吉、朱眉君、汪蒓庵等一時名士，時以文為會❺❽。

（二）同治元年（一八六二）閏八月八日，湘軍敗石達開於四川綦江，達開西走。十六日劉蓉自成都出發，往龍窌場督師。湘軍築長壕以圍龍窌場，累月未克，駱秉章恐李永和（與藍大順共同起事者）等潰而西竄，乃檄蓉親往視師。二十一日劉蓉至龍窌場。去秋綿州之捷，藍大順部嘗稱蓉為「賽諸葛」，此番重逢，一聽到劉蓉的大名，不禁奔相走告：「賽諸葛又至矣」。二十五日，蓉攻克龍窌場，生擒李永和，卯得興等，屬下五千餘眾，悉遭殲滅❺❾。事後，作〈軍書行〉以記龍窌場之役，有謂：「書生破賊亦偶爾，聊舉鉛刀試一割。翻辱豎子錫佳名，投戈驚呼賽諸葛」❻⓿。

❺❻　《養知書屋文集》，卷十，頁四，〈致劉霞仙〉。
❺❼　以上見陸寶千：《劉蓉年譜》，頁一四〇。
❺❽　同前，頁一四三～四。
❺❾　《詩集》，卷一，頁一三（八三五～六）。
❻⓿　同前。

　　（三）同治元年（一八六二）九月以後，石達開部出沒於川、黔、滇三省交合處，十二月劉蓉率軍大破之於敍州，損失極重，爲消滅石部奠定勝利基礎。次年三月，達開自雲南昭通擬搶渡金沙江，至越嶲、紫打地，適遇大雨，松林河陡漲，未能渡過，爲土司及川軍所困，夷兵分路齊進，石部死傷過半，輜重全失，進退無路，糧盡食絕，陷於絕境。四月二十七日石達開終於投降，五月斬於成都❻❶。七月，劉蓉昇任爲陝西巡撫。

　　針對以上的戰績，郭嵩燾的評語是：「臨大敵，決大計，從容淡定，內斷之心，人莫測公所爲，相顧驚疑，事定乃大服」❻❷。此外，廷諭中也不斷稱他「諳練戎機」、「勇於任事」、「對軍情瞭如指掌」、「謀勇兼優，戰功卓著」。以諸生而獲高位，已是古今罕見；以書生本色，而能馳騁疆場，得「賽諸葛」之美譽，李慈銘稱之爲奇人，誰曰不宜？

---

❻❶　以上參考郭廷以：＜太平天國戰史＞，見《近代中國的變局》，頁一四八～九，七十六年（一九八七），臺北聯經。
❻❷　《養知書屋文集》，卷十九，頁八，＜陝西巡撫劉公墓志銘＞。

第十章　倭　　仁

　　在中國近代史的研究中，倭仁其人，一直是被批評、甚至被嘲弄的對象，因為一涉及他那個時代，大家注意的焦點是那些搞洋務或是主張自強的人物，而倭仁則是立於反對面者。早期研究中國近代史的蔣廷黻，就說過「倭仁不過是個守舊的糊塗蟲」❶。近四十年來的中國大陸，連曾國藩都完全被看作一個負面人物，更何況是倭仁。在臺灣，雖有學者對他抱同情的了解，並撰文加以論述❷，但仍未能在歷史層次上凸顯他的重要意義。

　　說倭仁在歷史層次上重要，是因：

　　(1)他是中國十九世紀中期，在歐洲文明衝擊下，知識階層表現抗拒心理的第一代的代表性人物。他當時身居高位，為理學名臣，而理學乃宋以下數百年間中國文化的大傳統，因此，他的反應就不祇是個人的問題。我們可以想像，假如曾國藩不曾出京辦團練，一直留在朝中，他能扮演的角色和表現的心態，大概和倭仁不會相差很多。

---

❶　蔣廷黻:《中國近代史研究》，頁二七四，七十一年(一九八二)，臺北里仁書局。

❷　如陸寶千:＜論倭仁＞，見中央研究院《近代史研究所集刊》，第二期，頁二五七～七〇，為陸氏著:《清代思想史》第八章＜晚清理學＞之一部分。

（2）蔣廷黻在罵他是個守舊的糊塗蟲時，接著下一句說，「但是當時的士大夫居然聽了他的話」。我們當然不可說，那些士大夫們都是糊塗蟲，而應了解他們確是代表傳統的力量，在整個知識階層中，搞洋務或主張自強者，只屬少數。在那個年代，如果這兩股力量，也能說成是保守與革新，他們之間實不成其比例。

（3）倭仁所代表的保守主義，和表露的心態，一直到十九世紀末變法運動前，應該說都是思想的主流，也是維護傳統文化秩序與政治秩序的基石，三十多年的自強運動，這方面並未遭到直接挑戰，這才是中國十九世紀思想史的基本情勢。

第一節　生平與性格

倭仁（？～1871）字艮齋，又字艮峯，烏齊格里氏，蒙古正紅旗人。有關他青少年時代的生活和家庭背景，《清史稿》列傳中根本沒有記載。他的生史，我們所能知道的，是從道光九年（一八二九）中進士開始，嗣後四十餘年間，絕大部分時間，都留在朝中，仕途算是很順利的。

中進士後，首改庶吉士、授編修，道光二十二年（一八四二）擢詹事，二年後升爲大理寺卿。在此期間，倭仁與曾國藩等人，皆曾問學於唐鑑（1778～1861），後來因沈幼丹中丞與國藩之間有嫌隙，倭仁爲此事寫信勸誠國藩❸，從這封信看，他與國

---

❸　見《倭文端公遺書》（以下簡稱《遺書》），頁六八九～九〇，臺北文海版《近代中國史料叢刊第三十四輯》。

藩在京師期間，應有相當友誼，但信上稱「閣下」，可知雖有友誼，並不親密。

文宗登基(一八五〇)，朝臣按例應詔陳言，倭仁於疏文中盛言「用人莫切於嚴辨君子小人」，又說「天下治亂繫宰相，君德成就貴經筵。惟君德成就而後輔弼得人，輔弼得人而後天下治」❹。應詔陳言雖多半是虛應故事，但由此不難考驗出陳言者的膽識，與國藩的陳言相比，倭仁這次的表現相差甚遠。

咸豐元年（一八五一），以副都統銜出任葉爾羌（西羌，今新疆莎車縣）幫辦大臣，正月二十日由京師出發，七月初三始抵達，途中作《莎車行紀》，記每日所見、所聞、所思，二月十八日謂：「天子命出守西羌，薄德寡能，弗克負荷。計可以馳驅萬里者，惟有謹身窒慾，使精神日益強固，智慮日益濬發，以期仰報」❺。翌年，上〈敬陳治本〉一疏，「上謂其意在責難陳善，尚無不合，惟僅泛語治道，因戒以留心邊務，勿託空言」❻。在西羌任內，又因「劾葉爾羌回部郡王阿奇木伯克愛瑪特攤派路費及護衛索贓等罪」，遭「詔斥未經確訊，率行參奏，下部議，降三級調用」❼。這算是流年不利。不過以後就一帆風順，飛黃騰達了。

咸豐四年（一八五四）已調回京師，命在上書房行走，教惇郡王讀書。次年，擢侍講學士，授盛京禮部侍郎，又調補戶部侍

---

❹ 見盛康輯：《清朝經世文編續編》，卷一，頁一四五、一四八，臺北文海版。

❺ 《遺書》，頁八〇五。

❻ 《清史稿》第十七冊，〈倭仁傳〉，頁一一七三六，臺北洪氏出版社。

❼ 同前。

郎。十一年多，奉命出使朝鮮。回京後，授都察左都御史。同
治元年（一八六二），擢升爲工部尚書。是時兩宮皇太后因倭仁
「老成端謹，學問優長」，於是做了同治帝的老師，他輯錄了古帝
王事蹟，及古今名臣奏議，加上自己的解說，作爲講義，名《啟
心金鑑》。晚年，既拜文淵閣大學士，又晉爲文華殿大學士。當
兼任翰林院掌院學士時，嘗立〈翰林院條規〉❽，要求翰林們必
須「志伊尹之所志，學顏子之所學」，也就是要「以聖爲志」，
修「爲己之學」。至於他與奕訢的爭議，是發生於同治六年（一
八六七），下文將詳細討論。

　　倭仁在赴西羌的途中，就曾下決心要「使精神日益強固，智
慮日益濬發」，俾能盡忠職守，以報皇恩。到達目的地後，所下
的功夫之一，就是寫日記做自我反省。這些反省的文字相當坦
率，不掩飾自己的缺點，從他內心的流露中，使我們多少可以了
解他的性格，如謂：「合開口時，要他頭也須開口，須是聽其言
也厲。性情柔懦，宜時以此意振之」❾。又如：「張子（名載）
曰：義理不勝惰與羞縮之病，意思齷齪，無由作事。自省二病俱
有，須痛下持志養氣之功」❿。如果性情柔懦、有惰性、爲人羞
縮，就是他的性格，那末，咸豐「四年，侍郎王茂蔭等請命會同
籌辦京師團練，上以軍務非所長，寢其議」⓫，算是朝廷有知人
之明。但就理學正統的觀點來看，倭仁應屬於正人君子一型的人
物，這種人物留在朝中，做幼帝的老師，做翰林院的掌院，適如

---

❽　《遺書》，頁六六一。
❾　《遺書》，頁四六一。
❿　《遺書》，頁四六六。
⓫　同前註❻。

其分，而且對婦人孺子爲主的宮廷，是毫無危險性的。

影響人性格形成的因素，雖非常複雜，心目中的榜樣，則是很重要的因素之一，倭仁《日記》：「呂申公夫人謂，與公爲夫婦，未嘗見有嬉戲之容。胡餘千（干？）對妻竮如大賓，幾微隱約之間，愈嚴愈密。我獨非人，乃闇室自欺耶，何以學爲矣」⑫。呂、胡二人，正是生活嚴謹，不苟言笑的理學中人，由現代人看來，他們的日常表現，不但不近情理，而且有點虛僞，但在他們的時代，這正是成熟道德教養的外顯行爲，是一般讀書人心目中的典範。倭仁既以之爲榜樣，不難想像他成爲理學名臣後的形貌。

此外，他的思想，既反功利，又斥佛老，社會上只有君子與小人，實踐工夫中非天理卽人欲，道德非眞卽僞，評論歷史，不是三代以上便屬三代以下，大體上也是承繼理學家泛道德主義的傳統。

第二節　倭仁的內心世界

倭仁的一生中，有鴉片戰爭，有太平天國之亂，有自強運動，正是中國近代揭開巨變序幕的時代，但這些激烈的變化，對他似乎無動於衷。他有他自己生活的天地，有他自己所持守的生活原理，由自我所塑造的內心世界，像是一個穿不透的堡壘，在這個世界裏，缺乏時間的流變，也沒有空間的拘限，他就是沒有

---

⑫　《遺書》，頁五三八。

活在他自己的時代裏。

　　因此，如配上當時的背景，去讀他奏議一類的文字，當然令人有孤陋之感。不過，真正能反映他真性情的，不是奏議，而是《日記》、《改過自新錄》、《嘉言錄》等文字，名目雖不同，實屬同一類型，在他內心世界的獨白中，完全被濃烈的道德意識所籠罩，這在宋、明理學時代，不算稀奇，可是在晚清，已不多見，從歷史的角度看，他實代表儒學傳統教養中所產生的一種成熟的典型。我們也許只有把握到這一點，才足以解釋，當倭仁與奕訢發生爭議時，他為何採取頑固保守的立場。

　　下文分兩部分來展現他的內心世界，一部分是屬於自省的，儒家早期經典《論語》中，就很重視自省，如「吾日三省吾身」、「見賢思齊，見不賢而內自省」、「內省不疚，夫何憂何懼」。自省的另一說法是「反求諸己」，都是儒家聖賢之學入路的不二法門。另一部分是講求聖賢工夫，這方面的文字，目的並不在教人，仍然是自我的獨語。自省是不斷檢討自己的缺點與過失，聖賢工夫是在立志為聖為賢的意念支配下，對自己所做的鞭策，以及在實踐中的體會。

　　自省部分，有關乎立志者，有關乎孝思者，有關乎毅力決心者❸，但數量最多的，有以下兩類：

　　（一）自覺力有不逮者（《論語》：「恥躬之不逮也」）：「四五僕人，尚自覺察不到，乃以知人之道告吾君乎」❹？「《詩》曰：不素餐。《易》曰：不素飽。自問於地方何所裨益，對

---

　　❸　見《遺書》，頁四五九、四六一、四六三、四九八。
　　❹　《遺書》，頁四六四。

食能無愧乎」⑮？「學要發憤敏求，自省總是偷惰⑯」。「事到面前，每每粗心放過，不肯窮究力索，此最類惰，宜痛矯之⑰」。「范希文所至有恩，恩不必是財賄，愛敬存心，隨所接之人，皆欲匡正扶持，偕諸大道，此即是先憂後樂心腸，取以自勘，虧欠多矣⑱」。「舉措之間，以一人言而爲之，復又以一人言而罷之，從之輕則守之不固，自省亦有此失」⑲。「惰慢生邪僻，一念之偷，羣邪紛起，可無懼乎」⑳。「追思旣往，多少憾事，惟知過必改而已⑳」。「近日遇事，量狹氣輕，少一段戰兢惕厲之意，大須操持」㉒。「見人天性厚，不禁生愧！我亦人也，何涼薄如此，恨！恨」㉓！「有學之名，無學之實，仔細檢點，處處病痛，眞可愧可恨也」㉔。「剛則不屈於物欲，近日病痛，總坐不剛」㉕。如此坦誠、痛切、愧恨的自省文字，在《倭文端公遺書》卷六至卷十中，眞是俯拾卽是。這等文字，代表內心世界最眞誠的表白，任何人只要在道德上有所自覺，一念精誠，立卽會感受到它切己的意義。〈禮運篇〉：「不能反躬，天理滅矣」。自省能力的培養與深化，確是儒家聖學的血脈所在。

　　（二）有關與人相處者（《論語》：「不患人之不己知，患

---

⑮　《遺書》，頁四六七。
⑯　《遺書》，頁四七一。
⑰　《遺書》，頁四七六。
⑱　《遺書》，頁四九〇。
⑲　《遺書》，頁五二四～五。
⑳　《遺書》，頁五二六。
㉑　《遺書》，頁五二九。
㉒　《遺書》，頁五三一。
㉓　《遺書》，頁六二五。
㉔　《遺書》，頁六二四。
㉕　《遺書》，頁六三五。

不知人也」）：「輕人適以自輕，斷斷不可」㉖。「立身行己，不能見信於人，自反生愧，然聞言修身，受益宏多矣」㉗。「見賢思齊，見不賢內省，因人觀我，處處獲益」㉘。「開誠布公，以求濟事，破除情面四字，宜時時在意」㉙。「聞言未盡便駁斥，心粗氣浮，屢蹈而不知也」㉚。「待人親切，卽是自待親切，驗來如此」㉛。「不能化人於未爲惡之先，自家有多少不是，可但責人耶」㉜？在與人相處的道德關係中，永遠是律己要嚴，待人要寬，所謂「行有不得，則反求諸己」，所以儒學是「爲己之學」，倭仁在這方面是很有體會的。

自省表現了道德的本質，也就是說，人如缺乏這種能力，他的所謂道德生活，只能在習俗中打滾，無法提昇道德人格的層次。自省能力的培養，才能使人過一種自覺的道德生活，要使這方面的自覺深化、提昇，則又必須經歷道德的實踐工夫，不同層次的實踐工夫，正是拓展內心世界一種有效的方法。下面我們就根據這樣的了解，更進一步來窺探倭仁的內心世界。

倭仁所講求的道德實踐工夫：

第一、要打破名利之心：「蒙養之功，先將其利心打破，方不至墮落坑塹」㉝。「打破富貴貧賤關，方好商量進步」㉞。「少

㉖ 《遺書》，頁四七六。
㉗ 《遺書》，頁四八七。
㉘ 《遺書》，頁五〇九。
㉙ 《遺書》，頁五一一。
㉚ 《遺書》，頁五二六。
㉛ 《遺書》，頁五二七。
㉜ 《遺書》，頁五六〇。
㉝ 《遺書》，頁四七九。
㉞ 《遺書》，頁四八二。

年人第一要將利心打破，立志向上，勿齷齪汨沒一生」❸。「胸中雜一毫爲名意，卽是大累，要打叠淨盡」❸。「名心深入骨裏，往來起伏，都從這裏生出，猛省割斷，頓覺爽潔」❸。在現代社會，一個人好名、好利，只要不是不擇手段，就不算壞事，縱然是不擇手段，只要他能將所獲的成果，分享社會，依舊被視爲大善人。在傳統社會，也照樣有刧富濟貧的觀念和事實。這說明社會道德與個人道德不一樣，社會道德可以看人表現的結果，個人道德則注重他的動機。聖賢工夫是個人道德中的特殊表現，名利之心，原則上就被看作是一種壞的動機，爲什麼？因爲名利的追求是向外向下發展的，聖賢工夫是向內向上發展的，基本的取向完全相反。所以要立志爲聖賢，第一關就先要打破求名求利的動機，使精神內斂，方能開啓入德之門。倭仁熟讀理學家言，尤其崇拜朱熹，而朱熹在工夫上很重視變化氣質，倭仁對這一點卻較少涉及，可能是由於他一直生活在官場，因此實踐工夫，就從現實生活的體驗中出發，「猛省割斷」之言，不正也是透露出爲了向上一著在現實處境裏的內心掙扎？

　　第二、要下自強不息的工夫：「旣濟：終止則亂，溺於宴安，無進爲之志，此禍亂所由萌也。治功、學業，皆壞在一箇止字」❸。「劉直齋先生云：人當心機不活，意思滯塞之時，卽是氣質昏濁、天理將滅之兆，便要抖擻精神，喚醒此心，使勿退

---

❸　《遺書》，頁五一五。
❸　《遺書》，頁五二六。
❸　《遺書》，頁五五二。
❸　《遺書》，頁四七一～二。

怠」❸❾ 。「繼之皆美，此時全是天命本然，無絲毫渣滓，於此看得透、信得及，戒愼恐懼，操存勿失，此爲學第一義」❹⓿ 。「坦適中要提撕警覺，少頃便流了」❹❶ 。「自強之功，不可間斷，一間斷則人欲肆，而天理滅矣」❹❷ 。「心不苟慮，必依於道，身不妄動，必依於禮，衾影不愧，念茲在茲」❹❸ 。「恐懼修省，時刻不可疏懈」❹❹ 。人世間本無聖賢，但的確可以希聖希賢，而且也有一條走向聖賢之路。在這條道路上，打破名利不算很難，但要使自強之功不間斷，則難之又難，所謂「道德無假期」，只能作爲一種鞭策，是很難達到的境界。倭仁在這方面究竟進境如何，無從測知，但他有強烈的希聖希賢之志，也有豐富的道德實踐的體驗，是可以確定的。在宋、明時代，這一類型的人，多半無意仕途，卽使踏入仕途，也多難進而易退，這本是道德生活的本性所使然，因污濁的官場，與道德的純淨要求是不相容的。而倭仁卻能在仕途中直上靑雲，晚年成爲一代理學名臣，說明他必有過人之處。人的成就越高，往往自信心也越強。自信心出之於道德這一類型的人身上，他們總認爲：凡是在道德上對的，在經驗世界的其他事務上也必定是對的，換言之，經驗世界的事務，凡不合道德的，都是不對的。因此對一己之見，往往持之甚堅。可是在別人眼中，就會覺得迂腐而不切實際，倭仁如此，宋、明理學家亦不免此弊。

<hr>

❸❾ 《遺書》，頁四七二。
❹⓿ 《遺書》，頁四七四～五。
❹❶ 《遺書》，頁四八一。
❹❷ 《遺書》，頁四八四。
❹❸ 《遺書》，頁四九七。
❹❹ 《遺書》，頁五九九。

第三節 倭仁與奕訢等爭論的經過

由前一節的分析，使我們可以知道，倭仁的內心世界，是由儒家聖賢之學的傳統教養拓展而成。這一類型的人物，對外在事務的反應，有一共同的特色，卽總以爲自己在道德的正當性上居於優位， 因爲他本身就是道德的化身， 尤其當與人抗爭或辯論時，這種特色表現得格外明顯。這種人物，對究竟那些是價值判斷，或僅是一己的感情作用，很少加以自覺的分辨，對價值判斷與事實陳述之間的界際，也往往模糊不淸，他們所持的主要是道德價值一元的觀點。這一特色使儒學傳統中的認知意識，始終未能暢發。也因此在中國儒學史裏所出現的爭辯，幾乎都是各是其是，各持已見，很少看到在理論上知識上彼此獲益的辯論。

倭仁與奕訢等人爭論的時候，早在二十八年前已有過鴉片戰爭， 八年前也經歷了英法聯軍之役， 西方文明的優越已擺在眼前，但絲毫沒有能動搖他的信念，在爭論中充分反映出傳統儒者的特色。

由於這場爭論，爲中國近代西化與傳統之爭揭開序幕，有必要仔細檢視它的經過：

（一）同治五年（一八六六）十一月五日，總理各國事務的恭親王奕訢，代表曾國藩、李鴻章、左宗棠、英桂、郭崇燾、蔣益澧等上疏：〈奏陳籌添學習天文算學館〉，內容包括：（1）添設理由：近年在上海、浙江等地，雖仿效西洋製造輪船、火器，但機器設備乃由西洋購得，技術仍是依靠洋人。因思洋人製造機

器火器、以及行船行軍，無一不以天文算學爲張本，我國若不從根本上用著實功夫，所學到的仍不過是洋人的皮毛，無裨於實用。至於爲何要在現有的同文館之內添設天文算學館，是因同文館錄取的學生，限於十四歲左右的幼童，且以學習外國語文爲主，如再教他們講求天文算學，恐因功力分用，難以造就專才。(2)招考對象：漢文業已通順，年在二十以外之滿漢舉人、恩拔歲副優貢。以及正途出身五品以下滿漢京外各官，少年聰慧，願入館學習者❹。

　　(二)十一月五日的奏文，獲得皇上的同意，但朝中議論紛紛，反對的聲浪四起，奕訢等於十二月二十三日再度上疏：〈奏陳籌添學習天文算學館之因〉，內容大部分都在反駁反對者的意見，同時也申論添設的理由：(1)反對者認爲此舉乃矜奇好異，震於西人術數之學。奕訢等反駁：中國既然要講求製造輪船機器諸法，如不藉重西士，俾講明機巧之原，製作之本，而師心自用，結果恐怕是枉費錢糧，仍無裨於實際。(2)反對者：此舉爲不急之務。駁論：中國應該謀求自強，時機上已非常急迫，而當今識時務者莫不以采西學、製洋器爲自強之道。疆臣如左宗棠、李鴻章等，不但深明其理、堅持其說，時於奏牘中詳陳，而且他們實際上已在進行。所以添設天文算學館，絕不是少數人的私見。(3)反對者：此舉乃捨中法而從西人，是很可恥的。駁論：

❹　見《同治朝籌辦夷務始末》(以下簡稱《夷務始末》)，卷四六，頁三～四。又《近代中國對西方及列強認識資料彙編》(以下簡稱《資料彙編》)第二輯，頁四二四～五。

西法源本於中國之法，只因西人善於運思，故能推陳出新⑯。至以師法西人爲恥，須知「天下之恥，莫恥於不若人」。「日本乃蕞爾小國，尙知發憤學習西洋，獨中國狃於因循積習，不思振作，恥孰甚焉」！(4)反對者：製造乃工匠之事，儒者不屑爲之。駁論：中國歷來乃「匠人習其事，儒者明其理，理明而用宏焉。今日之學，學其理也，乃儒者格物致知之事，並非強學士大夫以親執藝事」。

疏文外另有附件：〈酌擬同文館學習天文算學章程六條〉，把招考的對象擴大到「凡翰林院庶吉士編修檢討，並五品以下由進士出身之京外各官，俾充其選」。理由是「該員等研經有素，善用心思，致力果專，程功自易」⑰。想法雖不能說全不合理，但顯然過分忽視在長期科舉制度下造成的士習：一個讀書人，熬了十年寒窗之苦，幸運地中了進士，點了翰林，絕大部分所期待的不外是高官厚祿，光宗耀祖。現在你要他們再學習、再教育，而且所學的是士人傳統一向所輕視的技藝，簡直是莫大的侮辱。更何況根據章程規定，學習時間長達三年，學員要「常川住館」，成績不佳者還要記過處分，不但有礙於私人生活與生計，且要冒學習的風險，誰甘願自找這種麻煩。可以想見的，這次奏文與所訂章程傳出後，必然會引起更廣泛更積極的反對。

(三)同治六年（一八六七）正月二十九日，山東道監察御

⑯ 此卽「西學源出於中國說」，在自強運動時代，相當流行，其意義的討論，可看：(1)王爾敏：《晚清政治思想史論》，頁七三～六。(2)王爾敏：《中國近代思想史論》，頁五〇～一。

⑰ 以上奏文及附件，均見《夷務始末》卷四六，頁四三～八。又《資料彙編》第二輯，頁四二八～三〇。

史張盛藻發難：〈奏陳自強之道莫過於整紀綱明政刑西洋天文算學乃機巧之術不可取法〉，要點爲：（1）堅決反對用科甲正途官員肄習其事，但不反對添設天文算學館，不過招考對象仍如同文館往例宜限於少年。（2）新館所學者，也不過是借西法以印證中法，談不上什麼自強❹。在他心中所謂自強，可分朝廷之強和臣民之強兩方面：「朝廷之強，莫如整綱紀、明政刑、嚴賞罰、求賢、養民、練兵、籌餉諸大端；臣民之強，則惟氣節一端耳」。「若令正途科甲人員習爲機巧之事，又藉升途銀兩以誘之，是重名利而輕氣節，無氣節安望其有事功哉」❹？

　　張盛藻氏的見解，看起來十分固陋，但在正統的教養和科舉制度下所塑造的傳統士人，這是很自然的反應。他最大的問題是，時代的巨變，西方文明的衝擊，對他似乎毫不相干。他勉強同意增設專館，只不過是因此舉已經皇上核准，不敢再正面反對。

　　（四）張盛藻上奏的同一天，皇帝急諭內閣：「朝廷設立同文館，取用正途學習，原以天文算學，爲儒者所當知，不得目爲機巧。正途人員，用心較精，則學習自易，亦於讀書學道無所偏廢，……並非舍聖道而入歧途，何至有礙於人心士習耶？該御史請飭廷臣妥議之處，著毋庸議」❺。可見朝廷對此舉仍極支持，

❹　此爲「西學源出於中國說」另一涵意。其說同時可爲革新派和保守派援引，妙用在此。

❹　以上見《夷務始末》卷四七，頁一五～六。又《資料彙編》第二輯，頁六五七。

❺　以上見《夷務始末》卷四七，頁一六～七。又《資料彙編》第二輯，頁三八。

不爲浮議所動搖。

　　（五）中國朝廷凡事議論者多，　眞正有擔當肯負責的人很少，這種情況常使任何改革發生困難，因此造成多一事不如少一事的守成心態。張盛藻的看法，在當時絕對代表朝臣的多數。他上疏受挫後，這班人當然不甘心，心想，必須有一位德高望重，一向爲皇上所敬重的大臣肯出頭，反對的意見才能受到重視。同年二月十五日，在眾保守人士的期待下，倭仁果然出頭：〈奏陳學習西洋算文算學爲益甚微延西人教習正途學士爲害甚大〉，要點爲：(1)學習天文算學縱然有成，　而「所成就者不過術數之士，古今來未聞有恃術數而能起衰振弱者」。要起衰振弱，必須講求立國之道與根本之圖，　中國的「立國之道，　尙禮義不尙權謀；根本之圖，在人心不在技藝」。(2)中國是一個大國，才能之士甚多，假如朝廷認爲天文算術必須講習，只要「博采旁求，必有精其術者，　何必夷人」？　如驅國家所培養而儲以有用之人才，去師法西士，將來勢必令這些聰明雋秀之士「變而從夷」。(3)倭仁爲了強化奏文的效果，於是重提咸豐十年（一八六〇）英法聯軍攻陷北京城，焚毀圓明園之痛史，以激起朝廷的仇外意識❺❶。

　　倭仁所謂「變而從夷」，卽近世廣爲流行的「西化」一詞的老祖宗，　他所憂慮的不能說沒有一點遠見，　可是他走向另一極端：仇夷。他的運思方式，基本上是守常而不知變，因此無法理解立國之道非一端，而根本之圖也有多方。天文算學雖非起衰振

---

❺❶　以上見《夷務始末》卷四七，頁二四～五。又《資料彙編》第二輯，頁七五～六。

弱的充分條件，卻是必要條件的一部分。倭仁以正邪別華夷，便自以爲立於道德的正當性之上，這種深層的意識結構，恐怕才是他挺身而出敢冒大不韙的眞正原因。

（六）倭仁的地位畢竟非比尋常，儘管皇帝是支持自強的，對他的反對意見也不便用「著毋庸議」的方式處理，只好轉知總理各國事務衙門，逼得奕訢等不得不申辯一番。

同年三月二日，奕訢等〈奏陳以正途學士習西洋天文算學爲造船製器以圖自強之要務〉，奏文歸納起來，可分三部分：第一部分陳述了自強的背景、自強的必要，以及實際從事自強者在當時的處境。由於庚申之變（英法聯軍入北京城）的慘痛教訓，使清廷支持自強。在事變中，奕訢等奉旨留京，辦理善後。在此之前，奕訢自謂對國事的看法，與倭仁並無差別，可是在留京期間，基於與洋人交涉的實際經驗，才使他的態度改變。事變時「兵臨城下，烽燄燭天，京師危在旦夕，學士大夫，非袖手旁觀，卽紛紛逃難」云云，等於答覆了張盛藻所謂「臣民之強，則惟氣節一端耳」，不過是「道義空談」罷了。

第二部分：（1）重申前次奏文中「請開設天文算學館，以爲製造輪船各機器張本」之義。（2）倭仁認爲以正途學士學習天文算學，有變而從夷之慮，奕訢等認爲，正因爲考慮到這一點，才「議定考試，必須正途人員」。因正科出身者，乃讀書明理之士，存心正大；何況「今日之局，又學士大夫所痛心疾首者，必能臥薪嘗膽，共深刻勵，以求自強實際」，自不必擔心爲洋人所引誘。

第三部分是反駁倭仁的：（1）有關仇夷者：「倭仁謂夷爲吾

仇，自必亦有臥薪嘗膽之志。然試問所謂臥薪嘗膽者，姑爲其名乎？抑將求其實乎？如謂當求其實，試問當求之愚賤之人乎？抑當求之士大夫乎？此臣衙門所以有招考正途之請也」。（2）該大學士既認爲添設天文算學館窒礙難行，想必他另有良策，可以制外國而不爲外國所制。「如別無良策，僅以忠信爲甲胄、禮義爲干櫓等詞，謂可折衝樽俎，足以制敵之命，臣等未敢信」。（3）至於該大學士所提有關聖賢體要者，我們也認爲很重要，自當切實講求，不過這與添設新館之事，並不衝突啊❷。

　　奕訢等的反駁，除招考正科的理由，仍不免流于「道義空談」之外，其餘各點皆如理而有力。其中不信以忠信爲甲胄、以禮義爲干櫓，卽足以制敵，雖是常識，但由泛道德主義所充塞的心靈中，往往就是缺乏這點常識。不過由「該大學士久著理學盛名，此論出而學士大夫從而和之者必眾」。及「倭仁此奏，不特學者從此裹足不前，尤恐中外實心任事不尙空言者，亦將爲之心灰而氣沮」等語看來，倭仁的反對，不但產生很大影響，帶給奕訢等人的挫折感，也是難以言喻的。

　　（七）奕訢等人的苦口婆心，不但未能獲得倭仁的諒解，反而換來倭仁更強烈的反彈。三月八日，〈奏陳奉夷爲師之害並述自強之道仍須以禮義爲本〉，既謂「同文館延聘夷人教習正途一事，上虧國體，下失人心」，「夫欲求制勝，必求之忠信之人；欲謀自強，必謀之禮義之士」。又謂「有關聖賢體要者，既切實講求，自強之道，何以逾此」？他不但固執己見，完全無視於對

───────────────

❷　以上見《夷務始末》卷四八，頁一～四。又《資料彙編》第二輯，頁四三四～六。

方的辯解，顯然動了火氣，表現出誓死與你爲敵的樣子。幾乎通篇都是意氣之語，自己仍覺得「固非爭以意氣之私」，就是因爲他總自以爲是立於道德的正當性之上。「是非者不易之理，好惡者者天下之公」，他是把發自於個己良知之是非、好惡，以爲便是不易之理，就代表天下之公，自然就沒有絲毫商量的餘地。同時在此奏文中，仇夷的態度表現得也更加露骨，如「夷人機心最重，狡詐多端」，又如「該夷醜類」。如此心態，你想說服他贊成奉夷爲師，怎麼可能呢❺❸？

（八）倭仁以其崇高的地位，持反對態度，不僅帶給朝廷重大壓力，事實上已使此舉功敗垂成。三月十九日奕訢等的奏文，除報告「以無稽謠言，煽惑人心，臣衙門遂無復有投考者」的事實之外，也只能請朝廷准於「擬就現在投考者，擇期考選，取中者入館研究，仍時加察覈，倘有弊端，卽奏請裁撤」而已。一個由朝廷重臣與封疆大吏聯合推動的小小自強計畫，竟然落得如此低調收場，可見在一個根深柢固的保守傳統、又是早已僵化的官僚系統裏，要想做點革新的事業，該有多麼困難!

在心灰而氣沮之餘，奕訢也很難再保持君子的風度，奏文中不只是抱怨倭仁，而且有「不敢以道學鳴高」、「是臣等未有失人心之道，人心之失，倡浮言者失之也」等語❺❹。同一天奕訢等第二次上奏，是針對倭仁奏文曾說中國必有精通天文算學者，因此「請旨飭下倭仁酌保數員名，卽請擇地另設一館，由倭仁督

---

❺❸ 以上見《夷務始末》卷四八，頁一〇～二。又《資料彙編》第二輯，頁七六～七。

❺❹ 以上見《夷務始末》卷四八，頁一二～四。又《資料彙編》第二輯，頁四三六～七。

筋，以觀厥成」❺，也是流於意氣之爭了。

　　（九）幼稚的皇帝，無奈的朝廷，竟眞的下旨倭仁，要他「著卽酌保數員，另行擇地設館」。其實倭仁說那些話的時候，不過是出於虛榮與誇大的心理，所以他於三月二十一日奏文中的答覆是：「奴才並無精於天文算學之人，不敢妄保」❺。

第四節　保守的原因及其深層結構

　　在十九世紀中期，以倭仁的學養和地位，在爭議的過程中，表現出封閉式的反應，是完全可以理解的。而且在那個時代，倭仁的態度，在知識階層絕對代表多數。值得注意的是，爲何在同一階層和類似的教養下，竟有少數人的態度有了轉變？

　　奕訢說：「臣等查閱倭仁所奏，陳義甚高，持論甚正，臣等未曾經理洋務之前，所見亦復如此」。這是實話，因在他態度未轉變前，同倭仁一樣的「仇夷」，如咸豐三年（一八五三）曾要「掃羣醜而奏膚功」；八年（一八五八）則極力主戰；同時反對外國領事駐京及貿易的是他，奏請捕殺李泰國後卽可無事的是他，次年抗帝命，說巴夏禮「生性狡悍」而堅不欲釋放的，還是他❺。難怪蔣廷黻說他是「頑固派之最頑固者」❺。

---

❺　《夷務始末》卷四八，頁一四～五。又《資料彙編》第二輯，頁四三七。

❺　《夷務始末》卷四八，頁一八～九。又《資料彙編》第二輯，頁七七。

❺　郝延平：〈由守舊到革新──自強運動中守舊者的態度之轉變〉原載《大陸雜誌》第二〇卷第七期。又見大陸雜誌史學叢書第一輯第七册，頁一六五下。

❺　蔣廷黻：《中國近代史研究》，頁二〇〇。

奕訢的態度爲何會轉變呢？咸豐十年（一八六〇）英法聯軍打進北京城，他奉命主持與聯軍的交涉，達成和議後，聯軍果然遵約退出北京，這使他知道外夷也講信義。更大的教訓，是他親眼目睹洋人槍砲的厲害，絕非我們所能敵。慘痛的經驗，使他由虛驕轉變爲務實，決心利用外國人的專長，協助中國的自強。一個著名的例子，便是他掌管總理衙門後，信任一個外國人管理中國的海關，並有成效；這個外國人，就是他當年欲殺之而後快的李泰國㊾。

郝延平在探討自強運動中守舊者態度轉變的原因時，大抵與奕訢有著類似的經驗：如由於接觸交涉而改變的有沈兆霖、桂良、文祥，由於接受戰敗此一鐵的事實底教訓者有僧格林沁，或由於在治軍過程中因體認出「夷砲」的效用而態度轉變者有曾國藩、李鴻章㊿。在自強運動中，郭嵩燾是一個很突出的例子，主要是因他除了與上述諸人具有共同的經驗之外，還因出使到英、法，親自體驗到西洋高度文明和外國的富強。

也許有人會問：假如倭仁也有類似的經驗，他會不會轉變？我們沒有理由說絕對不會，但由他與奕訢等爭議的過程來看，事實上他一點轉變的迹象都沒有。他雖缺乏直接接觸交涉的經驗，但不能說他對鴉片戰爭、英法聯軍這樣慘敗的事實，茫然不知。他當然知道，而且引爲奇恥大辱，否則他不致那樣仇夷。問題在思考失敗原因時，他只能歸咎到吏治廢弛、人才不足，絕無法承認中國文化有何不足之處。這一類型的保守心態，才是革新的重

㊾　同前註㉑。
㊿　同前註㉑之書，頁一六四上。

大阻力，有必要做進一步的探究。當然，我們也應該知道，奕訢
等人的轉變，也只是限於文化較低的層次上，與倭仁的對立，也
僅侷限在這一層次。三十年後，當發現自強運動並不濟事，而由
另一批人要求從政制上革新時，像奕訢這一類型的革新派，馬上
又都變成守舊的保守派了，這原因究竟在那裏？

　　王爾敏討論晚清保守的動向時，　指出保守傾向之表達有：
(1) 最直接易見之處，是對外族之反應。(2) 爲維護儒家道統之
理想。(3) 直就中國主觀立場而言。(4) 出於政治觀念中恪守祖
宗成法之信條。(5) 固有權勢地位之維繫。(6) 固有習慣癖好之
沿承❻。　王氏認爲以上六端，　概略可見晚清人士保守傾向的本
質，當然也是倭仁輩保守的原因，其中 (2)(5)(6) 相當明顯，不
必細說。至於 (1)，王氏乃就強調本位文化而言，而倭仁對外族
的反應，除此之外顯然有著強烈的排外意識。關於(3)，王氏解
釋「蓋由中外不同族之區別，以爲觀念基礎。其所持習慣之有力
論調，或卽聲號夷夏之防，以爲拒斥異類之壁壘。由是而並自蹈
固陋，甘自抱殘守缺」❻。就倭仁而言，他一方面以道德的正邪
別夷夏，另一方面，卽使在中國屢遭挫敗之後，仍不認爲師夷之
長技是必要的，這其中就涵有我族中心主義的種族偏見，二方面
都是直就中國主觀立場出發的。關於 (4)，倭仁於同治六年（一
八六七）二月十五日奏文：「伏讀聖祖仁皇帝御製文集，諭大學
士九卿科道云：西洋各國，千百年後，中國必受其累」❻。此卽

---

❻　　王爾敏：《中國近代思想史論》，頁一六八～七二。

❻　　同前，頁一六九。

❻　　《資料彙編》第二輯，頁七六。

「恪守祖宗成法之信條」的表現。

上述六點，可以分別由晚清許多保守人士留下的文獻中發覺。如果說以上列舉的六項，僅是保守主義的「表面結構」，那麼它的「深層結構」又是甚麼？在這裏，我想提出三點：(1)道德一元的價值觀。(2)天朝型的世界觀。(3)退化的歷史觀。關於(1)，前文已略有論述，倭仁的內心世界爲道德的體驗和道德的實踐思考所充塞，就是這種價值觀的表現。關於(2)，在〈十九世紀的中國與西方〉一章裏，曾經討論過㉔，倭仁的虛榮和誇大心理，便是這種世界觀的反映。

所謂退化的歷史觀，是說對歷史時間之流的過去、現在、未來這三段的區分中，特別重視歷史的過去，並把歷史或文化的黃金時代，設置在歷史的開端，作爲後世歷史文化發展的張本。儒家傳統從孔、孟起就讚美堯、舜、禹、湯、文、武、周公，歷代儒臣莫不鼓勵天子效法三代，政治理想則主張以堯、舜、三代的德治爲藍本，於是塑造了這一類型的歷史觀。儒家的道統論是這一類型歷史觀的核心，只有當你瞭解了儒家的歷史觀，才能理解歷代的儒者所以固守道統、恪守祖宗成法，並非有意要復古，而是在堅持一種崇高的文化理想。黃金時代、文化理想旣然被儒家認爲早已在上古實現，後世追求這種理想，其性質基本上是固定不變的，這就形成中國「常道」信念的一個來源。退化的歷史觀、道統、常道，這一系列的信念，經由教育內化入知識階層，凝結爲性格的重要成分，因此制約了適應問題、面對挑戰的反應

㉔　詳細討論，可看殷海光：《中國文化的展望》第一章：〈天朝型模的世界觀〉，此書臺北桂冠圖書公司於一九八八年出了新版。

方式。歷代的儒者們，每遭遇到重大的危機，很少注意到對未來的展望，也不大重視眼前的經驗和教訓，總是習慣地採取法古的一路──崇古取向。當經濟發生問題時，歷代儒臣每主張恢復三代的井田制以求解決。面對「獨制而無所制」的專制君王，仍多以堯、舜事業相期。至於這種主張，是否有實際的效驗，他們從不知懷疑，因爲他們的意識層，被一種歷史的根源感和文化的原始感所瀰漫，他們相信堯、舜之治三代之盛所本以道統，歷久而彌新，他們相信要「開新」必先「返本」。因此，中國古文化的基本動向，明明是退返到原始狀態的企圖，由於古史被理想化被美化了，其中眞正的問題反被掩沒。兩千多年來，儒者就一直習慣地應用這種返本的方式來解決問題，倭仁正是這一傳統的典型代表。在這種傳統裏浸潤久了，不但不能面對問題，反而有一種文化優越的驕傲，實際上所驕傲的，不過是心理上塑造的文化王國。旣然如此，一切新的經驗和革新的要求，自然都視爲多餘⑥。

---

⑥　以上關於歷史退化觀的討論，是根據拙著《現代化與中國的適應──近百年來思想問題的剖析》一書中，頁一二二～三的文字，已略有修正。此外，拙著《傳統的透視》中，收有〈退化的歷史觀〉一文，《中國哲學辭典》中有「歷史退化觀」一條（頁七六三～四），《儒家與現代中國》中有關〈崇古價值取向的研究〉，均可參看。

第十一章 郭 嵩 燾

郭嵩燾與曾國藩、劉蓉、倭仁，雖同樣都有理學的背景，但思想上的發展很不一樣，雖都可以叫做經世派，而重點又不同。曾、劉二人經世思想的重點是在「平亂」方面，屬於內政問題，郭氏經世思想的重點是在「禦侮」方面，屬於外交問題。外交是洋務的一環，洋務是同、光年間適應西方挑戰最重要的課題，它不僅是郭嵩燾思想精髓之所在，也決定了他一生的命運。四人中理學修養最為精純的倭仁，卻成為朝廷反對洋務最力的重臣。

嵩燾自從咸豐九年（一八五九）隨僧格林沁協辦天津海防以來，三十多年間，每逢與洋務有關的案件，或清廷與外邦的交涉，他如不是親身參與其中，便是向朝廷或大臣提建議，幾乎無役不與，如果說他是這一時期的「洋務導師」，他是可以當之無愧的。

一個關心洋務的學者，如以在野之身，放言高論，這比較容易。嵩燾身為朝廷命官，不顧自己的前程，敢冒天下之大不韙，直言無諱，這就非常難得，除有真知灼見之外，還需要道德勇氣。正因為他身在官僚系統之中，與在位的一些重要人物如曾國藩、胡林翼、左宗棠、李鴻章、曾國荃等又皆有深交，此不僅使他熟悉朝政內情，也時常主動或被動地捲入洋務的是非之中，他

的一生，無異是當時中國文化、政制傳統，在應付西方衝擊所產生的隔閡、衝突、挫折過程的縮影。

像他這樣一位勤求新知，關懷國際大勢，又勇於任事建言的人才，朝廷如眞想使洋務運動成功，理當受到重用才對，事實上，正當他有爲之年時，便已被罷官達十二年之久，後來再被起用，出任我國駐英、法第一任公使，辭官後又賦閒了十二年，此不祇是他個人的不幸，也正反映出當道者的愚昧、無擔當，和整個大環境的保守、封閉。

第一節　生平與性格

郭嵩燾（1818～1891），湖南湘陰人，字伯琛，號筠仙，因嘗避亂於縣東之玉池山，故晚號玉池老人。父祖皆無功名，家道平平，卻很重視孩子的教育。

在早年學習時期，曾受兩位伯父的教誨，一位名叫家瑞（雲舫），從他那裏「通知時文之義法」、「略以知古今得失」。一位名家陶（鈞臺），非常欣賞這位姪兒，他很得意地告訴友人：「齡兒（嵩燾乳名）遇事恂恂，獨其讀書爲文，若猛獸鷙鳥之發，後來之英，無及此者」❶。十八歲時，就讀於湘陰仰高書院，翌年，轉學到長沙嶽麓書院，就在這裏與劉蓉訂交，又因劉的關係而結識曾國藩。在當時有名望的學者中，他拜訪過唐鑑，

---

❶　以上引文轉引自郭廷以等：《郭嵩燾先生年譜》（以下簡稱《年譜》），頁九，六十年（一九七一），中央研究院近代史研究所，臺灣臺北。

對其「惟在日用行習之間」的理學❷，也很敬佩，但他並未向「爲己之學」發展，「理」在他的洋務思想中，雖仍是很基本的觀念，但已賦予新義，與理學傳統的關係，祇能說是一種抽象的繼承。

嵩燾參加科舉考試的過程，很不順利，自二十歲中式舉人後，四次會考均落第，第五次才成進士，與比他小五歲的李鴻章（1823～1901）爲同科。進士及第後，也沒有能留下來做京官，等到供職翰林院，已在十年之後。在此二十年間，爲了謀生，曾應浙江學政羅文俊之聘入幕（二十三歲），教學館於辰州（二十六歲），考取過教習（二十七歲）。洪秀全起兵前夕，因父母相繼去世，本已不復以仕宦爲志，太平天國之亂擴大後，因江忠源（1812～1853）一再函召，遂與羅澤南（1807～1856）等率鄉勇赴援江西，並因戰功特授翰林院編修（三十六歲）。

在仕途中也是數度起伏，其結局不是遭議處，便是被革職，最後以衰暮之年，從英、法歸來，甚至不敢赴京覆命。

入京供職翰林院，已四十一歲，是時政府與太平天國的戰爭，陷入膠着，因多年用兵，早已民不聊生，國庫空虛，可是他在京目睹的景象卻是：「京師氣象凋耗，而相與揜飾爲歡，酒食宴會，轉勝往時，文昌、燕喜諸處（京官宴嬉之場所），無日不音樂，無日不有綠呢轎排列門首」❸。眞是「上下恬嬉，若不知有兵革之事者」❹。

---

❷ 郭嵩燾：＜唐慤愼公省身日課序＞，見《養知書屋文集》（以下簡稱《文集》），卷五，頁五，影印本頁一七九，臺北文海出版社。
❸ 郭嵩燾致曾國藩書，轉引自《年譜》，頁一二四。
❹ 郭嵩燾致曾國藩書，同前，頁一二五。

嵩燾舊識兵部尙書陳孚恩，留心時局，因其面奏時推薦他「通達時務，曉暢戎機，足備謀士之選」❺，因而獲召見，召對畢，命入直南書房。就在這時候，僧格林沁恰回京度歲，與嵩燾一席談後，決奏調赴天津協辦海防，出發前，針對海防，向朝廷提出「當籌之於內江，不當籌之於外洋」的建議，因夷船體積既大，速度又快，須在外洋方能發揮威力，一旦引入內江，便有擱淺之虞，作起戰來，就不及小船靈活❻。同時因感於「通市二百餘年，交兵議款又二十年，始終無一人通知夷情，熟悉其語言文字」，因而奏陳「今日御夷之竅要」，當以培養這方面人才爲第一急務❼。又過了三年（一八六二），同文館成立，他的建議才告實現。

這次到天津，因僧格林沁「深惡異己」，而他又喜直言，不免冒犯權貴。稍後，奉旨往山東煙臺查辦海口抽釐貪污事，被僧格林沁所派會辦之人「唆使相傷」，在當地釀成聚眾毆紳拆局的事件，而遭交部議處。在京一年多的時間裏，使他深切感受到，「久與諸貴人周旋，語言進退，動輒生咎」的困難處境❽，於是趁這個機會以疾引退南歸，這是他在仕途上第一次受挫。

南歸後，寧願賦閒家居，不願應胡林翼（1812～1861）之聘，且意態消沉，連老友也不想見。在此期間，因英法聯軍之役

---

❺ 《朔方備乘》，卷首，頁一，轉引自《年譜》，頁一二七。
❻ 《四國新檔》‧〈英國檔〉下，頁八五四～五，見《年譜》，頁一三三。
❼ 同前，頁八五五，轉引自《年譜》，頁一三三～四。
❽ 郭嵩燾致曾國藩書，秦孝儀先生藏湘賢手札殘頁，轉引自《年譜》，頁一五七。

慘敗，京中發生巨變，器重他的肅順被殺，保薦他的陳孚恩遭革職從軍，如不是早一年引退，恐亦難逃此刼。

鄉居兩年，已四十五歲。其時曾國藩爲兩江總督，李鴻章爲巡撫，已爲他重入宦途提供了最佳機會，終於在曾氏兄弟力勸，李鴻章奏保下，到上海出任蘇松糧道，次年又連升兩淮鹽運使、署廣東巡撫。可是到了廣東，因求治過急，旣與同官齟齬，又遭紳商詆譭，復爲朝廷不諒，中懷鬱鬱，孤掌難鳴❾，結果革職處分，這是他在仕途上第二次受挫，此次出山一共不過兩年八個月。

這次鄉居時間長達十年，除著作之外，嘗掌教於長沙城南書院（五十三歲）及思賢講舍（五十五歲），鑽研船山之學。講舍內有船山祠，親撰楹聯，聯文爲：「箋註訓詁，六經於易尤尊，闡義、文、周、孔之道，漢、宋諸儒俱退聽。節義詞章，終身以道爲準，繼濂、洛、關、閩而起，元、明兩代一先生」❿。可見他對船山的尊崇。李鴻章在信中說過：「竊料公非終於山林人也」⓫，他的話沒有錯，不過，因日本進犯臺灣（一八七四），沿海各省緊急籌防，嵩燾以通達洋務而被召入京時，已五十八歲，經慈安、慈禧兩宮太后召見，授福建按察使，不到半年，又命爲出使英國欽差大臣。在當時，清廷根本沒有外交使節的觀念，一般廷臣也視出使爲奇大恥辱，此番出使，完全是由英使威妥瑪

❾ 《年譜》，頁三〇七。
❿ 湖南、湖北哲學社會科學學會聯合會編：《王船山學術討論集》頁五八九，一九六五年，中華書局。
⓫ 李鴻章：＜復郭筠仙中丞＞，《李文忠公朋僚函稿》，卷九，頁五。

逼迫而成，原因是就在嵩燾抵達北京的同時，英國使館一位翻譯官馬嘉理，為了迎接從印度到中國的英國探險隊，途經滇緬邊境，被當地人所殺，英方指為署雲貴總督岑毓英（1829～1889）主使，堅決要中國方面派使到英國謝罪，這個倒楣的差使，就落在他身上。出發前，不僅遭湖南士子示威反對，甚至居宅都被搗毀，他寫信給兩江總督沈葆楨（1820～1879），敍說內心的委屈和痛苦：「嵩燾乃以老病之身，奔走七萬里，自京師士大夫，下及鄉里父老，相與痛詆之，使不復以人數。英使且以謝過為辭，陵迫百端，衰年顛沛，乃至此極，公將何以教之？默察天下人心，洋患恐未有已也」⑫。

抵英後，深受歡迎，在任上兩年，他是中國到西方的第一位使節，無成例可援，但他應對相當得體，辦交涉也能做到不卑不亢，離英時深受英報讚譽⑬。不幸他與副使劉錫鴻，幾乎一開始就不和，駐英期間彼此明爭暗鬥，後來鬧到公開決裂，在奏文中互相攻擊。嵩燾在京時，為滇案曾奏請議處岑毓英，引起羣吏不滿，認為媚外。出使後編修何金壽奏劾，又認為他「有二心於英國」，斥為「大清無此臣子」⑭。此時他出洋的日記《使西紀程》，已在京中流傳，對他不滿的情緒，終於爆發一場風波，弄得下詔消燬《使西紀程》，風波才稍平息。等到與劉錫鴻之間的決裂從國外鬧到朝中，又造成「萬口交謫」的局面，在身心交瘁下，不得不上書乞退。當他備受詆諉之際，好友曾國荃一番勸勉

---

⑫　《花隨人聖解盦摭憶》，頁一六〇，轉引自《年譜》，頁五五六。
⑬　詳見《年譜》，頁八一三～四。
⑭　《年譜》，頁六六五～六。

的話，是比較公允的，他說：「竊謂大臣以道事君，祇圖宗社之安危，不論人言之臧否。況我公所處，實際時艱，人以畏事而巧於趨避，公以任事而羣肆詆誹，雖吾道日孤，而乾坤不息，被肆無忌憚，持論顛倒之輩，豈足以知高深耶」**⑮**？

光緒五年（一八七九）回國，到十七年（一八九一）去世，又活了十二年，除著書講學之外，對國事始終關懷，如對中、俄交涉，中、法交涉及中、法之戰，朝鮮之亂，皆有所論列；內政方面，對湖南防務、河工、海軍、鐵路，都曾不避毀譽，直抒己見。在當時，毫無疑問，如蔣廷黻（1895～1965）所說，「他是全國最開明的一個人」**⑯**，也是官員中最具國際眼光和外交歷練的人才，可是因清廷上下仍瀰漫著「以考求洋情爲恥」**⑰**的風氣，使他沒有多少機會爲政府做事，在落寞的晚景中，曾國荃、李鴻章始終對他友好，去世後，李鴻章上奏詳述其學行政績，請宣付史館立傳並賜諡，得到的答覆是：「郭嵩燾出使外洋，所著書籍，頗滋物議，所請著不准行」**⑱**。

嵩燾之未被重用，李鴻章、劉坤一都歸咎於與當道不合，以及朝廷爲清流所把持**⑲**，這當然是事實。不過除此之外，他性格上的缺點，也要負一部分責任。性格方面，說他廉介、正直、具

---

⑮ 曾國荃：＜復郭筠仙＞，《曾忠襄公書札》，卷十，頁五二～三。

⑯ 蔣廷黻：＜中國近代史大綱＞，《中國近代史研究》，頁二七五，七十一年（一九八二），臺北里仁書局。

⑰ 《文集》，卷十二，頁八，影印本頁六〇六。

⑱ 《德宗實錄》，卷二九九，頁一七，轉引自《年譜》，頁一〇〇九。

⑲ 李鴻章的評論，見《朋僚函稿》，卷十九，頁二三。劉坤一的評論，見其《遺集》，第四册，頁一九五五。

有才識，都可當之無愧，但照他的自白：「生平與人共事，動輒牴牾」❷、「居官居鄉，一以直道行之」❷、「鄙人非無意於世者，而不能委曲以事人」❷，最後這一點，尤其是他在宦途屢屢受挫的根源。像他這樣個性的人，在任何時代，要想在官場求發展，很少不是以悲劇下場的。曾國荃說他「鏗鏗固守，以官為桎梏」❷，這種人如在學術上求發展，可能有大的成就，他偏熱衷洋務，在那樣的環境，不捲入官場的是非，幾乎是不可能的。

下面三首詩，頗有助於我們對他這個人的了解：

其一：「儒生筋骨長崢嶸，身罹偃蹇心常亨，擁書坐嘯萬人敵，有似插戟連雄城」❷。表現出他的豪氣。

其二：「傲慢疏慵不失真，惟餘老態託傳神，流傳百代千齡後，定識人間有此人」❷。可見他對自己多麼有自信。

其三：「世人欲殺定為才，迂拙頻遭反噬來，學問半通官半顯，一生懷抱幾曾開」❷。所有對他的評論，沒有比他的自評更扼要更恰當的。

關於他著作，臺灣容易見到的有三種：(1)《養知書屋文詩集》(其中文集三册，詩集一册)。(2)《郭侍郎奏疏》(三册)。(3)《郭嵩燾書札》。據說《郭嵩燾日記》已在湖南面世，根

---

❷　《玉池老人自敘》，頁二二。
❷　《文集》，卷十，頁三四，影印本頁五二一。
❷　《文集》，卷十，頁二六，影印本頁五〇五。
❷　《曾忠襄公書札》，頁八。
❷　《養知書屋詩集》(以下簡稱《詩集》，卷十五，頁七，影印本頁一九七〇。
❷　同前，頁一九七三。
❷　同前，頁一九七四。

據此書編者楊堅的統計，《日記》中所載的奏稿共約三百件，比
《郭侍郎奏疏》中所收的一八八件多出很多，被刪除的都和他的
洋務思想有關❷。

第二節　郭嵩燾與曾國藩的友誼

咸豐、同治年間（一八五一～一八七四），在嚴重的內亂與
外患交乘之下，清廷仍未被消滅，其中一個主要的原因，是有一
批深受中國文化傳統陶養的書生，發揮出巨大的精神力量，產生
了關鍵性的作用。曾國藩固然是這批書生的核心人物，而劉蓉與
嵩燾，實是他精神上的兩大支柱，三人共事的時間雖不長，但情
志始終相通，友誼也終身不渝。

道光十六年（一八三六），三人首次相會於長沙，聚談近兩
月。這段因緣直到晚年，劉、郭二人依舊津津樂道，鮮活的記
憶，並未因悠長的歲月而褪色，如劉蓉詩：「林宗襟度故超羣，
春雨長沙共五旬，信是蓬壺好日月，德星聚處復三人」❷。嵩燾
詩：「及見曾劉歲丙申，笑談都與聖賢鄰」❷。又云：「三人僦
居公棧，盛數月（？）之懽，怦怦然覺理解之漸見圓融，而神識
之日增揚詡矣」❸。三人中嵩燾年紀最小，獲益也最大。次年

---

❷　黎志剛：＜郭嵩燾的經世思想＞，見中央研究院近代史研究所
　　編：《近世中國經世思想研討會論文集》，頁五一二，七十三年
　　（一九八四）臺北。

❷　《養晦堂詩集》，卷二，頁二五，影印本頁九三三。

❷　《詩集》，卷十五，頁一六，影印本頁一九八八。

❸　《玉池老人自敍》，頁三四。

春，三人再會於長沙月餘，據《曾文正公年譜》所載，這次聚會，依舊是「縱談古今」，「相見懽甚」。

道光十九年（一八三九），嵩燾隨國藩二度進京參加會試，會試失敗，生活落魄，屢次乞貸於國藩，當國藩生病時，他也悉心護持。嵩燾第三次入京會試，已在四年後，這四年中，如國藩贈詩所云：「五年（？）奔走存皮骨，龜圻硯田了無穫」❸。可見其生活的艱困。久別重逢，國藩對他的熱情絲毫未減，幾乎每天見面，或論文、作詩，或清談、弈棋，或共出訪友，感情之深密，超過骨肉兄弟❸。不幸嵩燾三次落第，使他無顏還鄉，祇好在京師居下來，國藩爲了安頓他，特地租了一所較大的房子，使他在不愁宿食的情況下，繼續用功。天天住一起，不能光清談，那樣會日久生膩，因此關係必須提昇，「夜與筠仙暢談，有俠客道學、白描漢書二語，蘊之已久，茲始爲筠仙發之」❸，由此可知，他們不祇是能促膝談心，在論學上也能相得。爲了使生活有常課，並相約每十日作文一篇，每日讀書十五頁，彼此精神上的滿足，自然可使友誼向深度發展。

在科舉時代，落第是讀書人最大的挫折，這時候眞誠的友情就顯得格外重要，「筠仙大挑未得，不無抑鬱，力勸之，共酌酒數盃」❸。這是在情緒上給予安撫。「郭生耐寒苦索句，飢腸內轉鳴春雷。……丈夫守身要倔強，雖有艱阨無愁緒」❸。這是從精

---

❸　《曾文正公詩集》，頁四〇。
❸　詳見《年譜》，頁四八～九。
❸　《曾文正公手書日記》，第二册，道光二十四年四月二十五日。
❸　同前，四月二十八日。
❸　同前註❸，頁四一。

神上給予激勵。這一次嵩燾因獲國藩義助，在貧困中留京四百餘日，等到第四次會試失敗，才不得不出京回湘，國藩贈序送行，有謂：「筠仙躬絕異之姿，退然深貶，語其德若無可名，學古人之文章，入焉旣深，而其外猶若無所成者」❸。為其遭遇做不平之鳴。

　　兩年後，嵩燾五度入京會考，這次總算達到目的，中了進士，經過朝考，改翰林院庶吉士。四月中式，八月榮歸，國藩於蘆溝橋餞別，嵩燾有詩記之：「曾君當世一鳳凰，五疏直上唱朝陽。劇談偉狀倚夢寐，四年不見心為傷。蘆溝橋頭作重九，臨別見許崔李行。灑淚江皋望南斗，空殘天祿校書郎」❸。

　　咸豐二年（一八五二）多，國藩以禮部侍郎赴江西任典試官，中途聞母喪返里，時太平軍圍攻武昌，詔命在鄉幫辦團練，國藩因值喪期，擬上疏請允終制，縣官登門勸止，未能改變他的意念。恰好這時候，嵩燾來弔，知道這種情形，認為滋事體大，於是以力保桑梓的理由，先說動國藩的父親，他父親覺得言之有理，國藩是位孝子，祇得應命。嵩燾催促之功，不僅改變了國藩的一生，也挽救了清朝的國運。在此稍前，左宗棠之出山，嗣後李鴻章復入曾國藩幕，嵩燾都出了力，曾、左、李終成為國家柱石，一代名臣，嵩燾推挽之功，也成了歷史佳話。

　　近幾年來，嵩燾因連遭父母之喪，又值太平軍之亂，本已不復以仕宦為志。今旣勸國藩出掌團練，不能不助其一臂之力，於是不僅為他籌餉、辦理捐務，且幫湘軍籌建水師，有了水師，才

---

❸　《曾文正公文集》，頁六二。

❸　《詩集》，卷七，頁二，影印本頁一六八七。

逐漸改變湘軍與太平軍對決的劣勢。二人由道義之交，而今又共赴國難，關係愈來愈密，後來嵩燾的長子剛基娶國藩的四女紀純爲妻，結爲親家，紀純到郭家後，備受嵩燾側室的虐待，這種情況，似乎並沒有影響到上一代的友誼。

嵩燾第一次於仕途受挫，南歸途中寫信給國藩：「凡人顯晦時也，窮達命也，無足計者。而僧邸（僧格林沁）方有重名於世，獨不幸爲所糾，天之窮鄙人也，又益甚焉」❸！國藩知道他此刻的心情，「必有鬱鬱不自得之隱」，所以只寫信給二人共同的好友劉蓉，認爲此次在京與僧格林沁之間的糾葛，弄得羣疑眾謗，難免有鹵莽滅裂之處❸。雖是至交，總不能一味袒護呀。

嵩燾畢竟是有用之材，湘軍中眾好友，沒有不器重他的，不可能讓他長久閒著，讓他休閒一陣之後，大家就相繼邀請他出山，最初是胡林翼，其次是左宗棠、李續賓，最後是李鴻章。這些朋友中最了解嵩燾的還是國藩，鴻章邀請嵩燾出任上海江海關道，國藩不以爲然，他告訴鴻章：「筠公芬芳悱惻，然著述之才，非繁劇之才也」❹。可惜這一點，嵩燾自己並不充分自覺。稍後，鴻章又堅請他出任蘇松糧儲道，國藩縱然仍不變初衷，但因此可使老友聚首，也不免心動，他寫信給嵩燾之弟崑燾：「少荃急求筠公以自輔，似宜強起一行，縱不欲遽爾涖官，亦可來皖、吳、淞、滬遨遊一周，輪舟往返，不過十日，亦天下之至快

---

❸ 《陶風樓藏名賢手札》，重印本二，頁五三六～九，轉引自《年譜》，頁一五八。

❸ 《曾文正公書札》，卷十一，頁四四。

❹ 同前，卷十八，頁一七。

也」❹。

此刻嵩燾的心情很矛盾，在給劉蓉的信裏，很明顯表達出進退兩難的心情：「欲勉就官，則乖本志以枉其身，而無裨時用，於心爲忤；欲遂辭之，則蘇無土地、無人民，人知其艱難也，徒以爲避難辭險，而無可託以爲名，於義亦爲歉焉。使符紛下，敦迫就道，且赴安慶一行，徐圖免此官以歸。鄙人非無意於世者，而不能委曲以事人」❷。劉蓉的回信，一方面認爲「論君臣之大義，不當以不仕爲賢」；另一方面又認爲「論友朋之私情，則不如無官之樂」。劉蓉很了解老友之爲人乃「中懷恬愉，而秉性忠貞，亦似難諧於世」，不過，「如遂應詔而出，與吾鄉諸同志共扶厄運，支柱東南，誠亦儒者之壯懷，生民之幸事」❸。表面上看，這些話公義私情都已顧到，而對嵩燾，不但不能解決他內心的矛盾，反而可能更增其困惑。站在朋友的立場，恐怕也只能說到這種地步，人生面臨重大的抉擇，別人是無法代下決斷的。

當胡林翼邀請嵩燾時，曾國荃就說過，「固知老兄雖暫爲伏處，而濟世情殷，終當再起東山，共贊中興之業也」❹。國荃的話沒有錯，嵩燾在各方敦促下，內心雖困惑，仍欣然就道。一到安慶，立卽受到國藩熱情的款待，這時候國藩已是兩江總督，與太平天國的對決，正面臨最後關頭，公務必然繁忙，可是嵩燾在安慶停留二十六日，彼此會晤暢談竟多達二十二次❹，感情之熱

❹ 同前註❸，卷十八，頁三七。
❷ 《文集》，卷十，頁二六，影印本頁五〇五。
❸ 《養晦堂文集》，卷六，頁二〇，影印本頁四二二。
❹ 《曾忠襄公書札》，卷五，頁三一。
❹ 《年譜》，頁二二二。

絡，不亞於當年在京之日。二人在此竟夕商談，謀議未定，而李
鴻章已從上海特放輪船專程到安慶迎迓，使嵩燾再無推辭餘地。
國藩爲設宴餞行，親自送到江邊，除親筆寫信給鴻章之外，還纂
聯相贈，聯語云：「好人半自苦中來，莫圖便益。世事多因忙裏
錯，且更從容」❻。嵩燾行事，性情急躁，此聯語乃針對老友性
格上的缺點而有所勸勉。國藩對這位老友兼親家的優缺點，瞭若
指掌，格於情勢，不得不放行，而終難以釋懷，因此，其致鴻章
信有云：「渠性情篤摯，不患不任事，患其過於任事，急於求
效。若愛其人而善處之，宜令其專任糧道，不署他缺，並不管軍
務餉務，使其權輕而不遭疑忌，事簡而可精謀慮，至妥至妥。切
不可使權位彙隆，耳目眾屬，急求功效，反多損失」❼。眞可謂
關切備至。很不幸，嵩燾此行的結果，竟爲國藩所料中，他由蘇
松糧儲道而兩淮鹽運使，終於昇到「權位彙隆」的粵撫，而下場
卻極狼狽。

　　嵩燾在粵撫任上，因風評不佳，國藩曾多次去函勸誡，及卸
任，又多次去函勸慰，如：「論雅懷之久鬱，則與其在位而憂
煎，誠不如去位之解脫。……。要之世變方滋，任重道遠，早一
日謝事，即少一日之咎責，愼毋介介爲也」❽。又如：「觀公在
位之日，無一好懷，良有難自遣者。若論時事之多艱，焦頭爛
額，救過不暇，則霞仙（劉蓉）之留未必不爲咎，公之去未必不
爲吉也」❾。

---

❻　《曾文正公手書日記》，第十四冊，同治元年閏八月初九日。
❼　同前註❸，卷十九，頁三六。
❽　同前註❸，卷二十五，頁二九。
❾　同前註❸，卷二十五，頁三五。

　　國藩去世時，僅六十二歲，嵩燾又比他多活了十九年，聽到國藩去逝的消息，與曾國荃同哭於昭忠祠，他寫的輓聯是：「論交誼在師友之間，兼親與長，論事功在唐宋之上，兼德與言，朝野同悲惟我最。其始出以奪情爲疑，實贊其行，其練兵以水師爲著，實發其議，艱難未與負公多」❺⓪。十九年後，嵩燾臨終時，對半世紀前於長沙初會的情景，依舊歷歷在目，懷念不已！

第三節　倡導洋務思想的環境

　　嵩燾、國藩、劉蓉三人學術的背景雖大抵相同，而興趣的發展，卻各有所偏向。劉蓉自始至終宗仰程、朱之學。國藩比較複雜，他以文史滿足他的興趣，以理學作爲終身之資，事功的學術基礎則在禮學。嵩燾年輕時喜好詞章，國藩因此曾盛稱他詞翰之美，並認爲他在歷史將爲文苑傳人。潛心於理學的劉蓉，對好友這種趨向，甚不以爲然，曾多次寫信勸誡，他根據儒家正統的觀點告訴嵩燾：「文也者，載道之器，濟治之方，非特記誦文章之謂也」。在他心目中，文章「苟無所關係世道人心之故，則猶花草之美」，因此，他以理學家的觀點，教以讀書之方：「善讀書者，靜其心以察天下之變，精其心以窮天下之理，息其以心驗消長之機」❺①。這時候嵩燾二十一歲。過了兩年，嵩燾在信中反而勸劉蓉「宜博覽羣書，不當墨守一經以自囿」❺②。可見兩年前的

❺⓪　《庸庵筆記》，頁六九～七〇，轉引自《年譜》，頁四六五。
❺①　《養晦堂文集》，卷三，頁一七。
❺②　同前，卷三，頁二三。

信並未收效，但劉蓉並不灰心，回信說：「滌兄（國藩）……書中盛稱吾弟詞翰之美，……顧某所以期於吾弟者，不在是也。吾儒立身，期其大者，苟正學不講，德業無聞，而惟詞藝是習，借使文如班、馬，詩駕曹、劉，亦無裨身心，無關世教」❺❸。又過了五年，劉蓉在回答嵩燾的信中，依舊一本初衷，苦口婆心，不過在用詞上已較前嚴厲，他說：「頃歲屢奉書，勸吾弟務正學，窮經術，勿徒詞翰是習。……君子之爲學，以成德也，德未成不可以適用，不敢寬吾學焉。……記誦之學，止於喪志，而詞章之學，其終至於喪德，其德既喪，借使文采爛然，亦所謂其餘不足觀者」❺❹。

從以上兩人往來的函件中，可以看出嵩燾「詞章」、「博學」的趨向，並未因劉蓉再三的規勸而有所改變，這也說明他的心態和性向與理學並不相近。他下過工夫並着手整理過的古籍，包括《禮記》、《大學》、《中庸》、《史記》、《管子》、《毛詩》、《周易》、《莊子》、《朱子家禮》，在《日記》中更可找到他廣泛閱讀經、史、子、集的線索，但這些工作並不足以使他在十九世紀思想史上佔一重要地位。他在這一時期思想上不但重要，而且相當特殊，主要是因在洋務思想方面的創發性，這方面的成就，使他在洋務運動中，一直居於思想和觀念的領先地位。

嵩燾之所以會特別注意洋務，與他生活的一些際遇應有相當的關係。根據〈罪言存略小引〉，遠在道光二十一年（一八四一），

---

❺❸　同前註❺❶，卷三，頁二五。
❺❹　同前註❺❶，卷四，頁六、頁八。

正在浙江羅文俊學政幕中，曾親見英軍攻潰寧波、鎮海的海防，是時一方與羅氏「憤然言戰守機宜」，同時也爆發了他滿腔「不可遏抑」的「忠義之氣」❺❺，這大概是他首次在鴉片戰爭的烽火中，感受到時代的巨變。次年二月，清軍於浙東節節敗退，嵩燾以詩表達他內心的萬千悲憤：「三年滄海有奔鯨，烽火誼闉徹夜靜。復道金繒歸浩劫，枉從孤鼠乞殘生。魯連無語摧梁使，季布何心續虜盟？欲袖鐵椎椎晉鄙，從誰改將信陵兵」❺❻？一年以後，寄詩給學政羅氏，依舊心念夷務，可見英軍在浙東橫行的經驗，對他衝擊之大。

嗣後，於道光二十三年（一八四三）及咸豐八年（一八五八），洋務方面曾先後受張曉峯太守和何秋濤（一八二四～一八六二）的啟發。咸豐六年（一八五六）為了替國藩尋覓洋器，第一次到了上海，在上海看到洋人的火輪船、軍艦、望遠鏡、風雨表，無不使他「震詫」。也就在這一年，他閱讀到西方的書刊❺❼。以上這些際遇，在在都加強他思考洋務的興趣。

這方面的興趣，後來使他成為一位傑出的洋務思想家，另一方面也為他帶來終身的厄運，而厄運的形成，又必須從他所處的時代環境去了解。

咸豐九年（一八五九），嵩燾隨同僧格林沁協辦天津海防，他在一次奏文中，十分慨嘆地說：「通市二百餘年，交兵議款又二十年，始終無一人通知夷情，熟悉其語言文字者」❺❽。僧格林

❺❺　《文集》，卷三，頁一八～九，影印本頁一三二～三。
❺❻　《詩集》，卷二，頁三，影印本頁一五五三。
❺❼　同前註❷❼，頁五一四。
❺❽　同前註❻，頁八五五，轉引自《年譜》，頁一三三。

沁因聽不進他的建議，終釀成英法聯軍攻陷北京，火焚圓明園的大禍。嵩燾於返湘途中寫信給國藩：「夷禍日深，小臣數年所持，不幸而其言漸驗。凡吾所言，非示弱也，道也，以道御之，以言析之，而固可不戰也；其終戰焉，而勝與負兩無悔也。中國與西夷交接二十餘年，至今懵然莫知其指要，猶謂國有人乎？京師知者獨鄙人耳」❺❾。

外面是「西洋各國環集中國」，而清廷內部則是封閉、頑固、懵懂無知、好逞意氣，這就是嵩燾所處的時代環境。照理說，在鴉片戰爭受到重戕、重辱之後，再昏庸的朝廷，都該力圖振作，再無識的士大夫，也該意識到中國已面臨巨變，事實上並非如此，朝廷不但不力圖振作，士大夫不但未意識到巨變，朝野士大夫絕大多數反而以知洋務為可恥，生存在這樣的環境裏，要想堅定地、有始有終地提倡洋務，需要有多麼大的勇氣？至於他因倡議洋務而負重謗，那自然是毫不足奇了。

嵩燾因洋務而負重謗，例如：

（1）光緒元年（一八七五），因英國使館一位翻譯官在滇緬邊境被殺，使中、英之間發生嚴重的外交爭執，這時候嵩燾已奉命在總理衙門行走，因而有機會上疏請將黔撫岑毓英交部議處。他所以這樣做，乃是一本「循理」之義，希望力爭先著，一平洋人之氣，以杜其要挾之心❻⓿。可是朝野很少人能體會他這種用心，在當時士大夫心目中，一般都是把洋人看成「非我族類」，殺死一個普通洋人，竟然要求議處大吏，在他們看來，簡直是荒

---

❺❾　轉引自《年譜》，頁一六三。

❻⓿　《年譜》，頁五一一。

謬絕頂的論調，卽連兩廣總督劉坤一（1830～1901）都認爲嵩燾
此舉，「未審何面目以歸湖南，更何以對天下後世」❻? 一般士
大夫的反應，更不難想像。此舉的後果，用他自己的話來說，便
是「橫遭訾毀，爲京師士大夫所不容」❻。

（2）在當時士大夫心目中，總以爲中國是天朝，一向都是萬
邦來朝，一旦宣佈嵩燾出使英國，且帶謝罪性質，立卽引起各方
非難。到英國之後，他於使節這個角色，頗能稱職，不但獲得英
方朝野的尊敬，且與各國使節建立友誼。不幸在英期間，與副使
劉錫鴻之間，由不睦而導致公然決裂，成爲他晚年最大的隱痛。
劉氏告發他的罪狀，今日看來，不免令人啼笑皆非，在那年代可
的確能代表絕大部分官吏對洋務的觀感，如遊甲敦砲臺，因氣候
寒冷，加披了洋衣，劉氏就認爲，卽使凍死，亦不當披；又如在
外交場所，見巴西國主，起立答禮，劉氏就認爲堂堂天朝使節，
何至爲小國主致敬；又如在柏金宮殿聽音樂，屢取閱節目單，仿
洋人之所爲，也成罪狀；甚至連偶穿洋服，都會遭到參劾❻。在
這樣的環境裏主持洋務，動輒得咎，心理要承受多少無謂的痛
苦。由於與劉氏互相參劾，弄得嵩燾在京師「萬口交謫」，用他
自己的話來說，因「被眾口鑠金之冤」，「乃使一生名節，毀滅
無餘」❻。

（3）嵩燾出使，從上海起程後，就將沿途見聞，及與隨員談

❻ 《劉坤一遺集》，頁一八○二，轉引自《年譜》，頁五一一。
❻ 《養知書屋奏疏》，卷十二，頁二，影印本頁一二四四。
❻ 《年譜》，頁六七○、六七五。
❻ 見＜使英郭嵩燾奏辦理洋務橫被構陷摺＞，《清季外交史料》
卷十二，頁二九。

論，寫成日記，寄回總理衙門，供署中處理外事者參考。這本來是一件不辭辛勞，忠於國事的表現，卻因實話實說，無所避忌，又引來翰林院編修何金壽的奏劾，斥爲「大淸無此臣子」。接著是翰林院侍講張佩綸（1848～1893）上書，以足以喪失民心，有損國體，「其意專在結英」等理由，請將其撤回❻❺。這件事在朝中議論紛紛，連名士王闓運（1832～1916）都覺得它「殆已中洋毒，無可釆者」❻❻，結果由日記集成的《使西紀程》，遭到毀版的命運。

　　由以上的事例，不難看出一個時代的先行者，與他所處之環境，長期存在著緊張的關係，精神上不斷地折磨，勢必限制他在洋務思想方面做更多的建樹。

第四節　洋務思想與傳統

　　嵩燾於〈罪言存略小引〉中，曾談到他早年「間語洋務，則往往摘發於事前，而其後皆驗，於是有謂嵩燾能知洋務者，其時於泰西政教風俗，所以致富強，茫無所知，所持獨理而已」❻❼。根據他的日記，在咸豐六年（一八五六）已閱讀到介紹西方的書刊，同時代人介紹西方知識的作品，他前後讀到的有馮桂芬的《校邠廬抗議》（一八六二）、徐繼畬的《瀛環志略》（一八七六）、韋廉臣的《格物探源》（一八七六）、丁韙良中譯的《星軺指

----

❻❺　《潤于集》，奏議，卷一，頁二十八，轉引自《年譜》，頁七一三。

❻❻　《湘綺樓日記》，第六册，頁一八。

❻❼　《文集》，卷三，頁一九，影印本頁一三三。

掌》（一八七六）、張力臣的《瀛海論》（一八七七）及《蠡測
卮言》（一八七八）、李奎的《環遊地球新錄》（一八七八）、
王韜的《瀛壖雜誌》及《弢園尺牘》（一八七九）、曾劼剛日記
（一八七九）、何鏡海的《洋務條理》六則（一八七九）等❽。
一八七六年所讀之書，按日記所示，正在出使前後，七七、七八
是在國外， 七九年所讀者， 是在返國途中和返國之後。這樣看
來，他讀這方面的書，絕大部分已在晚年，而且是爲了做好使節
這個角色，才朝這方面下工夫的❾。但他以洋務聞名卻很早，那
麼他的洋務理念從何而來？這一點我們有充分的證據回答，是來
自傳統，所謂「所持獨理而已」的「理」，也是由熟讀傳統的歷
史，而逐漸悟得的。

　　道光二十三年（一八四三）、嵩燾二十六歲，因屢次會試受
挫，爲生計館於辰州，他去拜見太守張曉峯（景垣），因鴉片戰
事過去不久，張氏向他談禁煙本末，這席談話，使他「恍然悟自
古邊患之興，皆由措理失宜，無可易者」。從此以後，「讀書觀
史，乃稍能窺知其節要，而辨正其得失」❼。由此可知，他早年
的洋務觀念，曾受張氏的啟發。

　　咸豐八年（一八五八）在京時，一日與刑部主事何願船（秋
濤（1824～1862）討論洋務，發現他的見解「深中肯綮」，於是
問「曾涉歷洋務乎」？何氏回答：「未也，經史傳記，先儒百家

❽　以上見前註㉗頁五一四～五。
❾　赴英前在上海，美國監理會敎士曾以所著《中西關係論略》贈嵩
　　燾，一八七八年八月二十五（七月二十七）於倫敦使署重晤，嵩
　　燾說：「初奉派時，並不知西國各種情形，幸藉君之書爲指南
　　焉」。（《年譜》，頁七八四）
❼　同前註❻。

之言，昭著燦列，奚待涉歷而知之」？「嵩燾驚歎其言，以爲極
古今之變，不越此理而已，苟通其理，萬事萬物，無弗通者」
❼。在這裏，何氏所說的要點，即洋務的見解，可由「讀書觀
史」中得來。這一席使「嵩燾驚歎」的話，對他洋務思想的開
展，是具有關鍵性的。

　　嵩燾在英國的時候，有一次寫信給友人朱克敬，信中對他
「讀書觀史」的心得，以及由此而產生的自信，曾有相當具體的
描述：「頗自謂所見載記以來，規模氣象，凡分三等，議論亦因
之而變。三代所尙，德禮而已，誦《詩》讀《書》，可以想像得
之。秦、漢以後，氣象一變，務功利、爭形勢，隨國勢之強弱，
而皆有以自立。南宋以後，氣象又一變，盡天下之大，靡靡焉以
議論爭勝，國強則務爲陵競，弱則枵然無以自處。既於此辨知天
下之得失矣，又益考求三代以來保邦制國之經，及儒先之論說，
是非當否，沛然無疑於其心❼」。他提出的氣象三變的史觀是否
有當，以及憑藉此說是否就足以「辨知天下之得失」，都不是我
們要討論的問題，引這一段話，只想指出一點，即他的洋務思
想，是有他的歷史理解做根據的。

　　經由「讀書觀史」，對歷代控制夷狄之道既有了系統的理
解，大約在咸豐十年（一八六〇）着手撰《綏邊徵實》一書，此
書未刊刻，但由序文，可知此書主旨在針砭南宋以後「虛文無
實」之弊，更精緻的說，即「競其虛而不務詳其實，持其末而不

---

❼　《文集》，卷十一，頁一三，影印本頁五五〇。

❼　《中和月刊》，第一卷，第十二期，頁六八，＜郭筠仙手札
　　一＞，轉引自《年譜》，頁六八九。

務竟其原」❼❸。

南宋以來對外所犯的錯誤，主要有兩點：

(1) 心態封閉：「自宋以來，以議論相高，一與外人交涉，皆得環伺以持其短長，稍爲持平之論，卽羣起指目之，以爲辱國體、失人心。漢詔以使絕國與將相並重，泚宋至今七八百年，直以不與外人相接爲幸，以馴至今日之大罪（禍），而士大夫無有能省悟者，安得而不日趨於困辱」❼❹？

(2) 侈口言戰：「竊見辦理洋務三十年，中外諸臣一襲南宋以後之議論，以和爲辱，以戰爲高，積成數百年氣習；其自北宋以前，上推至漢、唐，綏邊應敵，深謀遠略，載在史冊，未嘗省覽，洋人情勢，尤所茫然，無能推測其底蘊而窺知其究竟」❼❺。

那麼依據中國傳統，怎樣才算是正確的御夷之道呢？或是說怎樣才能做到不競其虛而務詳其實，不持其末而務竟其原呢？嵩燾認爲：

第一，是講求信義：「中國之控制夷狄，太上以德（周武王、成王是也，後世無能行之），其次以略（漢、唐之事是也），其次以威（漢武帝於匈奴、唐太宗於突厥諸國是也），其次以恩（漢之於西域，唐之於回紇、吐番，北宋之於契丹是也），而信與義貫乎四者之中而不能外」❼❻。

第二，要做到循理、通情、度勢：「天下事一理而已，理得

---

❼❸　《文集》，卷三，頁十七，影印本頁一二九～三〇。

❼❹　《湘鄉曾氏文獻》，第十冊，頁六六二六，轉引自《年譜》，頁四五三。

❼❺　《郭侍郎奏疏》，卷十二，頁六，影印本頁一二五二。

❼❻　《文集》，卷九，頁一〇，影印本頁四二三。

而後揣之以情，揆之以勢，乃以平天下之險阻而無難。漢、唐以來，控御夷狄之規模，有得有失，而理、勢、情三者必稍能辨其大概，然後可以制一時之勝，而圖數十年之安」❼。

以上第一點很明顯是根據儒家傳統的德治主義，郭廷以批評他這方面的「主張雖不可厚非，惟有時不切實際❼」，因近代外交，不但以武力爲後盾，而且是唯利是尚的。第二點的確是他「讀書觀史」所獲得的最重要的發現，也是他後來思考洋務問題所一直依據的基本觀念。至於他如何才有這些發現，一個重要的方法，就是「讀書而不爲儒生之見所囿」❼，也就是說，「讀書觀史」應有批判的眼光，才能表現洞識。

第五節　洋務思想的基本觀念

以上兩節，已使我們知道嵩燾在多麼惡劣的環境中，倡導洋務，以及他洋務思想的來源。後面一點特別有意思，因爲洋務思想，在當時是以革新的姿態提出的，而它所依據的資源，幾乎全是來自舊的傳統。另一方面，那些反對洋務思想的人，也是依據傳統，這一現象最足以說明傳統的複雜性和多面性。像嵩燾那樣善於運用舊資源發爲新思想，實爲近代以來許多新派人物思想上的共同「秘訣」❽，假如我們能早點發覺這一點，或許新、舊之

❼　《文集》，卷九，頁一一，影印本頁四二六。
❼　《年譜》序文，頁六。
❼　《文集》，卷九，頁一一，影印本頁四二五。
❽　參看余英時：〈五四運動與中國傳統〉，見汪榮祖編：《五四研究論文集》，頁一一三～二四，六十八年（一九七九），臺北聯經出版公司。

爭，傳統與西化對決的爛賬，不必打了一百年，至今仍未終止!

　　這一節要討論兩個問題：一是嵩燾洋務思想中基本觀念的多重功能，及其不同的涵義；一是檢視這些基本觀念與以往思想史上所使用者的關係。

　　這些基本觀念是「理」、「勢」、「情」，後來又加上「幾」，使這組觀念更能落實在行動上。就理、勢、情而言，它的功能除前文已提到的，可作爲總結傳統的御夷之道之外，還有：

　　(1) 了解西夷本末：「西夷本末，粵人多能知之，以久習而知其情僞耳，僕則衡之以理，審之以天下之勢，而情亦莫能遁焉，所由與粵人異也」**⑧⒈**。這裏「情」只是衡「理」、審「勢」必然的結果，「情」本身還沒獨立的意義。

　　(2) 解釋中國的處境：「處極弱之勢，無可據之理，又於外夷情形懵然不知考究，而思以詐勝，僕再三陳辨，則懷憾而力傾之。僧邸（僧格林沁）所爲，延夷禍於無窮，豈徒曰羈縻之而得，邀擊之而遂失哉」**⑧⒉**？此雖就一時一地而言，然應用到鴉片戰爭以後的情況，亦並無不合。

　　(3) 制勝之道：「漢、唐以來，控制夷狄之規模，有得有失，而理、勢、情三者必稍能辨其大概，然後可以制一時之勝，而圖數十年之安」**⑧⒊**。

　　(4) 應付之方：「辦理洋務，一言以蔽之曰：講求應付之方而已矣。應付之方，不越理、勢二者。勢者人與我共之者也，有

---

⑧⒈　《文集》，卷九，頁八，影印本頁四一九～二○。
⑧⒉　同前，頁一○，影印本頁四二四。
⑧⒊　同前，頁一一，影印本頁四二六。

彼所必爭之勢，有我所必爭之勢。權其輕重，時其緩急，先使事
理了然於心，彼之所必爭，不能不應者也；彼所必爭，而亦我之
所必爭，又所萬不能應者也。宜應者許之，更無遲疑；不宜應者
拒之，亦更無屈撓，斯之謂勢。理者所以自處者也，自古中外交
兵，先審曲直，勢足而理固不能違，勢不足而別無可恃，尤恃
理以折之。……深求古今得失之故，熟察彼此因應之宜，斯之謂
理」❽。制勝之道與應付之方不同，制勝之道只表達了主觀的信
念，尚未考慮到實際的情況，只屬於應然層次。應付之方是在彼
此交涉中，充分了解雙方的需要和必爭的焦點之後的運用。

（5）紀綱萬事的準則：「洋人之情，在於通商，沿海居民，
諳習西洋語言文字，多能知之；洋人之勢，極於富強，天下臣
民，皆能知之；而不足與辦理洋務，則明理、審幾之才，固不易
得也。知情與勢，而後有以處人，猜疑之見，自不生於其心；知
理而後有以自處，即矜張無實之言，亦不屑出於其口。是以辦理
洋務者，非有他長也，言忠信，行篤敬，以立其禮；深求古今
之變，熟察中外之宜，以致其用；輕重緩急，權度在心，隨事折
衷，使就繩尺。能知處理洋務，以之紀綱萬事，經營國計，必皆
裕如矣」❽。

　　以上引文是順著時間先後的次序排列的，可以看出嵩燾對這
套基本觀念的思考，越到晚期越細密，已逐漸浮現出一種理論的
架式，觀念未變，卻不斷賦予新的詮釋。當然，讀了這些文獻，

---

❽　《郭侍郎奏疏》，卷十二，頁一五～六，影印本頁一二五〇～
　　一。

❽　《清季外交史料》，卷八，頁十五，轉引之《年譜》，頁五六一
　　～二。

也不免給人一種印象，他把複雜的洋務看得過分簡單，把一套觀念，簡直看成萬靈丹。眞正說來，這套觀念，祇不過是爲思考洋務問題，提供了相應而有意義的指向，還不能看作眞能解決實際問題的方案。但以他這方面的思考與同代人相比，有洋人稱他爲「進步人士」[86]，是可以當之無愧的，因他在洋務思想中，不但較具務實的態度，也已改變了天朝型的世界觀。

根據以上的引文，這些觀念在不同的功能中，往往賦予不同的涵義。先看「理」，「理者所以自處者也」。嵩燾於〈書海國圖志後〉又說：「知己者，知吾所以應之，不獨勝負之數決之已也，緩急輕重一隨其時與事之宜，內審之心，以靜持之，夫非有異術也，明理而已矣」[87]。合起來看，便是先明理然後能知己，知己然後能自處。自處表面上看，好像是「以靜持之」，實際上是研判了種種情況所做的回應。所謂「明理」之「理」，究竟是什麼意義的理呢？「深求古今得失之故，熟察彼此因應之宜，斯之謂理」。這是說理有兩個來源：一是得之於歷史上制夷得失的經驗；一是得之於當今洋務交涉過程中所累積的教訓。由此我們可以確定他說的理，是屬於「事理」的範疇。有時候他也說「天下祇是一理」[88]、「天下事一理而已」[89]，這裏所說的「理」，是有普通意義的，與祇有分殊意義的「事理」，並不在同一層次，嵩燾似乎並未意識到二者之不同。「取足於理，強者亦可使

---

[86] 《年譜》，頁五〇〇。

[87] 《文集》，卷七，頁一七，影印本頁二九一。

[88] 《中和月刊》，第一卷，第十二期，〈郭筠仙手札一〉，轉引之《年譜》，頁六八九。

[89] 《文集》，卷九，頁一一，影印本頁四二六。

退聽」❾，是說在道理上只要充分，面對強大的對手，照樣有取勝的機會。爲什麼他會有這樣的信念？因爲他相信，洋人也可以理喻❾。此刻所言之理，就是具有普通意義的理，而不是事理之理。

「勢」的涵義更複雜，「審之以天下大勢」是「趨勢」之「勢」。「勢者人與我共之者也，有彼所必爭之勢，有我所必爭之勢」，這裏所說的「勢」是指「利益」之「利」，外交上的交涉，最重要的目的，就是爭取自己國家的利益，我方有我方的利益，彼方也有彼方的利益，所以說「勢者人與我共之者也」。「洋人之勢，極於富強」，「勢不足而別無可恃，尤恃理以折之」、「崇厚名爲知洋務，徒知其可畏而已，是知其勢而不知其理」❾，這三處所言之「勢」又都是「力」的意思。還有一種用法，與上面三種涵義都不同，如謂「宜應者許之，更無遲疑，不宜應者拒之，亦更無屈撓，斯之謂勢」。這個「勢」應理解爲：把雙方的情況加以分析研判，然後所做的決斷。

「情」有兩點涵義，「洋人之情，在於通商」，「情」卽「欲」或「需求」。「知情與勢，而後有以處人」、「知彼者，知其情之所注」，這兩處所言之「情」，都有「知彼」的作用。「處極弱之勢，無可據之理，又於外夷情形，懵然不知考究」，「情」爲「知彼」，就更加明顯。

---

❾　《文集》，卷十二，頁九，影印本頁六〇七。
❾　同前，頁五，影印本頁五九九〜六〇〇。
❾　同前註❽，頁二七，影印本頁一二九四。

最後言「幾」。嵩燾認爲「明理」、「審幾」的洋務人才，最是難得，「言忠信，行篤敬，以立其禮；深求古今之變，熟察中外之宜」，是明理。「輕重緩急，權度在心，隨事折衷，使就繩尺」，是審幾。「特事有理有勢，而行之必以其幾，此則眾人之所忽，而豪傑有爲者之所爭也」⓽⓷。由此可以確定，幾屬於明理以後的行動層次，「幾者動之微」，在國與國之間交涉的行動中，誰能洞察先幾（審幾）、掌握先幾，誰的贏面就較大。因幾稍縱卽逝，不論是洞察或掌握它，不是一般訓練能達到的，這有賴於個人的折衝智慧，所以說這種人才，最是難得。

根據以上的分析，我們對這些基本觀念，大抵可做如下的了解：「理」是使此方站穩立場，立於不敗之地；「勢」是計慮彼此可能的得失與後果，以免妄動；「情」是盡可能去了解對方，以便坦然相對；「幾」是在決定採取行動以後，必須能着先機，才有較多制勝對方的機會。

下面要檢視「理」、「勢」這兩個觀念，與以往思想史的關係。最早把這兩個觀念結合在一起的，是「道尊於勢」，「道」與「理」相通。中國思想史上正式揭出道尊於勢觀念的是孟子，後來理學家講理尊於勢，便是繼承了孟子的精神。理（道）尊於勢，乃道德理想主義的儒家一個立身處世的基本信念，他們相信以道自任的儒者，在價值上可以比那些享有權勢的人，更爲尊貴⓽⓸。根據這個了解，可見嵩燾的理、勢觀念與這個傳統無關。

⓽⓷　《文集》，卷十，頁一六，影印本頁四八五。

⓽⓸　以上參看余英時：《中國知識階層史論》，頁四一，六十九年（一九八〇），臺北聯經出版公司。

其次，郭廷以曾指出，嵩燾的同鄉先賢王夫之的理、勢說對
他的啓發很大❾。嵩燾的確很崇敬船山，思想上受過他的啓發，
也是事實，不過僅就理、勢而言，只能說他沿用了這兩個觀念，
所賦予的意義與船山是不相同的。

船山說：「理者，物之固然，事之所以然也」。又說：「凡
言勢者，皆順而不逆之謂也，從高趨卑，從大包小，不容違阻之
謂也」。把二者相結，他提出「理、勢統一」論，其中包括兩方
面的意義：一是「理成勢」；一是「勢成理」❾。嵩燾所說「勢
足而理固不能違」，蓋卽來自船山的「勢成理」。此外，嵩燾以
理、勢總結歷史上制夷的得失，也明顯受船山的影響。但是，兩
人雖運用相同的觀念，而所要達成的目的是不同的，船山的理、
勢說，主要在解釋歷史，而嵩燾則是要爲處理洋務提供一套準
則。

第六節　洋務的中心課題之一：御夷

十九世紀中葉，在「西洋諸國環集中土，事故繁多」的背景
下，有了洋務問題。當時的洋務，有兩大中心課題，一是御夷，
一是自強❾，燾嵩洋務思想進一步的開展，主要就是環繞這兩大
課題。在御夷方面，他至少提出三個重點：

---

❾　《年譜》，序文頁四。
❾　以上引文及對船山理、勢的討論，詳見葛榮晉：《中國哲學範疇
　　史》，頁三五四～五，一九八七年，黑龍江人民出版社。
❾　《年譜》，序文頁六。

　　第一，態度問題。前文已講過，他因受儒家傳統的影響，不但主張對外夷應「以禮相接」，甚至主張以「至誠待敵國」，因為他相信「夫能以誠信待人，人亦必以誠信應之；以猜疑待人，人亦卽以猜疑應之」❾❽。如此把個人之間的道德，推及國與國之間，當然是不切實際的想法。不過，他在那年代，就主張以平等的態度對待洋人❾❾，這不能不說是先知先覺的見解。因在中國傳統的「夷夏之辨」中，不是表現爲我族中心的種族偏見，便是在文化意識上表現出「文」、「野」之別❿，這兩種見解都是不平等，所以在這一點上，他是超越傳統的。

　　此外，在中國「處極弱之勢，無可據之理」的情況下，嵩燾逐漸領悟到，只有採取務實的態度，才能勉強應付外夷帶來的變局，《綏邊徵實》就在倡導這種態度．這樣才能避免「虛憍之議論，囂張之意氣」。務實的態度，落實在實際的運作中，不但具有反省的能力，而且能理性地考量問題，下面的例子，說明他在這方面曾躬自實踐：光緒二年（一八七六），滇案發生以後，尙未起程赴英之前，他去看總稅務司赫德，在此之前，他曾向赫德請教過處理滇案及赴英等問題，這次會晤，他向赫德表示以下各點：(1)衷心讚佩赫德向總理衙門所提改革中外商務及中外訟事程序的條陳，深憾朝廷缺乏主動精神，難期採行。(2)滇案未結前，無顏赴英，對見諸京報有關滇案之諭摺，亦表示不滿。該案應及早妥爲辦理，否則將增加困難。(3)中國對朝鮮政策一無是

　❾❽　《郭侍郎奏疏》，卷十二，頁一〇～一，影印本頁一二六〇～一。
　❾❾　同前，頁一〇，影印本頁一二五九。
　❿　韋政通：《中國哲學辭典》，頁三一〇。

處，對於日、韓爭端應負起責任，開放朝鮮，改善其與各國交往，不可與之相抗。(4)中國尙不能採行有效之防衛措施，應照赫德最近的條陳，發展商務，自可和平往來。這番話使赫德極爲欽佩，盛稱其爲一誠實君子，識見明達，具有決心⑩。假如這些話在當時就被傳開，那就不止被誣爲漢奸，恐怕還要以大不敬、謀通敵國等罪名判以重刑，但仔細想想，他所說各點，的確是在務實態度下，對各種問題所做的理性考量。

對外夷抱持這種態度的人，他的堅決反戰便不難想見。當朝野莫不以和爲辱，反戰是一種忌諱的時候，他不但痛斥以暴力對待洋教⑩，認爲主戰者無異「舍康莊而由荆棘」⑩，而且在英、法聯軍陷北京之前，曾面告僧格林沁，「不當與稱兵」，因戰端一開，後患無窮，後來的演變，果不幸被他說中。嵩燾反戰的理由，除認爲「無可戰之機，無可戰之勢，直亦無可戰之理」⑩外，最重要的一點，是因戰爭之患，「尤在募勇太多，靡費太劇，耗竭已窮之財力，以供喜事邀功者一言之快」⑩。他反戰的論調，在那種氣候下，很少人聽得進去，自然難以產生效力，結果是每經一場對外戰爭，便訂下一次喪權辱國的條約。光緒十二年（一八八六），他說：「洋人敦朴有古風，然窺伺中國實未嘗一日忘之，如有內亂及水火盜賊之變，恐各國將來乘機裂我土地，事當在二十年內」⑩。可見他在晚年已預感到中國要面臨被瓜分

⑩ 《年譜》，頁五二二。
⑩ 《年譜》，頁二一三。
⑩ 《年譜》，頁一六三。
⑩ 《郭侍郎奏疏》，卷十二，頁三八，影印本頁一三一六。
⑩ 《文集》，卷十二，頁一二，影印本頁六一四。
⑩ 《年譜》，頁九四二。

的命運。

第二，認識西方。鴉片戰爭後近二十年，中國這方面的情況竟然是：「通市二百餘年，交兵議款又二十年，始終無一人通知夷情，熟悉其語言文字者」[107]。清廷對西方衝擊反應之遲鈍，心態之封閉，簡直到了令人難以置信的地方。另一方面外夷卻是：「今英夷鴟張於南，俄夷桀驁於北，中國情形虛實，皆所周知，無復顧忌」[108]。在這種背景下，嵩燾早在咸豐九年（一八五九），首次協辦洋務時，便向朝廷建議「制禦遠夷之道」，「必務疏通其情」[109]，「疏通其情」就是「認識西方」。

光緒元年（一八七五），嵩燾上書恭親王奕訢，是一篇討論洋務的重要文獻，內容對學習西方的要點、方法與態度，以及學習的程序，都表現出很精闢的見解，而當時他尚未出使英國。西方文化千頭萬緒，認識西方要從何處著手呢？他說：「西洋之法，通國士民一出於學，律法、軍政、船政、下及工藝，皆由學升進而專習之」[110]。這是說，要學西方種種，必須先掌握它學問的根基，而且要用專業化的方式，順序漸進。其次，在學習的方法和態度上，他認為應做到「彼之所長，循而習之；我之所短，改而修之。去弊求速，立志求堅，任賢求專，收功求緩，自處之道，如是而已」[111]。這是一百一十五年前的言論，到今天仍不覺

---

[107]　《四國新檔》‧＜英國檔＞下，頁八五五，轉引自《年譜》，頁一三三。

[108]　同前。

[109]　同前。

[110]　《洋務運動》第一册，＜福建按察使郭嵩燾條議海防事宜＞，轉引自《年譜》，頁四八四。

[111]　同前，《年譜》，頁四八五。

過時。復次，在學習的程序上，他指出，「當先究知其國政軍政
之得失，商情之利病，而後可以師其用兵製器之方，以求積漸之
功」⑫。當大家以爲洋務不過就是「用兵製器」時，他已注意到
西方的「國政」，這種見解成爲一股新的思潮，要到中、日甲午
之戰（一八九四）以後。

　　第三，內政革新。御夷卽今日的外交工作，外交工作如沒有
內政的配合，將失其所依。爲此，嵩燾向朝廷提出四點革新的建
議：（1）軍機大臣應兼署總理衙門銜名：「軍機大臣未經奉派總
理衙門行走，茫然莫知其原委，是非得失，無從推求。臣愚以爲
軍機大臣皆應兼總理衙門銜名，庶幾討論情勢，通籌熟計，以期
有所裨益」。（2）考攬熟知洋務的人才：「今日人才，以通知洋
務爲尤要。自與洋人通商以來，事變數出，……推原其故，由地
方官不知詳情。……伏願皇上考攬人才，勤求方略，期使中外諸
臣，勿存薄視遠人之心，以洞知其得失利病之原，忍辱負重，刻
自砥礪，以激厲士大夫之心，而獎成士民奮發有爲之氣」。（3）選
派使臣應制度化：「以後選派使臣，依照常例，由禮部開列二三
品以下堂官，年歲不滿五十者，聽候欽派，亦與尋常出使同等，
期使廷臣習爲故常，不至意存輕重，而於洋情時勢，亦不能不加
研究，以求備國家緩急之用」。（4）辦理洋案應有一定規範：
「凡租界滋事，依洋法辦理；州縣地方滋事，依中法辦理。其視
洋民猶中國之民，視辦理洋案亦猶辦理中國之案」⑬。

---

⑫　同前，《年譜》，頁四八三。
⑬　《郭侍郎奏疏》，卷十二，頁七～一〇，影印本頁一二五四～
　　九。

同一年，又奏陳辦理洋務機宜及應行之五事，其中有兩點，可作爲前次奏文的補充：（1）督、撫、道、府、州、縣等官員，以洋務定其功過賞罰。（2）凡負責關道的官員，應研習通商條約⑭。以上這些建議都很實在，可是在那種仍以知洋務爲恥，出使爲辱國的環境裏，不但不被採行，反而加重了他對洋人「有二心」的罪名。

第七節　洋務的中心課題之二：自強

洋務的終極關懷，乃在中國的自強。相對著這個目的，御夷只不過是防衛性的手段。當然，手段與目的之間，關係相當密切，就嵩燾對御夷所提的三個重點來看，如果自強也包括「仿行西法」，那麼對西夷的態度，同樣是很重要的問題。其次，仿行西法的自強，不能不先認識西方，自強不祇是認識而已，還要做選擇性的轉移。至於內政革新，更是自強最具關鍵性的工作，御夷所涉及的革新範圍，限於與其工作相關的部分，自強所要求的革新，則是全面性的。由此看來，御夷實成爲自強的必要條件。

自強的意義在嵩燾就是「自求富強」⑮，而且認爲這才是洋務之本。他在英國時、寫信給姚彥嘉：「鄙人常論辦理之節要三：上焉者力求富強之術，……其次則用今之法，行今之政，……其下則並此不能爲，……常使理足於已，而後感之以誠，……

---

⑭　《年譜》，頁五六一。
⑮　《年譜》，頁六八六。

能是三者，淺深各有所得，而其效立見，不能是三者，則萬無以自立」⑯。這裏所說的「自立」同於「自強」。以富強爲上策，因其爲洋務之本。上中下三策可並行不悖，必須同時進行，才可能達成自強的目的，可見洋務最終理想，實在自強。

「自強以練兵爲要，練兵又以制器爲先」⑰，這是咸豐十一年（一八六一）創設總理衙門後，洋務大員們共同的見解。嵩燾上書負責洋務的恭親王奕訢，針對這種流行的見解，加以糾正：「舍富強之本圖，而懷欲速之心，以急責之海上，將謂造船製器，用其一旦之功，遂可轉弱爲強，其餘皆可不問，恐無此理」⑱。他說這些話不是憑空議論，而是有所實指的，因這次上書是在光緒元年（一八七五），距離總理衙門之設，又已十四年了。

所謂「舍富強之本圖」的「本」何所指？他說：「富強者，秦、漢以來所稱太平之盛軌也，行之固有本矣，漸而積之，固有基矣。振厲朝綱，勤求吏治，其本也；和輯人民，需以歲月，汲汲求得賢人用之，其基也」⑲。又說：「方今之急，無時無地不宜自強，而行之必有其本，……本者何？正朝廷以正百官，大小之吏擇人而任之，則本立矣」⑳。可知所謂「本」，主要包括三點：振朝綱、正吏治、求賢才，合而言之，可叫做「內治」。爲何求自強必須以內治爲基礎？因爲如果朝政昏濁、吏治窳敗，紀綱廢弛，人心風俗江何日下，這樣的政治、社會是無法致富強

---

⑯　《文集》，卷十一，頁一七～八，影印本頁五五八～九。
⑰　《籌辦夷務始末》（同治朝），卷二十五，頁一。
⑱　同前註⑩，《年譜》，頁四八六。
⑲　《文集》，卷十二，頁一五，影印本頁六一九。
⑳　同前註⑩，《年譜》，頁四七九。

的。 從內治下手， 猶如診治病弱的人體， 必須先「疏通百脈之氣， 宣導六府之滯， 使其神日舒而力亦日有增長， 自可漸進於強」 ❿。

以「內治」為「富強之本圖」， 是就傳統的成規而言， 這方面的道理， 士大夫階層無不耳熟能詳， 當道者也比較能聽得進去。更重要的是， 就傳統言自強， 可使滿朝守舊的文武百官，不必一聽到「自強」就視同「洋務」而起反感。等到大家心理上不排斥之後， 再徐圖說服守舊士大夫們: 當今中國的危機，是因富強的西洋入侵而引起，「其情勢亦絕異於前代」，因此，要圖自強， 與內治同樣重要的「仿行西法」， 已是必須面對的中心課題。以上雖是臆測之詞，但嵩燾言自強，將「傳統」與「西法」並重，上述的作用，應該在他的設想之中。

在《使西紀程》中， 他所了解的西洋是: 「近年英、 法、俄、德諸大國，角立稱雄，……視春秋列國，殆遠勝之」。而其中尤以英、俄兩國，「足稱二霸」。在這樣的國際形勢下，中國欲自強，自必仿行西法。如決心仿行西法，就應該知道，「西洋立國，自有本末，誠得其道，則相輔以致富強」 ⓬ 。也就是說，我國學習西洋，如方法正確，則可與內治方面所進行的改革相輔相成，然後可以達到富強的目的。

所謂「西洋立國， 自有本末」，這「本末」又何所指呢? 「其本在朝廷政教，其末在商賈，造船製器，相輔以益其強，又末

---

❿ 同前註⓲，《年譜》，頁四八五。

⓬ 以上均轉引自《年譜》，頁五七四。

中之一節也」⑬。這就是嵩燾對中國仿行西法所提的綱領，在此綱領中，當時朝廷所專注的船堅砲利，在他看來，不過「末中之一節」，因他一向反對急功近利的做法，才能提出具前瞻性的構想。

在政治方面，他認爲西方所以先進，中國所以落後，根源在其制度的不同。根據他在英國的親身體驗，英國政治使他留下深刻印象的有「卽分同、異兩黨，使各竭其志意，推究辨駁，以定是非」的議會政治；有「語言文字一有詐僞，皆以法治之，雖貴不貸」的法治精神；有「國政一公之臣民，君主不能行其私」的民主制度；有「西洋一切情事，皆著之新報，議論得失，互相駁辨，皆資新報傳布」的新聞自由⑭。基於這些異於中國政治的特點，使他深刻地了解到，這些就是英國的立國之本。

在教育方面，他在牛津大學見到「仕進者各就其才質所長，入國家所立學館，……積資任能，終其身以所學自效」⑮。整個看起來，泰西教育，「大抵規模嚴肅，討論精詳，而一皆致之實用，不爲虛文」⑯，類似於我國三代學校之制。因此他向國內建議，「宜先求通商口岸開設學館，求爲徵實制用之學」⑰。此外，應多派少年才俊出國深造，由各省資其費用，出國前，應「先至天津、上海、福建各機器局，考求儀式，通知語言文字，而後遣赴外洋，各就才質所近，分途研習」⑱。

---

⑬　同前註⑩，《年譜》，頁四八五。
⑭　以上均見前註㉗之文，頁五二〇～一。
⑮　同前，頁五二二。
⑯　《文集》，卷十一，頁一三，影印本頁五四九。
⑰　同前。
⑱　《文集》，卷十一，頁五，影印本頁五三三。

在商業方面，嵩燾於同治元年（一八六二）就說過：「用才各有所宜，利者儒生所恥言，漢武用孔僅、桑弘羊，皆買人，斯為英雄之大略」[129]。後來他又提出「義以生利」[130]、商、士並重之說[131]，以掃除發展近代商業觀念上的障礙。

與政教相比，商賈雖為末，然國家要富強，這是必須採取的方法，他說：「方今之急，無時無地不宜自強，而……施之必有其方，……方者何？求富與強之所在，而導民以從之，因民之利而為之制，斯利國之方也」[132]。這有三點涵義：（1）求富與強必須鼓動民眾熱情參與。（2）建立利潤的制度，刺激民眾的熱情。（3）有利於民才能有利於國。

針對（1）的要求，嵩燾主張富民：「國與天地，必有與立，亦豈有百姓困窮而國家自求富強之理？今言富強者，一視為國家本計，與百姓無與，抑不知西洋之富專在民不在國家也」[133]。針對（2）的要求，他主張民營：「天地自然之利，百姓皆能經營，不必官為督率。若徑由官開採（指礦產），則將強奪民業，煩擾百端，百姓豈能順從？而在官者之煩費又不知所紀極，為利無幾，而所損耗必愈多。若仍督民為之，則亦百姓之利而已，國家何恃以為富強之基乎」[134]？這些主張，完全符合資本主義經濟的想法，在光緒初年提出來，是相當具前瞻性的。

---

[129] 《陶風樓札》，第五冊，〈與曾國藩〉（同治元年五月七日），轉引自陸寶千：《清代思想史》，頁三九八。
[130] 前註[27]，頁五二四。
[131] 《年譜》，頁八九二。
[132] 同前註[110]，《年譜》，頁四七九～八○。
[133] 《文集》，卷十三，頁三九，影印本頁七一二。
[134] 同前，頁三七，影印本頁七○七～八。

「造船製器」，與政教、商業相比，雖爲「末中之一節」，嵩燾絲毫沒有輕視這方面的建設，事實上他希望近代科技之產物，如輪船、火車、電報、礦冶等可以促進生產者，都能行之於中國❸。 在他自強觀的架構中， 必須政教、 商業都能配合得上，「造船製器」，才能「相輔以益其強」。他所了解的西洋立國之道， 雖嫌簡略， 不過在這裏， 我們已看到中國現代化藍圖的雛型。一百多年來，絕大多數知識分子談西方文化，大抵仍不外乎這幾個方面。

第八節　中西比較

嵩燾與一些關心世局的官紳知識分子一樣，對十九世紀中葉我國面臨的新變局，有相當的認識❸。有一點值得注意的是，他不祇是認識到新變局帶給中國的危害，同時也認識到西力衝擊帶給中國有利的一面，如謂：「西洋之入中國，誠爲天地一大變；其氣機甚遠，得其道而順用之，亦足爲中國之利」❸。所謂「其氣機甚遠」者，是因「西洋立國二千年， 政教修明， 具有本末」❸，因此「與歷代匈奴、 鮮卑、 突厥、 契丹爲害中國， 情形絕異」❸。他不但認識西洋文化水平之高，而且認爲兵力之強，絕

---

❸　陸寶千：《清代思想史》，頁四〇一，六十七年（一九七八），臺北廣文書局。

❸　有關十九世紀中葉，官紳知識分子對變局的認識，可看王爾敏：《晚清政治思想史論》，頁一九二～三及頁二一五註❷之文。

❸　《文集》，卷十二，頁二〇，影印本頁六三〇。

❸　《使西紀程》，頁七，《年譜》，頁五七二。

❸　《年譜》，頁六八六。

非中國所能比擬，所以說：「竊觀天下大勢⋯⋯⋯方今所患，獨
有洋務。西洋兵力之強，製造之精，從古未有」⓵。在未出國
之前，對西洋便多溢美之詞，到英國後，親眼看到各方面的情
形，更是讚不絕口，甚至認為天地之精華聚於歐羅巴一洲⓶，像
他這樣毫無保留地「崇洋」的「進步人士」，當然會激起那些懷
著天朝模型世界觀的官紳們的忿恨與公憤。

　　可以想像的，像他這樣傾慕西洋的人物，當他比觀中西時，
除了道德這一點上仍持保留之外，其他各方面，他都肯定地認為
中國不如西洋。下面不妨把這些言論一一列舉出來，看我們今天
要怎樣評估它。

　　(1) **機器：**「泰西徧國皆機器也，中國無能效之」⓷。

　　(2) **軍事教育：**「考求倫敦募兵之法，皆先使讀書，通知兵
法，而後入選，遣醫士相其血脈膽氣，筋骨堅強，而後教之跳
躍，次第盡槍礮技藝之能事，乃編入伍，其根柢厚矣，此豈中國
所能行者」⓸？

　　(3) **整潔：**「余承認英國有較為富麗之公舍與官署，較多之
精巧工藝，各方均較中國整潔」⓹。

　　(4) **政治、科技：**「百餘年來，其（英國）官民相與講求國
政，自其君行之，蒸蒸日臻於上理。至今君主以賢明稱，人心風
俗，進而益善。計其富強之業，實始自乾隆以後火輪船剙始。乾

⓵　《郭侍郎奏疏》，卷十二，頁四六，影印本頁一三三二。
⓶　《年譜》，頁六三九。
⓷　《文集》，卷二十八，頁一四，影印本頁一四九九。
⓸　《文集》，卷十一，頁四，影印本頁五三二。
⓹　《年譜》，頁五八五。

隆初，未甚以爲利也，至嘉慶六年（一八〇一）始用以行海內。
又因其法剏爲火輪車，起自嘉慶十八年（一八一三）。其後益講
求電氣之學，由吸鐵機器轉遞書信，至道光十八年（一八三八）
始設電報於其國都，漸推而遠。………中國士大夫自怙其私，以
求遏抑天地之機，未有能勝者也」⓯。

（5）**藏富於民**：「泰西通一國之利以爲利，日推日廣，行之
久，遂以爲富強之基。中國竭府庫之儲以爲利，利未興而害先見
焉，將並所已有之成功而棄之。何則？力有所不能濟，勢有所不
能周，是其爲利終無幾也」⓰。

（6）**學校**：「自秦、漢以來，學校之不修，二千餘年，流極
敗壞，以至於今日。………至泰西，而見三代學校之制猶有一二
存者，大抵規模整肅，討論精詳，而一皆致之實用，不爲虛文」
⓱。

（7）**人才**：「彼土（英國）人才，實勝中國，爲能養之而使
盡其學，用之而使盡其職也」⓲。

（8）**道德**：「先生（嵩燾）詢理雅格以中、英兩國熟善？理
氏答以英善於中，先生頗不以爲然，謂『………余意係就道德方
面觀察兩國，所謂道德方面，應於仁、義、禮、智、信觀之』。
理氏云：『此爲一不易回答之問題，中國確有此種種美德之高尙

⓯　《文集》，卷十一，頁一，影印本頁五二五～六。
　　嵩燾根據西方民主政治，對儒家的德治理想，曾提出相當尖銳的
　　批判，關此，可看前註㉗之文，頁五二一。
⓰　《文集》，卷二十八，頁一五，影印本頁一五〇一。
⓱　《文集》，卷十一，頁一二～三，影印本頁五四八～九。
⓲　《花隨人聖盦摭憶》，頁一六〇，轉引自《年譜》，頁五二
　　四。

思想，但英人則有更高見解，力謀使其見諸實行，此爲中國所不及。就此方面而論，余仍以爲英善於中』。先生大爲不懌，以其所期望者爲一絕不相同之回答。先生於室內一再往返，然後面對理氏曰：『君謂自道德方面論，英善於中，請問英國何以強將其鴉片加諸中國，且仍繼續行之』⑭？

針對以上八則言論，用今天的眼光來看：

第一，（1）至（7）點所言，雖大都合於事實，也有觀察不够深入的，如說英國學校「一皆致之實用」，便是一例。嵩燾只是本諸常識心態，看到他們實用的一面，不知實用文明的背後，還有超實用的純知層面的學術。前文所列舉的言論，在思想史上的意義，可以說是西化主義的先驅，就中西文化比較而言，並沒有多大意義，因用枚舉的方式，要舉出一些中勝於西的例子，也並不難。

第二，與嵩燾討論中西道德高下的理雅格，爲英國教士，旅居香港、廣州二十餘年，曾譯四書及《尚書》、《詩經》、《春秋》、《左傳》等經典爲英文，是年（一八七六）剛回英於牛津敖克斯佛（Oxford）大學院任漢文教習⑮，憑他的經歷與漢學造詣，的確够資格和嵩燾討論這方面的問題。所謂「應於仁、義、禮、智、信觀之」，不論是指道德理論，或是指道德實踐的行爲層次，理氏回應「此爲不易回答之問題」，都不是謙詞。理雅格深知中國有種種美德之高尚思想，言下之意，雖有高尚思想，但未必能一一見諸行事。所謂「英人則有更高見解」者，如是指宗

⑭　《年譜》，頁五八五。
⑮　《年譜》，頁五八四。

教的犧牲與奉獻的精神，那麼西洋宗教「力謀使其見諸實行，此爲中國所不及」，也是無可爭辯的事實。可是嵩燾並不能體認到這一點，因此「大爲不懌」。在無法反駁的情形下，卻反問：如果英善於中，「何以強將其鴉片加諸中國」？英國人將鴉片傾銷於中國，當然是不道德的，不過他的質問，與理雅格所說的道德不屬同一層次的問題，可以說根本是不相干的。蓋理氏所言乃宗教上的道德問題，而鴉片則屬於「商戰」中的道德問題。

— 5 —

滄海叢刊書目